Der Grundsatz des öffentlichen Zugangs zu amtlichen Dokumenten aus der Perspektive des internationalen Rechts

SCHRIFTEN
zum internationalen und zum öffentlichen
RECHT
Herausgegeben von Gilbert Gornig

Band 79

PETER LANG
Frankfurt am Main · Berlin · Bern · Bruxelles · New York · Oxford · Wien

Christina Prinzhorn

Der Grundsatz des öffentlichen Zugangs zu amtlichen Dokumenten aus der Perspektive des internationalen Rechts

Materiell-rechtliche Vorgaben durch das internationale Recht für Informationszugangsrechte in den nationalen Rechtsordnungen Europas

PETER LANG
Internationaler Verlag der Wissenschaften

Bibliografische Information der Deutschen Nationalbibliothek
Die Deutsche Nationalbibliothek verzeichnet diese Publikation in der Deutschen Nationalbibliografie; detaillierte bibliografische Daten sind im Internet über <http://www.d-nb.de> abrufbar.

Zugl.: Marburg, Univ., Diss., 2008

Gedruckt auf alterungsbeständigem,
säurefreiem Papier.

D 4
ISSN 0943-173X
ISBN 978-3-631-58308-1

Printed in Germany 1 2 3 4 5 7

www.peterlang.de

Meinen Eltern liebevoll und dankbar

Meinem Bruder von Herzen

VORWORT

Die vorliegende Arbeit wurde im Sommersemester 2008 vom Fachbereich Rechtswissenschaften der Philipps-Universität zu Marburg als Dissertation angenommen. Literatur ist bis März 2008 berücksichtigt.

Herzlich danke ich allen, die mich bei dieser Herausforderung unterstützt haben.

Mein Interesse am internationalen Recht verdanke ich der Chance, am Masterprogramm für Menschenrechte und humanitäres Völkerrecht des Raoul Wallenberg Instituts der Universität Lund in Schweden teilgenommen haben zu dürfen. Ermutigt durch Herrn Prof. Gudmundur Alfredsson habe ich die vorliegende Arbeit aus der im Rahmen des Programms angefertigten Masterthese entwickelt.

Ganz besonders danken möchte ich meinem Doktorvater Herrn Prof. Dr. Dr. h.c. Gilbert Gornig für die gute und angenehme Betreuung meiner Promotion – in fachlicher wie menschlicher Hinsicht ein Glücksgriff! Es ist äußerst motivierend, in der eigenen Ausbildung auf Menschen zu treffen, die spürbar Freude daran haben, andere in ihrem juristischen Werden zu begeistern und zu fördern. Auch aus diesem Grund freue ich mich, die Dissertation in der vorliegenden Schriftenreihe veröffentlichen zu dürfen.

Des Weiteren danke ich Herrn Privatdozent Dr. Martin Will für die rasche Erstellung des Zweitgutachtens.

Dankbar bin ich allen, die mir im Rahmen meiner Promotion auf besondere Weise unterstützend zur Seite standen. Dr. Clarissa Freundorfer danke ich für geschätzte fachliche und Stefan Löwl für unerlässliche technische Hilfe sowie beiden für ihr gelassenes Voranschreiten in Studium, Master und Promotion, mir immer einen Schritt voraus. Meinem Bruder Michael Prinzhorn danke ich von Herzen für den geduldig angelegten optischen Schliff dieser Arbeit. Bei Luca Buchold, Stefanie Unzeitig und Caroline Lutter möchte ich mich ganz herzlich für wohlwollende, immer gute Freundschaft in allen Lebenslagen bedanken.

Größter Dank gilt meiner Familie für unermüdliches, von Herzen kommendes Geben und Nehmen – meinen Eltern für warmherzige Begleitung, vorausschauende Ermutigung und großzügige Unterstützung und meinem Bruder für seine liebevolle, fröhliche und inspirierende Gesellschaft zu jeder Zeit!

Frankfurt am Main, im August 2008 Christina Prinzhorn

INHALTSVERZEICHNIS

ABKÜRZUNGSVERZEICHNIS

ABl.	Amtsblatt
Abs.	Absatz
AEMR	Allgemeine Erklärung der Menschenrechte
a. F.	alte Fassung
AfP	Archiv für Presserecht, Zeitschrift für Medien- und Kommunikationsrecht (Zeitschrift)
AJIL	American Journal of International Law (Zeitschrift)
a.o.	and others
AöR	Archiv des öffentlichen Rechts (Zeitschrift)
Appl.	Application
ArchVR	Archiv des Völkerrechts (Zeitschrift)
Art.	Artikel
AS	Amtliche Sammlung des OVG Koblenz
Aufl.	Auflage
BayVerfGHE	Bayrischer Verfassungsgerichtshof (Entscheidungen)
Bd.	Band
BDSG	Bundesdatenschutzgesetz
BGB	Bürgerliches Gesetzbuch
BGBl. I	Bundesgesetzblatt, Teil I
BGBl. II	Bundesgesetzblatt, Teil II
BGH	Bundesgerichtshof
BGHZ	Bundesgerichtshof, Zivilsachen
BT-Drs.	Bundestagsdrucksache
BVerfG	Bundesverfassungsgericht

BVerfGE	Entscheidungen des Bundesverfassungsgericht
BVerwG	Bundesverwaltungsgericht
BVerwGE	Entscheidungen des Bundesverwaltungsgerichts
bzw.	beziehungsweise
ch.	Chapter
CD	Collection of Decisions of the European Commission of Human Rights
CMLRev.	Common Market Law Review (Zeitschrift)
comm.	committee
DDR	Deutsche Demokratische Republik
ders.	derselbe
DÖV	Die Öffentliche Verwaltung (Zeitschrift)
DR	Decisions and Reports, European Commission of Human Rights
DuD	Datenschutz und Datensicherung (alter Titel)/ Datensicherheit (neuer Titel) (Zeitschrift)
DV	Die Verwaltung (Zeitschrift)
DVBl.	Deutsches Verwaltungsblatt (Zeitschrift)
EA	Europaarchiv (Zeitschrift)
ECHR	European Convention on Human Rights
ed.	edition
EG	Europäische Gemeinschaft
EGMR	Europäischer Gerichtshof für Menschenrechte
EGV	Vertrag zur Gründung der Europäischen Gemeinschaft
EKMR	Europäische Kommission für Menschenrechte
ELRev.	European Law Review (Zeitschrift)

EMRK	Europäische Menschenrechtskonvention
EU	Europäische Union
EuG	Gericht erster Instanz der Europäischen Gemeinschaften
EuGH	Gerichtshof der Europäischen Gemeinschaften
EuGRZ	Europäische Grundrechte Zeitschrift (Zeitschrift)
EuR	Europarecht (Zeitschrift)
EUV	Vertrag über die Europäische Union
EWS	Europäisches Wirtschafts- und Steuerrecht (Zeitschrift)
EuZW	Europäische Zeitschrift für Wirtschaftsrecht (Zeitschrift)
et al.	und andere
f(f).	folgend(e)
Fn.	Fußnote
GA	General Assembly
GAOR	General Assembly Official Records
GBO	Grundbuchordnung
GewArch	Gewerbearchiv (Zeitschrift)
GG	Grundgesetz
ggf.	gegebenenfalls
grds.	grundsätzlich
HGB	Handelsgesetzbuch
h. L.	herrschende Lehre
h. M.	herrschende(r) Meinung
HRLJ	Human Rights Law Journal
Hrsg.	Herausgeber

ICCPR	International Covenant on Civil and Political Rights
ICJ Rep.	International Court of Justice, Reports of Judgments, Advisory Opinions and Orders
i.E.	im Ergebnis
IFG	Gesetz zur Regelung des Zugangs zu Informationen des Bundes (Informationsfreiheitsgesetz – IFG)
IGH	Internationaler Gerichtshof
IGH-Statut	Statut des Internationalen Gerichtshof
ILM	International Legal Materials (Zeitschrift)
insb.	insbesondere
IPbpR	Internationaler Pakt über bürgerliche und politische Rechte
IPwirt	Internationaler Pakt für wirtschaftliche, soziale und kulturelle Rechte
IRIS plus	Rechtliche Rundschau der Europäischen Audiovisuellen Informationsstelle, Redaktionsbeilage (Zeitschrift)
i.V.m.	in Verbindung mit
JA	Juristische Arbeitsblätter (Zeitschrift)
JIR	Jahrbuch für Internationales Recht (Zeitschrift)
Jura	Juristische Ausbildung (Zeitschrift)
JuS	Juristische Schulung (Zeitschrift)
JZ	Juristenzeitung (Zeitschrift)
KOM	Kommission der Europäischen Gemeinschaften (Dokument-Sammlung)
KSZE	Konferenz für Sicherheit und Zusammenarbeit in Europa
lit.	litera
MPI	Heidelberger Max-Planck-Institut für ausländisches öffentliches Recht und Völkerrecht

MRM	Menschenrechtsmagazin (Zeitschrift)
m.w.N.	mit weiteren Nachweisen
m.V.a.	mit Verweis auf
NJW	Neue Juristische Wochenschrift (Zeitschrift)
no.	number
Nr.	Nummer
NVwZ	Neue Zeitschrift für Verwaltungsrecht (Zeitschrift)
OAS	Organisation amerikanischer Staaten
OECD	Organisation für wirtschaftliche Zusammenarbeit und Entwicklung (Organization for Economic Cooperation and Development)
OEEC	Organisation für Wirtschaftliche Zusammenarbeit in Europa (Organization for European Economic Cooperation)
OSZE	Organisation für Sicherheit und Zusammenarbeit in Europa
OVG	Oberverwaltungsgericht
OVGE	Entscheidungen der OVG Münster und Lüneburg
p.	page
para.	Paragraph(s)
pp.	pages
Rdn.	Randnummer
Rep.	Reports of Judgments and Decisions of the European Court of Human Rights
ROW	Recht in Ost und West (Zeitschrift)
Rs.	Rechtssache
S.	Seite/Satz
Sess.	Session

Slg.	Sammlung der Rechtsprechung des EuGH
Series A	Publications of the European Court of Human Rights
SFS	Svensk Författningssamling (schwedische Gesetzessammlung)
sog.	sogenannt (-e/-er/-es)
SR	Summary Records of Meetings
StGB	Strafgesetzbuch
StPO	Strafprozessordnung
u.	und
u.a.	unter anderem
UIG	Umweltinformationsgesetz
UPR	Umwelt- und Planungsrecht (Zeitschrift)
UN	United Nations
UNTS	United Nations Treaty Series
USA	United States of America
u.U.	unter Umständen
UWG	Gesetz gegen den unlauteren Wettbewerb
v.	vom
v.	versus
vgl.	vergleiche
VN	Vereinte Nationen (Zeitschrift)
Vol.	Volume
Vorb.	Vorbemerkung
VVDStRL	Veröffentlichungen der der Vereinigung der Deutschen Staatsrechtslehrer

VwGO	Verwaltungsgerichtsordnung
WLA	Wissenschaftlicher Literaturanzeiger (Zeitschrift)
WVK	Wiener Übereinkommen über das Recht der Verträge
ZaöRV	Zeitschrift für ausländisches öffentliches Recht und Völkerrecht (Zeitschrift)
z.B.	zum Beispiel
Ziff.	Ziffer
ZP	Zusatzprotokoll
ZPO	Zivilprozessordnung
ZRP	Zeitschrift für Rechtspolitik (Zeitschrift)
z.T.	zum Teil
ZUM	Zeitschrift für Urheber- und Medienrecht/Film und Recht (Zeitschrift)

KAPITEL 1 Einleitung

Am 1. Januar 2006 ist in der Bundesrepublik Deutschland das Gesetz zur Regelung des Zugangs zu Informationen des Bundes, das so genannte Informationsfreiheitsgesetz (IFG), in Kraft getreten[1]. Während das Verwaltungsrecht des Bundes bis dato die Nichtöffentlichkeit der Unterlagen der Verwaltung als generelle, keine individuelle Begründung erfordernde Regel und Ausnahmen nur in gesetzlich geregelten Einzelfällen vorsah[2], gilt nach §1 Abs. 1 S. 1 IFG nun der Grundsatz: „Jeder hat nach Maßgabe dieses Gesetzes gegenüber den Behörden des Bundes einen Anspruch auf Zugang zu amtlichen Informationen.“ Das zuvor bestehende Regel-Ausnahme-Verhältnis wurde damit umgekehrt. Informationszugang bei deutschen Verwaltungsbehörden ist nun nicht mehr auf den Schutz spezifischer Individualinteressen beschränkt, sondern unabhängig von der Geltendmachung rechtlicher Interessen grundsätzlich jedem Staatsbürger möglich. Diese Abkoppelung wird im Hinblick auf ihre große Bedeutung für die tatsächlich gewährte Reichweite des Rechts auf Informationsfreiheit im Englischen prägnant als Ersetzung des "*need* to know" durch ein "*right* to know" beschrieben[3].

Das Inkrafttreten des IFG macht fortan eine Herleitung von Informationszugangsrechten unmittelbar aus der Verfassung entbehrlich[4]. Dennoch kann von einem Schlusspunkt unter der Diskussion der materiellen Ausgestaltung von Informationszugangsrechten nicht die Rede sein[5]. Die Kollision der bei der Gewährung von Informationszugangsrechten betroffenen Rechtsgüter besteht vielmehr auch nach Einführung des IFG fort: Weiterhin beinhaltet die Gewährung

---

1 Gesetz zur Regelung des Zugangs zu Informationen des Bundes (Informationsfreiheitsgesetz - IFG) v. 5.9.2005, BGBl. 2005 I, S. 2722.

2 Stellvertretend für viele *Gröschner*, Transparente Verwaltung: Konturen eines Informationsverwaltungsrechts, VVDStRL 63 (2004), S. 350; *Schlachter*, Mehr Öffentlichkeit wagen, S. 140.

3 So verwendet auch bei *Masing*, Transparente Verwaltung: Konturen eines Informationsverwaltungsrechts, VVDStRL 63 (2004), S. 381.

4 Einer Untersuchung dieser Frage dienten vor allem die wissenschaftlichen Ausarbeitungen von *Angelov*, Grundlagen und Grenzen eines staatsbürgerlichen Informationszugangsanspruchs; *Kugelmann*, Die informatorische Rechtsstellung des Bürgers; *Scherzberg*, Die Öffentlichkeit der Verwaltung; *Nolte*, Die Herausforderung für das deutsche Recht der Akteneinsicht durch europäisches Gemeinschaftsrecht, DÖV 1999, 363.

5 Eine gute Zusammenstellung der materiellrechtlichen Probleme findet sich bei *Masing*, Transparente Verwaltung: Konturen eines Informationsverwaltungsrechts, VVDStRL 63 (2004), S. 396 ff.; vgl. des Weiteren insbesondere *Kugelmann*, Die informatorische Rechtsstellung des Bürgers; *Scherzberg*, Die Öffentlichkeit der Verwaltung; *Lodde*, Informationsrechte des Bürgers gegen den Staat. Für eine Darstellung der formellen Probleme vgl. *Schoch/Kloepfer*, Entwurf eines Informationsfreiheitsgesetzes; *Griebel*, Die verfahrensrechtliche Absicherung von Informationsfreiheitsrechten in rechtsvergleichender Sicht.

eines allgemeinen Zugangs zu den bei Verwaltungsbehörden befindlichen Dokumenten über den individuellen Rechtsschutz hinaus auf der einen Seite vielversprechende Effekte für die privaten Rechte des Antragstellers sowie für eine Anhebung des Niveaus der demokratischen Legitimation administrativer Entscheidungen und auf der anderen Seite Gefahren für private Rechte Dritter und öffentliche Interessen.

Lange Zeit war die Einführung von Informationszugangsrechten daher im Vorfeld kontrovers zwischen Befürwortern und Gegnern diskutiert worden[6]. Entsprechend gespalten zeigten sich die Fraktionen des Deutschen Bundestags in einem stockenden Gesetzgebungsvorgang[7]. In dessen Verlauf setzte sich jedoch trotz der Anerkennung eines „natürlichen Spannungsverhältnis[ses]" der gegensätzlichen Anliegen der betroffenen Rechtspositionen zunehmend die Einsicht durch, dass es sich bei den divergierenden Rechtsgütern nicht um sich ausschließende Alternativen, sondern vielmehr „zwei Seiten derselben Medaille"[8] handelt, die es zum bestmöglichen Nutzen beider auszutarieren lohnt, so dass auf der Tagung der Vereinigung der deutschen Staatsrechtslehrer im Jahre 2003 konstatiert wurde, dass die Forderung nach Datenzugang mittlerweile „wohlfeil" und „Ernst zu nehmende Stimmen gegen ein grds. Datenzugangsrecht (...) heute nicht mehr zu vernehmen [seien]"[9]. Dieses Bild spiegelt auch die mittlerweile fortgeschrittene internationale Verbreitung von Informationszugangsrechten in zumindest westlichen nationalen Rechtsordnungen wider: Alle wichtigen Mitglieder des Common-Law-Systems[10] und alle diesbezüglich recherchierbaren

---

6 Für einen Überblick zu den hierbei verwendeten Argumenten und ihren Vertretern siehe *Schubert*, Recht auf Informationszugang, DuD 2001, 400 (401 ff.).

7 Der Innenausschuss des Bundestages hatte 1998 in der 13. Legislaturperiode einen ersten entsprechenden Gesetzentwurf der Fraktion Bündnis 90/Die Grünen (BT-Drs. 13/8432) abgelehnt, vgl. Blickpunkt Bundestag 1/1998, S. 26. Die Koalitionsvereinbarung in der folgenden Wahlperiode sah wiederum den Erlass eines Informationsfreiheitsgesetzes durch den Bund vor, vgl. ZRP 1998, 485 (499). In der Folge legte das Bundesinnenministerium im Jahre 2000 einen Referentenentwurf für ein Informationsfreiheitsgesetz vor (Text abgedruckt bei: *Schoch/Kloepfer*, Entwurf eines Informationsfreiheitsgesetzes, S. 201 ff.), der jedoch bereits an Kontroversen innerhalb der rot/grünen Koalition scheiterte, vgl. *Kloepfer*, Informationszugangsfreiheit und Datenschutz, DÖV 2003, 221 (228), m.V.a. BT-Drs. 14/9147. In der 15. Legislaturperiode kam das Gesetz schließlich im Bundestag mit den Stimmen der Koalitionsfraktionen gegen die Stimmen der CDU/CSU bei Enthaltung der FDP zustande, vgl. *Kloepfer/v. Lewinski*, Das Informationsfreiheitsgesetz des Bundes (IFG), DVBl. 2005, 1277 (1278).

8 *Schoch/Kloepfer*, Entwurf eines Informationsfreiheitsgesetzes, S. 37.

9 *Masing*, Transparente Verwaltung: Konturen eines Informationsverwaltungsrechts, VVDStRL 63 (2004), S. 396.

10 USA: Freedom of Information Act (FOIA); England: Freedom of Information Act 2000; Kanada: Access to Information Act; Australien: Freedom of Information Act; Neuseeland: The Official Information Act.

Mitgliedsstaaten der Europäischen Union[11] verfügen über Informationszugangsrechte in ihren nationalen Rechtsordnungen.

Der rechtliche Gehalt dieser Gesetze gestaltet sich dagegen sehr unterschiedlich: Die verschieden starke Gewichtung der kollidierenden Rechtsgüter führt selbst innerhalb der Europäischen Union zu formell wie materiell differierenden nationalen gesetzlichen Ausprägungen. Zur Verdeutlichung seien die Gesetzeslage in Schweden und der Bundesrepublik Deutschland, welche in diesem Zusammenhang die vermutlich größten Gegenpole darstellen, exemplarisch herausgegriffen: Während der schwedische Gesetzgeber das allgemeine Recht auf Zugang zu Verwaltungsinformationen als Bestandteil eines der vier Verfassungsdokumente als Regelzustand gewährt, eingeschränkt durch über 100 in einem einfachem Gesetz enumerativ aufgelistete Ausnahmebestimmungen[12], und damit in der Europäischen Union dem Recht auf Informationszugang im Verhältnis zu kollidierenden Interessen wohl die stärkste rechtliche Gewichtung einräumt, beinhaltet das deutsche IFG mit seinen insgesamt nur 15 Paragraphen weiterhin Gewichtungsspielräume in Form von offenen Tatbeständen mit Abwägungsvorbehalten zur Herstellung praktischer Konkordanz zwischen den kollidierenden Rechtsgütern[13]. Die Einführung nationaler Informationszugangsgesetze entbindet damit weder auf nationaler noch auf Gemeinschaftsebene von der Notwendigkeit einer Ausbalancierung der divergierenden Interessen.

Angesichts der sich hierum entwickelnden Diskussion zwischen den Mitgliedsländern der EU erstaunt, dass der Frage nach diesbezüglichen Vorgaben durch das internationale Recht nahezu keine Aufmerksamkeit geschenkt wird. Richtigerweise bezeichnet *Kugelmann* die Gewährleistung von Informationszugangsrechten als „Querschnittsthematik“ mit Bezügen zu den unterschiedlichen rechtlichen Ebenen des Völker- und Europarechts sowie des innerstaatlichen Verfassungs- und Verwaltungsrechts[14]. Die Einbindung der Mitgliedsländer der EU in das internationale Recht birgt damit die Möglichkeit, dass die verschiedenen

---

[11] Schweden verfügt mit der Tryckfrihetsförordning aus dem Jahre 1766 über das weltweit erste verfassungsmäßig gewährleistete Recht auf Informationszugang. Schwedischer Text (Kapitel 2 Tryckfihetsförordningen) und englischer Text (Chapter 2 The Freedom of the Press Act) jeweils abrufbar auf der Internetseite des Reichstags http://www.riksdagen.se, zuletzt abgerufen am 25.9.2007. Deutschland gehörte bis zum Inkrafttreten des IFG im Januar 2006 zu den letzten Mitgliedern der Europäischen Union ohne Informationszugangsgesetz. Trotz Recherchen auch direkt bei den Landesvertretungen konnte für die Staaten Luxemburg, Malta und Zypern die Existenz von Informationszugangsgesetzen nicht ermittelt werden.

[12] Sekretesslagen v. 20.3.1980.

[13] In Deutschland gingen im ersten Jahr nach Inkrafttreten des IFG 2278 Anträge auf Akteneinsicht ein. Bis zum Januar 2007 wurde 1379 Antragstellern ganz oder teiweise Zugang gewährt, in 410 Fällen (gut 20 Prozent) wurde dies abgelehnt (Quelle: Fuldaer Zeitung vom 16.1.2007).

[14] *Kugelmann*, Informationsfreiheit als Element moderner Staatlichkeit, DÖV 2005, 851.

eingenommenen Positionen hinsichtlich der Justierung der Kollision der betroffenen Rechtsgüter bereits aus den Vorgaben des internationalen Rechts Relativierung erfahren.

Die vorliegende Arbeit ist der Versuch, ebenjene Lücke zu schließen. Sie dient einer eingehenden Analyse sowohl der aus dem internationalen Recht folgenden Verpflichtungen hinsichtlich der Einführung von Informationszugangsrechten in den nationalen Rechtsordnungen der Mitgliedsländer der Europäischen Union als auch der aus dem internationalen Recht folgenden Grenzen für die nationale Gewährung von Informationszugangsrechten.

Das einleitende Kapitel definiert den Untersuchungsgegenstand[15] und klärt Begrifflichkeiten[16]. Es stellt die Einbettung nationaler Informationszugangsrechte in das internationale Recht dar[17] und beleuchtet die unterschiedlichen Kategorien der im Völkerrecht gewährten Rechte[18] insbesondere unter Berücksichtigung der Frage nach den Auswirkungen der verschiedenen Grundrechtsfunktionen für die Prüfung der Vorgaben des internationalen Rechts hinsichtlich der nationalen Gewährung von Informationszugangsrechten[19]. Anschließend dient es einem Überblick über die im Rahmen der Gewährung von Informationszugangsrechten kollidierenden Rechtsgüter und ihre Verortung im internationalen Recht[20].

Im Hauptteil der Arbeit wird erörtert, inwieweit die verschiedenen formellen Völkerrechtsquellen konkret materielle Vorgaben hinsichtlich der nationalen Gewährung von Informationszugangsrechten für die Mitgliedsländer der EU beinhalten. Der Schwerpunkt liegt hierbei in der Prüfung, inwieweit der Schutzbereich der verschiedenen vertraglichen Übereinkünfte des internationalen Rechts als Hauptrechtsquelle des internationalen Menschenrechtsschutzes diese Rechtgüter umfasst. Zur besseren Übersichtlichkeit werden hierbei die universellen[21] und die regionalen europäischen Übereinkünfte[22] in gesonderten Kapiteln dargestellt. Es soll in diesem Zusammenhang jeweils untersucht werden, inwieweit das entsprechende Instrument die nationalen Gesetzgeber der Mitglieder der EU völkerrechtlich zur Gewährung des Grundsatzes des Zugangs zu amtlichen Dokumenten in den nationalen Rechtsordnungen verpflichtet. Zum anderen ist herauszuarbeiten, inwieweit das jeweilige Instrument dem nationalen

---

15 Kapitel 2 I.
16 Kapitel 2 II.
17 Kapitel 2 III.
18 Kapitel 2 III. 3.
19 Kapitel 2 III. 3. b. cc. und Kapitel 2 III. 3. c.
20 Kapitel 2 III. 4.
21 Kapitel 3.
22 Kapitel 4.

Gesetzgeber völkerrechtlich verbindliche Grenzen für die Gewährung des Grundsatzes des öffentlichen Zugangs zu amtlichen Dokumenten in den nationalen Rechtsordnungen setzt.

Im Sinne eines vollständigen Überblicks wird anschließend kurz im Stil einer negativen Abgrenzung zu der Frage Stellung genommen, inwieweit Vorgaben hinsichtlich der nationalen Ausgestaltung von Informationszugangsgesetzen aus dem Völkergewohnheitsrecht[23] bzw. aus den allgemeinen Grundsätzen des Völkerrechts[24] folgen.

Zur besseren Übersichtlichkeit werden die Ergebnisse der Arbeit im abschließenden Kapitel zusammenfassend dargestellt[25].

---

23 Kapitel 5.
24 Kapitel 6.
25 Kapitel 7.

KAPITEL 2 Grundlagen

I. Definition des Untersuchungsgegenstandes

Der Untersuchungsgegenstand der vorliegenden Arbeit ergibt sich aus der aktuellen gemeinschaftsweiten Diskussion des Prinzips der Verwaltungsöffentlichkeit unter dem spezifischen Aspekt der Einführung individueller Rechte auf Zugang zu Verwaltungsinformationen. Im Sinne des Versuchs, eine Relativierung dieser Debatte unter den Mitgliedern der EU aufgrund der die nationalen Rechtsgeber bindenden Vorgaben des internationalen Rechts zu ermöglichen, beschränkt sich diese Ausarbeitung daher zum einen auf eine Analyse der Vorgaben desjenigen universellen sowie regionalen internationalen Rechts, welches für die Mitglieder der EU anwendbar ist. Eine Ausweitung dieser Prüfung auch auf die Vorgaben anderer regionaler Bereiche des internationalen Rechts würde hingegen entweder den Rahmen dieser Arbeit überschreiten oder aber notwendigerweise zu einer sich weitgehend an der Oberfläche bewegenden Analyse führen, woraus sich wiederum allenfalls ein geringer Beitrag zur die Diskussion im Rahmen der EU ergeben würde.

Zum anderen grenzt diese Zielrichtung den Untersuchungsgegenstand auch hinsichtlich des zu analysierenden Rechtsinstituts eng ein:

Unjuristisch gesprochen soll sich die vorliegende Arbeit mit dem Anspruch eines jeden Bürgers auf Kenntnisnahme des Inhalts der bei einer beliebigen Verwaltungsbehörde befindlichen Informationen beschäftigen, auf die er ohne Mitwirkung der Behörde keinen direkten Zugriff hat.

Juristisch definiert geht es damit um das unter Gesetzesvorbehalt stehende antragsgebundene subjektive öffentliche Recht des Bürgers auf Zugang zu den bei den Verwaltungsbehörden befindlichen Informationen unabhängig vom Vorliegen weiterer Bedingungen.

Aus dieser Definition ergibt sich in mehrfacher Hinsicht eine juristische Abgrenzung[26]:

Im Rahmen der vorliegenden Arbeit soll nicht das übergeordnete Prinzip der Verwaltungsöffentlichkeit aus der Perspektive des internationalen Rechts diskutiert werden, sondern entsprechend der aktuellen Diskussion die spezifischen materiellen Vorgaben des internationalen Rechts lediglich für solche Informationszugangsrechte herausgearbeitet werden, die dem Einzelnen einen einklagba-

---

[26] Zum Folgenden m.w.N. *Angelov*, Grundlagen und Grenzen eines staatsbürgerlichen Informationszugangsanspruchs, S. 28 ff., auf dessen gute Abgrenzung hier Bezug genommen wird.

ren Anspruch auf Zugänglichmachung von Informationen der Verwaltungsbehörden aufgrund gezielter eigener Aktion einräumen[27]. Bezogen auf die Kategorien deutschen Rechts geht es damit lediglich um Zugangsrechte, die die Rechtsnatur eines subjektiv-öffentlichen Rechts besitzen, d.h. sie müssen zumindest auch dazu bestimmt sein, dem Einzelnen eine eigene Rechtsposition im Sinne einer Rechtsmacht einzuräumen, vom Staat den Zugang zu bestimmten Informationen verlangen zu können[28]. Dies ist dann nicht der Fall, wenn sich der Zugang zu staatlichen Informationen lediglich als Reflex im Sinne einer rein tatsächlichen, nicht aber final beabsichtigten begünstigenden Wirkung einer Rechtsnorm darstellt[29]. Staatliche Informationstätigkeit, welche der Herstellung von Öffentlichkeit und Transparenz der Verwaltungstätigkeit der Exekutive zwar dient, die aber auf der Initiative des Staates beruht und deren Informationen der Bürger „schlicht entgegennimmt"[30], ohne auf sie einen eigenen durchsetzbaren Anspruch zu haben, wird daher im Rahmen dieser Ausarbeitung nicht beleuchtet.

Des Weiteren sollen lediglich Informationszugangsrechte mit einem uneingeschränkten Kreis von *Anspruchsberechtigten* behandelt werden. Spezielle Informationszugangsrechte besonderer Personengruppen wie beispielsweise die Einsichtrechte von Verfahrensbeteiligten oder der Presse sowie staatlicher Organe wie z.B. verwaltungsinterne Akteneinsichtsrechte oder Einsichtsrechte parlamentarischer Untersuchungsausschüsse, welche das Zugangsrecht jeweils an eine eigene Betroffenheit oder verfassungsrechtliche Stellung des Berechtigten knüpfen, bleiben unberücksichtigt[31]. Übersetzt in die deutsche Rechtssprache geht es damit lediglich um als „Jedermannsrecht" konzipierte Normen[32].

---

27 *Angelov*, Grundlagen und Grenzen eines staatsbürgerlichen Informationszugangsanspruchs, S. 28.

28 Dies ist im deutschen Recht durch Auslegung ggf. unter Anwendung der so genannten Schutznormtheorie zu ermitteln, vgl. *Maurer*, Allgemeines Verwaltungsrecht, § 8 Rdn. 2; *Schmidt-Aßmann,* in: Maunz/Dürig, Kommentar zum Grundgesetz, Art. 19 Abs. 4 Rdn. 127; *Schulze-Fielitz*, in: *Dreier*, Grundgesetz-Kommentar, Bd. 1, 1996, Art. 19 IV Rdn. 44.

29 Vgl. *Happ*, in: *Eyermann*, Verwaltungsgerichtsordnung - Kommentar, § 42 Rdn. 85; *Maurer*, Allgemeines Verwaltungsrecht, § 8 Rdn. 9.

30 *Angelov*, Grundlagen und Grenzen eines staatsbürgerlichen Informationszugangsanspruchs, S. 28.

31 Für eine Darstellung der Einsichtsrechte von Beteiligten individueller Verwaltungsverfahren in der deutschen Rechtsordnung vgl. *Höffler*, Akteneinsichtsrechte des Bürgers bei deutschen Verwaltungsbehörden, S. 138 ff. Für eine Darstellung der Informationsrechte der Presse in der deutschen Rechtsordnung vgl. stellvertretend *Löffler*, Der Informationsanspruch der Presse und des Rundfunks, NJW 1964, 2277 ff.

32 So beschrieben auch bei *Masing,* Transparente Verwaltung: Konturen eines Informationsverwaltungsrechts, VVDStRL 63 (2004), S. 386.

Hinsichtlich des Kreises des *Anspruchsgegners* ist der hier untersuchte Informationszugangsanspruch dagegen auf die bei Behörden und sonstigen öffentlichen Stellen der Exekutivgewalt befindlichen Informationen beschränkt und damit nicht gegen Stellen der Legislative und Judikative gerichtet, wie es z. B. bei Einsichtsrechten in Gerichtsakten der Fall ist[33].

Dagegen zeichnet sich der im Folgenden zu untersuchende Anspruch auf Informationszugang durch einen weiten *Anspruchsgegenstand* aus: Er umfasst grundsätzlich alle bei der entsprechenden Stelle vorhandenen Informationen, welche diese zur Erfüllung ihrer amtlichen Aufgaben bedarf und ist daher „in einem allgemeinen, gegenständlich nicht eingeschränkten Sinne zu verstehen"[34]. Damit sind sektorell beschränkte Rechte auf Informationszugang wie beispielsweise das im Rahmen des Umweltinformationsgesetzes[35] auf den sachlich begrenzten Bereich von Umweltinformationen der Verwaltung gewährte Recht auf Informationszugang, das seine Entsprechung auf universeller völkerrechtlicher Ebene in der Aarhus-Konvention und auf regionaler Ebene in der Umweltinformationsrichtlinie hat, von der Betrachtung ausgeschlossen. In gleicher Weise umfasst der Anspruchsgegenstand auch alle Arten von Informationsträgern, d.h. Informationen in Schrift-, Bild- und Tonform sowie elektronisch oder in sonstiger Weise gespeicherte Daten.

Als grundsätzlich gleichberechtigte Gewährungsformen des Rechts auf Informationszugang stehen Einsichtnahme und Auskunftserteilung zur Verfügung.

II. Terminologie

Schwieriger gestaltet sich die Festlegung einer Terminologie, die den rechtlichen Gehalt des Untersuchungsgegenstandes präzise widerzuspiegeln vermag. Dementsprechend werden in Literatur und Rechtsprechung in oft uneinheitlicher Weise Begriffe synonym bzw. alternativ verwendet.

Obwohl die zum IFG erschienene Literatur von „Informationsfreiheit" bzw. einem „Informationsrecht" spricht[36] und auch im anglo-amerikanischen und internationalen Rechtsverkehr der Fachausdruck „Freedom of Information" gängig ist, sind diese wegen ihrer Sprachidentität mit dem in vielen Menschenrechtsin-

---

33 Für eine Darstellung der Einsichtsrechte in Gerichtsakten vgl. *Höffler*, Akteneinsichtsrechte des Bürgers bei deutschen Verwaltungsbehörden, S. 21 ff.

34 *Angelov*, Grundlagen und Grenzen eines staatsbürgerlichen Informationszugangsanspruchs, S. 29.

35 Umweltinformationsgesetz, UIG, verkündet als Art. 1 des Gesetzes zur Umsetzung der Richtlinie 90/313/EWG des Rates v. 7.6.1990 über den freien Zugang zu Informationen über die Umwelt v. 8.7.1994, BGBl. 1994 I, S. 1490.

36 So verwendet bei *Kugelmann*, Das Informationsfreiheitsgesetz des Bundes, NJW 2005, 3609 (3609 f.).

strumenten sowie nationalen Grundrechtskatalogen verwendeten Oberbegriff des Rechts auf Informationsfreiheit abzulehnen. Richtigerweise wird gegen ihre Verwendung zur Benennung eines subjektiven Rechts auf Informationszugang eingewendet, dass nicht erkennbar sei, ob im konkreten Fall die passive und/oder aktive Informationsfreiheit umfasst sein soll, und dass selbst in ersterem Fall der Schutzbereich des Rechts auf Informationsfreiheit nach „herkömmlichem“[37] Verständnis lediglich die Garantie der „Wahrnehmbarmachung des Wahrnehmbaren“ und des „Zugangs zu Zugänglichem“ im Bereich staatlicher Informationsgewährung beinhalte[38], Untersuchungsgegenstand aber gerade das „Recht auf Herstellung dieser Wahrnehmbarkeit und Zugänglichkeit“[39] sei. Zwar ist diesem Einwand zu entgegnen, dass sich das klassische Verständnis des Rechts auf Informationsfreiheit seit dieser Feststellung durch *Windsheimer* im Jahre 1968 möglicherweise mit dem Ergebnis eines erweiterten Schutzbereiches verändert hat. Dies herauszufinden, ist gerade auch Gegenstand der vorliegenden Arbeit. Auch in diesem Fall ist jedoch die synonyme Verwendung eines Oberbegriffes für einen möglicherweise umfassten Unterfall ungenau und wegen vorprogrammierter Missverständnisse abzulehnen. Die amtliche Kurzbezeichnung des Gesetzes zur Regelung des Zugangs zu Informationen des Bundes als „Informationsfreiheitsgesetz“ ist in diesem Sinne ein Tribut an die Vereinfachung, sollte aber nicht zur fortgesetzten Praxis einer missverständlichen Bezeichnung des gewährten Rechtsinstituts führen.

Andere Begriffe wurden gleichfalls kritisiert. Aufgrund der Tatsache, dass es sich bei Informationen um subjektiv verarbeitete Sinneswahrnehmungen handele und sich die Zugänglichkeit daher immer auf Daten und nicht Informationen richte[40], wird teilweise dem Begriff des Datenzugangs Vorzug gegeben[41]. Andere kritisieren an der Verwendung dieses Begriffes die Suggestion, dass sich der Zugang auf elektronisch gespeicherte Informationen beschränke[42]. Der oft gebrauchte Terminus des Aktenzugangs wiederum berge die entgegengesetzte Ge-

---

37 *Angelov*, Grundlagen und Grenzen eines staatsbürgerlichen Informationszugangsanspruchs, S. 30.

38 *Angelov*, Grundlagen und Grenzen eines staatsbürgerlichen Informationszugangsanspruchs, S. 31, m.V.a. *Windsheimer*, Die „Information“ als Interpretationsgrundlage für die subjektiven öffentlichen Rechte des Art. 5 Abs. 1 GG, S. 143.

39 *Angelov*, Grundlagen und Grenzen eines staatsbürgerlichen Informationszugangsanspruchs, S. 31.

40 Stellvertretend zur begrifflichen Unterscheidung von Daten und Informationen *Schoch*, Öffentlich-rechtliche Rahmenbedingungen einer Informationsordnung, VVDStRL 57 (1998), S. 158 (166 ff.); *Trute*, Der Schutz personenbezogener Informationen in der Informationsgesellschaft, JZ 1998, 822 (825).

41 So z.B. bei *Masing*, Transparente Verwaltung: Konturen eines Informationsverwaltungsrechts, VVDStRL 63 (2004), S. 377 ff.

42 *Angelov*, Grundlagen und Grenzen eines staatsbürgerlichen Informationszugangsanspruchs, S. 31.

fahr einer Einengung auf Information in der konventionellen geschriebenen Form, was jedoch angesichts der Einigkeit über die Notwendigkeit der Anpassung des Begriffes an den technischen Fortschritt außer Betracht bleiben könne[43].

Das europäische Gemeinschaftsrecht spricht in der deutschen amtlichen Fassung der Richtlinie zum Schutz natürlicher Personen bei der Verarbeitung personenbezogener Daten und zum freien Datenverkehr vom 24. Oktober 1995[44], der so genannten Datenschutzrichtlinie, unter Ziffer 72 der einleitenden Gründe vom „Grundsatz des öffentlichen Zugangs zu amtlichen Dokumenten". Diese Formulierung wurde im Hinblick auf die Bemühungen Schwedens eingefügt, seinen verfassungsrechtlich verankerten Grundsatz der „Öffentlichkeit der Verwaltung" und insbesondere des „allgemeinen Zugangs zu offiziellen Dokumenten" zu schützen[45]. Da letzteres Rechtsinstitut alle oben beschriebenen Merkmale des hier zu untersuchenden Rechts umfasst, bietet sich eine Verwendung des vom Gemeinschaftsrechtsgeber gewählten Begriffes an. Gerade auch im Hinblick auf die besonderen Bezüge der vorliegenden Arbeit zum europäischen internationalen Recht halte ich ihn zur Bezeichnung des Untersuchungsgegenstandes in besonderer Weise geeignet und habe ihn aus diesem Grund als Arbeitsüberschrift gewählt.

Im laufenden Text soll im Sinne eines besseren Leseflusses der Terminus „Informationszugangsrecht"[46] verwendet werden. Durch die Verwendung des Begriffes „Zugang" wird die Rechtsnatur des Anspruches als subjektives öffentliches Recht kenntlich gemacht[47]. Der bereits vor Inkrafttreten des IFG im juristischen Sprachgebrauch verwendete Begriff der „Informationen" für die bei Verwaltungsbehörden befindlichen Daten[48] hat nunmehr auch gesetzliche Etablierung erfahren. Im Sinne der Verwendung einer einheitlichen Terminologie soll er daher auch in der vorliegenden Arbeit Anwendung finden.

---

43 *Höffler*, Akteneinsichtsrechte des Bürgers bei deutschen Verwaltungsbehörden, S. 2.

44 Richtlinie 95/46/EG des Europäischen Parlamentes und des Rates zum Schutz natürlicher Personen bei der Verarbeitung personenbezogener Daten und zum freien Datenverkehr v. 24.10.1995, ABl. Nr. L 281, 31, abgekürzt als Datenschutz-RiL 95/46/EG.

45 *Haellmigk*, Schweden und das Europäische Gemeinschaftsrecht, S. 165. Dem gleichen Zweck sollte auch die in die Beitrittsakte aufgenommene Erklärung Schwedens zur Öffentlichkeit der Verwaltung dienen, Text: ABl. Nr. C 241, 397.

46 Zu den Vorzügen dieses Begriffes auch *Rossi*, Informationszugangsfreiheit und Verfassungsrecht, S. 20.

47 So auch schon *Angelov*, Grundlagen und Grenzen eines staatsbürgerlichen Informationszugangsanspruchs, S. 31.

48 *Rossi*, Informationszugangsfreiheit und Verfassungsrecht, S. 19, mit Hinweis darauf, dass dieser Verwendung im Gegensatz zum semantischen ein pragmatischer Informationsbegriff zu Grunde liegt.

III. Die Einbettung nationaler Informationszugangsrechte in das internationale Recht

Die nationale Gewährleistung des Grundsatzes des öffentlichen Zugangs zu amtlichen Dokumenten ist als individuelles Recht des Bürgers gegen den Staat Teil des modernen Völkerrechts.

1. Subjektive Rechte als Teil des modernen Völkerrechts

Der Epoche des klassischen Völkerrechts[49] wird häufig vorgeworfen, Rechte des Individuums nicht gekannt zu haben und damit eine Rechtsordnung ausschließlich zur Regelung der Beziehungen der Staaten untereinander gewesen zu sein, in der Völkerrechtssubjektivität exklusiv den souveränen Staaten zuteil wurde und nur diese daher Träger von Rechten und Pflichten des Völkerrechts sein konnten[50].

Hiergegen wird eingewendet, dass eine Reduzierung der Völkerrechtssubjektivität eigentlich erst im 19. Jahrhundert erfolgte[51]: Wie auch das römische *ius gentium*, auf dessen Bezeichnung der Begriff des Völkerrechts zurückgeht, nicht ein zwischen den Völkern der Antike konsensual gebildetes und zwischen ihnen geltendes Recht darstellte, sondern vielmehr das ohne Weiteres überall geltende und damit „gemein-menschliche" römische Recht umfasste, dessen das römische Reich sich neben dem seinen Bürgern vorbehaltenen *ius civile* zur Regelung des Rechtsverkehrs mit und zwischen Nichtrömern bediente[52], verwendete auch der Naturalismus den Begriff des *ius gentium* noch im Sinne einer alle Menschen und Herrschaftsverbände gleichermaßen umfassenden Rechtsordnung[53]. Mangels einer scharfen Trennung zwischen den Rechtsgebieten und auch zwischen dem, was heute innerstaatlichem bzw. internationalem Recht entspricht, war das *ius gentium* nicht auf den zwischenstaatlichen Rechtsverkehr begrenzt, sondern beinhaltete gleichfalls Rechte des Einzelnen[54].

---

49 Als solche wird die Zeit ungefähr zwischen dem Westfälischen Frieden 1648 und dem Ende des Ersten Weltkrieges 1919 bezeichnet, vgl. *Kimminich/Hobe*, Einführung in das Völkerrecht, S. 30; *Malanczuk*, Modern Introduction to International Law, S. 10.

50 *Dahm/Delbrück/Wolfrum*, Völkerrecht Bd. I/2, S. 259; *Buergenthal*, International Human Rights, S. 2; *Kimminich/Hobe*, Einführung in das Völkerrecht, S. 71.

51 *Gornig*, Äußerungsfreiheit und Informationsfreiheit als Menschenrechte, S. 98 ff.; *Epping*, in: *Ipsen*, Völkerrecht, § 4 Rdn. 1.

52 *Berber*, Lehrbuch des Völkerrechts, S. 2; *Seidl-Hohenveldern*, Völkerrecht, § 8 Rdn. 71 f.; *Kimminich/Hobe*, Einführung in das Völkerrecht, S. 33; *Ipsen*, in: *Ipsen*, Völkerrecht, § 1 Rdn. 3 f.; *Herdegen*, Völkerrecht, § 2 Rdn. 1.

53 *von Münch*, Völkerrecht, S. 19; *Ipsen*, in: *Ipsen*, Völkerrecht, § 1 Rdn. 4.

54 *Gornig*, Äußerungsfreiheit und Informationsfreiheit als Menschenrechte, S. 98; *Malanczuk*, Modern Introduction to International Law, p. 100.

Erst mit dem endgültigen Durchbruch des Positivismus im 19. Jahrhundert wurde der souveräne Staat zum einzigen Völkerrechtssubjekt, das Menschen und Herrschaftsverbände umfassende *ius gentium* wurde zum lediglich zwischenstaatliche Beziehungen regelnden *ius inter gentes*[55]. Nach der Theorie des Positivismus bildete das tatsächliche Verhalten der souveränen Staaten die Grundlage des Völkerrechts[56]. Der Status des einzelnen Menschen reduzierte sich auf den eines völkerrechtlichen Objektes ohne eigene Rechte und Pflichten auf der Ebene des internationalen Rechts[57]. Entsprechend sicherte der Dualismus zwischen Völkerrecht und innerstaatlichem Recht durch die Notwendigkeit der Transformation der den einzelnen begünstigenden völkerrechtlichen Regeln in das innerstaatliche Recht die Tatsache, dass das Individuum nur über das Medium des Staates mit dem Völkerrecht verbunden war[58]. Diese Mediatisierung des Individuums führte dazu, dass den Einzelnen begünstigende staatliche Verpflichtungen ausschließlich als solche gegenüber dem Staat, dessen Angehöriger betroffen ist, definiert wurden[59]. Des Weiteren war die Gewährung von Grundrechten dem innerstaatlichen Recht vorbehalten[60] und Grundrechtsverletzungen eines Staates gegenüber seinen eigenen Bürgern damit ausschließlich innere Angelegenheiten dieses Staates[61].

Dies entspricht nicht mehr der Rechtslage des modernen Völkerrechts, welches sich vor allem als Reaktion auf die beiden Weltkriege um einen umfassenden internationalen Menschenrechtsschutz zu bemühen begann[62]. Ausgehend von der staatlichen Souveränität, also der Innehabung höchster, unabgeleiteter Staatsgewalt[63], welche nach außen die Völkerrechtsunmittelbarkeit und nach

---

[55] *Ipsen*, in: *Ipsen*, Völkerrecht, § 1 Rdn. 5 sowie *Epping*, in: *Ipsen*, Völkerrecht, § 4 Rdn. 1 f.

[56] *Malanczuk*, Modern Introduction to International Law, p. 16; *Herdegen*, Völkerrecht, § 2 Rdn. 6.

[57] Vgl. zur sog. Objektstheorie *Shaw*, International Law, p. 232; *Epping*, in: *Ipsen*, Völkerrecht, § 7 Rdn. 1; *O´Connell*, International Law, Vol. 1, p. 117.

[58] *Epping*, in: *Ipsen*, Völkerrecht, § 7 Rdn. 1.

[59] *Hailbronner*, in: *Graf Vitzthum*, Völkerrecht, 3. Abschn. Rdn. 14 f.; *Buergenthal*, International Human Rights, p. 2; *Herdegen*, Völkerrecht, § 12 Rdn. 1; *Epping*, in: *Ipsen*, Völkerrecht, § 7 Rdn. 1 ff.

[60] *Gornig*, Äußerungsfreiheit und Informationsfreiheit als Menschenrechte, S. 99.

[61] *Schilling*, Internationaler Menschenrechtsschutz, § 1 Rdn. 4; *Buergenthal*, International Human Rights, p. 3.

[62] *Malanczuk*, Modern Introduction to International Law, p. 209; *Shaw*, International Law, pp. 252-253.

[63] Vgl. *Ipsen*, Staatsrecht I, S. 302 Rdn. 1060, der allerdings bereits im Hinblick auf die globalen Verflechtungen nicht mehr von alleiniger staatlicher Souveränität in diesem Sinne sprechen will; ebenso *Maurer*, Staatsrecht I, § 1 Rdn. 9. Diese Einschränkung verkennt jedoch, dass sich rechtlich bindende Verflechtungen erst als Folge der Eingehung völkerrechtlicher Verpflichtungen durch die Staaten ergeben, diese mithin gerade auch Ausfluss staatlicher Souveränität sind.

innen die Verfassungsautonomie des Staates umfasst[64], ist der Staat jederzeit befugt, diese Souveränität durch Abschluss völkerrechtlicher Verträge zu beschränken und dadurch Rechtsbereiche, die eigentlich seinen inneren Angelegenheiten unterfallen, auf die Ebene des Völkerrechts zu heben[65]. Im Bereich der Gewährung von Grundrechten geschieht dies durch den Abschluss völkerrechtlicher Verträge zum Schutz der Menschenrechte, was zur Verdrängung der Mediatisierung des Individuums durch den Staat insoweit geführt hat, als der Einzelne nunmehr in dem Umfang, in welchem er durch völkerrechtliche Übereinkommen zur Zuordnungsperson völkerrechtlicher Rechte oder Pflichten wird, nicht mehr nur als Angehöriger eines Staates, sondern vielmehr in seiner Eigenschaft als Individuum eine völkerrechtliche Rechtsposition genießt[66]. Allerdings bleiben die Staaten hierbei aufgrund ihrer Eigenschaft als alleinige Berechtigte zur Teilnahme am Rechtserzeugungsprozess die einzigen originären Völkerrechtssubjekte. Ob das Individuum hinsichtlich der ihm eingeräumten Rechte in völkerrechtlichen Verträgen mittlerweile einen Status partieller Völkerrechtssubjektivität genießt, wird angesichts der Tatsache, dass seine Rechtsstellung auch nach Vertragsschluss von der Fortdauer der Vertragsbindung seines Staates abhängig ist, auf die der Einzelne keinen Einfluss hat, diskutiert[67]. Hierbei hat sich mittlerweile die Auffassung durchgesetzt, dass von einer völkerrechtlichen Berechtigung des Einzelnen zumindest dann auszugehen ist, wenn sich die entsprechenden völkerrechtlichen Normen „unmittelbar an Einzelmenschen wenden“[68]. Eine solche echte völkerrechtliche Berechtigung des Einzelnen im Sinne einer personalen Zuordnung des Rechtes ist zu bejahen, wenn es sich nicht lediglich um eine Begünstigung von Individuen entstanden als Reflex aus Rechten und Pflichten des Staates handelt, sondern dem Einzelnen vielmehr ein völkerrechtliches Verfahren zur Durchsetzung des zugeordneten Rechts gewährt wird[69]. Zumindest in diesem Fall wird heute weitgehend von einer partiellen Völkerrechtssubjektivität gesprochen[70].

Für die vorliegende Arbeit bedeutet dies, dass die nationale Gewährung von Informationszugangsrechten nach dem im modernen Völkerrecht existierenden

---

64 *Ipsen*, in: *Ipsen*, Völkerrecht, § 2 Rdn. 66.

65 *Buergenthal*, International Human Rights, p. 6.

66 *Epping*, in: *Ipsen*, Völkerrecht, § 7 Rdn. 3.

67 *Gornig*, Menschenrechte im Völkerrecht, in: *Blumenwitz/Gornig/Murswiek*, Minderheitenschutz und Menschenrechte, S. 160; *Gornig*, Äußerungsfreiheit und Informationsfreiheit als Menschenrechte, S. 100; im Ergebnis bejahend: *Doehring*, Völkerrecht, S. 110 ff. Rdn. 245 ff., insbes. Rdn. 250; *Kimminich/Hobe*, Einführung in das Völkerrecht, S. 156; dies mit Blick auf die globale Staatenpraxis eher bezweifelnd: *Epping*, in: *Ipsen*, Völkerrecht, § 7 Rdn. 6.

68 *Verdross/Simma*, Universelles Völkerrecht, § 423.

69 *Verdross/Simma*, Universelles Völkerrecht, § 424; *Epping*, in: *Ipsen*, Völkerrecht, § 7 Rdn. 5, *Herdegen*, Völkerrecht, § 12 Rdn. 2.

70 So argumentierend auch *Ipsen*, in: *Ipsen*, Völkerrecht, Vor § 48 Rdn. 2.

Spannungsverhältnis zwischen Menschenrechtsschutz und staatlicher Souveränität[71] nicht mehr nur innere Angelegenheit des Staates ist, sondern dass sie insofern, als das internationale Recht verbindliche Vorgaben hinsichtlich der Gewährleistung dieser Rechte sowie hinsichtlich der Gewährleistung der kollidierenden Rechtsgüter umfasst, vom Völkerrecht berührt wird. Der Staat kann nationale Informationszugangsrechte damit nicht nach beliebiger Entscheidung gestalten, sondern hat hierbei seine Völkerrechtspflichten zu beachten.

2. Völkerrechtsquellen

Art. 38 Abs. 1 lit. a bis c IGH-Statut[72] listet als formelle[73] Völkerrechtsquellen internationale Übereinkünfte, internationales Gewohnheitsrecht und die allgemeinen Rechtsgrundsätze auf. Die in Art. 38 Abs. 1 lit. d IGH-Statut genannten richterlichen Entscheidungen und Lehrmeinungen werden hingegen ausdrücklich lediglich als „Hilfsmittel zur Feststellung von Rechtsnormen" qualifiziert. Trotz ihres eigentlichen Bezugs zum Internationalen Gerichtshof wird die Auflistung der Völkerrechtsquellen in Art. 38 Abs. 1 lit. a bis c IGH-Statut einhellig über den Anwendungsbereich des Gerichtshofes hinaus als verbindlich anerkannt[74].

a. Völkerrechtliche Verträge

Die im Statut erstgenannte Kategorie der völkerrechtlichen Verträge hat sich aufgrund ihres prägenden Einflusses auf die Entwicklung der internationalen Rechtsordnung heute als Hauptrechtsquelle des modernen Völkerrechts etabliert[75]. Sie umfasst unabhängig von der gewählten Bezeichnung, Form oder dem Inhalt alle dem Völkerrecht unterliegenden Vereinbarungen zwischen Staaten oder anderen vertragsfähigen Völkerrechtssubjekten[76]. Soweit völkerrechtliche

---

[71] Vgl. hierzu auch *Gornig*, Menschenrechte im Völkerrecht, in: *Blumenwitz/ Gornig/ Murswiek*, Minderheitenschutz und Menschenrechte, S. 160.

[72] Statut des Internationalen Gerichtshofs in der Fassung v. 26.6.1945, BGBl. 1973 II, S. 505.

[73] Im Unterschied zum materiellen Quellenbegriff, der außerrechtliche Grundwerte und Elemente beschreibt, die auf eine einmal entstandene Norm einwirken, bezieht sich der formelle Quellenbegriff auf die verschiedenen Erzeugungsarten, also die Positivierung des Rechts, vgl. *Heintschel v. Heinegg*, in: *Ipsen*, Völkerrecht, Vor § 9 Rdn. 1.

[74] *Fastenrath*, Lücken im Völkerrecht, S. 88 f.; *Malanczuk*, Modern Introduction to International Law, p. 36; *Heintschel v. Heinegg*, in: *Ipsen*, Völkerrecht, Vor § 9 Rdn. 3.

[75] *Verdross/Simma*, Universelles Völkerrecht, § 533. Bis zum Ende des Zweiten Weltkrieges war hingegen das Gewohnheitsrecht im Vergleich zu den Verträgen die bedeutendere Rechtsquelle, *Heintschel v. Heinegg*, in: *Ipsen*, Völkerrecht, § 16 Rdn. 1; *Kimminich/Hobe*, Einführung in das Völkerrecht, S. 178.

[76] *Heintschel v. Heinegg*, in: *Ipsen*, Völkerrecht, § 9 Rdn. 1.

Verträge - wie in der Regel - in Schriftform geschlossen wurden, fallen sie unter den Geltungsbereich der so genannten Wiener Konventionen[77].

Der Hauptteil der vorliegenden Ausarbeitung wird sich mit den aus diesen völkerrechtlichen Übereinkünften folgenden Vorgaben des internationalen Rechts für die nationale Gewährung von Informationszugangsrechten befassen.

b. Völkergewohnheitsrecht

Daneben kommt als weitere Rechtsquelle grundsätzlich das Völkergewohnheitsrecht in Betracht. Es handelt sich hierbei um ungeschriebenes, weder durch einen Gesetzgeber noch durch ausdrückliche Vereinbarung der Rechtssubjekte zustande gekommenes Recht[78]. Art. 38 Abs. 1 lit. b IGH-Statut beschreibt das internationale Gewohnheitsrecht „als Ausdruck einer allgemeinen, als Recht anerkannten Übung". Der IGH unterscheidet entsprechend dieser Definition zwischen der objektiven und der subjektiven Ebene, deren Voraussetzungen für die Bildung des Völkergewohnheitsrechts kumulativ vorliegen müssen: Völkergewohnheitsrecht entsteht damit durch die von einer Rechtsüberzeugung, der so genannten *opinio iuris*, getragene allgemeine Übung[79]. Zur Feststellung beider ist nach dem IGH primär auf das Verhalten und die Rechtsüberzeugung der Staaten abzustellen[80]. Da dieses sich nicht nur im klassischen zwischenstaatlichen Handeln ausdrückt, können auch die Urteile nationaler und internationaler Tribunale sowie internationale Verträge zur Verifizierung bestehenden Völkergewohnheitsrechts herangezogen werden[81].

Nach der Analyse der aus internationalen Übereinkünften folgenden Vorgaben für die nationale Gewährung von Informationszugangsrechten wird damit auch zu prüfen sein, ob solche aus dem Völkergewohnheitsrecht folgen.

c. Allgemeine Rechtsgrundsätze des Völkerrechts

Unter die in Art. 38 Abs. 1 lit. c IGH-Statut genannte dritte Völkerrechtsquelle der „von den Kulturvölkern anerkannten allgemeinen Rechtsgrundsätze" fallen anerkannte Rechtsprinzipien, die allen oder zumindest der großen Mehrheit der nationalen Rechtsordnungen gemeinsam und für diese von grundlegender Be-

---

77 Wiener Übereinkommen über das Recht der Verträge v. 23.5.1969, BGBl. 1985 II, S. 926; Wiener Übereinkommen über das Recht der Verträge zwischen Staaten und Internationalen Organisationen oder zwischen Internationalen Organisationen v. 21.3.1986, BGBl. 1990 II, S. 1414; Wiener Übereinkommen über die Staatennachfolge in Verträge v. 23.8.1978, englischer Text in: ILM 1978, p. 1488.

78 *Kimminich/Hobe*, Einführung in das Völkerrecht, S. 178.

79 *Nicaragua v. USA* (Merits), ICJ Rep. 1986, p. 97, para. 183.

80 *Libya v. Malta*, ICJ Rep. 1985, pp. 29-30, para. 27.

81 *Malanczuk*, Modern Introduction to International Law, pp. 39-40.

deutung sind oder deren Leitprinzipien darstellen und aufgrund ihres Regelungsbereichs auf das Völkerrecht übertragbar sind[82]. In der Praxis wird hierzu eine Gesamtschau der großen Rechtsfamilien vorgenommen, und zwar entsprechend des traditionellen Verständnisses des Völkerrechts als Koordinationsrechtsordnung zur Regelung der Beziehungen unter gleichrangigen Rechtssubjekten insbesondere in Form eines Vergleiches der großen Privatrechtsordnungen[83].

Als dritte Völkerrechtsquelle sind daher die allgemeinen Rechtsgrundsätze des Völkerrechts auf Vorgaben hinsichtlich der Gewährleistung von Informationszugangsrechten zu überprüfen.

3. Kategorien der im Völkerrecht gewährten Rechte

Unabhängig von den beschriebenen Völkerrechtsquellen als Positivierungsarten des internationalen Rechts ist nach den Kategorien der durch sie geschaffenen Rechte zu fragen, um entscheiden zu können, inwieweit diese Rechtskategorien potentiell auf der Ebene des Völkerrechts Vorgaben hinsichtlich der nationalen Gewährung von Informationszugangsrechten umfassen können.

Vor der einfachgesetzlichen Einführung des Rechts auf Informationszugang durch das IFG wurde in der deutschen Rechtswissenschaft eine verfassungsrechtliche Herleitung im Wesentlichen aus zwei verfassungsrechtlichen Normkategorien versucht: Zum einen wurden die Staatsfundamentalnormen - also das Demokratieprinzip, das Rechtsstaatsprinzip und das Sozialstaatsprinzip - herangezogen, zum anderen eine Herleitung aus den Grundrechten erörtert[84].

Im Folgenden ist festzustellen, inwieweit diese Rechtskategorien sich auch auf der Ebene des Völkerrechts finden und inwiefern ihre dortige theoretische Konzeption Vorgaben hinsichtlich der nationalen Gewährung von Informationszugangsrechten zu schaffen vermag.

a. Normierung der Staatsform

Unabhängig davon, dass im Ergebnis eine Ableitung subjektiver Rechte auf Informationszugang aus den Staatsfundamentalnormen im deutschen Recht nahezu einhellig abgelehnt wurde[85] und nur *Angelov* einen solchen Anspruch als vom

---

[82] *Heintschel v. Heinegg*, in: *Ipsen*, Völkerrecht, § 17 Rdn. 1 u. 3.
[83] *Herdegen*, Völkerrecht, § 17 Rdn. 1 f.
[84] Vgl. vor allem *Kugelmann*, Die informatorische Rechtsstellung des Bürgers, S. 32 ff.; *Angelov*, Grundlagen und Grenzen eines staatsbürgerlichen Informationszugangsanspruchs, S. 35 ff.
[85] So vor allem *Kugelmann*, Die informatorische Rechtsstellung des Bürgers, S. 32 ff.

Demokratieprinzip umfasst bewertete[86], ist dieser Ansatz auf die Ebene des Völkerrechts nur bedingt übertragbar.

Ausgehend von einer Gleichberechtigung der unterschiedlichen Staatsformen nimmt das Völkerrecht eine Bewertung innerer staatlicher Strukturen und staatstragender Ideologien nicht vor[87]. Dem entsprechend sind dem internationalen Recht grundsätzlich keine die Staatsform betreffende Normen zu entnehmen. Dies gilt grundsätzlich nicht nur für das universelle Völkerrecht, sondern gleichermaßen auch für die Europäische Menschenrechtskonvention (EMRK) als das wesentliche Instrument des regionalen europäischen Menschenrechtsschutzes: Eine eigene Norm mit der ausdrücklichen Verpflichtung, eine bestimmte Staatsform zu schaffen, findet sich hier wie dort nicht.

Dennoch erfolgt in dreierlei Hinsicht eine Bezugnahme auf einzelne Aspekte der Staatsform, welche hinsichtlich des Untersuchungsgegenstandes dieser Arbeit von unterschiedlicher rechtlicher Wirkung sind:

Eine unmittelbare völkerrechtliche Pflicht hinsichtlich der Gewährung demokratischer Elemente, welche dem Einzelnen individuelle Rechte einräumen, kann nur insofern bestehen, als im Rahmen einzelner subjektiver Rechte Aspekte demokratischer Partizipation genannt werden. Die rechtliche Auswirkung auf die Gestaltung der Staatsform ist in diesem Fall von der Reichweite des konkret gewährten Schutzbereiches abhängig.

Eine Bezugnahme auf Aspekte der Staatsform in den nicht-operativen Teilen der Instrumente des Menschenrechtsschutzes, wie beispielsweise in der Präambel der EMRK, kann hingegen mittelbare rechtliche Wirkung entfalten: Nach Art. 31 Abs. 1 Wiener Übereinkommen zum Recht der Verträge (WVK) gehört zu den Auslegungsregeln völkerrechtlicher Verträge auch die systematische Auslegungsmethode, nach der ein Vertrag „(…) in Übereinstimmung mit der gewöhnlichen, seinen Bestimmungen in ihrem Zusammenhang zukommenden Bedeutung und im Lichte seines Zieles und Zweckes auszulegen [ist]“. Art. 31 Abs. 2 WVK stellt explizit klar, dass hinsichtlich dieses Zusammenhanges der Vertrag in seiner Gesamtheit, also einschließlich seiner Präambel und seiner Anlagen, gemeint ist. Insofern kann die Bezugnahme auf einzelne Aspekte der Staatsform außerhalb des operativen Teils eines völkerrechtlichen Vertrages Auswirkung auch auf die Auslegung des Schutzbereiches der einzelnen gewährten subjektiven Rechte haben.

---

86 *Angelov*, Grundlagen und Grenzen eines staatsbürgerlichen Informationszugangsanspruchs, S. 68 ff., S. 93.
87 *Heintze*, in: *Ipsen*, Völkerrecht, § 30 Rdn. 4 u. 5.

Sofern die einzelnen Instrumente im Rahmen der Aufzählung legitimer Ziele, zu deren Erreichung eine Einschränkbarkeit der jeweiligen subjektiven Rechte möglich sein soll, auf Elemente bestimmter Staatsformen Bezug nehmen, sind diese gerade nicht als staatliche Verpflichtungen eigenständig einklagbar, sondern erweitern - wenn auch in den vorgegebenen Bahnen einer Verhältnismäßigkeitsprüfung - den Handlungsspielraum des Staates in Bezug auf eine Einschränkbarkeit des zu gewährenden Rechts. Da sich eine staatliche *Verpflichtung* zur Einschränkung der einzelnen Rechte zugunsten dieser Aspekte jedoch nur ergibt, wenn diese an anderer Stelle ausdrücklich geschaffen wurde, können völkerrechtliche Vorgaben für die Gewährung von Informationszugangsrechten aus der bloßen Nennung im Rahmen der Einschränkbarkeit einzelner subjektiver Rechte nicht abgeleitet werden.

b. Menschenrechte

Subjektive Rechtspositionen des Einzelnen beruhen im Bereich des Völkerrechts damit auf der Gewährleistung von Menschenrechten[88].

aa. Allgemeine Definition des Begriffs der Menschenrechte

Nach allgemeiner Definition umfassen die Menschenrechte die fundamentalen, unveräußerlichen, in der Natur des Menschen wurzelnden Rechte[89]. So erfreut man über die Kürze dieser Beschreibung sein mag, so ehrlich muss man eingestehen, dass sie - trotz Richtigkeit - eine zur Abgrenzung von anderen Rechtskategorien befähigende Aussage nicht trifft. Ihr Aussagewert beschränkt sich im Wesentlichen auf die Bezugnahme zum bürgerlich-liberalen Verständnis der Menschenrechte als „positiviertes Naturrecht"[90], also einer Einstufung derselben als dem Staate vorausliegende Rechte des Individuums[91], und zwar auch insoweit sie dem Einzelnen nicht schon als Menschen, sondern erst als Glied des Staates zukommen, sie also erst von selbigem gewährt werden müssen. Auch in diesem Fall sind sie nach obiger Definition nämlich den Staat verpflichtende Rechte des Individuums, welche ihm Rechtfertigung abverlangen und ihm inso-

---

88 Für eine gute Darstellung der ideengeschichtlichen Entwicklung der Freiheitsrechte vgl. *Gornig*, Zur Entwicklung eines besonderen Bereichs des Internationalen Rechts: Die naturrechtliche Verankerung der Freiheitsrechte, Die Friedens-Warte 1987, 53 (insb. 58 ff.).

89 So verwendet beispielsweise bei *Malanczuk*, Modern Introduction to International Law, p. 209.

90 So wörtlich *Dreier*, in: *Dreier*, Grundgesetz-Kommentar, Bd. 1, 1996, Vorb. Rdn. 33. Vgl. ebenfalls *Gornig*, Zur Entwicklung eines besonderen Bereichs des Internationalen Rechts: Die naturrechtliche Verankerung der Freiheitsrechte, Die Friedens-Warte 1987, 53 (78).

91 *Stern*, Staatsrecht III/1, S. 169.

fern vorausliegen[92]. Die teilweise von der Literatur vorgenommene Differenzierung zwischen vorstaatlichen Freiheiten und solchen ohne naturrechtliche Verankerung ist daher abzulehnen[93]. Zur Verdeutlichung dieses Grundrechtsverständnisses führt *Gornig* aus, dass die „Verbriefung in den internationalen Verträgen und in den Verfassungen lediglich eine Bestätigung bedeutet, nicht aber ein Zugeständnis“[94]. In dieser - wenn auch angesichts des jedenfalls zu Zeiten der Spaltung der Welt in Ost und West abweichenden marxistisch-leninistischen Grundrechtsverständnisses[95] wichtigen - Aussage erschöpft sich der Wert der obigen Definition.

Ebenso wenig vermag die in diesem Themenfeld teils synonym teils mit dem Ziel der Abgrenzung verwandte Begriffsvielfalt[96] den der Rechtskategorie zugrunde liegenden Charakter der Menschenrechte eindeutig zu beschreiben. Hierzu bedarf es vielmehr einer Beschäftigung mit den verschiedenen Funktionen, welche die in diese Kategorie fallenden Rechte beinhalten. Da im Bereich der Informationszugangsrechte ausdrückliche völkerrechtliche Normierungen weitgehend fehlen, sollen im Folgenden die von den Menschenrechten umfassten Funktionen als Grundlage für ihre spätere Auslegung in Bezug auf Informationszugangsrechte dargestellt werden.

bb. Einteilung der Menschenrechte in „Generationen“

Im Bereich des Völkerrechts ist es üblich geworden, die Menschenrechte korrespondierend mit ihrer Funktion in drei verschiedene „Generationen“ oder auch „Dimensionen“ einzuteilen[97]:

Hierbei umfasst die erste Generation Abwehrrechte des Bürgers gegen den Staat und damit die klassischen staatsbürgerlichen und politischen Freiheitsrechte, die zweite Generation individuelle oder kollektive Ansprüche auf einen menschenwürdigen Standard und damit vor allem wirtschaftliche, soziale und kulturelle Leistungsrechte und die seit den 70er Jahren des 20. Jahrhunderts thematisierte dritte Generation typisch kollektive Menschenrechte wie beispielsweise das

---

92 *Pieroth/Schlink*, Grundrechte, Staatsrecht II, S. 13 Rdn. 43 ff.

93 Vgl. die ausführliche Darstellung bei *Gornig*, Zur Entwicklung eines besonderen Bereichs des Internationalen Rechts: Die naturrechtliche Verankerung der Freiheitsrechte, Die Friedens-Warte 1987, 53 (56 ff., insb. 58) m.w.N.

94 *Gornig*, Äußerungsfreiheit und Informationsfreiheit als Menschenrechte, S. 101.

95 Vgl. hierzu die ausführliche Darstellung bei *Gornig*, Äußerungsfreiheit und Informationsfreiheit als Menschenrechte, S. 125 ff. und *Gornig*, Meinungsäußerungsrecht und Pressefreiheit nach marxistisch-leninistischem Grundrechtsverständnis, ROW 1987, 79 (80 f.).

96 Verwendet werden in diesem Zusammenhang u.a. die Begriffe der Menschenrechte, der Individualrechte, der Grundfreiheiten, der Grundrechte, der Grund- und Freiheitsrechte.

97 Vgl. stellvertretend *Riedel*, Menschenrechte der dritten Dimension, EuGRZ 1989, 9 (11).

Recht auf Frieden, das Recht auf eine geschützte Umwelt, das Recht auf Teilhabe am gemeinsamen Erbe der Menschheit oder das Recht auf Entwicklung[98].

Trotz Kritik hat sich diese Kategorisierung in der Fachsprache des Völkerrechts etabliert. Als Schwächen dieser Einteilung wurden vor allem zwei Aspekte thematisiert. Zum einen richtete sich die Kritik gegen den durch die Bezeichnung verschiedener Generationen hervorgerufenen Eindruck einer Substituierung der „jüngeren" durch eine „ältere" Generation[99]. Zum anderen wurde auf die Gefahr hingewiesen, die verschiedenen Generationen mit einer unterschiedlichen Wertigkeit zu belegen[100]. Beides entspricht hingegen nicht der Wirklichkeit: Die Schutz- und Regelungsbedürftigkeit besteht in allen drei Kategorien fort[101] und die ihnen jeweils zugemessene Bedeutung für den Einzelnen hängt in erster Linie stark vom Entwicklungsgrad des Staates ab, dem er angehört[102].

Neben diesen häufig formulierten Kritikpunkten halte ich einen dritten für gewichtiger: Die Einteilung der Menschenrechte in verschiedene, sich an ihrer jeweiligen Funktion orientierende Generationen erweckt den Anschein, jedes Menschenrecht lasse sich auf *eine* Funktion reduzieren. Dies verkennt, dass ein Menschenrecht neben der ursprünglichen Funktion, welche seinen Charakter primär ausmacht, weitere, häufig erst auf Grundlage des jeweiligen wirtschaftlichen und politischen Entwicklungsstandes des betroffenen Landes entstehende Funktionen umfassen kann. Im Sinne einer dynamischen Grundrechtsentwicklung wurde das eindimensionale, ängstliche Einsortieren der Grundrechte „in Schubfächer eines Schatzkästchens"[103] dahingehend abgelöst, als dem unveränderten Bestand an Grundrechtsnormierungen zusätzliche Wirkungen oder Dimensionen des Grundrechtsschutzes angelagert wurden. Im Zuge dieses gewandelten Grundrechtsverständnisses ist daher von einer durch das einzelne Grundrecht ausgelösten Mehrheit von Wirkungen auszugehen, was sich in dem von *Luhmann* eingeführten Begriff der „Multifunktionalität"[104] der Grundrechte ausdrückt. Die Einstufung der einzelnen Menschenrechte in verschiedene Generationen dient somit der Kenntlichmachung ihrer jeweils historisch ursprünglichen und weiterhin elementarsten Funktion. Dagegen darf sie einer Weiterentwick-

---

98 *Ipsen*, in: *Ipsen*, Völkerrecht, § 48 Rdn. 38; *Davidson*, Human Rights, p. 6; *Malanczuk*, Modern Introduction to International Law, p. 210.

99 *Partsch*, in: *Bernhardt/Jolowicz*, International Enforcement of Human Rights p. 25; *Malanczuk*, Modern Introduction to International Law, p. 210.

100 *Ipsen*, in: *Ipsen*, Völkerrecht, § 48 Rdn. 38.

101 *Ipsen*, in: *Ipsen*, Völkerrecht, § 48 Rdn. 38.

102 In diesem Zusammenhang kann nicht geleugnet werden, dass in vielen Teilen der Welt soziale und wirtschaftliche Rechte den gleichen oder sogar einen höheren Stellenwert für den Einzelnen haben als die klassischen Freiheitsrechte, vgl. m.w.N. *Malanczuk*, Modern Introduction to International Law, p. 211.

103 *Stern*, Staatsrecht III/1, S. 453.

104 *Luhmann*, Grundrechte als Institution, S. 80, 134.

lung des Schutzbereiches hinsichtlich der Koexistenz anderer Wirkungsdimensionen desselben Rechts nicht entgegenstehen. Diese Interdependenz aller menschenrechtlichen Kategorien ist in Rechtsprechung und Literatur auf nationaler wie auf internationaler Ebene grundsätzlich anerkannt[105].

Als Grundlage für die spätere konkrete Prüfung der Reichweite der Schutzbereiche der einzelnen gewährten Rechte soll daher im Folgenden ein Überblick über die verschiedenen Grundrechtsfunktionen gegeben werden.

cc. Menschenrechtsfunktionen

In Abgrenzung zum Begriff der Grundrechte, welche den innerstaatlichen Schutz der Staatsbürger gewährleisten sollen, dienen die Menschenrechte sowohl dem innerstaatlichen als auch dem völkerrechtlichen Schutz der dem Menschen aufgrund seiner Natur zukommenden Würde[106]. Beide Kategorien laufen daher hinsichtlich ihres Zieles, dem Staate vorausliegende Rechte des Einzelnen zu schützen, parallel und unterscheiden sich lediglich hinsichtlich ihres persönlichen Anwendungsbereiches dahingehend, dass die Menschenrechte im Gegensatz zu den Grundrechten nicht an der Staatsbürgerschaft des Einzelnen ansetzen, sondern innerstaatlich auch Ausländern und völkerrechtlich allen Menschen zustehen. Davon ausgehend, dass die Unterscheidung zwischen Menschen- und Grundrechten anhand ihrer Geltungsform, also der Art der Positivierung, erfolgt und damit „in den Staatsverfassungen (...) Menschenrechte zu Grundrechten [werden]“[107], unterscheiden sich beide nicht durch ihre Funktionen, sondern lediglich hinsichtlich des Rechtsbereichs ihrer Positivierung[108].

Die auf der Ebene der deutschen Grundrechtstheorie gängige Unterscheidung zwischen zwei Wirkungsdimensionen, nämlich der klassischen subjektiv-rechtlichen Grundrechtsfunktion sowie der objektiv-rechtlichen Funktion[109] ist damit auch auf die Dogmatik der Menschenrechte übertragbar.

---

[105] So auch *Nowak*, CCPR Commentary, Introduction para. 3.

[106] *Riedel*, Menschenrechte der dritten Dimension, EuGRZ 1989, 9 (9).

[107] *Kühnhardt*, Die Universalität der Menschenrechte, S. 23.

[108] Diese Abgrenzung wird allerdings nicht ganz einheitlich vorgenommen. *Dreier* bezeichnet die im Grundgesetz unabhängig von der deutschen Staatsbürgerschaft gewährten Rechte als Menschenrechte und die an die deutsche Staatsbürgerschaft anknüpfenden Rechte als Grundrechte, *Dreier*, in: *Dreier*, Grundgesetz-Kommentar, Bd. 1, 1996, Vorb. Rdn. 35 f.

[109] Vgl. stellvertretend für viele *Dreier*, in: *Dreier*, Grundgesetz-Kommentar, Bd. 1, 1996, Vorb. Rdn. 43.

(1) Subjektiv-rechtliche Funktion der Menschenrechte

Die klassische Funktion der Menschenrechte besteht in der Verleihung subjektiver Rechte des Einzelnen gegenüber dem Staat[110].

In der deutschen Grundrechtstheorie wird seit *Jellinek* im Rahmen der subjektiv-rechtlichen Funktion der Grundrechte weiter zwischen drei verschiedenen, durch die Grundrechte geschützten Beziehungen des Einzelnen zum Staat unterschieden: dem *status negativus*, dem *status activus* sowie dem *status positivus*[111]. Schon die Tatsache, dass auch die Einstufung der Menschenrechte zumindest in die so genannte erste und zweite Generation anhand dieser Wirkungsdimensionen erfolgt, zeigt, dass auch auf der Ebene des Völkerrechts eine Bewertung derselben Funktionen für die Auslegung der jeweiligen Menschenrechte maßgeblich ist.

Die Funktion der Grundrechte als *Abwehrrechte* ist im Wesentlichen eine Errungenschaft der Revolutionen des 18. und 19. Jahrhunderts. Sie dient dem Schutz des *status negativus*, also eines individuellen Bereiches liberaler Freiheit *vom* Staat, und beinhaltet damit den Anspruch des Einzelnen, dass staatliche Eingriffe unterlassen bzw. beseitigt werden, wenn sie geschehen sind[112]. Auf völkerrechtlicher wie nationaler Ebene ist diese Abwehrfunktion weiterhin die Hauptfunktion der Gruppe der so genannten bürgerlichen Rechte[113].

Dagegen dient die Funktion der Grundrechte als *Mitwirkungs- oder Teilnahmerechte* dem Schutz des *status activus*, also dem Bereich, in welchem der Einzelne seine Freiheit im und für den Staat betätigt, und sichert damit die demokratische Freiheit des Zugangs *zum* Staat[114]. Der Gewährung dieser Partizipationsrechte des Einzelnen dient in erster Linie die Gruppe der so genannten politischen Rechte, welche ebenfalls auf die bürgerlich-liberalen Revolutionen zurückgehen[115].

---

[110] Diese subjektiv-rechtliche Funktion der Menschenrechte ist zu unterscheiden von der Frage der individuellen Durchsetzbarkeit dieser subjektiven Rechtsposition durch Bereitstellung eines Verfahrens, vgl. wie schon zuvor *Verdross/Simma,* Universelles Völkerrecht, § 424.

[111] *Jellinek*, System der subjektiven öffentlichen Rechte, S. 87; *Stern*, Staatsrecht III/1, S. 426.

[112] *Jellinek*, System der subjektiven öffentlichen Rechte, S. 94 ff.; *v. Münch*, in: *v. Münch/Kunig*, Grundgesetz-Kommentar, Band 1, Vorb. Art. 1-19 Rdn. 16. *Pieroth/Schlink*, Grundrechte, Staatsrecht II, S. 17 Rdn. 58; *Dreier*, in: *Dreier*, Grundgesetz-Kommentar, Bd. 1, 1996, Vorb. Rdn. 45 ff.; *Starck*, in: *v. Mangoldt/Klein/Starck*, Kommentar zum Grundgesetz, Band 1, Art. 1 Rdn. 182 ff.

[113] *Nowak*, CCPR Commentary, Introduction para. 3.

[114] *Jellinek*, System der subjektiven öffentlichen Rechte, S. 136 ff.; *Pieroth/Schlink*, Grundrechte, Staatsrecht II, S. 19 Rdn. 65; *Starck*, in: *v. Mangoldt/Klein/Starck*, Kommentar zum Grundgesetz, Band 1, Art. 1 Rdn. 186.

[115] *Nowak*, CCPR Commentary, Introduction para. 3.

Als dritte Grundrechtsfunktion ist ihre Wirkungsdimension als *Leistungsrechte* zu nennen, welche dem Schutz des *status positivus* dient, also dem Bereich, in dem der Einzelne seine Freiheit erst *durch* den Staat entfalten kann, weil er für die Schaffung und Erhaltung seiner freien Existenz auf staatliche Vorkehrungen angewiesen ist[116]. Im Unterschied zu den ersten beiden Grundrechtsfunktionen ist diese Wirkungsdimension nicht Teil des liberalen, sondern vielmehr eines sozialen Freiheitskonzepts. Die Gruppe der wirtschaftlichen, sozialen und kulturellen Rechte dient in erster Linie dieser Grundrechtsfunktion[117].

Im Gegensatz zu der negatorischen Funktion der Grundrechte in ihrer Wirkung als Abwehr- und Mitwirkungsrechte begründen die Grundrechte in ihrer Funktion als Leistungsrechte positive Ansprüche des Einzelnen gegen den Staat in Form finanzieller Leistungs- oder Versorgungsansprüche sowie in Form von Schutzgewähr-, Teilhabe-, oder Verfahrensrechten[118]. Unstreitig anerkannt sind diese jeweiligen Wirkungsdimensionen bei entsprechender ausdrücklicher Formulierung der gewährten Rechte. Sofern sie jedoch als Abwehrrechte formuliert sind, stellt sich die Frage, ob sie neben dieser Wirkungsrichtung auch die Funktionen eines Leistungsrechts im weiteren Sinne umfassen.

Da sich die genannten positiven Ansprüche des Bürgers gegen den Staat inhaltlich wie auch dem Grunde nach unterscheiden, ist der hier zu behandelnde Anspruch des Einzelnen auf Zugang zu behördlichen Informationen zunächst in diese Wirkungsdimensionen einzuordnen. Schwierigkeiten bereitet hierbei die Tatsache, dass die in der deutschen Rechtspraxis angewandte Terminologie für Ansprüche des Bürgers auf positive Handlungen des Staates uneinheitlich ist und die genannten Begriffe teils synonym, teils differenzierend verwendet werden[119]. Hinsichtlich einer Einordnung der Informationszugangsrechte in die in diesem Zusammenhang existierenden Kategorien entfallen zumindest die teilweise als zu den Leistungsrechten im weiteren Sinne zählenden Schutzpflichten[120]. Letztere beziehen sich nämlich inhaltlich unstreitig lediglich auf die

---

116 *Jellinek*, System der subjektiven öffentlichen Rechte, S. 114 ff.; *Pieroth/Schlink*, Grundrechte, Staatsrecht II, S. 17 Rdn. 60; *v. Münch*, in: *v. Münch/Kunig*, Grundgesetz-Kommentar, Band 1, Vorb. Art. 1-19 Rdn. 18.

117 *Nowak*, CCPR Commentary, Introduction para. 3.

118 *v. Münch*, in: *v. Münch/Kunig*, Grundgesetz-Kommentar, Band 1, Vorb. Art 1-19 Rdn. 18; *Pieroth/Schlink*, Grundrechte, Staatsrecht II, S. 17 Rdn. 60; *Dreier*, in: *Dreier*, Grundgesetz-Kommentar, Bd. 1, 1996, Vorb. Rdn. 50 ff.; *Starck*, in: *v. Mangoldt/Klein/Starck*, Kommentar zum Grundgesetz, Band 1, Art. 1 Rdn. 187 ff.

119 Für einen Überblick hierzu vgl. *Murswiek*, in: *Isensee/Kirchhof*, Handbuch des Staatsrechts, Band V, § 112 Rdn. 5 ff.

120 Dies befürwortend *Alexy*, Theorie der Grundrechte, S. 395 ff., insb. 403. Andere lehnen eine Herleitung der Schutzpflichten aus der subjektiv-rechtlichen Funktion der Grundrechte ab und stützen diese stattdessen auf ihre objektiv-rechtliche Funktion, vgl. *Starck*, in: *v. Mangoldt/Klein/Starck*, Kommentar zum Grundgesetz, Band 1, Art. 1 Rdn. 194; *Dreier*, in: *Drei-*

Pflicht des Staates zur Abwehr der Eingriffe Dritter[121]. Da Informationszugangsrechten diese Zielrichtung fehlt, sind sie vielmehr den Leistungsrechten im engeren Sinne zuzuordnen[122] und werden in dieser Eigenschaft in der Literatur auch als so genannte Teilhaberechte bezeichnet[123].

Inhaltlich können Teilhaberechte Ansprüche auf Subventionen, Ansprüche im Rahmen der allgemeinen Daseinsvorsorge, Ansprüche auf Teilhabe an Gemeinschaftsgütern sowie soziale Leistungsansprüche im engeren Sinn begründen[124]. Anknüpfend an den *Rechtsgrund* ihrer Herleitung ist hingegen jeweils zwischen derivativen Teilhaberechten, also solchen auf Teilhabe an einem vorhandenen Güterstand, und originären Teilhaberechten, also Ansprüchen, deren Voraussetzungen erst geschaffen werden müssen, zu differenzieren[125]. Sofern eine Pflicht zur Gewährung von Informationszugang völkerrechtlich nicht ausdrücklich geregelt ist, kann es sich damit nur um ein aus menschenrechtlichen Verbürgungen abzuleitendes originäres Teilhaberecht handeln. Während in der deutschen Rechtspraxis heute Einigkeit hinsichtlich der Herleitung derivativer Teilhaberechte auf der Grundlage des Gleichheitsgrundsatzes besteht[126], ist die Ableitung originärer Teilhaberechte aus den Freiheitsgrundrechten weiter umstritten. Nach herrschender Auffassung ist zumindest eine *generelle* Umdeutung von Grundrechten mit primärer Abwehrfunktion zur Herleitung originärer Teilhaberechte ausgeschlossen[127]. Dies rührt aus der Tatsache, dass Freiheit als solche negativ als „die Abwesenheit allen Bestimmtwerdens von außen" zu definieren ist, so dass „die Freiheitsrechte nicht eine Erweiterung des Freiheitsraumes bedeuten" können[128]. Ebenso wird auch das andere Extrem einer kompletten Ver-

---

er, Grundgesetz-Kommentar, Bd. 1, 1996, Vorb. Rdn. 62 ff.; *v. Münch*, in: *v. Münch/Kunig*, Grundgesetz-Kommentar, Band 1, Vorb. Art. 1-19 Rdn. 22.

[121] Vgl. stellvertretend *v. Münch*, in: *v. Münch/Kunig*, Grundgesetz-Kommentar, Band 1, Vorb. Art. 1-19 Rdn. 22.

[122] So die Terminologie bei *Alexy*, Theorie der Grundrechte, S. 454 ff.

[123] Vgl. beispielsweise *Bleckmann*, Staatsrecht II - Die Grundrechte, S. 253 Rdn. 24 ff.; *Starck*, in: *v. Mangoldt/Klein/Starck*, Kommentar zum Grundgesetz, Band 1, Art. 1 Rdn. 188 ff.; *Schmidt-Bleibtreu/Klein*, Kommentar zum Grundgesetz, Vorb. v. Art. 1 Rdn. 18 f.

[124] Vgl. *Murswiek*, in: *Isensee/Kirchhof*, Handbuch des Staatsrechts, Band V, § 112 Rdn. 24.

[125] Stellvertretend zu dieser Unterscheidung *Hesse*, Bestand und Bedeutung der Grundrechte in der Bundesrepublik Deutschland, EuGRZ 1978, 427 (433).

[126] Zu diesem Ergebnis bereits *Hesse*, Bestand und Bedeutung der Grundrechte in der Bundesrepublik Deutschland, EuGRZ 1978, 427 (433); vgl. auch *Dreier*, in: *Dreier*, Grundgesetz-Kommentar, Bd. 1, 1996, Vorb. Rdn. 54; *v. Münch*, in: *v. Münch/Kunig*, Grundgesetz-Kommentar, Band 1, Vorb. Art. 1-19 Rdn. 20.

[127] Vgl. stellvertretend *Hesse*, Bestand und Bedeutung der Grundrechte in der Bundesrepublik Deutschland, EuGRZ 1978, 427 (434); *v. Münch*, in: *v. Münch/Kunig*, Grundgesetz-Kommentar, Band 1, Vorb. Art. 1-19 Rdn. 20.

[128] Auf diese Weise klar herausgearbeitet bei *Gornig*, Zur Entwicklung eines besonderen Bereichs des Internationalen Rechts: Die naturrechtliche Verankerung der Freiheitsrechte, Die Friedens-Warte 1987, 53 (76).

neinung heute nicht mehr vertreten, sondern vielmehr nach den Einzelfall bewertenden Mittelwegen gesucht[129].

Anknüpfend an das sozialstaatliche Grundrechtsverständnis werden originäre Teilhaberechte aus den Abwehrrechten im deutschen Recht dogmatisch dahingehend hergeleitet, dass diese sich nicht in ihrer primär negatorischen Funktion erschöpften, sondern der Staat infolge einer ihm zukommenden „Garantenstellung für die Umsetzung der Freiheit in die Verfassungswirklichkeit" zur Herstellung der faktischen Möglichkeit der Inanspruchnahme der Freiheit durch die Gewährung originärer Teilhaberechte verpflichtet sei[130].

Gegen eine solche sozialstaatliche Erweiterung der Funktion der primär negatorischen Grundrechte werden in der deutschen Rechtspraxis im Wesentlichen drei Argumente angeführt:

Zum einen ergebe sich aus der Tatsache, dass die Gewährung aus den Grundrechten abgeleiteter Teilhaberechte mit finanziellen Aufwendungen verbunden sei, ein Konflikt mit dem Parlamentsvorbehalt bezüglich der Haushaltspolitik nach Art. 109 Abs. 2 GG, da selbige anderenfalls bereits grundrechtlich festgelegt und dem Ermessen der Justiz unterlegen wäre[131]. Des Weiteren stünde die fehlende Justitiabilität der sozialen Grundrechte einer Ableitung originärer Teilhabeansprüche entgegen, da diese gesetzlich zu konkretisieren in der Kompetenz und damit dem Ermessen des Gesetzgebers liege[132]. Drittens wird außerdem auf die mit der Gewährung originärer Teilhaberechte verbundene mögliche Kollision mit anderen Verfassungsnormen, vor allem mit den Freiheits- oder sozialen Grundrechten Dritter, hingewiesen, welche ebenfalls eine abwägende Konkretisierung durch den Gesetzgeber fordere[133].

Im Ergebnis kommt die deutsche Rechtspraxis daher zu einer grundsätzlichen Verneinung originärer Teilhaberechte unter dem Vorbehalt im Einzelfall behutsam zu entwickelnder Ausnahmen[134]. Hierbei wird im Wesentlichen im Rahmen einer Abwägung darauf abgestellt, wie dringend die Notwendigkeit eines originären Teilhaberechts für die faktische Freiheit bzw. wie groß die Beeinträchti-

---

[129] *Heintschel v. Heinegg/Haltern*, Grundrechte als Leistungsansprüche des Bürgers gegenüber dem Staat, JA 1995, 333 (340).
[130] *Böckenförde*, in: *Böckenförde*, Staat, Verfassung, Demokratie, S. 137.
[131] Vgl. stellvertretend *Starck*, in: *v. Mangoldt/Klein/Starck*, Kommentar zum Grundgesetz, Band 1, Art. 1 Rdn. 189; *Bleckmann*, Staatsrecht II - Die Grundrechte, S. 260 Rdn. 38.
[132] *Martens*, Grundrechte im Leistungsstaat, VVDStRL 30 (1972), S. 30; m.w.N. *Alexy*, Theorie der Grundrechte, S. 461.
[133] *Alexy*, Theorie der Grundrechte, S. 463 ff.
[134] Vgl. z.B. *Murswiek*, in: *Isensee/Kirchhof*, Handbuch des Staatsrechts, Band V, § 112 Rdn. 98; *Heintschel v. Heinegg/Haltern*, Grundrechte als Leistungsansprüche des Bürgers gegenüber dem Staat, JA 1995, 333 (342).

gung der Haushaltskompetenz des Parlaments sowie der gegenläufigen verfassungsmäßigen Rechtspositionen im konkreten Einzelfall zu bewerten sind[135].

(2) Objektiv-rechtliche Funktion der Menschenrechte

Während objektives Recht nicht zwangsläufig subjektive Rechte schafft, sind letztere immer auch Teil des objektiven Rechts[136]. Hieraus ergeben sich neben den oben beschriebenen subjektiv-rechtlichen Funktionen der Grundrechte mehrere Aspekte einer objektiv-rechtlichen Wirkungsdimension, die im Folgenden skizziert werden sollen.

Zur Begründung eines subjektiven Rechts ist das Bestehen einer objektiven Norm notwendig[137]. Als Kehrseite der jeweiligen subjektiven Rechte beinhalten die Grundrechte daher in ihrer Wirkungsdimension als objektive Normen die *objektive* Grenze oder Negation der Kompetenzen aller drei Staatsgewalten in dem Sinne, als diese negative Kompetenzbestimmung unabhängig von einer subjektiven Inanspruchnahme des jeweiligen Rechts Bestand hat[138]. Die Funktion der Grundrechte als objektive Normen verstärkt damit die subjektivrechtliche Funktion der Grundrechte als Abwehrrechte, indem sie den *status negativus* schützt, ohne dass es einer subjektiven Geltendmachung desselben bedarf.

Des Weiteren haben die Grundrechte als objektive Wertentscheidungen Auswirkungen auf die Auslegung und Gestaltung des Rechts[139]. Der Staat ist damit in allen drei Gewalten und in allen Rechtsbereichen dazu verpflichtet, die tatsächliche Wahrnehmung der Grundrechte zu ermöglichen[140], und zwar wiederum im Sinne einer objektiv-rechtlichen Verpflichtung unabhängig von der subjektiven Geltendmachung des Grundrechts[141]. Im Rahmen der Rechtsauslegung führt dies zur so genannten mittelbaren Drittwirkung der Grundrechte[142]. Im Rahmen der Gestaltung des Rechts verlangt dies vom Staat ein positives Tun über das Bestehen subjektiver Rechte zum Schutz des *status positivus* und *activus* hinaus, indem sie ihn verpflichten, den Maßstab eines effektiven Schutzes der Grundrechte auch hinsichtlich solcher staatlicher Einrichtungen, Leistungen und Verfahren

---

135 *Alexy*, Theorie der Grundrechte, S. 465 ff.

136 *Gornig*, Äußerungsfreiheit und Informationsfreiheit als Menschenrechte, S. 102.

137 Vgl. stellvertretend *Gornig*, Äußerungsfreiheit und Informationsfreiheit als Menschenrechte, S. 106.

138 *Pieroth/Schlink*, Grundrechte, Staatsrecht II, S. 20 Rdn. 73 ff., insb. 75.

139 Vgl. stellvertretend *Dreier*, in: *Dreier*, Grundgesetz-Kommentar, Bd. 1, 1996, Vorb. Rdn. 57.

140 Vgl. stellvertretend *Gornig*, Äußerungsfreiheit und Informationsfreiheit als Menschenrechte, S. 106.

141 *Pieroth/Schlink*, Grundrechte, Staatsrecht II, S. 20 Rdn. 76.

142 Vgl. z.B. *Dreier*, in: *Dreier*, Grundgesetz-Kommentar, Bd. 1, 1996, Vorb. Rdn. 57.

zu gewährleisten, im Rahmen derer der Einzelne entsprechende subjektive Rechte zunächst nicht hat[143].

Eine dritte objektiv-rechtliche Funktion der Grundrechte liegt in ihrer Wirkung als Einrichtungsgarantien. Seit *Carl Schmitt* wird diese Funktion dahingehend beschrieben, dass sie als so genannte Institutsgarantie privatrechtliche und als so genannte institutionelle Garantie öffentlich-rechtliche Einrichtungen in ihrem Bestand sowie in ihrem Wesensgehalt garantiert und damit der Disposition des Gesetzgebers entzieht[144].

Schließlich ist als objektiv-rechtliche Funktion der Grundrechte ihre Wirkungsdimension als Programmsätze zu nennen, in welcher sie aufgrund ihrer Ordnungsfunktion Einfluss auf die verfassungspolitische Entwicklungsrichtung nehmen[145].

c. Folgerungen für die weitere Prüfung

Ausgangspunkt für die Darstellung der Kategorien der im Völkerrecht gewährten Rechte sowie der Funktionen der Grund- bzw. Menschenrechte war die Frage, aus welchen dieser Kategorien Vorgaben durch das internationale Recht für die nationale Gewährung von Informationszugangsrechten folgen können.

Hinsichtlich der Frage, inwieweit das Völkerrecht die nationalen Gesetzgeber zur Gewährleistung von Informationszugangsrechten *verpflichten* kann, folgt aus den oben beschriebenen Kategorien und ihren Wirkungsdimensionen Folgendes für die spätere Auslegung der Normen des internationalen Rechts: Aufgrund der Tatsache, dass sich das Völkerrecht einer Normierung innerer staatlicher Strukturen weitgehend enthält, kann neben dem mittelbaren Einfluss, den eine entsprechende Bezugnahme im nicht-operativen Teil der internationalen Übereinkünfte auf die Auslegung der übrigen Bestimmungen ausübt, eine Verpflichtung zur nationalen Gewährung von Informationszugangsrechten nur bestehen, wenn letztere in den Schutzbereich subjektiver Rechte fallen. Da es sich bei Informationszugangsrechten um subjektive Ansprüche zum Schutz des *status positivus* handelt, welche auf die positive Leistung des Staates in Form der Gewährung von Informationszugang gerichtet sind, reicht es hierfür nicht aus, dass das entsprechende Menschenrecht nach seinem in dem jeweiligen Instrument geschützten Schutzbereich als reines Abwehrrecht und/oder als reines Mitwirkungsrecht fungiert. Es muss vielmehr einen entsprechenden Leistungsanspruch entweder ausdrücklich normieren oder aber seine Ableitung im Wege

---

[143] *Pieroth/Schlink*, Grundrechte, Staatsrecht II, S. 22 Rdn. 82 f., 88.
[144] *Schmitt*, Freiheitsrechte und institutionelle Garantien, S. 140 ff., insb. 143.
[145] Vgl. stellvertretend *Gornig*, Äußerungsfreiheit und Informationsfreiheit als Menschenrechte, S. 113.

der Feststellung eines originären Teilhaberechts als vom Schutzbereich umfasst zulassen. Im Rahmen dieser Auslegung des Schutzbereiches eines Menschenrechts ist auch die Funktion der Menschenrechte als objektive Wertordnung zu beachten, das einzelne Recht also auch im Lichte der durch die anderen Rechte zum Ausdruck kommenden Wertentscheidung zu interpretieren.

Verbindliche völkerrechtliche *Grenzen* im Rahmen der Gewährung nationaler Informationszugangsrechte zugunsten kollidierender privater Rechte Dritter ergeben sich hingegen bereits dann, wenn diese in den Schutzbereich der abwehrrechtlichen Funktion eines Menschenrechts fallen. Die Funktion dieses Menschenrechts als objektive Norm beschränkt dann die Kompetenz des nationalen Gesetzgebers im Rahmen der Gewährung von Informationszugangsrechten negativ. Für eine Feststellung völkerrechtlicher Grenzen bei der Gewährung von Informationszugangsrechten zugunsten kollidierender öffentlicher Rechtsgüter ist zu beachten, dass selbige erstens nicht die Natur subjektiver Rechte haben. Außerdem begründet auch ein Vorbehalt hinsichtlich einer Einschränkbarkeit zu ihren Gunsten im Rahmen eines Menschenrechts, in dessen Schutzbereich das Recht auf Informationszugang fällt, lediglich die Möglichkeit, nicht aber eine völkerrechtliche Pflicht des nationalen Gesetzgebers zur Einschränkung der nationalen Informationszugangsrechte in dieser Weise. Eine solche Pflicht kann daher nur dann bestehen, wenn der Staat durch eine andere völkerrechtliche Norm zum Schutz der entsprechenden öffentlichen Rechtsgüter verpflichtet ist.

4. Berührte Rechtspositionen und ihre inhaltliche Verortung im internationalen Recht

Die Gewährung von Informationszugangsrechten berührt widerstreitende Rechtspositionen sowohl privater wie auch öffentlicher Natur. Um einen Bezugsrahmen für die Prüfung der konkreten Normen des internationalen Rechts hinsichtlich der Frage nach Vorgaben desselben für die nationale Gewährleistung von Informationszugangsrechten zu schaffen, sollen diese Rechtspositionen im Folgenden unter dem Aspekt ihrer inhaltlichen Verortung in den Normen des internationalen Rechts kurz dargestellt werden.

a. Funktionen von Informationszugangsrechten und ihre Verortung im internationalen Recht

Der Grundsatz des öffentlichen Zugangs zu amtlichen Dokumenten dient sowohl der Erweiterung der persönlichen Freiheit potentieller Antragsteller als auch dem Interesse eines demokratisch organisierten Staates an der Transparenz der Entscheidungen seiner Verwaltungsbehörden und damit durch die Ermöglichung staatsbürgerlicher Kontrolle und Partizipation an einer gesteigerten demokratischen Legitimation und Akzeptanz seiner Verwaltungstätigkeit. Diese Funktionen gilt es den im internationalen Recht bekannten Rechtspositionen inhaltlich zuzuordnen.

aa. Informationsfreiheit

Die vorliegende Arbeit beschäftigt sich mit den spezifischen Aspekten eines Jedermanns-Rechts auf Zugang zu Verwaltungsinformationen. Während der Effekt für die persönliche Freiheit bei Informationszugangsrechten von Beteiligten oder Betroffenen eines Verwaltungsverfahrens auch in der effektiven Ausübung des durch die Verwaltungstätigkeit konkret berührten individuellen Rechts besteht[146], liegt die spezifische Funktion für die persönliche Freiheit des Antragstellers bei einem vom Vorliegen individueller rechtlicher Interessen unabhängigen Recht auf Informationszugang in einer Verstärkung seines Rechts auf Informationsfreiheit.

(1) Kommunikationsfreiheiten

Die Diskussion des Grundsatzes eines öffentlichen Zugangs zu amtlichen Dokumenten erfolgt im internationalen Recht folglich weitgehend im Rahmen des zu den so genannten Kommunikationsfreiheiten zählenden Rechts auf Informationsfreiheit. Im Unterschied zu anderen dem Schutz bestimmter Kommunikationsprozesse dienender Grundrechte umfassen die Kommunikationsfreiheiten im klassischen Sinn die Meinungs-, Äußerungs-, Informations- und die Pressefreiheit[147]. Wenn im Weiteren von Kommunikationsfreiheiten oder Kommunikationsgrundrechten gesprochen wird, sollen darunter jene im klassischen Sinne gemeint sein.

Es fällt auf, dass die normative Gewährleistung dieser Kommunikationsfreiheiten in den nationalen Rechtsordnungen wie auch den internationalen Instrumenten in nahezu identischer äußerer Form erfolgt, der von den Normen abgeleitete verbindliche Schutzumfang hingegen sehr variiert[148]. Schon angesichts der Tatsache, dass der Wortlaut der Informationsfreiheit in allen wesentlichen internationalen Abkommen zumindest sowohl das Recht, Informationen zu verbreiten, als auch das Recht, Informationen zu empfangen, umfasst[149], besteht hinsichtlich des Schutzbereiches der Informationsfreiheit aber zumindest dahingehend Einigkeit, dass dieser sowohl einen aktiven als auch einen passiven Aspekt beinhaltet. Unabhängig von der streitigen und im weiteren Verlauf dieser Ausarbei-

---

146 *Kugelmann*, Die informatorische Rechtsstellung des Bürgers, S. 19 f.

147 *Gornig*, Äußerungsfreiheit und Informationsfreiheit als Menschenrechte, S. 190, der als im weiteren Sinne dem Kommunikationsprozess dienende Grundrechte beispielhaft die Bekenntnisfreiheit, die Wissenschaftsfreiheit, die Freiheit der Lehre, die Kunstfreiheit, die Versammlungs- und Vereinigungsfreiheit, das Brief-, Post- und Fernmeldegeheimnis, das Recht auf eine Privatsphäre sowie das Petitionsrecht nennt.

148 *Kortteinen/Myntti/Hannikainen*, in: *Alfredsson/Eide*, The Universal Declaration of Human Rights, 1999, Article 19, p. 397.

149 Vgl. nur Art. 19 AEMR, Art. 19 Abs. 2 IPbpR sowie Art. 10 Abs. 1 EMRK, die alle zumindest das Begriffspaar "receive and impart information" nennen.

tung zu klärenden Frage nach dem verbindlichen Schutzumfang dieser passiven Informationsfreiheit, also vor allem der Frage, ob diese aktive Bemühungen und einen Anspruch auf Zugänglichmachung einschließt, kann jedenfalls nicht in Zweifel stehen, *dass* die Gewährung des Grundsatzes eines öffentlichen Zugangs zu amtlichen Dokumenten zu einer effektiveren Gewährleistung des Rechts auf Informationsfreiheit in seiner passiven Wirkungsrichtung führt.

Des Weiteren wird bereits aus der Tatsache, dass die einzelnen Kommunikationsfreiheiten schon nach ihrer äußeren Form immer im Zusammenhang *einer* Norm gewährt werden, deutlich, dass auch das Recht auf Informationsfreiheit trotz seines Charakters als selbständiges Grundrecht[150] nicht isoliert betrachtet werden kann: Die Kommunikationsgrundrechte bilden vielmehr eine Gruppe von Freiheiten, die sich gegenseitig ergänzen. Dabei teilen sie die Eigenschaft, jeweils sowohl Aspekte individueller Freiheit als auch gesellschaftspolitischer Natur zu umfassen: Auf der einen Seite fördern sie persönliche Autonomie und individuelle Selbstverwirklichung, auf der anderen Seite kommt ihnen eine Schlüsselrolle für die Gewährleistung demokratischer gesellschaftlicher Organisationsformen zu[151].

(a) Individueller Aspekt

In Weiterführung der naturrechtlichen Überzeugung von der Existenz der in der einzigartigen Identität jedes Menschen wurzelnden unveräußerlichen Rechte und der daraus folgenden Definition des Einzelnen als autonomes Wesen mit der Eigenschaft zu eigener Willensbetätigung schloss *Locke* auf die Tatsache, dass die Legitimation einer Regierung auf ihrer Bereitschaft und Fähigkeit beruhe, diese unveräußerlichen Rechte zu schützen[152]. Die Ermöglichung der Entfaltung der eigenen Identität wird damit zu einem der vordersten Ziele des Staates. Aufgrund der Tatsache, dass der Einzelne als denkendes Wesen in Gemeinschaft mit anderen Menschen lebt, erhalten die Kommunikationsfreiheiten eine Schlüsselfunktion für die innere Entwicklung sowie äußere Entfaltung dieser Individualität[153].

Die Meinungs- und Äußerungsfreiheit sind in diesem Zusammenhang eine notwendige Vorbedingung für die Entfaltung der eigenen Persönlichkeit: Der Austausch von Gedanken und Informationen stellt eine der wichtigsten Grundlagen

---

150 *Weiß*, Menschenrechtsausschuß und Meinungsäußerungsfreiheit, MRM, Themenheft „25 Jahre Internationale Menschenrechtspakte“ 2002, S. 65 (73).

151 Vgl. stellvertretend *Kortteinen/Myntti/Hannikainen*, in: *Alfredsson/Eide*, The Universal Declaration of Human Rights, 1999, Article 19, p. 394.

152 *Davidson*, Human Rights, p. 28.

153 Vgl. zum Folgenden m.w.N. vor allem *Gornig*, Äußerungsfreiheit und Informationsfreiheit als Menschenrechte, S. 113 ff.

für die geistige Fortentwicklung des Menschen dar und kann daher nicht ohne einen Verlust eigener Persönlichkeit hinweggedacht werden[154]. Der Erwerb und die Erhaltung innerer und äußerer Selbständigkeit sowie gegenseitigen Verständnisses beruhen zu einem großen Teil auf der Freiheit, eine Meinung haben und sie auch äußern zu dürfen[155].

Des Weiteren ist der Wesenszug, sich bietende Informationen aufzunehmen, Teil menschlicher Persönlichkeit[156]. Als Grundlage der Wissensmehrung stellt die Informationsfreiheit damit eine Grundbedingung für die Bildung einer Meinung und damit der eigenen Persönlichkeitsentfaltung dar.

Die Pressefreiheit dient als Multiplikator dieser Funktionen der Meinungs-, Äußerungs- und Informationsfreiheit, indem sie als informierendes Medium selbst die Bildung von Meinungen sowie ihre Verbreitung unterstützt[157].

(b) Gesellschaftspolitischer Aspekt

Neben dieser Bedeutung der Kommunikationsfreiheiten für die individuelle Entfaltung der Persönlichkeit des Einzelnen ist ihre Wichtigkeit für ein nach demokratischen Grundsätzen funktionierendes öffentliches Leben einer Gesellschaft hervorzuheben.

Ebenso wie sich die Pflicht des Staates zum Schutz der Kommunikationsfreiheiten in ihrer individualrechtlichen Wirkungsweise naturrechtlich begründen lässt, liegen auch die Wurzeln ihrer gesellschaftspolitischen Dimension in der Weiterentwicklung *Lockes* Theorie vom Gesellschaftsvertrag durch *Rousseau* dahingehend, dass das Naturrecht neben der Schaffung unveräußerlicher individueller Rechte dem Staatsvolk als Ganzem unveräußerliche Souveränität verleihe, was dazu führe, dass alle vom Naturrecht ableitbaren Rechte beim Volk als Kollektiv blieben und nur durch den allgemeinen Willen identifizierbar seien[158].

Als Folge dieser Theorie liegt der gesellschaftspolitische Aspekt der Kommunikationsfreiheiten darin, dass selbige Vorbedingung nicht nur individueller Entfaltung, sondern auch Voraussetzung für die Bildung des allgemeinen Willens sind sowie für die fortwährende Kontrolle dahingehend, ob die regierenden Kräfte im Einklang mit dem allgemeinen Willen handeln. Bereits das Zeitalter der Aufklärung erkannte diese Verknüpfung zwischen den Kommunikationsfreiheiten und der Idee der Volkssouveränität und maß ersteren daher ein beson-

---

[154] *Fichte*, Zurückforderung der Denkfreiheit, S. 16 f.
[155] *Schaumann*, Kritische Abhandlungen zur philosophischen Rechtslehre, S. 199.
[156] *Fichte*, Zurückforderung der Denkfreiheit, S. 16.
[157] *Gornig*, Äußerungsfreiheit und Informationsfreiheit als Menschenrechte, S. 119 ff.
[158] Vgl. hierzu *Davidson*, Human Rights, p. 28.

deres Gewicht bei[159]. Abgesehen von dem Missbrauch des Konzepts der Volkssouveränität als Rechtfertigung für Demagogie und Totalitarismus im weiteren Verlauf der Französischen Revolution[160] mündete sie schließlich in der Überzeugung von der Demokratie als ihr bestmöglich dienende Staatsform. Da auch in der Demokratie alle Gewalt auf den Willen des Staatsvolkes legitimierend zurückgeführt werden können muss, die Bildung und Äußerung dieses Willens aber von der Gewährleistung der Kommunikationsfreiheiten abhängig ist, bilden selbige absolute Vorbedingungen einer demokratisch organisierten Gesellschaft[161].

Die Äußerungsfreiheit ist in diesem Zusammenhang von elementarer Bedeutung für die Bildung einer öffentlichen Meinung: Die Möglichkeit einer freien Kommunikation ist Grundlage für den öffentlichen Wettstreit konkurrierender Ideen und die Bildung sowie Artikulierung von Gruppen in einer pluralistischen Gesellschaft, die dann als Institutionen der Kritik und Kontrolle ein Korrektiv staatlicher Herrschaft darstellen[162]. Darüber hinaus ist demokratische, am Gemeinwohl orientierte Entscheidungsfindung nicht ohne die Existenz der Kommunikationsfreiheiten denkbar, da selbige auf einer offenen Abwägung aller Entscheidungsmöglichkeiten beruht[163].

Als weiterer gesellschaftspolitischer Aspekt der Äußerungsfreiheit wird zudem ihre gesellschaftsstabilisierende Wirkung genannt: Sie ermöglicht Anpassung an geänderte gesellschaftliche und wirtschaftliche Gegebenheiten fernab revolutionärer Umwälzungen bzw. mit dem nahezu umfassenden Gewaltverbot zu vereinbarende legitime Wandlungen des status quo[164].

Wie im Rahmen der individualrechtlichen Ebene ist die Informationsfreiheit auch hinsichtlich ihres gesellschaftspolitischen Aspekts wiederum Voraussetzung für die Meinungs- und Äußerungsfreiheit: Sie ermöglicht dem Bürger die Wissensbeschaffung, die er benötigt, „um im demokratischen Sinne verantwortlich handeln zu können“[165]. Erneut dient die Pressefreiheit verstärkend diesen Funktionen.

---

159 *Kortteinen, Myntti, Hannikainen*, in: *Alfredsson/Eide*, The Universal Declaration of Human Rights, 1999, Article 19, p. 399.
160 *Davidson*, Human Rights, p. 28.
161 *Kortteinen, Myntti, Hannikainen*, in: *Alfredsson/Eide*, The Universal Declaration of Human Rights, 1999, Article 19, p. 410. Vgl. zum Folgenden m.w.N. vor allem *Gornig*, Äußerungsfreiheit und Informationsfreiheit als Menschenrechte, S. 113 ff.
162 *Gornig*, Äußerungsfreiheit und Informationsfreiheit als Menschenrechte, S. 114.
163 *Gornig*, Äußerungsfreiheit und Informationsfreiheit als Menschenrechte, S. 115.
164 *Blumenwitz*, in: *Nowak/Steurer/Tretter*, Fortschritt im Bewußtsein der Grund- und Menschenrechte, S. 67; *Gornig*, Äußerungsfreiheit und Informationsfreiheit als Menschenrechte, S. 115; *Fleiner*, Allgemeine Staatslehre, S. 178 f.
165 *Gornig*, Äußerungsfreiheit und Informationsfreiheit als Menschenrechte, S. 117, m.V.a.

(2) Prinzip des Free Flow of Information

Neben der engen Beziehung zu den stets als Gruppe individueller Rechte gewährten Kommunikationsfreiheiten steht die Informationsfreiheit inhaltlich auch mit der Freiheit des internationalen Informationsflusses, dem Prinzip des *free flow of information*, in Verbindung.

Aufgrund der Tatsache, dass Staaten die faktische Wirksamkeit der als Menschenrecht im Rahmen der Kommunikationsgrundrechte gewährten Informationsfreiheit sehr leicht durch ihrerseitige Informationszurückhaltung beschränken können, wurde ergänzend der Grundsatz des *free flow of information* entwickelt[166]. Dieses Prinzip deckt sich partiell mit der als Menschenrecht gewährten Informationsfreiheit und geht teilweise über sie hinaus[167].

Ebenso wie die im Rahmen der Kommunikationsgrundrechte gewährte Informationsfreiheit beinhaltet es einen aktiven und einen passiven Aspekt. Der aktive Aspekt umfasst die staatliche Pflicht, die Freiheit aller in seinem Hoheitsgebiet lebender Menschen zu gewährleisten, Informationen ins Ausland zu übermitteln[168]. Das gleiche Recht besteht nach dem Prinzip des *free flow of information* außerdem auch zugunsten des Staates selbst und geht hierin über den aktiven Aspekt des Schutzbereiches der Informationsfreiheit als Menschenrecht hinaus[169]. Des Weiteren beinhaltet es die staatliche Pflicht, aus ausländischen privaten wie auch öffentlichen Quellen stammende Informationen weiterzuleiten[170]. Damit korrespondierend existiert als passiver Aspekt die staatliche Pflicht, den Bürgern das Recht zu gewähren, Informationen ausländischer privater und öffentlicher Quellen zu suchen, zu beschaffen und zu empfangen[171]. Auch in seiner passiven Komponente geht das Prinzip des *free flow of information* aber über jene der Informationsfreiheit als Menschenrecht hinaus: Während letztere nur den Zugang zu Zugänglichem und die Wahrnehmung von Wahrnehmbaren umfasst[172], beinhaltet das Prinzip des internationalen Informationsflusses in sei-

---

Löffler, Die Kommunikationsfreiheit im Einordnungsverhältnis, NJW 1984, 1206 (1208).

166 *Blumenwitz*, in: *Nowak/Steurer/Tretter*, Fortschritt im Bewußtsein der Grund- und Menschenrechte, S. 73.

167 *Blumenwitz*, in: *Nowak/Steurer/Tretter*, Fortschritt im Bewußtsein der Grund- und Menschenrechte, S. 73 f.; *Gornig*, Äußerungsfreiheit und Informationsfreiheit als Menschenrechte, S. 225 f.

168 *Blumenwitz*, in: *Nowak/Steurer/Tretter*, Fortschritt im Bewußtsein der Grund- und Menschenrechte, S. 73.

169 *Gornig*, Äußerungsfreiheit und Informationsfreiheit als Menschenrechte, S. 226.

170 *Gornig*, Äußerungsfreiheit und Informationsfreiheit als Menschenrechte, S. 225.

171 *Blumenwitz*, in: *Nowak/Steurer/Tretter*, Fortschritt im Bewußtsein der Grund- und Menschenrechte, S. 73 f.; *Gornig*, Äußerungsfreiheit und Informationsfreiheit als Menschenrechte, S. 225 f.

172 Vgl. hierzu bereits *Windsheimer*, Die „Information" als Interpretationsgrundlage für die

nem passiven Aspekt auch die *Herstellung* von Zugänglichkeit und Wahrnehmbarkeit[173].

Dieser letzte Aspekt klingt im Hinblick auf den Gegenstand der vorliegenden Untersuchung vielversprechend. Um die spätere Prüfung nicht zu überfrachten und weil das Ergebnis eindeutig negativ ausfällt, soll jedoch bereits an dieser Stelle die Ableitung völkerrechtlicher Vorgaben für die nationale Gewährung von Informationszugangsrechten ausgeschlossen werden: Unabhängig davon, dass die Zuordnung des Prinzips des *free flow of information* zu einer der anerkannten formellen Völkerrechtsquellen Probleme bereitet, so dass an dessen Fähigkeit, völkerrechtlich verbindliche Pflichten zu begründen, Zweifel bestehen, ist für die vorliegende Ausarbeitung entscheidend, dass der Grundsatz des internationalen Informationsflusses auch in materieller Hinsicht ohne Einfluss auf die Gewährung nationaler Informationszugangsrechte bleibt. Dies liegt zum einen an der spezifischen Bezugnahme des Prinzips des *free flow of information* auf den internationalen Charakter der gewährten Rechte. Entsprechend obiger Ausführungen beziehen sich alle vom Grundsatz umfassten Rechte auf *grenzüberschreitende* Fälle der Informationsweitergabe oder des Informationsempfangs. Als spezifische Funktion des Prinzips des *free flow of information* ist damit die Verbesserung des transnationalen Informationenflusses zu nennen. Im Gegensatz dazu handelt es sich bei der nationalen Gewährung von Informationszugangsrechten um die Gewährung von Ansprüchen der Staatsbürger gegenüber den Behörden ihres eigenen Staates. Es handelt sich daher vorwiegend um Fälle, in denen die Information gerade keine Staatsgrenze passiert und die aus diesem Grund schon inhaltlich nicht unter den Regelungsbereich des Grundsatzes des freien Informationsflusses fallen.

Darüber hinaus ist der Grundsatz des *free flow of information* auch angesichts seiner Rechtswirkung nicht geeignet, völkerrechtliche Vorgaben hinsichtlich einer staatlichen Pflicht zur Einführung nationaler Informationszugangsrechte zu schaffen. *Gornig* weist darauf hin, dass der Grundsatz des grenzüberschreitenden Informationsflusses nur auf staatlicher Seite Rechte und Pflichten schaffe und der Einzelne daher nur vom Reflex dieser Verpflichtungen mittelbar profitiere[174]. Das Prinzip des *free flow of information* schafft daher im Gegensatz zur Informationsfreiheit als Menschenrecht schon formell keine subjektiven Rechte, wie es für Informationszugangsrechte erforderlich wäre.

---

subjektiven öffentlichen Rechte des Art. 5 Abs. 1 GG, S. 143.

[173] *Blumenwitz*, in: *Nowak/Steurer/Tretter*, Fortschritt im Bewußtsein der Grund- und Menschenrechte, S. 74; *Gornig*, Äußerungsfreiheit und Informationsfreiheit als Menschenrechte, S. 226.

[174] *Gornig*, Äußerungsfreiheit und Informationsfreiheit als Menschenrechte, S. 227.

Des Weiteren sind aber auch die vom Grundsatz umfassten staatlichen Pflichten materiell nicht geeignet, die Gewährung nationaler Informationszugangsrechte anzuordnen: Die oben beschriebene Pflicht der Staaten, Zugänglichkeit und Wahrnehmbarkeit von Informationen herzustellen, ist lediglich auf die grundsätzliche Verbesserung des grenzüberschreitenden Informationsflusses gerichtet und damit inhaltlich zu unbestimmt, als dass sie eine Verpflichtung beinhaltete, *bestimmte* Informationen zu offenbaren[175]. Die relative Rechtswirkung des Prinzips des *free flow of information* erschöpft sich damit in der Pflicht zur Schaffung einer verbesserten Infrastruktur für den grenzüberschreitenden Informationenfluss. Da diese bereits bei Anwendung einer im Verhältnis zur früheren diesbezüglichen Praxis liberaleren staatlichen Haltung erfüllt ist[176], kann dem Grundsatz des freien Informationsflusses keine Pflicht zur Gewährung von Informationszugangsrechten entnommen werden, obwohl diese demselben natürlich dienen.

bb. Demokratieprinzip und andere Partizipationsrechte an der Ausübung staatlicher Macht

Bereits im Rahmen der obigen Darstellung der gesellschaftspolitischen Aspekte der Kommunikationsfreiheiten wurde auf die Schlüsselfunktion derselben für die demokratische Organisation eines Staates hingewiesen. Ausgehend von der Tatsache, dass eine der Grundlagen von Informationszugangsrechten in der prinzipiellen Rechenschaftspflicht aller demokratischen Staatsgewalt liegt[177], ist die Frage nach Vorgaben des internationalen Rechts für die nationale Gewährung des Grundsatzes des öffentlichen Zugangs zu amtlichen Dokumenten inhaltlich auch im Rahmen der Vorgaben des Völkerrechts zum Demokratieprinzip zu diskutieren. Während Akteneinsichtsrechte von Verfahrensbeteiligten einer effektiven Ausübung ihres Rechtsschutzes und damit vor allem dem Rechtsstaatsprinzip dienen[178], liegt eine der spezifischen Funktionen eines als Jedermanns-Recht gewährten Informationszugangsrechts in der durch Partizipation und Kontrolle gesteigerten demokratischen Legitimation des Verwaltungshan-

---

[175] *Gornig*, Äußerungsfreiheit und Informationsfreiheit als Menschenrechte, S. 226.

[176] *Gornig*, Äußerungsfreiheit und Informationsfreiheit als Menschenrechte, S. 226.

[177] Vgl. stellvertretend *Masing,* Transparente Verwaltung: Konturen eines Informationsverwaltungsrechts, VVDStRL 63 (2004), S. 394.

[178] *Kugelmann*, Die informatorische Rechtsstellung des Bürgers, S. 38. So auch *Rossi*, der die Transparenz der Verwaltung als Zwischenziel und Kontrolle sowie Partizipation als Hauptfunktionen eines allgemeinen Informationszugangsrechts beschreibt, *Rossi*, Informationszugangsfreiheit und Verfassungsrecht, S. 77 ff. Überzeugend weist er allerdings darauf hin, dass mit der jeweiligen Funktion noch nicht das Erreichen der entsprechenden Wirkung gleichzusetzen ist und insofern letztlich „Kontrollierbarkeit" und das Bereitstellen von „Partizipationsoptionen" gewährt werden, vgl. *Rossi*, Informationszugangsfreiheit und Verfassungsrecht, S. 93.

delns, was gleichzeitig zu einer erhöhten Akzeptanz der Verwaltungsentscheidungen führt[179]. Die Partizipationsfunktion allgemeiner Informationszugangsrechte wird dahingehend beschrieben, dass durch das Bereitstellen zusätzlicher Informationsquellen der Prozess demokratischer Meinungs- und Willensbildung gefördert, der Bürger zum Gebrauch seiner Grundrechte angeregt, sein Interesse für staatliche Belange geweckt und seine politische Mitwirkung jenseits einer formalen Verfahrensbeteilung daher intensiviert werden[180]. Die Kontrollfunktion allgemeiner Informationszugangsrechte ist hingegen über das Ziel der Verhinderung eines Machtmissbrauchs durch Rechtmäßigkeitskontrolle hinaus auf eine umfassende Bewertung staatlicher Aufgabenwahrnehmung im Sinne der Überprüfung auch der Zweckmäßigkeit des Verwaltungshandelns gerichtet[181]. Diese Kontrolle wird zum einen mittelbar über die disziplinierende Wirkung öffentlicher Wahrnehmung erreicht[182] und wirkt insofern im Vorfeld einer Verwaltungsentscheidung, zum anderen ermöglich sie eine Überprüfung der behördlichen Tätigkeit aus der Retrospektive.

Sofern das internationale Recht Vorgaben hinsichtlich einer demokratischen Staatsform macht oder aber zumindest Partizipationsrechte des Bürgers an der Ausübung staatlicher Macht vorsieht, sind diese für die vorliegende Ausarbeitung daher in zweifacher Hinsicht relevant:

Zum einen können sie die Auslegung des Schutzbereiches der Kommunikationsfreiheiten in ihrem gesellschaftspolitischen Aspekt beeinflussen und zum anderen möglicherweise selbständig als Grundlage subjektiver Rechte herangezogen werden.

Zur Beantwortung der Frage, ob das internationale Recht Vorgaben hinsichtlich einer staatlichen Pflicht zur Gewährung nationaler Informationszugangsrechte beinhaltet, muss das Völkerrecht somit auch im Hinblick auf die Gewährung des Demokratieprinzips bzw. partizipatorischer Rechte untersucht werden.

b. Kollidierende Rechtsgüter und ihre Verortung im internationalen Recht

Zur Klärung der Frage, ob sich aus dem internationalen Recht Grenzen für die nationale Gewährung von Informationszugangsrechten ergeben, sind die mit dem Zugangsinteresse widerstreitenden Rechtspositionen und ihre Verortung im

---

179 *Schubert*, Recht auf Informationszugang, DuD 2001, 400 (402).

180 *Rossi*, Informationszugangsfreiheit und Verfassungsrecht, S. 100 f., m.V.a. *Kloepfer*, Informationszugangsfreiheit und Datenschutz, DÖV 2003, 221 (224).

181 *Rossi*, Informationszugangsfreiheit und Verfassungsrecht, S. 97, m.V.a. *Kugelmann*, Die informatorische Rechtsstellung des Bürgers, S. 13.

182 *Rossi*, Informationszugangsfreiheit und Verfassungsrecht, S. 105.

Völkerrecht darzustellen. Hierbei lassen sich Kollisionen mit privaten Interessen von denen mit öffentlichen Interessen unterscheiden. Terminologisch setzt sich diese Abgrenzung dahingehend fort, dass im Rahmen der Ausnahmetatbestände zu Informationszugangsrechten zugunsten privater kollidierender Rechtspositionen in der Regel der Begriff „Datenschutz" und zugunsten derer des öffentlichen Bereichs in der Regel der Begriff der „Geheimhaltung" verwendet wird[183].

aa. Kollidierende private Interessen

Mit dem Interesse des AntragANstellers am Informationszugang kollidieren auf privater Seite das Interesse dritter natürlicher oder juristischer Personen an der Nichtveröffentlichung sie betreffender Informationen aus dem Privat- bzw. Geschäftsleben, in ersterem Fall also an dem Nichtbekanntwerden personenbezogener Daten sowie in letzterem Fall am Schutz von Betriebs- und Geschäftsgeheimnissen[184]. Das zunächst bipolare Informationsverhältnis zwischen dem Staat und dem Antragsteller wird damit bei Bezug der begehrten Informationen zu Daten Dritter zu einem „informationellen Dreiecksverhältnis", in dem der Staat nicht mehr nur eigene, sondern auch die Interessen der betroffenen Dritten zu berücksichtigen hat[185]. Sollten diese unter den Schutzbereich eines Menschenrechts fallen, hätte dies entsprechend obiger Ausführungen aufgrund der abwehrrechtlichen Funktion dieses Rechts sowie seiner Eigenschaft als objektiver Norm zur Folge, dass die Kompetenz des nationalen Gesetzgebers zur Gewährung von Informationszugangsrechten inhaltlich negativ begrenzt würde[186].

(1) Personenbezogene Daten

Nach deutschem Recht versteht man gemäß der Legaldefinition des § 3 Abs. 1 BDSG unter personenbezogenen Daten Einzelangaben über persönliche oder sachliche Verhältnisse einer bestimmten oder bestimmbaren natürlichen Person[187]. Dies entspricht dem im europäischen Gemeinschaftsrecht sowie dem im Übereinkommen des Europarats zum Ausdruck kommenden Verständnis[188]. Es

---

183 *Gröschner*, Transparente Verwaltung: Konturen eines Informationsverwaltungsrechts, VVDStRL 63 (2004), S. 368.

184 So zusammenfassend auch *Masing*, Transparente Verwaltung: Konturen eines Informationsverwaltungsrechts, VVDStRL 63 (2004), S. 398.

185 *Rossi*, Informationszugangsfreiheit und Verfassungsrecht, S. 134, m.V.a. *Angelov*, Grundlagen und Grenzen eines staatsbürgerlichen Informationszugangsanspruchs, S. 244.

186 Vgl. oben Kapitel 2 III 3 c.

187 BDSG abgedruckt in: Sartorius I, Nr. 245.

188 Artikel 2 lit. a der Richtlinie 95/46/EG zum Schutz natürlicher Personen bei der Verarbeitung personenbezogener Daten und zum freien Datenverkehr v. 24.10.1995, ABl. Nr. L 281, S. 31, sowie Artikel 2 lit. a der Konvention des Europarats zum Schutz des Menschen bei der automatischen Verarbeitung personenbezogener Daten v. 28.1.1981, BGBl. 1985 II, S. 538, legen übereinstimmend fest, dass als personenbezogene Daten alle Informationen über eine

wird daher ein weiter Begriff zugrunde gelegt, welcher nicht nach den im konkreten Fall betroffenen Lebensbereichen differenziert[189].

Schutzgut einer Einschränkung des Grundsatzes des öffentlichen Zugangs zu amtlichen Dokumenten zugunsten des Schutzes personenbezogener Daten ist die Privatsphäre[190]. Während selbige in Bezug auf personenbezogene Daten in der deutschen Grundrechtspraxis im Wesentlichen durch das aus Artikel 2 Abs. 1 i.V.m Artikel 1 Abs. 1 GG hergeleitete Recht auf informationelle Selbstbestimmung geschützt wird[191], erfolgt der Schutz im internationalen Recht im Rahmen der Menschenrechte unter dem Recht auf ein Privatleben[192]. Des Weiteren stehen im Bereich des europäischen internationalen Rechts sich spezifisch mit dem Schutz personenbezogener Daten befassende Rechtsinstrumente zur Verfügung[193]. Die Frage nach den Vorgaben des internationalen Rechts hinsichtlich der Grenzen nationaler Informationszugangsrechte zugunsten des Schutzes personenbezogener Daten entscheidet sich daher nach der Reichweite der Schutzbereiche des Menschenrechts auf ein Privatleben bzw. der speziellen Instrumente zum Schutz personenbezogener Daten und den Vorbehalten ihrer Einschränkbarkeit.

(2) Betriebs- und Geschäftsgeheimnisse

Korrespondierend mit dem Interesse am Schutz personenbezogener Daten im Privatleben besteht hinsichtlich wirtschaftsbezogener Informationen ein Interesse am Schutz von Betriebs- und Geschäftsgeheimnissen.

Trotz der Tatsache, dass es sich bei dem Begriffspaar um einen stehenden Ausdruck sowohl im nationalen wie auch im internationalen Recht handelt, fehlt es in beiden Rechtsbereichen an einer entsprechenden Legaldefinition. Der Ge-

---

bestimmte oder bestimmbare natürliche Person gelten.

[189] *Angelov*, Grundlagen und Grenzen eines staatsbürgerlichen Informationszugangsanspruchs, S. 234.

[190] *Kugelmann*, Die informatorische Rechtsstellung des Bürgers, S. 66, m.V.a. *Rudolf*, in: *Burmeister*, Festschrift für Stern, S. 1347.

[191] Das Grundrecht auf informationelle Selbstbestimmung wurde vom Bundesverfassungsgericht im so genannten „Volkszählungsurteil" entwickelt, vgl. BVerfGE 65, 1 (41 ff.).

[192] Das Recht auf ein Privatleben findet sich in allen wesentlichen universellen und europäischen Menschenrechtsinstrumenten, vgl. Artikel 12 AEMR (Text: Sartorius II, Nr. 19), Artikel 17 Abs. 1 IPbpR (Text: Sartorius II, Nr. 20) sowie Artikel 8 Abs. 1 EMRK (Text: Sartorius II, Nr. 130).

[193] Wie bereits zuvor erwähnt, sind hier aus dem Bereich des europäischen Gemeinschaftsrechts die Richtlinie 95/46/EG zum Schutz natürlicher Personen bei der Verarbeitung personenbezogener Daten und zum freien Datenverkehr v. 24.10.1995, ABl. Nr. L 281, S. 31, sowie aus dem Bereich des Europarats die Konvention des Europarats zum Schutz des Menschen bei der automatischen Verarbeitung personenbezogener Daten v. 28.1.1981, BGBl. 1985 II, S. 538, zu nennen.

heimnisbegriff wird im deutschen Recht unter Heranziehung der gefestigten Judikatur zu § 17 UWG für nur einem eng begrenzten Personenkreis bekannte mit einem Geschäftsbetrieb in Verbindung stehende Tatsachen verwendet, die nach dem bekundeten Willen des Geheimnisträgers geheim zu halten sind und an deren Geheimhaltung dieser ein berechtigtes wirtschaftliches Interesse hat[194]. Zur genaueren Differenzierung beziehen sich Betriebsgeheimnisse auf Tatsachen des technischen Betriebsablaufs des Unternehmens wie Angaben über Verfahrensabläufe, Produktionsmethoden oder Forschungsprojekte und Geschäftsgeheimnisse auf solche aus dem kaufmännisch-betriebswirtschaftlichen Bereich wie z.B. Kalkulationen, Marktstrategien, Kundenlisten oder Bilanzen[195].

Der Schutz wirtschaftlicher Tätigkeit wird auf nationaler wie internationaler Ebene vor allem durch das Recht auf Eigentum und das Recht der Berufsfreiheit gewährleistet[196]. Hierbei wird im deutschen Recht zur Abgrenzung der Schutzbereiche die Betätigung bzw. der Erwerb dem Recht der Berufsfreiheit, das Ergebnis der Betätigung - also das Erworbene - dem Recht auf Eigentum zugeordnet[197]. Dieser Abgrenzungsbedarf besteht in gleicher Weise auf der internationalen Ebene der Menschenrechte und erfolgt dort sinnvollerweise anhand desselben Kriteriums. Bezogen auf den Schutz von Betriebs- und Geschäftsgeheimnissen bedeutet dies, dass die Geschäftstätigkeit mit dem Ziel, ebensolche zu erwerben, sowie der aktive Umgang mit ihnen, also die wirtschaftliche Verwendung betrieblicher Informationen zum Zwecke der Gewinnerzielung wie etwa der Einsatz bestimmter Produktionsweisen oder Rezepturen, in den Schutzbereich der Berufsfreiheit fallen[198]. Der Schutz der zu einem Geheimnis verdichteten Informationen als solcher bezieht sich hingegen auf das Betriebs- und Geschäftsgeheimnis als bloßes Datum und hat demzufolge keinen personalen Inhalt wie für das Recht der Berufsfreiheit erforderlich[199]. Die Beeinträchtigung durch Gewähr von Informationszugang betrifft daher nicht einen Erwerbsvorgang, sondern einen Vermögenswert, der durch das Recht auf Eigentum geschützt wird[200]. Die Frage, ob sich aus dem internationalen Recht zugunsten des Schut-

---

[194] *Gurlit*, Konturen eines Informationsverwaltungsrechts, DVBl. 2003, 1119 (1124); *Schröder*, Schutz von Betriebs- und Geschäftsgeheimnissen im Umweltschutzrecht, UPR 1985, 394 (396).

[195] *Angelov*, Grundlagen und Grenzen eines staatsbürgerlichen Informationszugangsanspruchs, S. 242; *Kugelmann*, Die informatorische Rechtsstellung des Bürgers, S. 70.

[196] Für die deutsche Rechtsordnung vgl. *Kugelmann*, Die informatorische Rechtsstellung des Bürgers, S. 71.

[197] BVerfGE 88, 366 (377).

[198] *Kugelmann*, Die informatorische Rechtsstellung des Bürgers, S. 72, m.V.a. *Erichsen*, Das Recht auf freien Zugang zu Informationen über die Umwelt, NVwZ 1992, 409 (416), und *Berg*, Der Schutz von Betriebs- und Geschäftsgeheimnissen, GewArch 1996, 177 (178).

[199] *Berg*, Der Schutz von Betriebs- und Geschäftsgeheimnissen, GewArch 1996, 177 (178).

[200] *Schröder*, Schutz von Betriebs- und Geschäftsgeheimnissen im Umweltschutzrecht, UPR 1985, 394 (397); *Kugelmann*, Die informatorische Rechtsstellung des Bürgers, S. 72.

zes von Betriebs- und Geschäftsgeheimnissen Grenzen für die nationale Gewährung von Informationszugangsrechten ergeben, entscheidet sich demnach an der Frage, ob solche unter den durch das Recht auf Eigentum konkret gewährleisteten Schutzbereich fallen.

bb. Kollidierende öffentliche Interessen

Entsprechend obiger Ausführungen liegt einer der Hauptzwecke des Staates in der effektiven und weitest möglichen Gewährleistung der dem Menschen unveräußerlich innewohnenden Rechte. Die Fähigkeit des Staates zur Erfüllung dieser Aufgabe beruht hingegen auf der Gewährleistung seiner Handlungsfähigkeit sowie der Sicherstellung seiner Existenz. Als dem Interesse am Informationszugang gegenüberstehende öffentliche Belange sind daher die Notwendigkeit der Funktionsfähigkeit und Effizienz der staatlichen Verwaltung sowie nationaler Sicherheit zu nennen[201].

Es liegt in der Natur dieser Belange, dass ihnen die Qualität, subjektive Rechte zu begründen, fehlt. Grenzen für die nationale Gewährleistung von Informationszugangsrechten zugunsten dieser öffentlichen Belange können sich daher nur ergeben, wenn das Völkerrecht Verpflichtungen ihres Schutzes beinhaltet. Die im internationalen Recht gewährte *Möglichkeit* der Einschränkung subjektiver Rechte zugunsten öffentlicher Belange durch Nennung derselben im Rahmen der Einschränkungsvorbehalte subjektiver Rechte ist wie oben bereits erläutert für die Ableitung von Vorgaben des internationalen Rechts hinsichtlich der Grenzen nationaler Informationszugangsrechte im Sinne des Untersuchungsgegenstandes hingegen ohne Auswirkung[202].

(1) Funktionsfähigkeit und Effizienz der Verwaltung

Die Funktionsfähigkeit der Verwaltung hängt zu einem nicht unwesentlichen Teil von der Kooperation mit dem Bürger ab, weil staatliche Tätigkeit auch auf Informationen angewiesen ist, die nur der Bürger gewähren kann. Eine über den Einzelfall hinausgehende Kooperationsbereitschaft beruht wiederum häufig dar-

---

[201] *Angelov*, Grundlagen und Grenzen eines staatsbürgerlichen Informationszugangsanspruchs, S. 220 ff.; *Kugelmann*, Die informatorische Rechtsstellung des Bürgers, S. 23. Obwohl bei Anwendung eines weiten nationalen Sicherheitsbegriffs das Interesse an der nationalen Sicherheit auch die Funktionsfähigkeit und Effizienz der Verwaltung umfasst, rechtfertigt sich eine getrennte Überprüfung dieser öffentlichen Interessen schon wegen der herausragenden Bedeutung der letzteren beiden Belange für die Schranken allgemeiner Informationszugangsrechte, vgl. *Rossi*, Informationszugangsfreiheit und Verfassungsrecht, S. 125.

[202] Vgl. bereits Kapitel 2 III 3 c.

auf, dass sich der Informant einer vertraulichen Behandlung seiner Informationen und Identität sicher ist[203].

Des Weiteren bedarf eine funktionierende Verwaltung eines Raumes ungestörter behördeninterner Entscheidungsprozesse[204]. Zum einen kann das frühe Bekanntwerden staatlichen Handelns in bestimmten Fällen den Erfolg einer behördlichen Maßnahme vereiteln[205]. Zum anderen weckt die Öffentlichkeit der einem Verwaltungshandeln zu Grunde liegenden Informationen im Vorfeld der Maßnahme öffentliche Meinungsbildung, welche eine Unbefangenheit, Unabhängigkeit und Neutralität der Behörde bei der Entscheidungsfindung verhindern und die Entscheidungsträger im Hinblick auf eine spätere Rechenschaftspflicht von der Dokumentierung ihrer Überlegungen abhalten kann[206].

Neben der Funktionsfähigkeit der Verwaltung kann auch das Interesse an der Effizienz der Verwaltungstätigkeit, also der bestmöglichen Aufgabenerfüllung bei minimalem zeitlichem und finanziellem Aufwand[207], dem Interesse an einem allgemeinen Informationszugangsrecht entgegenstehen: Unbestritten fordert die Gewährleistung von Informationszugang von der Behörde zusätzlichen Arbeitsaufwand neben der Erfüllung ihrer regulären Fachtätigkeit[208].

Vor dem Hintergrund der Aufgabe der Verwaltung, die Effektivität der Normen zu gewährleisten, also ihre tatsächliche Geltung und Wirksamkeit herzustellen, wurden der Funktionsfähigkeit und Effizienz der Verwaltung in der deutschen Rechtsliteratur verfassungsrechtlicher Rang beigemessen[209]. Des Weiteren wurde von deutscher Rechtsprechung und Literatur die Verwaltungseffizienz als im Gewaltenteilungsprinzip begründet gesehen[210]. Nach dieser Auffassung impli-

---

203 *Borgs-Maciejewski*, in: *Meyer/Borgs-Maciejewski*, Verwaltungsverfahrensgesetz, § 29 Rdn. 22.

204 *Angelov*, Grundlagen und Grenzen eines staatsbürgerlichen Informationszugangsanspruchs, S. 224.

205 Dies betrifft vor allem Fälle überwachender Verwaltungstätigkeit, *Angelov*, Grundlagen und Grenzen eines staatsbürgerlichen Informationszugangsanspruchs, S. 224.

206 *Angelov*, Grundlagen und Grenzen eines staatsbürgerlichen Informationszugangsanspruchs, S. 225.

207 *Wahl*, Verwaltungsverfahren zwischen Verwaltungseffizienz und Rechtsschutzauftrag, VVDStRL 41 (1983), S. 163.

208 Zu nennen sind in diesem Zusammenhang u.a. die Beratungstätigkeit gegenüber dem Antragsteller, die Entgegennahme und Prüfung seines Antrags, die Entfernung geheimhaltungspflichtiger Informationen, die Beaufsichtigung der Einsichtnahme sowie die Gebührenberechnung, vgl. *Angelov*, Grundlagen und Grenzen eines staatsbürgerlichen Informationszugangsanspruchs, S. 227.

209 *Schröder*, Auskunft und Zugang in bezug auf Umweltdaten als Rechtsproblem, NVwZ 1990, 905 (907); *Steinberg*, Komplexe Verwaltungsverfahren zwischen Verwaltungseffizienz und Rechtsschutzauftrag, DÖV 1982, 619 (621).

210 BVerwGE 67, 206 (209); *Kopp*, Verfassungsrecht und Verwaltungsverfahrensrecht, S.

ziert das Prinzip der repräsentativen Ausübung der Staatsgewalt eine gewisse Eigenständigkeit der Organe der drei Gewalten[211]. Diese Ansätze sollen hinsichtlich der Frage, ob das internationale Recht der nationalen Gewährleistung von Informationszugangsrechten Grenzen setzt, auf der Ebene des Völkerrechts im weiteren Verlauf der vorliegenden Arbeit geprüft werden.

(2) Nationale Sicherheit

Neben dem Interesse an einer handlungsfähigen Verwaltung ist als weiterer mit dem Interesse an Informationszugang widerstreitender öffentlicher Belang das Interesse am Bestand des Staates, also an nationaler Sicherheit, zu nennen. Der Begriff der nationalen Sicherheit umfasst hierbei Aspekte der äußeren Sicherheit wie z.B. militärische Selbstverteidigung oder die völkerrechtlichen Beziehungen zu anderen Staaten und internationalen Organisationen sowie Angelegenheiten der inneren Sicherheit wie beispielsweise die Vorbeugung oder Zerschlagung innerer Unruhen oder den Verfassungsschutz[212]. In der deutschen Terminologie werden hierbei gemäß der Legaldefinition des § 93 Abs. 1 StGB Informationen, die nur einem begrenzten Personenkreis zugänglich und vor einer fremden Macht geheimzuhalten sind, um die Gefahr eines schweren Nachteils für die äußere Sicherheit der Bundesrepublik abzuwenden, als Staatsgeheimnisse bezeichnet.

Das informationelle Privileg der Staatsführung rechtfertigt sich in diesem Fall aus der Tatsache, dass Rechtsschutz nur von einem stabilen Staat geleistet werden kann und staatliche Behörden nur in einer Atmosphäre äußerer und innerer Sicherheit mit dem Ziel der effektiven Durchsetzung der Rechte des Einzelnen agieren können[213].

IV. Resümee

Die materiell-rechtliche Gestaltung subjektiv-öffentlicher Rechte auf Zugang zu behördlichen Informationen unabhängig vom Vorliegen eines berechtigten Interesses in Form von nationalen Informationszugangsrechten wird insofern durch das Völkerrecht beeinflusst, als dieses verbindliche Vorgaben hinsichtlich einer Pflicht zur Gewährleistung dieser Rechte sowie hinsichtlich einer Gewährleis-

---

200.

211 *Angelov*, Grundlagen und Grenzen eines staatsbürgerlichen Informationszugangsanspruchs, S. 41, m.V.a. *Jerschke*, Öffentlichkeitspflicht der Exekutive und Informationsrecht der Presse, S. 141.

212 *Angelov*, Grundlagen und Grenzen eines staatsbürgerlichen Informationszugangsanspruchs, S. 231.

213 *Angelov*, Grundlagen und Grenzen eines staatsbürgerlichen Informationszugangsanspruchs, S. 231.

tung der kollidierenden Rechtsgüter umfasst. Entsprechende Vorgaben des internationalen Rechts können in diesem Zusammenhang grundsätzlich aus allen drei formellen Völkerrechtsquellen folgen, wobei dem Völkervertragsrecht als dem Hauptinstrument des internationalen Menschenrechtsschutzes gegenüber dem Völkergewohnheitsrecht und den allgemeinen Rechtsgrundsätzen des Völkerrechts das stärkere Gewicht zukommt. Unter Berücksichtigung des mittelbaren Einflusses des nicht-operativen Teils der internationalen Übereinkünfte auf die Auslegung der übrigen Bestimmungen ist daher jeweils zu prüfen, ob der Schutzbereich der durch die völkerrechtlichen Abkommen gewährten subjektiven Rechte einen entsprechenden Leistungsanspruch auf Zugang zu behördlichen Informationen entweder ausdrücklich normiert oder seine Ableitung im Wege der Feststellung eines originären Teilhaberechts zulässt. Verbindliche Vorgaben zugunsten kollidierender subjektiver Rechtspositionen ergeben sich rechtsdogmatisch hingegen bereits dann, wenn diese in den Schutzbereich der abwehrrechtlichen Funktion eines Menschenrechts fallen. Eine völkerrechtliche Pflicht des nationalen Gesetzgebers zur Einschränkung der Informationszugangsrechte zugunsten kollidierender öffentlicher Interessen besteht des Weiteren nur bei ausdrücklicher entsprechender Normierung. Da Informationszugangsrechte insbesondere der Informationsfreiheit und demokratischer Legitimation und Partizipation dienen, können Pflichten zur Gewährleistung von Informationszugangsrechten vor allem von den Kommunikationsfreiheiten und dem Demokratieprinzip umfasst sein. Kollisionen ergeben sich mit den privaten Interessen an einem Schutz personenbezogener Daten Dritter sowie dem Schutz von Betriebs- und Geschäftsgeheimnissen und den öffentlichen Interessen an der Funktionsfähigkeit und Effizienz der Verwaltung und der nationalen Sicherheit. Grenzen für die Gewährleistung nationaler Informationszugangsrechte können damit insbesondere aus dem Recht auf ein Privatleben und dem Recht auf Eigentum sowie der Pflicht zur Herstellung einer faktischen Normeneffizienz und dem Prinzip der Gewaltenteilung folgen.

KAPITEL 3 Vorgaben aus dem universellen Völkervertragsrecht

Im Rahmen der Rechtsquelle des universellen Völkervertragsrechts soll im Folgenden geprüft werden, ob sich den Satzungen universeller internationaler Organisationen und den Beschlüssen ihrer Organe sowie multilateralen Verträgen materiell-rechtliche Vorgaben hinsichtlich der nationalen Gewährung des Grundsatzes des öffentlichen Zugangs zu amtlichen Dokumenten entnehmen lassen.

I. Charta der Vereinten Nationen

Die Charta der Vereinten Nationen (UN-Charta) vom 26. Juni 1945[214] nimmt mehrfach auf die Menschenrechte und Grundfreiheiten Bezug. Artikel 1 Abs. 3 UN-Charta nennt unter den Zielen der Vereinten Nationen „eine internationale Zusammenarbeit herbeizuführen, um (...) die Achtung vor den Menschenrechten und Grundfreiheiten für alle ohne Unterschied der Rasse, des Geschlechts, der Sprache oder der Religion zu fördern und zu festigen". Artikel 56 UN-Charta legt fest, dass sich „[a]lle Mitgliedstaaten verpflichten (...), gemeinsam und jeder für sich mit der Organisation zusammenzuarbeiten, um die in Artikel 55 dargelegten Ziele zu erreichen", unter denen in Artikel 55 lit. c UN-Charta „die allgemeine Achtung und Verwirklichung der Menschenrechte und Grundfreiheiten für alle ohne Unterschied der Rasse, des Geschlechts, der Sprache oder der Religion" explizit aufgelistet werden.

Des Weiteren befassen sich Artikel 13 lit. b, Artikel 62 Abs. 2 sowie Artikel 68 UN-Charta mit den Aktivitäten der Vereinten Nationen auf dem Gebiet der Menschenrechte.

Die UN-Charta ist damit in der Geschichte des Völkerrechts der erste universelle Vertrag, durch den eine Grundlage für die Zusammenarbeit der Staaten im Bereich des Menschenrechtsschutzes geschaffen wurde.

1. Rechtsverpflichtung der Staaten

Unzweifelhaft verpflichten die oben genannten Bestimmungen der UN-Charta aufgrund ihrer Eigenschaft als Satzung der Vereinten Nationen die Organe der UN zur Achtung und Förderung der Menschenrechte. Inwieweit sich aus ihnen

---

[214] Text in der nach Art. 111 UN-Charta u.a. verbindlichen englischen Sprache abgedruckt bei: *Brownlie*, Basic Documents in International Law, pp. 1; deutscher Text abgedruckt in: Sartorius II, Nr. 1.

darüber hinaus eine völkerrechtliche Pflicht der Mitgliedsstaaten ergibt, war hingegen lange umstritten[215].

Bereits während der Diskussion von Artikel 56 UN-Charta auf der Konferenz von San Francisco im Vorfeld ihrer Verabschiedung gab es hierzu zwei gegenläufige Standpunkte. Nach den Vorstellungen vor allem Australiens sollte die Formulierung von Artikel 56 UN-Charta eine dreifache staatliche Verpflichtung hinsichtlich des Zieles der Achtung und Verwirklichung der Menschenrechte des Artikel 55 lit. c UN-Charta vorsehen, nämlich erstens eine Pflicht zu einzelnen, unabhängigen, nationalen Maßnahmen, zweitens eine Pflicht zu gemeinsamen Maßnahmen sowie drittens eine Pflicht zur Kooperation mit den UN und den anderen Mitgliedern[216]. Die USA wendeten hiergegen ein, dass eine Verpflichtung zu einzelnen nationalen Maßnahmen über den Kompetenzrahmen der Charta, nämlich die Anregung internationaler Zusammenarbeit im Bereich der Menschenrechte, hinausginge und damit das Nichteinmischungsprinzip hinsichtlich innerer Angelegenheiten der Staaten nach Artikel 2 Abs. 7 UN-Charta verletze[217].

Die tatsächlich verabschiedete Formulierung[218] muss als Kompromiss dieser Standpunkte gelesen werden: Weder lässt sich ihr eine Verpflichtung der Mitgliedstaaten dergestalt entnehmen, dass *jede* Verletzung der Menschenrechte zugleich eine Verletzung der Förderungspflicht darstellen würde, noch kann die rechtliche Verpflichtung auf ein rein programmatisches Maß reduziert werden, welches sich nicht auf die jeweils konkrete aktuelle Achtung der Menschenrechte, sondern vielmehr lediglich ihre zukünftige Verwirklichung bezieht[219].

Die herrschende Meinung sieht in den Geboten der UN-Charta zum Schutz der Menschenrechte damit echte, die Staaten bindende Rechtsverpflichtungen[220],

---

215 Gegen eine unmittelbare Rechtspflicht vgl. vor allem *Kelsen*, The Law of the United Nations, p. 29. Für eine unmittelbare Rechtspflicht vgl. insb. *Jessup*, A Modern Law of Nations, pp. 87-93; *Lauterpacht*, International Law and Human Rights, pp. 145-165.

216 *Goodrich/Hambro/Simons*, Charter of the United Nations - commentary and documents, Article 56 pp. 380-381. Diesen Standpunkt übernahm der Vorschlag des Subkomitees: "All Members pledge themselves to take separate and joint action and to cooperate with the Organization and with each other to achieve these purposes", vgl. UNCIO Doc. X, 99.

217 *Goodrich/Hambro/Simons*, Charter of the United Nations - commentary and documents, Article 56 p. 381; der Vorschlag der USA lautete hingegen: "All Members undertake to cooperate jointly and severally with the Organization for the achievement of these purposes".

218 "All members pledge themselves to take joint and separate action in cooperation with the Organization for the achievement of the purposes set forth in Article 55."

219 Für letzteren Standpunkt vgl. *Malanczuk*, Modern Introduction to International Law, p. 212; *Kelsen*, The Law of the United Nations, p. 29.

220 *Kimminich/Hobe*, Einführung in das Völkerrecht, S. 341; *Gornig*, Äußerungsfreiheit und Informationsfreiheit als Menschenrechte, S. 231; *Dahm*, Völkerrecht Band I, S. 423; *Lauterpacht*, International Law and Human Rights, pp. 145-154; *Schaumann*, Der völkerrechtliche

deren Inhalt aber aufgrund des Fehlens konkreter Normen interpretationsfähig bleibt[221]. Des Weiteren verleiht die UN-Charta unabhängig von der inhaltlichen Reichweite dieser aus Artikel 56 und 55 lit. c. folgenden rechtlichen Verpflichtungen der Mitgliedsstaaten keine subjektiven Rechte des Einzelnen, sondern begünstigt letzteren nur mittelbar infolge der Reflexwirkung der staatlichen Pflichten[222].

2. Verpflichtung zur nationalen Gewährleistung von Informationszugangsrechten nach der UN-Charta

Ob sich aus der UN-Charta eine völkerrechtliche Verpflichtung zur nationalen Gewährung von Informationszugangsrechten ergibt, hängt von der Auslegung der Reichweite des durch die Charta verbindlich geschützten Menschenrechtsbegriffs ab.

a. Kommunikationsfreiheiten

Der durch die UN-Charta verbindlich geschützte Menschenrechtsbegriff wurde in der Literatur zumeist unter Verweis auf die sehr differierenden Haltungen der einzelnen Staaten bezüglich des Menschenrechtsschutzes eng als nur die elementarsten Menschenrechte umfassend ausgelegt[223].

Des Weiteren folgt der begrenzte verpflichtende Rahmen des Artikel 56 UN-Charta aber auch aus dem Wortlaut von Artikel 55 UN-Charta, auf den er Bezug nimmt: Artikel 56 kann nur insoweit substantielle staatliche Verpflichtungen schaffen, wie auch Artikel 55 eine korrespondierende Grundlage hierzu bietet[224]. Zum einen vermeidet Artikel 55 UN-Charta selbst aber die Verwendung des Wortes der „Pflichten" und spricht lediglich von „Zielen", zum anderen unterscheidet er im hier relevanten Absatz lit. c zwischen der allgemeinen Achtung und Verwirklichung der Menschenrechte und Grundfreiheiten, welche erneut als Zielzustand beschrieben werden, und dem sich anschließenden Zusatz „ohne Unterschied der Rasse, des Geschlechts, der Sprache oder der Religion", welcher konkrete und justiziable rechtliche Verpflichtungen unmittelbar vollziehbaren Inhalts schafft[225].

Schutz der Menschen- und Freiheitsrechte in seiner Verwirklichung durch die Vereinten Nationen, JIR 13 (1967), 133 (144 f.); *Guradze*, Der Stand der Menschenrechte im Völkerrecht, S. 92 und 108.

[221] *Blumenwitz*, in: *Gepperth*, Informationsfreiheit, ein Menschenrecht, S. 36.

[222] *Malanczuk*, Modern Introduction to International Law, p. 212.

[223] *Gornig*, Äußerungsfreiheit und Informationsfreiheit als Menschenrechte, S. 232; *Berber*, Lehrbuch des Völkerrechts, S. 396.

[224] *Wolfrum*, in: *Simma*, The Charter of the United Nations, Article 56 p. 794.

[225] *Wolfrum*, in: *Simma*, The Charter of the United Nations, Article 56 p. 794.

Dem entsprechend ist auch der Rechtsprechung des Internationalen Gerichtshofes (IGH) zu entnehmen, dass der verpflichtende Umfang des Menschenrechtsschutzes der UN-Charta nur die *elementarsten* Menschenrechte umfasst. In seinem *Namibia-Gutachten* hat der IGH in diesem Zusammenhang wie folgt befunden: "To establish [...] and to enforce, distinctions, exclusions, restrictions and limitations exclusively based on grounds of race, colour, descent or national or ethnic origin which constitute a denial of fundamental human rights is a flagrant violation of the purposes and principles of the Charter"[226]. Damit ist zum einen das Bestehen von Rechtsverpflichtungen der Mitgliedsstaaten im Rahmen der Menschenrechtsbestimmungen der UN-Charta durch das Hauptrechtsprechungsorgan der Vereinten Nationen bestätigt worden[227]. Zum anderen greift aber auch der IGH auf die in Artikel 55 lit. c UN-Charta konkret bestimmten Diskriminierungsverbote zurück und bezieht sich ansonsten hinsichtlich einer Verletzung der Ziele und Grundsätze der UN-Charta nicht auf alle, sondern vielmehr lediglich die fundamentalen Menschenrechte.

In Fortführung dieses Ansatzes wurden zu dem verbindlich geschützten Minimalstandard der Schutz des Lebens, die Freiheit der Person, die Freiheit der Religion sowie die Nicht-Diskriminierung nach Rasse und Herkunft gezählt[228].

Folglich sind weder die Informationsfreiheit noch die anderen Kommunikationsfreiheiten vom verbindlichen Schutzumfang der UN-Charta umfasst[229], so dass insofern auch eine Ableitung der Pflicht zur nationalen Gewährleistung von Informationszugangsrechten ausscheidet.

b. Demokratieprinzip und andere Partizipationsrechte

Nichts anderes ergibt sich unter Zugrundelegung der Bezüge des Grundsatzes des öffentlichen Zugangs zu amtlichen Dokumenten zur demokratischen Organisation der Gesellschaft. Zwar spricht die UN-Charta nicht explizit von Erfordernissen der Volkssouveränität oder demokratischer Prozesse[230]. Inhaltliche Bezüge hierzu weist aber die im Zusammenhang mit den Hoheitsgebieten ohne Selbstregierung in Artikel 73 lit. b. UN-Charta und dem internationalen Treu-

---

[226] Legal Consequences for States of the Continued Presence of South Africa in Namibia, ICJ Rep. 1971, p. 57, para. 131.
[227] *Schwelb*, Die Menschenrechtsbestimmungen der Charta der Vereinten Nationen und die Allgemeine Erklärung der Menschenrechte, VN 73, 180 (181).
[228] *Gornig*, Äußerungsfreiheit und Informationsfreiheit als Menschenrechte, S. 232, m.V.a. *Ganji*, International Protection of Human Rights, pp. 135-135, 128-131; ebenso: *Blumenwitz*, in: *Gepperth*, Informationsfreiheit, ein Menschenrecht, S. 36.
[229] So auch *Gornig*, Äußerungsfreiheit und Informationsfreiheit als Menschenrechte, S. 232; *Blumenwitz*, in: *Gepperth*, Informationsfreiheit, ein Menschenrecht, S. 36.
[230] *Rosas*, in: *Alfredsson/Eide*, The Universal Declaration of Human Rights, Article 21, p. 433.

handsystem in Artikel 76 lit. b. UN-Charta genannte Verpflichtung zur Berücksichtigung der frei geäußerten Wünsche ("the freely expressed wishes") und politischen Bestrebungen ("the political aspirations") dieser Völker auf[231]. Allerdings beschränkt sich der Anwendungsbereich dieser Regelungen nach ihrem ausdrücklichen Wortlaut auf Hoheitsgebiete ohne Selbstregierung bzw. Treuhandgebiete.

Des Weiteren wird das Postulat demokratischer Strukturen in Zusammenhang mit dem Prinzip der Selbstbestimmung nach Artikel 1 Nr. 2 und Artikel 55 UN-Charta diskutiert[232], so dass wie im Bereich der Menschenrechte eine Pflicht zur nationalen Gewährleistung grundsätzlich nach Artikel 56 UN-Charta möglich erscheint, im Ergebnis aber abzulehnen ist: Während im Bereich der Menschenrechte und Grundfreiheiten sowohl in Artikel 1 Nr. 3 UN-Charta als auch in Artikel 55 lit. c UN-Charta explizit von einer *Förderungspflicht* gesprochen wird, wird der Grundsatz der Selbstbestimmung in beiden Bestimmungen ohne Benennung einer korrespondierenden Pflicht nur unter den *Zielen* der Vereinten Nationen genannt. Diese Differenzierung aufgreifend bezogen sich sowohl die Vollversammlung als auch der Wirtschafts- und Sozialrat in allen Fällen, in denen sie von Pflichtverletzungen der Staaten nach Artikel 56 UN-Charta sprachen, ausnahmslos auf die Bestimmungen hinsichtlich der Menschenrechte sowie die wirtschaftlichen und sozialen Bestimmungen nach Artikel 55 UN-Charta[233] und damit folglich auf jene Bereiche, in deren Zusammenhang Artikel 55 UN-Charta von einer *Förderungspflicht* spricht. Bedenkt man des Weiteren, dass selbst in diesen Fällen wie oben erläutert der bindende Charakter und das Maß der Verpflichtung kontrovers diskutiert wurden, würde die Ableitung einer völkerrechtlichen Verpflichtung der Staaten zur konkreten Gewährleistung einzelner Aspekte des Prinzips der Selbstbestimmung den Regelungsumfang der UN-Charta erst recht überschreiten[234]. Das Selbstbestimmungsrecht stellt nach der UN-Charta damit „noch keine Rechtsregel dar, sondern eine politische oder moralische Richtlinie, einen Grundsatz“[235]. Vorgaben hinsichtlich einer Pflicht zur nationalen Gewährleistung von Informationszugangsgesetzen lassen sich nicht ableiten.

---

231 *Rosas*, in: *Alfredsson/Eide*, The Universal Declaration of Human Rights, Article 21, p. 433.

232 Vgl. *Doehring*, in: *Simma*, The Charter of the United Nations, Article 1 p. 69. Zur genaueren Erläuterung dieser Diskussion vgl. unten Kapitel 3 III. 3. b. bb.

233 Vgl. hierzu *Wolfrum*, in: *Simma*, The Charter of the United Nations, Article 56 p. 794 f.

234 So i.E. auch *Doehring*, in: *Simma*, The Charter of the United Nations, Article 1 p. 69, der für den Fall, dass der interne Aspekt des Rechts auf Selbstbestimmung die Einhaltung demokratischer Prinzipien erfordert, anmerkt, dass es jedenfalls an einer völkerrechtlichen prozessualen Sicherung dieses Erfordernisses mangelt.

235 *Gornig*, Der Inhalt des Selbstbestimmungsrechts, Politische Studien, Sonderheft 6, 1993, S. 11 (14).

3. Grenzen für die nationale Gewährleistung von Informationszugangsrechten nach der UN-Charta

Hinsichtlich der aus der UN-Charta folgenden Grenzen für die nationale Gewährung von Informationszugangsrechten ergibt sich die gleiche Rechtslage: Weder zugunsten des Schutzes der Rechte privater Dritter noch zugunsten des Schutzes öffentlicher Belange lassen sich der UN-Charta Vorgaben entnehmen. Weder das Recht auf ein Privatleben noch das Recht auf Eigentum zählen zu dem oben definierten Minimalstandard der nach der UN-Charta verpflichtend zu schützenden elementarsten Menschenrechte[236], so dass selbige die nationale Gewährung von Informationszugangsrechten weder zugunsten personenbezogener Daten Dritter noch zugunsten von Betriebs- und Geschäftsgeheimnissen einschränkt. Die öffentlichen Belange sind wie oben erläutert schon ihrer Rechtsnatur nach keine Menschenrechte[237]. Auch ansonsten enthält die UN-Charta keine Verpflichtung der Staaten zum Schutz der Funktionsfähigkeit und Effektivität der Verwaltung bzw. nationaler Sicherheit. Zwar nehmen die Gewährleistung des Prinzips der souveränen Gleichheit aller Mitgliedsstaaten nach Artikel 2 Abs. 1 UN-Charta sowie das Verbot der Drohung mit und Anwendung von Gewalt gegen die territoriale Integrität und politische Selbständigkeit der Staaten nach Artikel 2 Abs. 4 UN-Charta auf den Schutz der Existenz der Staaten Bezug. Diese unmittelbar vollziehbaren Prinzipien der UN-Charta beziehen sich aber lediglich auf die *äußere* Unabhängigkeit der Mitgliedsstaaten und gewähren damit Schutz vor einer Bestandsgefährdung durch andere Staaten. Das im Rahmen der Gewährung von Informationszugangsrechten betroffene öffentliche Interesse an einer funktionsfähigen und effizienten Verwaltung sowie nationaler Sicherheit betrifft dagegen die *interne* Organisation eines Staates. Inwieweit die Mitgliedsstaaten intern Systeme schaffen, die den Schutz dieser Belange gewährleisten, ist ihnen nach der UN-Charta selbst überlassen und wird von dieser durch das Prinzip der Nicht-Einmischung in innere Angelegenheiten nach Artikel 2 Abs. 1 bzw. Abs. 7 UN-Charta darüber hinaus gesondert geschützt.

II. Allgemeine Erklärung der Menschenrechte

Der Vorschlag, der UN-Charta eine "Bill of Rights" oder "Declaration of the Essential Rights of Man" anzufügen, wurde auf der Konferenz von San Francisco zwar erhoben, jedoch nicht umgesetzt[238]. Der Wirtschafts- und Sozialrat

---

[236] Vgl. hierzu erneut *Gornig*, Äußerungsfreiheit und Informationsfreiheit als Menschenrechte, S. 232, m.V.a. *Ganji*, International Protection of Human Rights, pp. 135-135, 128-131; ebenso *Blumenwitz*, in: *Gepperth*, Informationsfreiheit, ein Menschenrecht, S. 36.

[237] Vgl. hierzu bereits Kapitel 2 III. 4. b. bb.

[238] *Davidson*, Human Rights, p. 13; *Humphrey*, in: *Ramcharan*, Human Rights, p. 21. In diesem Zusammenhang befürworteten vor allem die chilenische, die kubanische und die panamesische Delegation die Integration der Gewährleistung spezifizierter Menschenrechte in die

(ECOSOC) griff diese Bemühungen in einem seiner ersten Treffen auf und setzte auf Grundlage des Artikel 68 UN-Charta eine Menschenrechtskommission mit dem Mandat ein, den Entwurf einer "International Bill of Human Rights" vorzubereiten[239].

In Anbetracht der Schwierigkeiten, die die Schaffung eines rechtlich verbindlichen Instruments zum Schutz der Menschenrechte mit sich bringen würde, entschied sich die Menschenrechtskommission zum Entwurf eines dreigeteilten Werkes: Einer Deklaration zur konkreten Benennung der einzelnen Menschenrechte, einer multilateralen Konvention zur Schaffung echter Rechtspflichten sowie drittens der Schaffung von Verfahren zur Sicherung der Durchsetzung dieser Menschenrechtsbestimmungen[240]. In Ergänzung der Menschenrechtsbestimmungen der UN-Charta besteht die International Bill of Human Rights als Ergebnis dieses Vorhabens aus der Allgemeinen Erklärung der Menschenrechte (AEMR), den beiden Pakten zum Schutz der Menschenrechte (Internationaler Pakt über bürgerliche und politische Rechte - IPbpR - und Internationaler Pakt für wirtschaftliche, soziale und kulturelle Rechte - IPwirt -) sowie dem Fakultativprotokoll zum Internationalen Pakt über bürgerliche und politische Rechte[241].

Die Allgemeine Erklärung der Menschenrechte wurde durch die Generalversammlung der UN am 10. Dezember 1948 einstimmig bei nur acht Enthaltungen verabschiedet[242]. Sie stellte auf internationaler Ebene den ersten umfassenden Katalog der Menschenrechte und Grundfreiheiten dar, und Artikel 19 AEMR wurde zur erstmaligen Gewährleistung der Kommunikationsfreiheiten durch das internationale Recht[243].

1. Rechtsbindung

Unbestritten verfügt die Allgemeine Erklärung der Menschenrechte über ein hohes Maß an moralischer Autorität[244] und politischer Wirkkraft, wurde auf diese

---

UN-Charta.

239 ECOSOC Resolution 1/5.

240 *Kimminich/Hobe*, Einführung in das Völkerrecht, S. 341; *Humphrey*, in: *Ramcharan*, Human Rights, p. 23.

241 Vgl. hierzu allgemein *Henkin*, in: *Bernhardt/Jolowicz*, International Enforcement of Human Rights, pp. 1-19.

242 GA Res. 217 A (III) in UN Doc. A/810, engl. Text außerdem abgedruckt in: *Brownlie*, Basic Documents in International Law, p. 256; deutscher Text abgedruckt in: Sartorius II, Nr. 19. Es enthielten sich die kommunistischen Staaten Jugoslawien, Polen, die Tschechoslowakei, die Sowjetunion, die Ukraine, Weißrussland sowie Saudi Arabien und Südafrika, vgl. UN-Yearbook 1948-49, S. 535.

243 *Gornig*, Äußerungsfreiheit und Informationsfreiheit als Menschenrechte, S. 99.

244 Zu den wenigen abweichenden Stimmen gehörte *Lauterpacht*, der in einer Veröffentlichung kurz nach der Verabschiedung der AEMR sogar ihre moralische Autorität bezweifelte,

Weise zum internationalen Maßstab für das Verhalten der nationalen Regierungen sowohl innerhalb als auch außerhalb der Vereinten Nationen sowie zum Ausgangspunkt einer Vielzahl internationaler Verträge und fand des Weiteren Niederschlag in zahlreichen nationalen Verfassungen sowie in nationaler wie internationaler Rechtsprechung[245].

So einig die herausragende faktische Bedeutung der Allgemeinen Erklärung der Menschenrechte anerkannt wird, so gespalten stellt sich auf der anderen Seite ihre rechtliche Bewertung dar. Formal handelt es sich bei der Allgemeinen Erklärung der Menschenrechte um eine nach Artikel 13 Abs. 1 lit. b UN-Charta abgegebene Resolution der Generalversammlung. Gemäß dem Wortlaut der Artikel 10, 11, 13 und 14 UN-Charta haben Entschließungen der Generalversammlung mit Außenwirkung im Gegensatz zu ihren organisationsinternen Akten lediglich den Status einer Empfehlung. Mangels Beschließung der Erklärung in der Form eines multilateralen völkerrechtlichen Vertrages kann eine Rechtsbindung durch die Normen der Allgemeinen Erklärung der Menschenrechte damit nur bei einer Einstufung derselben in den anderen formellen Völkerrechtsquellen nach Artikel 38 IGH-Statut hergeleitet werden.

Auf der Grundlage dieser Überlegungen finden sich im Rahmen der Diskussion der Frage der Rechtsbindung der Allgemeinen Erklärung der Menschenrechte verschiedene Argumentationslinien[246]. Die herrschende Meinung geht *im Grundsatz* davon aus, dass die Allgemeine Erklärung der Menschenrechte selbst keine rechtliche Bindungswirkung besitzt[247]. Diese Auffassung entspricht der ursprünglichen Ansicht der Mehrzahl der Delegierten der Vollversammlung bei ihrer Verabschiedung[248].

---

vgl. *Lauterpacht*, International Law and Human Rights, p. 419.

245 *Humphrey*, in: *Ramcharan*, Human Rights, pp. 28-29; *Schwelb*, The Influence of the Universal Declaration of Human Rights on International and National Law, Proceedings of the American Society of International Law (1959), p. 217 (pp. 219-230); *Shaw*, International Law, p. 260

246 Vgl. für einen Überblick der in diesem Zusammenhang existierenden Ansätze *Frowein*, Der Beitrag der internationalen Organisationen zur Entwicklung des Völkerrechts, ZaöRV 36 (1976), 147 ff.

247 *Gornig*, Äußerungsfreiheit und Informationsfreiheit als Menschenrechte, S. 234; *Diesbach*, Völkerrechtliche Garantien der Presse- und Informationsfreiheit, S. 84; *Kimminich/Hobe*, Einführung in das Völkerrecht, S. 343; *v. Glahn*, Law Among Nations, p. 190; *Hummer*, in: *Neuhold/Hummer/Schreuer*, Österreichisches Handbuch des Völkerrechts, Rz. 1318; *Streinz*, Meinungs- und Informationsfreiheit zwischen Ost und West, S. 11 f.; *Kelsen*, The Law of the United Nations, p. 459.

248 Lediglich die Delegierten von Bolivien, Chile, Frankreich, Libanon und Uruguay maßen der AEMR rechtliche Bindungswirkung bei, vgl. UN-Yearbook 1948-49, S. 531 f. Vgl. für die von den Delegierten geäußerten Ansichten auch die Aufstellung bei *Robinson*, The Universal Declaration of Human Rights, pp. 40-47.

Gleichzeitig bemühte sich die Literatur in der Folge aber auf verschiedenste Weise, eine rechtliche Verbindlichkeit der Bestimmungen der Allgemeinen Erklärung der Menschenrechte zu begründen. In diesem Zusammenhang wurde z.B. von Vertretern der *neuen Konsenstheorie* angeführt, dass eine Resolution, die im Rahmen der UN-Generalversammlung, oder eine Vorschrift, die auf einer internationalen Konferenz universellen Charakters ohne Gegenstimmen angenommen worden ist, durch das Zustandekommen eines *inter omnes* rechtsbildenden Konsenses bindendes Völkerrecht erzeuge[249]. Eine andere Auffassung charakterisiert die Allgemeine Erklärung der Menschenrechte als authentische Interpretation der menschenrechtlichen Bestimmungen der UN-Charta mit der Folge, dass sie auf diese Weise an deren Bindungswirkung teilhabe[250]. Wieder andere stufen die Bestimmungen der Allgemeinen Erklärung der Menschenrechte als allgemeine Rechtsgrundsätze im Sinne von Artikel 38 Abs. 1 lit. c IGH-Statuts ein[251].

Der Kategorisierung der Allgemeinen Erklärung der Menschenrechte als authentische Auslegung der Menschenrechtsbestimmungen der UN-Charta ist entgegenzuhalten, dass ein rechtlich unverbindliches niederrangiges Dokument nicht ohne Weiteres zur Auslegung einer verbindlichen höherrangigen Vorschrift herangezogen werden kann mit der Folge, dadurch rechtliche Aufwertung zu erfahren[252]. Ebenso wenig ist die Generalversammlung mit der Befugnis ausgestattet, die Satzung der UN verbindlich auszulegen[253]. Einer Einstufung der Bestimmungen der Allgemeinen Erklärung der Menschenrechte als allgemeine Rechtsgrundsätze wiederum steht zumindest entgegen, dass ihre Bindungswirkung dann bereits durch die Anerkennung infolge der weitgehend universellen Verbreitung in den nationalen Rechtsordnungen zustande käme und die Deklaration an sich damit lediglich deklaratorischen Inhalt hätte[254].

Dogmatisch am weitesten verbreitet ist daher die Auffassung, die Allgemeine Erklärung der Menschenrechte als Indiz der *opinio iuris* einer entsprechenden

---

[249] Diese Ansicht darstellend *Gornig*, Äußerungsfreiheit und Informationsfreiheit als Menschenrechte, S. 235 f.

[250] *Salcedo*, in: *Bernhardt*, Encyclopedia of Public International Law, Volume II, p. 925; *v. Glahn*, Law Among Nations, p. 190. Vor dieser Einstufung hatte Südafrika bereits im Vorfeld der Verabschiedung der Deklaration gewarnt, vgl. UN Doc. A/C.3/SR.90, pp. 39-40.

[251] *Diesbach*, Völkerrechtliche Garantien der Presse- und Informationsfreiheit, S. 83; *Robinson*, The Universal Declaration of Human Rights, pp. 43-44.

[252] *Diesbach*, Völkerrechtliche Garantien der Presse- und Informationsfreiheit, S. 85.

[253] *Witzmann*, Völkerrechtliche Aspekte der Bemühungen um eine neue Weltinformationsordnung, S. 128. Mit Hinweis darauf, dass eine authentische Interpretation der Charta das Verfahren einer Satzungsänderung erfordern würde *Verdross*, Kann die Generalversammlung der Vereinten Nationen das Völkerrecht weiterbilden?, ZaöRV 26 (1966), 690 (695 f.).

[254] *Humphrey*, in: *Ramcharan*, Human Rights, p. 29; *Gornig*, Äußerungsfreiheit und Informationsfreiheit als Menschenrechte, S. 237.

Bindungswirkung zu werten[255] und ihr angesichts der stetigen späteren Verweisung und Bezugnahme auf ihren Inhalt in nationalen Verfassungen und anderen staatlichen Akten sowie in Resolutionen und anderen Entschließungen der Organe der Vereinten Nationen völkergewohnheitsrechtlichen Status zuzusprechen[256]. Dem wird entsprechend der Einwände gegen eine Einstufung als allgemeiner Rechtsgrundsatz entgegen gehalten, dass die Bindungswirkung auch in diesem Fall bereits durch das bestehende Gewohnheitsrecht an sich zustande käme und die Allgemeine Erklärung der Menschenrechte nur mehr deklaratorischen Charakter hätte[257]. Des Weiteren wurden zum einen der lange Prozess der Verabschiedung der Pakte und zum anderen die mangelnde Achtung der in der Allgemeinen Erklärung der Menschenrechte aufgelisteten Menschenrechte gegen ihre Indizwirkung bei der Bildung einer gewohnheitsrechtlichen Bindungswirkung angeführt[258]. Hiergegen wurde wiederum eingewendet, dass diese tatsächliche Missachtung der Menschenrechte auf einer abweichenden Auffassung über ihren Inhalt beruhe, die Anerkennung ihres Bestandes hingegen nicht ausschließe[259].

Ein Teil der Befürworter einer völkergewohnheitsrechtlichen Bindungswirkung der Allgemeinen Erklärung der Menschenrechte bezieht diesen nur auf einige wenige der in der AEMR verbürgten Rechte[260], ein anderer Teil auf die Bestimmungen in ihrer Gesamtheit[261].

Der Nachweis der völkergewohnheitsrechtlichen Bindungswirkung der Allgemeinen Erklärung der Menschenrechte wird wie oben erläutert vor allem in der vielfachen Rezitation ihrer Bestimmungen in späteren Akten internationaler Organisationen gesehen[262]. Dies widerspricht nicht der bereits im Grundlagenkapi-

---

[255] Vgl. *Gornig*, Äußerungsfreiheit und Informationsfreiheit als Menschenrechte, S. 237, m.V.a. *Berber*, Lehrbuch des Völkerrechts, S. 397, der auf die Tendenz hinweist, „sie als Formulierung der Prinzipien des universalen Völkergewohnheitsrechts anzusehen".

[256] *Kimminich/Hobe*, Einführung in das Völkerrecht, S. 343; *Malanczuk*, Modern Introduction to International Law, p. 213; *Henkin*, in: *Bernhardt*, Encyclopedia of Public International Law, Volume II, p. 888; *Streinz*, Meinungs- und Informationsfreiheit zwischen Ost und West, S. 12 ff.; *Humphrey*, in: *Ramcharan*, Human Rights, p. 37.

[257] *Gornig*, Äußerungsfreiheit und Informationsfreiheit als Menschenrechte, S. 237.

[258] *Gornig*, Äußerungsfreiheit und Informationsfreiheit als Menschenrechte, S. 237; ebenso: *Diesbach*, Völkerrechtliche Garantien der Presse- und Informationsfreiheit, S. 85 f.

[259] *Streinz*, Meinungs- und Informationsfreiheit zwischen Ost und West, S. 15.

[260] *Henkin*, in: *Bernhardt*, Encyclopedia of Public International Law, Volume II, p. 889; *Malanczuk*, Modern Introduction to International Law, p. 213, der dies jedoch vorsichtig lediglich als Möglichkeit in Betracht zieht

[261] *Streinz*, Meinungs- und Informationsfreiheit zwischen Ost und West, S. 13; *Humphrey*, in: *Ramcharan*, Human Rights, p. 37; *Verdross/Simma*, Universelles Völkerrecht, § 1234; unentschieden *Hailbronner*, in: *Graf Vitzthum*, Völkerrecht, 3. Abschn. Rdn. 246.

[262] *Streinz*, Meinungs- und Informationsfreiheit zwischen Ost und West, S. 13; *Schwelb*, Die Menschenrechtsbestimmungen der Charta der Vereinten Nationen und die Allgemeine Erklä-

tel dargestellten Ansicht des IGH, nach welcher zur Feststellung sowohl der dauernden Übung als auch der *opinio iuris* primär auf das Verhalten und die Rechtsüberzeugung der Staaten[263] und hierbei in erster Linie auf die in Äußerungen, Korrespondenz und veröffentlichten Materialien der exekutiven Stellen eines Staates sowie in seinen Gesetzen und gerichtlichen Entscheidungen zum Ausdruck kommende staatliche Rechtsüberzeugung abzustellen sei[264]. Als Folge der Mitgliedschaft in internationalen Organisationen drückt sich die Rechtsüberzeugung der Staaten hinsichtlich des Bestehens bestimmter gewohnheitsrechtlicher Regeln vielmehr daneben auch durch ihr Verhalten in diesen Organisationen aus, so dass zunehmend akzeptiert wird, dass auch die kollektiven Akte internationaler Organisationen zum Nachweis von Völkergewohnheitsrecht heranzuziehen sind[265].

Hinsichtlich des Nachweises einer völkergewohnheitsrechtlichen Bindungswirkung der Bestimmungen der Allgemeinen Erklärung der Menschenrechte fällt daher ins Gewicht, dass die Generalversammlung selbst zwei der Bestimmungen der Allgemeinen Erklärung der Menschenrechte, nämlich die Auswanderungsfreiheit nach Artikel 13 sowie die Freiheit der Eheschließung nach Artikel 16, bereits fünf Monate nach ihrer Verabschiedung in einer weiteren Resolution ausdrücklich dahingehend herangezogen hat, dass die zu beurteilenden staatlichen Maßnahmen nicht im Einklang mit der UN-Charta stünden[266]. Da die UN-Charta selbst wie oben erläutert die Menschenrechte weder katalogisiert noch definiert, kann aus dieser Feststellung gefolgert werden, dass jene Staaten, die für diese Resolution stimmten, die Allgemeine Erklärung der Menschenrechte zur Auslegung der UN-Charta heranzogen. Die Tatsache, dass es sich bei den herangezogenen Artikeln nicht um Bestimmungen zum Schutze der oben beschriebenen elementarsten Menschenrechte handelt, kann zudem als Indiz für eine gewohnheitsrechtliche Bindungswirkung *aller* in der Allgemeinen Erklärung der Menschenrechte gewährten Rechte und nicht lediglich der fundamentalsten Menschenrechte gewertet werden. Die gleiche Art der Argumentation wurde von der Generalversammlung auch in späteren Resolutionen angewendet[267]. Gleiches gilt für Resolutionen des Sicherheitsrates[268], wobei dessen Einfluss auf die Bildung von Völkergewohnheitsrecht wegen seiner begrenzten

---

rung der Menschenrechte, VN 73, 180 (182 ff.); vgl. auch *Gornig*, Äußerungsfreiheit und Informationsfreiheit als Menschenrechte, S. 236.

263 Vgl. hierzu nochmals *Libya v. Malta*, ICJ Rep. 1985, pp. 29-30, para. 27.

264 *Malanczuk*, Modern Introduction to International Law, p. 39.

265 *Humphrey*, in: *Ramcharan*, Human Rights, p. 31. Den gleichen Ansatz anwendend auch *Streinz*, Meinungs- und Informationsfreiheit zwischen Ost und West, S. 12 f.

266 GA Res. 285 (III).

267 Vgl. hierzu z.B. GA Res. 1514 (XV); GA Res. 1904 (XVIII); GA Res. 2145 (XXI).

268 Vgl. z.B. Resolution S/5471.

Mitgliederzahl beschränkt ist, sowie eine Vielzahl kollektiver Akte anderer internationaler Organisationen[269].

Vor dem Hintergrund dieser Entwicklung hat schließlich auch der IGH in seinem Urteil zum so genannten *Teheraner Geiselfall* die völkerrechtliche Verbindlichkeit der Bestimmungen der Allgemeinen Erklärung der Menschenrechte anerkannt, indem er befand: "Wrongfully to deprive human beings of their freedom and to subject them to physical constraint in conditions of hardship is in itself manifestly incompatible with the principles of the Charter of the United Nations, as well as with the fundamental principles enunciated in the Universal Declaration of Human Rights"[270].

2. Durchsetzbarkeit

Unabhängig von der normativen Kraft der Bestimmungen der Allgemeinen Erklärung der Menschenrechte ist die Frage zu beantworten, inwieweit die gewährten Rechte durchsetzbar sind.

Die Allgemeine Erklärung der Menschenrechte selbst beinhaltet keine Bestimmungen zur Durchsetzbarkeit der gewährten Rechte[271]. Bis zum Jahre 1967 waren sich dementsprechend sowohl die Menschenrechtskommission als auch der Wirtschafts- und Sozialrat über das Fehlen einer Befugnis der Menschenrechtskommission zum Treffen etwaiger Maßnahmen hinsichtlich von Beschwerden über Menschenrechtsverletzungen einig, was ausdrücklich auch unter Absatz 1 der Resolution 728 F des ECOSOC festgehalten wurde[272]. Nach Abschluss des Normsetzungsprozesses bat die Menschenrechtskommission den Wirtschafts- und Sozialrat 1967 in einer Resolution um die Schaffung der Befugnis, hinsichtlich spezifischer Menschenrechtsverletzungen Empfehlungen abgeben zu können[273].

---

[269] Vgl. insb. die Schlussakte der Internationalen Konferenz für Menschenrechte, Teheran, 22. April – 13. Mai 1968, UN Doc. A/Conf.32/41, p. 4.

[270] United States Diplomatic and Consular Staff in Tehran (United States of America v. Iran), ICJ Rep. 1980, p. 42, para. 91.

[271] Als rein politisches Organ hatte die Menschenrechtskommission ursprünglich ausschließlich einen Auftrag zur Normsetzung, vgl. *Schilling*, Internationaler Menschenrechtsschutz, § 2 Rdn. 6, S. 5.

[272] Vgl. Resolution 728 F (XXVIII), abgedruckt in: UN Doc. E/3290, p. 19: "*The Economic and Social Council*, (...) 1. *Approves* the statement that the Commission on Human Rights recognizes that it has no power to take any action in regard to any complaints concerning human rights (...)"; deutscher Text abgedruckt in: Sartorius II, Nr. 24.

[273] Resolution 8 (XXIII), UN Doc. E/CN.4/940, pp. 131-132.

Dieser Bitte entsprach ECOSOC noch im selben Jahr durch die Verabschiedung der Resolution 1235[274]. Unter Absatz 2 ermächtigt ECOSOC die Kommission für Menschenrechte und die Unterkommission für die Verhinderung von Diskriminierungen und für den Schutz von Minderheiten, Informationen zu prüfen, die für schwere Verletzungen von Menschenrechten und Grundfreiheiten ("information relevant to gross violations of human rights and fundamental freedoms"), wie zum Beispiel die Apartheidpolitik, sowie für rassische Diskriminierung erheblich sind. Für den Fall, dass diese sorgfältige Prüfung ein Regelbeispiel von Verletzungen der Menschenrechte erkennen lässt, wie z.B. die Apartheidpolitik sowie die rassische Diskriminierung ("situations which reveal a consistent pattern of violations of human rights, as exemplified by the policy of apartheid (...) and racial discrimination"), wird die Menschenrechtskommission in Absatz 3 ermächtigt, eine eingehende Studie vorzunehmen und mit Empfehlungen dazu dem Wirtschafts- und Sozialrat zu berichten.

In der Praxis wurde dies zur Grundlage jährlicher Debatten von Menschenrechtsverletzungen während der Sitzungen der Menschenrechtskommission und der Unterkommission[275]. Des Weiteren nahmen die Menschenrechtkommission und die Unterkommission diese Debatten zum Anlass für die Verabschiedung von Resolutionen, in denen sie ihrer Sorge hinsichtlich Menschenrechtsverletzungen in bestimmten Staaten Ausdruck verliehen, und entwickelten zudem eine Praxis der Benennung von *special rapporteurs*, Expertenkommissionen sowie anderen Gesandten zur Überwachung von Menschenrechtsverletzungen in bestimmten Ländern[276].

Der Bedarf eines vertraulichen Verfahrens zum Zwecke der Schaffung einer besseren Kooperationsbereitschaft der betroffenen Staaten sowie die Tatsache, dass die Resolution 1235 keinen Mechanismus der Behandlung und Prüfung der Beschwerden vorsieht, führte im Jahre 1970 zur Verabschiedung der Resolution 1503 durch den Wirtschafts- und Sozialrat[277], welche den Verfahren vor der Menschenrechtskommission auch nach der „eher kosmetischen Reform durch Resolution 2000/3"[278] ihren Namen gibt.

Gemäß Absatz 1 dieser Resolution wird die Unterkommission dazu ermächtigt, eine einmal jährlich in nichtöffentlicher Sitzung zusammentretende Arbeits-

---

274 Resolution 1235 (XLII), UN Doc. E/4393, p. 17; deutscher Text abgedruckt in: Sartorius II Nr. 25.

275 *Newman/Weissbrodt*, International human rights: law, policy, and process, pp. 112-113.

276 Für eine Übersicht der Länder, die in dieser Hinsicht besonders überprüft wurden vgl. *Newman/Weissbrodt*, International Human Rights: Law, Policy, and Process, p. 113.

277 Resolution 1503 (XLVIII) abgedruckt in UN Doc. E/4832/Add.1, p. 8; deutscher Text abgedruckt in: Sartorius II, Nr. 26.

278 *Gornig*, Menschenrechte im Völkerrecht, in: *Blumenwitz/Gornig/Murswiek*, Minderheitenschutz und Menschenrechte, S. 165.

gruppe zu ernennen, die die Mitteilungen zu dem Zwecke prüft, der Unterkommission solche Eingaben samt etwaiger Erwiderungen von Regierungen zur Kenntnis zu bringen, die anscheinend ein Regelbeispiel schwerer und zuverlässig bezeugter, im Rahmen des Mandats der Unterkommission liegender Verletzungen von Menschenrechten und Grundfreiheiten erkennen lassen ("which appear to reveal a consistent pattern of gross and reliably attested violations of human rights and fundamental freedoms within the terms of reference of the Sub-Commission"). Nach Absatz 5 wird die Unterkommission ersucht, die ihr auf diese Weise vorgelegten Mitteilungen sowie alle diesbezüglichen Erwiderungen und anderen wesentlichen Information in nichtöffentlichen Sitzungen im Hinblick darauf zu prüfen, ob besondere Sachverhalte, die dem Anschein nach ein Regelbeispiel von schweren und zuverlässig bezeugten Menschenrechten erkennen lassen, an die Menschenrechtskommission weitergeleitet werden, weil sie deren Erörterung bedürfen. Die auf diese Weise befasste Menschenrechtskommission ist wiederum nach Absatz 6 ersucht, nach Prüfung der Mitteilungen zu entscheiden, ob der Sachverhalt eine eingehende Studie seitens der Kommission und einen Bericht nebst Empfehlungen an den Wirtschafts- und Sozialrat gemäß Absatz 3 der Resolution 1235 des Rates erfordert oder ob er Gegenstand einer Untersuchung durch ein von der Kommission zu ernennendes Ad-hoc-Komitee sein kann, das ausschließlich mit ausdrücklicher Zustimmung des betroffenen Staates vorgenommen und in ständiger Zusammenarbeit mit diesem Staat unter einvernehmlich festgelegten Bedingungen geführt wird.

3. Rechtliche Bedeutung der Allgemeinen Erklärung der Menschenrechte hinsichtlich der Vorgaben des internationalen Rechts für die nationale Gewährleistung von Informationszugangsrechten

Selbst wenn man der Ansicht folgt, dass die Bestimmungen der Allgemeinen Erklärung der Menschenrechte mittels ihres völkergewohnheitsrechtlichen Status eine universelle Rechtsbindung besitzen, ist die rechtliche Bedeutung der Allgemeinen Erklärung der Menschenrechte für die Frage dieser Ausarbeitung nach den Vorgaben des internationalen Rechts für die nationale Gewährleistung von Informationszugangsrechten sowohl angesichts der konkreten Ausgestaltung der beschriebenen Durchsetzbarkeitsmechanismen als auch angesichts der Geltung der Menschenrechtspakte beschränkt.

a. Rechtliche Bedeutung der Allgemeinen Erklärung der Menschenrechte angesichts der Durchsetzungsmechanismen

Zum einen sind die aus der Allgemeinen Erklärung der Menschenrechte gegebenenfalls folgenden Vorgaben des internationalen Rechts für die nationale Gewährleistung von Informationszugangsrechten aufgrund der eingeschränkten Durchsetzbarkeit der gewährleisteten Rechte von geringer tatsächlicher Durchschlagkraft. Zwar ist das Bestehen echter Rechtsverpflichtungen grundsätzlich unabhängig von der Existenz von Mechanismen zu ihrer späteren Durchsetzbarkeit zu beurteilen. In der Praxis hat sich der bloße Bestand von Rechtspflichten ohne eine Absicherung durch korrespondierende Durchsetzungsverfahren jedoch stetig als zahnloser Tiger erwiesen[279].

Im Zusammenhang mit den obigen Ausführungen zu den Durchsetzungsmechanismen der Resolution 1235 sowie 1503 ist daher zunächst festzustellen, dass es im Bereich der Allgemeinen Erklärung der Menschenrechte ein individuelles Durchsetzungsverfahren nicht gibt. Zwar kann der Einzelne Mitteilungen von Menschenrechtsverletzungen einreichen, die Beschwerde muss sich aber, um Aussicht auf Erfolg zu haben, auf eine Vielzahl oder systematische Verletzung von Menschenrechten beziehen. Die bloße Verletzung der Rechte eines Einzelnen ist damit nicht sanktioniert.

Darüber hinaus stellen beide Durchsetzungsmechanismen qualitative Bedingungen an die in ihren Anwendungsbereich fallenden Menschenrechtsverletzungen: Sie beschränken sich auf Situationen, die ein Regelbeispiel schwerer und zuverlässig bezeugter Menschenrechtsverletzungen erkennen lassen. Weder Resolution 1235 noch Resolution 1503 selbst bestimmen, welches staatliche Verhalten in dieser Hinsicht geeignet ist, die in den Durchsetzungsmechanismen zur Verfügung gestellten Maßnahmen in Gang zu setzen. Rückschlüsse auf die Beschaffenheit der in diesem Sinne relevanten Menschenrechtsverletzungen können daher nur aufgrund der Namen der Länder, die vom Vorsitzenden der Menschenrechtskommission am Ende der nach Resolution 1503 vollzogenen Untersuchungen bekannt gegeben wurden, unter Kombination mit den allgemein bekannten oder zugänglichen Informationen über das Verhalten dieser Staaten in Bezug auf die Einhaltung der Menschenrechte gezogen werden. Die Regierungen der Länder, deren Verhalten bisher im Rahmen eines Verfahrens nach Resolution 1503 untersucht wurde, waren jeweils verantwortlich für eine Vielzahl von Fällen der Folter, politischer Inhaftierung, des Massenmordes, willkürlicher Tötung sowie Verschleppung[280]. Als Regelbeispiele schwerer Menschenrechtsverletzungen wurden daher lediglich staatliche Maßnahmen eingestuft, die sich in einer Vielzahl von Fällen gegen die Freiheit, die körperliche Unversehrtheit oder das Leben von Staatsbürgern richteten. Weder können die durch die nationale Gewährleistung von Informationszugangsrechten begünstigten Rechte der Kommunikationsfreiheiten bzw. demokratischer Partizipation oder die mit ihnen kollidierenden Rechte auf ein Privatleben bzw. Eigentum in diese Reihe fundamentalster Menschenrechte eingegliedert werden, noch stehen sie ihnen an Eingriffsintensität vergleichbar gegenüber. Unabhängig von der Beantwortung der

---

[279] So auch *Klein*, wenn er davon spricht, dass die „Garantie der Menschenrechte ohne Garanten wirkungslos bleiben“ müsse, *Klein*, Universeller Menschenrechtsschutz. Realität oder Utopie?, EuGRZ 1999, 109 (111).

[280] *Newman/Weissbrodt*, International human rights: law, policy, and process, p. 121.

Frage ihnen geltender Vorgaben durch die Allgemeine Erklärung der Menschenrechte bliebe ihre Gewährleistung daher rechtlich nicht durchsetzbar und ein Verstoß folglich sanktionslos.

Dies schmälert zwar die tatsächliche Durchschlagkraft der aus der Allgemeinen Erklärung der Menschenrechte gegebenenfalls folgenden rechtlich verbindlichen Vorgaben für die nationale Gewährleistung von Informationszugangsrechten, steht ihrer Existenz aber nicht entgegen und macht insofern auch eine diesbezügliche Überprüfung der Bestimmungen der Allgemeinen Erklärung der Menschenrechte nicht überflüssig.

b. Rechtliche Bedeutung der Allgemeinen Erklärung der Menschenrechte angesichts der Geltung der Menschenrechtspakte

Entscheidender für die begrenzte Bedeutung der Frage nach den aus der Allgemeinen Erklärung der Menschenrechte folgenden Vorgaben des internationalen Rechts für die Gewährleistung nationaler Informationszugangsrechte ist dagegen ein zweiter Aspekt: Seit dem Inkrafttreten der beiden Menschenrechtspakte in der Form völkerrechtlicher Verträge indizieren deren Bestimmungen den Willen der unterzeichneten Staaten zur eigenen Bindung im Bereich der Gewährleistung der Menschenrechte. Eine eigene rechtliche Bedeutung der Bestimmungen der Allgemeinen Erklärung der Menschenrechte verbleibt damit nur für den Fall, dass ein Staat die Pakte nicht unterzeichnet hat[281]. Da alle Mitgliedsländer der Europäischen Union zugleich Unterzeichner der Menschenrechtspakte sind[282], entbehrt die Allgemeine Erklärung der Menschenrechte insofern für die vorliegende Ausarbeitung eigenständiger rechtlicher Bedeutung.

Sofern sowohl die Allgemeine Erklärung der Menschenrechte als auch die Menschenrechtspakte Bestimmungen hinsichtlich der von der nationalen Gewährleistung von Informationszugangsrechten berührten Rechtspositionen enthalten, indiziert damit die jeweilige Bestimmung des Menschenrechtspakts die Reichweite, bis zu der die unterzeichneten Staaten das jeweilige Recht verbindlich gewähren wollen. Nur für den Fall, dass die Menschenrechtspakte ein von nationalen Informationszugangsrechten berührtes Rechtsgut im Gegensatz zur Allgemeinen Erklärung der Menschenrechte gar nicht gewährleisten, erlangt die entsprechende Bestimmung der Allgemeinen Erklärung der Menschenrechte daher eigene rechtliche Relevanz[283]. Im Folgenden soll geprüft werden, ob dies auf

---

[281] Vgl. auch *Streinz*, Meinungs- und Informationsfreiheit zwischen Ost und West, S. 15; *Humphrey*, in: *Ramcharan*, Human Rights, p. 37.

[282] Für den Ratifikationsstand vgl. die Übersicht auf der Internetseite http://www.institut-fuer-menschenrechte.de/webcom/show_article.php/_c-503/i.html, zuletzt abgerufen am 25.9.2007.

[283] Soweit *Streinz* umfassender von einer Erheblichkeit der Bestimmungen der AEMR auch

die von der nationalen Gewährleistung von Informationszugangsrechten berührten Rechtsgüter zutrifft.

aa. Bedeutung der Allgemeinen Erklärung der Menschenrechte für Vorgaben des internationalen Rechts hinsichtlich einer Verpflichtung zur nationalen Gewährleistung von Informationszugangsrechten

Da weder die Allgemeine Erklärung der Menschenrechte noch die Menschenrechtspakte explizit die nationale Gewährleistung von Informationszugangsrechten regeln, können entsprechend der Erläuterungen des Grundlagenkapitels Vorgaben des internationalen Rechts hinsichtlich einer etwaigen Pflicht zur nationalen Gewährleistung nur aus einer entsprechenden Reichweite der Kommunikationsfreiheiten sowie der Rechte auf demokratische Partizipation folgen.

(1) Kommunikationsfreiheiten

Die Kommunikationsfreiheiten werden im Rahmen der Allgemeinen Erklärung der Menschenrechte in Artikel 19 gewährleistet. Dieser lautet in seiner englischen Fassung:

"Everyone has the right to freedom of opinion and expression; this right includes freedom to hold opinions without interference and to seek, receive and impart information and ideas through any media and regardless of frontiers".

Formal an derselben Stelle regelt auch Artikel 19 IPbpR die Kommunikationsgrundrechte. Im Wortlaut sehr ähnlich beschreibt dieser in seinem Absatz 2 die für die vorliegende Ausarbeitung entscheidende Informationsfreiheit als "freedom to seek, receive and impart information and ideas of all kinds, regardless of frontiers, either orally, in writing or in print, in the form of art, or through any other media of his choice".

Beide Bestimmungen beziehen sich hinsichtlich des Rechts auf Informationsfreiheit demnach auf dieselben drei geschützten Handlungsweisen des Suchens, Empfangens und Verbreitens ("to seek, receive and impart"), auf alle Arten der Informationsspeicherung ("any media") und gewähren die Ausübung des Rechts über die Staatsgrenzen hinweg ("regardless of frontiers")[284].

---

dann ausgeht, wenn die entsprechenden Garantien der Menschenrechtspakte hinter denen der Deklaration zurückbleiben (vgl. *Streinz*, Meinungs- und Informationsfreiheit zwischen Ost und West, S. 15), ist dem entgegen zu halten, dass der in der entsprechenden Bestimmung des Paktes zum Ausdruck kommende weniger weitreichende Rechtsbindungswille der Staaten der Bildung einer darüber hinausreichenden opinio iuris durch die AEMR entgegensteht und jedenfalls des weiteren Nachweises bedürfen würde.

[284] Vgl. zu diesem Schutzinhalt der AEMR auch *Gornig*, Äußerungsfreiheit und Informationsfreiheit als Menschenrechte, S. 240.

Da das Recht auf Informationsfreiheit damit in beiden Menschenrechtskatalogen geregelt ist - und dies darüber hinaus in nahezu identischem Wortlaut - fehlt Artikel 19 AEMR insofern entsprechend der obigen Ausführungen eine eigenständige rechtliche Bedeutung. Die Reichweite des verbindlich gewährten Schutzbereichs des Rechts auf Informationsfreiheit ergibt sich vielmehr aus Artikel 19 IPbpR und wird an späterer Stelle erörtert[285]. Soweit zur Auslegung von Artikel 19 IPbpR auch das Verständnis der Gewährleistung der Informationsfreiheit nach Artikel 19 AEMR von Bedeutung ist, wird hierauf an entsprechender Stelle Bezug genommen[286].

(2) Demokratieprinzip und andere Partizipationsrechte

Eine ausdrückliche Bezugnahme der Allgemeinen Erklärung der Menschenrechte auf den Begriff der „demokratischen Gesellschaft" findet sich nur in Artikel 29 Abs. 2 AEMR. Da dieser lediglich die Einschränkungsvorbehalte zu den in der Allgemeinen Erklärung der Menschenrechte gewährten Rechten festlegt, die entsprechend obiger Erläuterung für eine Ableitung entsprechender nationaler Pflichten zur Gewährleistung individueller Informationszugangsrechte ohne Bedeutung sind[287], kann er schon dogmatisch keine Vorgaben hinsichtlich einer völkerrechtlichen Pflicht zur nationalen Gewährleistung von Informationszugangsrechten beinhalten.

Vor dem Hintergrund divergierender demokratischer Konzepte bezieht sich Artikel 21 Abs. 3 AEMR in allgemeinerer Wortwahl auf *Partizipations*rechte im weiteren Sinne[288]. In seiner englischen Fassung lautet er wie folgt:

"The will of the people shall be the basis of the authority of government; this will shall be expressed in periodic and genuine elections which shall be by universal and equal suffrage and shall be held by secret vote or by equivalent free voting procedures."

In gleicher impliziter Weise gewährleistet auch Artikel 25 IPbpR partizipatorische Rechte. Auch insofern besteht dementsprechend kein Bedarf, die Reichweite des Schutzbereichs des Artikel 21 AEMR hinsichtlich etwaiger Vorgaben für die nationale Gewährleistung von Informationszugangsrechten gesondert zu überprüfen, da sich der Rechtsbindungswille der Staaten bei der Gewährung von

---

[285] Siehe unten Kapitel 3 III. 3. a.

[286] Eine gesonderte Darstellung an dieser Stelle der Ausarbeitung widerspräche hingegen der rechtlichen Bedeutung und wäre insofern irreführend.

[287] Vgl. oben Kapitel 2 III. 3. c.

[288] *Rosas*, in: *Alfredsson/Eide*, The Universal Declaration of Human Rights, Article 21, p. 438.

Partizipationsrechten am später zu analysierenden Schutzbereich des Artikel 25 IPbpR zeigt[289].

bb. Bedeutung der Allgemeinen Erklärung der Menschenrechte für Vorgaben des internationalen Rechts hinsichtlich Grenzen bei der nationalen Gewährleistung von Informationszugangsrechten

Zur Beantwortung der Frage, ob sich der Allgemeinen Erklärung der Menschenrechte Grenzen für die nationale Gewährung von Informationszugangsrechten entnehmen lassen, ist zu prüfen, inwieweit diese Vorgaben zum Schutz der kollidierenden privaten und öffentlichen Interessen enthält, die zudem angesichts der Bestimmungen der Menschenrechtspakte eigenständige rechtliche Relevanz haben.

Wie im Grundlagenkapitel erwähnt, ist hierbei das kollidierende private Interesse Dritter am Nichtbekanntwerden personenbezogener Daten dem Schutzgut der Privatsphäre und am Nichtbekanntwerden von Betriebs- und Geschäftsgeheimnissen dem Schutzgut des Rechts auf Eigentum zuzuordnen[290]. Hinsichtlich der kollidierenden öffentlichen Belange sind entsprechend der obigen Ausführungen das Interesse an der Funktionsfähigkeit und Effizienz der Verwaltung sowie an nationaler Sicherheit zu nennen[291].

(1) Recht auf ein Privatleben

Die Allgemeine Erklärung der Menschenrechte gewährleistet das Recht auf ein Privatleben als Teil der Bestimmung zum Schutz der individuellen Freiheitssphäre in Artikel 12, welcher in der englischen Version wie folgt lautet:

> *"No one shall be subjected to arbitrary interference with his privacy, family, home or correspondence, nor to attacks upon his honour and reputation. Everyone has the right to the protection of the law against such interference or attacks."*

Abgesehen davon, dass Artikel 17 IPbpR das in der Allgemeinen Erklärung der Menschenrechte enthaltene Verbot willkürlicher Eingriffe ("arbitrary") um das Verbot auch rechtswidriger Eingriffe ("unlawful") ergänzt und auch hinsichtlich der Angriffe auf die Ehre wiederholt, sind die Bestimmungen zum Schutz des Rechts auf ein Privatleben in beiden Bestimmungen wortgleich gestaltet.

---

[289] Vgl. unten Kapitel 3 III. 3. b.
[290] Vgl. oben Kapitel 2 III. 4. b. aa.
[291] Vgl. oben Kapitel 2 III. 4. b. bb.

Der verbindliche Schutzbereich des Rechts auf ein Privatleben ergibt sich damit aus Artikel 17 IPBPR. Eine eigene Relevanz der aus Artikel 12 AEMR möglicherweise folgenden Grenzen bei der nationalen Gewährung von Informationszugangsrechten ergibt sich auch angesichts des abweichenden Wortlautes der Bestimmungen nicht, da insofern Artikel 17 IPbpR lediglich die Reichweite des Rechts auf ein Privatleben im Vergleich zur entsprechenden Regelung der Allgemeinen Erklärung der Menschenrechte durch Benennung eines weiteren Eingriffskriteriums genauer konkretisiert:

Genau wie Artikel 17 IPbpR schützt auch Artikel 12 AEMR nur vor „willkürlichen" Eingriffen in das Recht auf ein Privatleben. Diese Qualifizierung schränkt die Reichweite des Schutzumfanges des Rechts auf ein Privatleben restriktiv ein[292]. Während der Verhandlungen von Artikel 12 AEMR wurde die Terminologie dieser Restriktion lebhaft diskutiert und es war neben dem schließlich verwendeten Begriff "arbitrary" auch die Verwendung der Begriffe "abusive", "unreasonable", "unlawful" und "illegitimate" erwogen worden[293]. Nach den offiziellen Dokumenten soll der tatsächlich verwendete Begriff "arbitrary" alles umfassen, was sich nicht anhand berechtigter Motive rechtfertigen lässt und den allgemein etablierten Rechtsprinzipien zuwiderläuft[294]. Das Verhältnismäßigkeitsprinzip wird damit zur Grenze staatlicher Eingriffe in das nach der Allgemeinen Erklärung der Menschenrechte gewährleistete Recht auf ein Privatleben. Diesem Erfordernis schaltet Artikel 17 Abs. 1 IPbpR ein weiteres Kriterium vor, indem er Schutz nur gegen willkürliche oder rechtswidrige Eingriffe gewährt, im Umkehrschluss also alle anderen Eingriffe zulässt[295]. Ein im Verhältnis zu Artikel 12 AEMR abweichender Schutzumfang ergibt sich insofern nicht, als trotz der weiteren Restriktion des Rechts auf ein Privatleben dahingehend, dass nur gesetzeswidrige staatliche Maßnahmen Eingriffe darstellen, weiterhin der Verhältnismäßigkeitsgrundsatz die äußerste Grenze darstellt: Auch ein gesetzmäßiger Eingriff, der die Grundsätze der Verhältnismäßigkeit nicht einhält, wäre nämlich wiederum willkürlich[296].

Damit ergibt sich im Verhältnis zu Artikel 17 IPbpR keine eigenständige rechtliche Relevanz des in Artikel 12 AEMR gewährten Rechts auf ein Privatleben für die Vorgaben des internationalen Rechts hinsichtlich der bei der nationalen Gewährung von Informationszugangsrechten einzuhaltenden Grenzen zugunsten

---

292 *Rehof*, in: *Alfredsson/Eide*, The Universal Declaration of Human Rights, Article 12, p. 253.

293 Vgl. UN Doc. A/C.3/SR.116, p. 276, p. 306.

294 *Rehof*, in: *Alfredsson/Eide*, The Universal Declaration of Human Rights, Article 12, p. 253 m.w.N.

295 Vgl. auch *Schilling*, Internationaler Menschenrechtsschutz, § 13 Rdn. 168, S. 89.

296 *Schilling*, Internationaler Menschenrechtsschutz, § 13 Rdn. 168, S. 89.

des kollidierenden privaten Interesses Dritter am Schutz personenbezogener Daten.

(2) Recht auf Eigentum

Anders hingegen stellt sich schon auf den ersten Blick die rechtliche Relevanz der Allgemeinen Erklärung der Menschenrechte hinsichtlich der sich aus dem internationalen Recht ergebenden Grenzen bei der nationalen Gewährung von Informationszugangsrechten zugunsten des Schutzes von Betriebs- und Geschäftsgeheimnissen dar: Da der Schutz der zu einem Geheimnis verdichteten Informationen wirtschaftlicher Tätigkeit den Vermögenswert als solchen betrifft, entscheidet sich die Frage nach den Vorgaben des internationalen Rechts am Schutzbereich des Rechts auf Eigentum[297], welches die Allgemeine Erklärung der Menschenrechte in Artikel 17 regelt, während der Internationale Pakt über bürgerliche und politische Rechte eine ausdrückliche Eigentumsgarantie nicht kennt. Damit nimmt die Eigentumsgarantie des Artikels 17 AEMR im Bereich des universellen Völkervertragsrechts eine exklusive Stellung ein.

Artikel 17 AEMR lautet in seiner englischen Fassung wie folgt:

"Everyone has the right to own property alone as well as in association with others.

No one shall be arbitrarily deprived of his property."

Für die Beantwortung der Frage, ob der Eigentumsgarantie des Artikel 17 AEMR Vorgaben hinsichtlich des Schutzes von Betriebs- und Geschäftsgeheimnissen zu entnehmen sind, ist zunächst der persönliche Anwendungsbereich der Norm zu untersuchen: Angesichts der Tatsache, dass die Teilnehmer am Wirtschaftsleben zu einem Großteil juristische Personen sind, kann der Schutz von Betriebs- und Geschäftsgeheimnissen zwar nicht ausschließlich, aber jedenfalls in effektiver Form nur dann von Artikel 17 AEMR verbindlich vorgegeben werden, wenn dieser nicht lediglich natürliche Personen schützt.

Grundsätzlich können Gesellschaften, die nach nationalem Recht Rechtspersönlichkeit besitzen, auf gleiche Weise wie Individuen Träger von aus dem Völkerrecht abgeleiteten Rechten sein, wenn die jeweilige Völkerrechtsquelle dies bestimmt[298]. Im Gegensatz zur Eigentumsgarantie nach Artikel 1 des 1. Zusatzprotokolls der EMRK[299] fehlt in Artikel 17 AEMR aber eine explizite Bestimmung der Rechtsnatur der Begünstigten.

---

[297] Vgl. zur Abgrenzung zum Recht auf Berufsfreiheit bereits oben Kapitel 2 III. 4. b. aa. (2).
[298] *Epping*, in: *Ipsen*, Völkerrecht, § 7 Rdn. 13.
[299] Vgl. hierzu unten Kapitel 4. I. 4. b.

Zumindest die Verwendung des Begriffes "everyone" im englischen Wortlaut ließe im Grundsatz eine weite Auslegung des persönlichen Anwendungsbereiches zu. Die deutsche Fassung bestimmt hingegen, dass „Jeder Mensch" das Recht auf Eigentum habe, was eindeutig für einen auf natürliche Personen beschränkten persönlichen Anwendungsbereich spricht. Letzterer Auslegung entspricht auch der weitere Wortlaut der Norm: Die Tatsache, dass neben dem Recht auf Alleineigentum auch das Recht auf Eigentum in Gemeinschaft mit anderen gewährt wird, ist vor dem historischen Kontext nicht als Bestimmung zum Schutz von Gesellschaftseigentum zu werten, sondern vielmehr als Gewährung der Eigentumsgarantie in sowohl individuellen als auch kollektiven Formen der Rechtsinhaberschaft[300]. Durch die Nennung beider Alternativen wurde die von der sozialistischen Seite als Folge ihres politischen und wirtschaftlichen Systems vertretene Auffassung kollektiver Eigentumsinhaberschaft der vom Westen favorisierten individuellen Eigentumsinhaberschaft ausdrücklich gleichgestellt. In beiden Fällen indiziert die verwendete Sprache hingegen eine Begünstigung lediglich natürlicher und nicht auch juristischer Personen. Es ist daher zunächst festzustellen, dass Artikel 17 AEMR unabhängig von der Frage seiner inhaltlichen Reichweite allenfalls einen in seiner Effizienz sehr eingeschränkten Schutz von Betriebs- und Geschäftsgeheimnissen zu leisten vermag.

Im Hinblick auf das verbleibende Interesse einer natürlichen Person am Schutz der durch ihre wirtschaftliche Betätigung zustande gekommenen Betriebs- und Geschäftsgeheimnisse wird im deutschen Recht auf zweierlei Weise eine Eröffnung des sachlichen Schutzbereiches der Eigentumsgarantie erwogen. Zum einen wurde in Betracht gezogen, dass der Schutz von Betriebs- und Geschäftsgeheimnissen vom Recht am eingerichteten und ausgeübten Gewerbebetrieb umfasst sei, welches seinerseits durch die Eigentumsgarantie geschützt werde[301]. Diese Erwägung gründet auf der vom Bundesgerichtshof, dem Bundesverwaltungsgericht und der herrschenden Lehre vertretenen Auffassung, dass die Eigentumsgarantie alles umfasse, was den ökonomischen Wert des Unternehmens bestimme[302], unter der Voraussetzung, dass es sich um konkret vorhandene Werte handele, die auf der vorhandenen Organisation sachlicher, persönlicher und sonstiger Mittel beruhen[303]. Ausdrücklich offen lassend, ob die Eigentumsgarantie das Recht am eingerichteten und ausgeübten Gewerbebetrieb überhaupt umfasst[304], hat das Bundesverfassungsgericht hingegen festgestellt, dass der Schutz

---

[300] *Krause/Alfredsson*, in: *Alfredsson/Eide,* The Universal Declaration of Human Rights, Article 17, p. 364.
[301] *Kugelmann*, Die informatorische Rechtsstellung des Bürgers, S. 71; *Papier*, in: *Maunz/Dürig*, Kommentar zum Grundgesetz, Art. 14 Rdn. 99.
[302] BGHZ 23, 157 (162 f.); BGHZ 92, 34 (37); BVerwGE 62, 224 (226); vgl. stellvertretend m.w.N. *Engel*, Eigentumsschutz für Unternehmen, AöR 118 (1993), 169 (174 f., Fn 18 u. 19).
[303] *Papier*, in: *Maunz/Dürig*, Kommentar zum Grundgesetz, Art. 14 Rdn. 96, 99.
[304] BVerfGE 66, 116 (145); BVerfGE 68, 193 (222 f.).

des Gewerbebetriebs jedenfalls nicht weiter gehen solle, als der Schutz seiner wirtschaftlichen Grundlage[305], so dass tatsächliche Gegebenheiten wie z.B. bestehende Geschäftsverbindungen, ein erworbener Kundenstamm oder die Marktstellung aus dem Schutzbereich herausfielen[306]. Gerade angesichts dieser Feststellung des Bundesverfassungsgerichts wurde als zweiter Ansatz im deutschen Recht daneben ein Schutz der Betriebs- und Geschäftsgeheimnisse durch ihre Einstufung als der Eigentumsgarantie unterfallende eigenständige Vermögenswerte vertreten[307]. Zur Begründung wird angeführt, dass die Eigentumsgarantie insbesondere die Verfügungsbefugnis über solche Werte beinhalte, die der Einzelne als Kehrseite eigener Leistung oder eigenen Kapitals zum Bestand seines Vermögens zählen könne[308]. In der Folge bildeten Betriebs- und Geschäftsgeheimnisse, die im Rahmen der betrieblichen Tätigkeit erzielt oder für den Geschäftsbetrieb erworben wurden, als solche eigenständige konkrete und daher der Eigentumsgarantie unterfallende Vermögenswerte[309].

Beide Ansätze erscheinen zur Auslegung des verbindlichen Schutzbereiches der Eigentumsgarantie der Allgemeinen Erklärung der Menschenrechte in Bezug auf Betriebs- und Geschäftsgeheimnisse jedoch als zu weitreichend.

Der sehr allgemein gehaltene Wortlaut der Eigentumsgarantie des Artikels 17 AEMR mag dazu verleiten, von einem umfassenden Schutzbereich der Norm auszugehen. Dieser Ansatz würde hingegen verkennen, dass aus dem ausdrücklichen Verbot *willkürlicher* Eigentumsentziehung in Absatz 2 bereits folgt, dass die Garantie nicht absolut gewährt wird[310]. Dem entsprechend wurden während der Verhandlungen von Artikel 17 AEMR die inhaltliche Reichweite der Eigentumsgarantie, ihre Einschränkbarkeit sowie die Verankerung des Entschädigungsgrundsatzes in vielfältiger Weise kontrovers diskutiert[311]. Als Folge dieser Differenzen verabschiedete man schließlich eine in ihren Bestimmungen vage formulierte Eigentumsgarantie, deren Wortlaut lediglich zweierlei erkennen lässt: Zum einen gibt sie keinen positiven Anspruch auf das für einen anständi-

---

305 BVerfGE 58, 300 (353).

306 BVerfGE, 77, 84 (118).

307 *Kugelmann*, Die informatorische Rechtsstellung des Bürgers, S. 71; *Schröder*, Schutz von Betriebs- und Geschäftsgeheimnissen im Umweltschutzrecht, UPR 1985, 394 (397); *Erichsen*, Das Recht auf freien Zugang zu Informationen über die Umwelt, NVwZ 1992, 409 (416).

308 *Kugelmann*, Die informatorische Rechtsstellung des Bürgers, S. 71.

309 *Kugelmann*, Die informatorische Rechtsstellung des Bürgers, S. 71.

310 *Krause/Alfredsson*, in: *Alfredsson/Eide*, The Universal Declaration of Human Rights, Article 17, p. 364.

311 Für einen Überblick über die in diesen Verhandlungen vertretenen Auffassungen vgl. z.B. *Verdoodt*, Naissance et Signification de la Déclaration Universelle des Droits de l'Homme, pp. 170-175; *Krause*, Rätten till egendom som en mänsklig rättighet, pp. 9-13; *Krause/Alfredsson*, in: *Alfredsson/Eide*, The Universal Declaration of Human Rights, Article 17, pp. 361-364; *Riedel*, Theorie der Menschenrechtsstandards, S. 37-45.

gen Lebensunterhalt notwendige Minimum an Eigentum, sondern garantiert lediglich den Schutz des privaten individuellen und kollektiven Eigentums als Institution und damit den Schutz erworbener Eigentumsrechte[312]. Zum anderen steht die Eigentumsgarantie unter dem Vorbehalt zulässiger Einschränkungen, ohne diese genauer zu konkretisieren[313]. Angesichts dieses Unvermögens einer präzisen Bestimmung des Inhalts und der Grenzen der Eigentumsgarantie während ihrer Verhandlung kann von der vagen Formulierung nicht auf einen Willen zur Gewährung einer umfassenden Reichweite des Schutzbereiches geschlossen werden. Vielmehr ist der weite Wortlaut Ausdruck der Tatsache, dass die Konkretisierung der Reichweite und Grenzen der Eigentumsgarantie bei den nationalen Gesetzgebern bleiben soll.

Dies gilt folglich auch für die Beantwortung der Frage, ob der Schutz von Betriebs- und Geschäftsgeheimnissen von der Eigentumsgarantie umfasst ist. Dass auch diese Entscheidung bei den nationalen Gesetzgebern verbleiben sollte, belegt insbesondere der Wortlaut des ersten Entwurfs des Drafting Committees, welcher zur Eigentumsgarantie wie folgt bestimmte[314]:

“*Everyone has a right to own personal property. No one shall be deprived of his property except for public welfare and with just compensation. The State may determine those things, rights and enterprises that are susceptible of private appropriation and regulate the acquisition and use of such property*”.

Zwar benennt dieser Vorschlag in seinem dritten Satz mit dem Begriff “enterprises” auch die aus wirtschaftlicher Betätigung folgenden Positionen als potentiell von der Eigentumsgarantie umfasste Rechtspositionen, überlässt es aber ausdrücklich dem Ermessen der nationalen Staaten, inwieweit sie diese konkret dem Schutz des Rechts auf Eigentum unterstellen. Angesichts der Tatsache, dass dieser Vorschlag nicht umgesetzt wurde, verbietet sich erst recht eine Interpretation des weiten Wortlauts von Artikel 17 AEMR dahingehend, dass sein Schutzbereich auch für solche Rechtspositionen eröffnet ist, die zuvor in zumal weniger umfassender Form ausdrücklicher Gegenstand des verworfenen Entwurfs waren.

Gegen die Ableitung konkreter Vorgaben hinsichtlich der Reichweite des Schutzbereiches der Eigentumsgarantie der Allgemeinen Erklärung der Menschenrechte sowie ihrer Einschränkbarkeit spricht außerdem die Tatsache, dass man sich im Rahmen der bindenden Menschenrechtspakte trotz Bemühungen

---

[312] *Krause/Alfredsson*, in: *Alfredsson/Eide*, The Universal Declaration of Human Rights, Article 17, p. 359, 364.
[313] *Krause/Alfredsson*, in: *Alfredsson/Eide*, The Universal Declaration of Human Rights, Article 17, p. 359, 364.
[314] UN Doc. E/CN.4/21 Annex F, pp. 76-77.

nicht auf einen entsprechenden Wortlaut einigen konnte[315]. Zwar wird in der Literatur darauf hingewiesen, dass das Fehlen einer Eigentumsgarantie in den beiden Menschenrechtspakten nicht bedeute, dass während der Beratung der Pakte bereits die Existenz des Rechts auf Eigentum geleugnet worden wäre[316]. Dies belegt der Ausgang der Abstimmung der Menschenrechtskommission über einen entsprechenden Vorschlag zur Aufnahme einer Eigentumsgarantie in den Internationalen Pakt für wirtschaftliche, soziale und kulturelle Rechte in ihrer 10. Sitzungsperiode, welcher wie folgt lautete:

"*1. The States Parties to this Covenant undertake to respect the right of everyone to own property alone as well as in association with others. This right shall be subject to such limitations and restrictions as are imposed by law in the public interest and in the interest of social progress in the country concerned.*

2. No one shall be deprived of his property without due process of law. Expropriation may take place only for considerations of public necessity or utility as defined by law and subject to such compensation as may be prescribed."[317]

Die umfassende Einigkeit hinsichtlich der grundsätzlichen Anerkennung der Existenz des Rechts auf Eigentum spiegelt sich eindrucksvoll darin wider, dass die Menschenrechtskommission bei der Abstimmung über den ersten Satz dieses Vorschlages einstimmig mit 17 zu Null Stimmen bei nur einer Enthaltung für den Text votierte[318]. Erst hinsichtlich der weiteren Bestimmungen zur Einschränkbarkeit dieser Garantie konnte keine Einigung erzielt werden, woraufhin der Entschluss gefasst wurde, im Rahmen der Menschenrechtspakte gänzlich auf eine Eigentumsgarantie zu verzichten[319].

Dieses Fehlen einer universellen Bestimmung des konkreten Inhalts und der Grenzen der Eigentumsgarantie in den bindenden Menschenrechtspakten kann nicht durch eine weite Auslegung des unpräzisen Wortlauts von Artikel 17 AEMR umgangen werden. Der Eigentumsgarantie der Allgemeinen Erklärung der Menschenrechte können daher keine verbindlichen Vorgaben zugunsten des Schutzes von Betriebs- und Geschäftsgeheimnissen bei der Gewährung nationaler Informationszugangrechte entnommen werden.

---

315 Für eine Zusammenfassung des gescheiterten Versuchs, eine Eigentumsgarantie in den Menschenrechtspakten zu verankern vgl. UN Doc. A/2929, ch. VI para. 195-210; *Krause*, Rätten till egendom som en mänsklig rättighet, pp. 13-20.

316 *Krause/Alfredsson*, in: *Alfredsson/Eide*, The Universal Declaration of Human Rights, Article 17, p. 365; *Krause*, in: *Eide/Krause/Rosas*, Economic, Social and Cultural Rights, p. 146.

317 UN Doc. E/CN.4/L.321, para. 17.

318 Vgl. UN Doc. E/CN.4/SR.417, p. 13.

319 Vgl. UN Doc. E/CN.4/SR.417 und 418.

(3) Kollidierende öffentliche Belange

Hinsichtlich der Beurteilung der aus der Allgemeinen Erklärung der Menschenrechte möglicherweise folgenden Vorgaben bei der nationalen Gewährung von Informationszugangsrechten zugunsten der Funktionsfähigkeit und Effizienz der Verwaltung sowie zugunsten nationaler Sicherheit ist wiederum zu berücksichtigen, dass diese öffentlichen Belange ihrer Rechtsnatur nach keine Menschenrechte darstellen[320]. Angesichts der Tatsache, dass die Allgemeine Erklärung der Menschenrechte schon ihrem Namen nach die Katalogisierung der universell zu beachtenden Menschenrechte zum Gegenstand hat, ist die Wahrscheinlichkeit aus ihren Bestimmungen folgender Grenzen zugunsten des Schutzes öffentlicher Interessen bereits auf den ersten Blick gering. Und auch die genauere Überprüfung bestätigt diesen Eindruck.

Bei der Nennung der öffentlichen Belange der öffentlichen Ordnung und allgemeinen Wohlfahrt („public order" und „general welfare") in Artikel 29 Abs. 2 AEMR handelt es sich wiederum um Einschränkungsvorbehalte, die den Handlungsspielraum der Staaten erweitern, indem sie Eingriffe in die gewährten Rechtspositionen zugunsten dieser Interessen *rechtfertigen*, ohne dabei aber eine staatliche *Verpflichtung* zu ihrem Schutz zu begründen[321].

Wie im Grundlagenkapitel dieser Ausarbeitung erläutert, wurde im deutschen Recht zum einen die Maxime der Verwaltungseffizienz aus dem Gewaltenteilungsprinzip hergeleitet und zum anderen das öffentliche Interesse an der Funktionsfähigkeit und Effizienz der Verwaltung sowie nationaler Sicherheit als von der Pflicht des Staates umfasst gesehen, die Effektivität der Normen durch Herstellung ihrer tatsächlichen Geltung und Wirksamkeit zu gewährleisten[322]. Ersterer Ansatz kommt im Rahmen der Prüfung der aus der Allgemeinen Erklärung der Menschenrechte folgenden Grenzen bei der Gewährung nationaler Informationszugangsrechte zugunsten öffentlicher Belange schon deswegen nicht in Betracht, als der Grundsatz der Gewaltenteilung an keiner Stelle Gegenstand der Bestimmungen der Allgemeinen Erklärung der Menschenrechte ist.

Das Ziel der Herstellung einer faktischen Normeneffizienz hingegen ist auch in der Allgemeinen Erklärung der Menschenrechte verankert. Artikel 28 AEMR bestimmt in seiner englischen Fassung in diesem Zusammenhang wie folgt:

"Everyone is entitled to a social and international order in which the rights and freedoms set forth in this Declaration can be fully realized."

---

[320] Vgl. hierzu erneut bereits Kapitel 2 III. 4. b. bb.
[321] Vgl. bereits Kapitel 2 III. 3. a. und Kapitel 2 III. 3. c.
[322] Vgl. bereits Kapitel 2 III. 4. b. bb.

Trotz der Verwendung einer Wortwahl, von welcher auf das Vorliegen eines subjektiven Rechts geschlossen werden könnte, ist die Formulierung von Artikel 28 AEMR zu allgemein, als dass sie die Identifizierung konkreter Rechte des Einzelnen zuließe[323]. In diesem Zusammenhang wurde die Systematik der Allgemeinen Erklärung der Menschenrechte dahingehend beschrieben, dass sich ihre Artikel 1 und 2 mit dem Fundament der Gewährleistung der Menschenrechte, die Artikel 3 bis 27 mit der Katalogisierung der Menschenrechte und Artikel 28 mit dem verfolgten Langziel, der "ultimate aspiration"[324], der Allgemeinen Erklärung der Menschenrechte befassten. Ausgangspunkt für die Einfügung von Artikel 28 AEMR war die Überlegung, der vermeintlichen Schwäche der Allgemeinen Erklärung der Menschenrechte aufgrund der Abwesenheit konkreter staatlicher Verpflichtungen hinsichtlich der Verwirklichung der einzelnen Rechte durch diese strukturelle Pflicht zumindest teilweise abzuhelfen[325].

Während der Beratungen von Artikel 28 AEMR - zunächst formal als Artikel 26 - wurden aus den Diskussionsbeiträgen zwei Aspekte deutlich: Zum einen sollte es sich bei der Bestimmung um ein allgemeines Prinzip ("general principle") und nicht um die Verleihung individueller Rechte handeln[326]. Zum anderen sollte durch die Bestimmung eine Bewertung der unterschiedlichen politischen und wirtschaftlichen Systeme, insbesondere also von Kapitalismus und Sozialismus, nicht vorgenommen werden[327].

Demzufolge beinhaltet Artikel 28 AEMR ein Gebot struktureller Anpassung der sozialen und internationalen Ordnung im Sinne der Herstellung der vollen Wirksamkeit der menschenrechtlichen Bestimmungen, ohne diese Aufgabe genauer zu konkretisieren. Durch die Verwendung des Begriffes der „sozialen" Ordnung wird deutlich, dass die Verpflichtung hierbei weder lediglich auf eine bestimmte Staatsform noch lediglich auf ein bestimmtes Wirtschaftssystem Bezug nimmt. Vielmehr strebt Artikel 28 AEMR die schrittweise Abschaffung aller politi-

---

323 *Eide*, in: *Alfredsson/Eide*, The Universal Declaration of Human Rights (1992), Article 28, p. 433.

324 *Eide*, in: *Alfredsson/Eide*, The Universal Declaration of Human Rights, Article 28, p. 597; ebenso *Robinson*, The Universal Declaration of Human Rights, p. 140, der die Bestimmung als einen "umbrella" für die Realisierung der gewährten Rechte charakterisiert.

325 *Robinson*, The Universal Declaration of Human Rights, p. 140; *Eide*, in: *Alfredsson/Eide*, The Universal Declaration of Human Rights, Article 28, p. 598.

326 Diese Auffassung wurde ausdrücklich geäußert vom libanesischen Vertreter *Azkoul* und dem Franzosen *Cassin*, vgl. UN Doc. A/C.3/SR.152, p. 639; vgl. auch *Robinson*, The Universal Declaration of Human Rights, p. 140.

327 Vgl. die Äußerungen des Vertreters der Sowjetunion *Pavlov*, des Vertreters Kanadas *Maybank*, der Vertreterin der USA *Roosevelt* und des Vertreters des Libanon *Azkoul*, UN Doc. A/C.3/SR.152, pp. 638-640.

schen, wirtschaftlichen und kulturellen Hindernisse bei der Durchsetzung der gewährten Menschenrechte an[328].

Da auch eine nicht-funktionsfähige, uneffiziente Verwaltung sowie eine mangelnde nationale Sicherheit der tatsächlichen Wirksamkeit der Menschenrechte entgegenstehen, fallen grundsätzlich auch die hier in Frage stehenden öffentlichen Belange unter das Gebot des Artikels 28 AEMR. Da es sich bei der Bestimmung wie erläutert jedoch lediglich um einen Programmsatz handelt, dessen konkrete Umsetzung nicht qualifiziert vorgeschrieben wird, kann der Vorschrift eine die nationale Gewährung von Informationszugangsrechten beschränkende *verbindliche* Vorgabe zum Schutz öffentlicher Belange nicht entnommen werden.

III. Internationaler Pakt über bürgerliche und politische Rechte

Nach einer zwölfjährigen Verhandlungsphase vollendete die Generalversammlung der Vereinten Nationen am 16. Dezember 1966 den Entwurf einer International Bill of Human Rights durch Verabschiedung des Internationalen Pakts über bürgerliche und politische Rechte und des Internationalen Pakts über wirtschaftliche, soziale und kulturelle Rechte in ihrer Resolution 2200 A[329]. Beide Pakte wurden am 19. Dezember 1966 zur Unterzeichnung aufgelegt und erhielten ihre nach Artikel 49 Abs. 1 IPbpR bzw. Artikel 27 Abs. 1 IPwirt für das jeweilige Inkrafttreten erforderliche 35. Hinterlegung der Ratifikation eines Vertragsstaates im Jahre 1976[330].

1. Rechtsbindung

Im Gegensatz zur oben beschriebenen kontroversen Diskussion der rechtlichen Bindungswirkung der Allgemeinen Erklärung der Menschenrechte ist der rechtliche Status und die sich daraus ergebende Bindungskraft des Internationalen Pakts über bürgerliche und politische Rechte unstreitig: Als multilateraler völkerrechtlicher Vertrag[331] gehört der Internationale Pakt über bürgerliche und politische Rechte nach Artikel 38 Abs. 1 lit. a IGH-Statut zu den verbindlichen Quellen des Völkerrechts.

---

[328] *Eide*, in: *Alfredsson/Eide*, The Universal Declaration of Human Rights, Article 28, p. 602.

[329] UN Doc. A/6546 para. 594-597; englischer Text abgedruckt in: *Brownlie*, Basic Documents in International Law, p. 262 bzw. p. 270; deutscher Text abgedruckt in: Sartorius II, Nr. 20 und 21.

[330] Vgl. *Ipsen*, in: *Ipsen*, Völkerrecht, § 48 Rdn. 37.

[331] *Gornig*, Äußerungsfreiheit und Informationsfreiheit als Menschenrechte, S. 245; *Streinz*, Meinungs- und Informationsfreiheit zwischen Ost und West, S. 26; *Buergenthal*, International Human Rights, p. 38.

Damit sind die im Internationalen Pakt über bürgerliche und politische Rechte enthaltenen Regelungen jedenfalls für diejenigen Staaten, die ihn ratifiziert haben, verbindliche, echte Verpflichtungen, so dass in der Folge im Verhältnis zu den anderen Vertragspartnern der Einwand entfällt, die Einhaltung der in den Bestimmungen gewährten Rechte sei eine innere Angelegenheit[332]. Da alle derzeitigen Mitgliedsländer der Europäischen Union auch den Internationalen Pakt über bürgerliche und politische Rechte ratifiziert haben[333], sind sie für den Fall, dass dieser Vorgaben hinsichtlich der nationalen Gewährung von Informationszugangsrechten enthält, zu deren Einhaltung daher völkerrechtlich verpflichtet.

2. Durchsetzbarkeit

Die Frage nach der Durchsetzbarkeit dieser Rechte bzw. der mit ihnen korrespondierenden staatlichen Pflichten ist sowohl auf innerstaatlicher als auch auf internationaler Ebene zu stellen: Inwieweit die möglicherweise bestehenden Vorgaben des Internationalen Pakts über bürgerliche und politische Rechte für die nationale Gewährung von Informationszugangsrechten faktische Wirksamkeit erlangen, hängt wesentlich davon ab, ob sie im nationalen Rechtsweg einklagbar und/oder durch internationale Verfahrensgarantien durchsetzbar sind.

In diesem Zusammenhang wurden die Bestimmungen des Internationalen Pakts über bürgerliche und politische Rechte mit Verweis auf den Wortlaut von Artikel 2 Abs. 1 IPbpR als echte, aktuelle Rechtspflichten und nicht lediglich als schrittweise zu verwirklichende Programmsätze charakterisiert[334]. Dort heißt es in der u.a. verbindlichen englischen Fassung[335]: "Each State Party to the present Covenant undertakes to respect and to ensure to all individuals within its territory and subject to its jurisdiction the rights recognized in the present Covenant (...)". Vor allem im Unterschied zu Artikel 2 Abs. 1 IPwirt, nach welchem mit den Worten "Each State Party to the present Covenant undertakes to take steps (...) to the maximum of its available resources, with a view to achieving progressively the full realization of the rights recognized in the present Covenant by all appropriate means (...)" nur eine Pflicht zu schrittweiser Verwirklichung der

---

332 Vgl. *Diesbach*, Völkerrechtliche Garantien der Presse- und Informationsfreiheit, S. 87 f.; *Buergenthal*, International Human Rights, p. 38.

333 Für den Ratifikationsstand vgl. die Übersicht auf der Internetseite http://www.institut-fuer-menschenrechte.de/webcom/show_article.php/_c-503/i.html, zuletzt abgerufen am 25.9.2007.

334 Vgl. *Gornig*, Äußerungsfreiheit und Informationsfreiheit als Menschenrechte, S. 245; *Blumenwitz*, in: *Gepperth*, Informationsfreiheit, ein Menschenrecht, S. 37, m.V.a. *Soder*, Der Grundrechtskatalog der Menschenrechtskonvention der UN als innerdeutsches Recht, Vereinte Nationen 1968-1969, 114 (114).

335 Gemäß Artikel 53 Abs. 1 IPbpR ist der Pakt in der chinesischen, englischen, französischen, russischen und spanischen Fassung gleichermaßen verbindlich.

gewährten Rechte begründet wird, handelt es sich bei der Verpflichtung von Artikel 2 Abs. 1 IPbpR dagegen um eine solche unmittelbaren Charakters[336].

Zwar bleibt die Frage, ob diese aktuellen Rechtspflichten im *innerstaatlichen* Rechtsweg einklagbar sind, grundsätzlich eine solche des nationalen Staats- und Verfassungsrechts, da bei Staaten der so genannten dualistischen Tradition im Gegensatz zu solchen der monistischen Tradition für eine Anwendbarkeit im nationalen Recht zunächst ein entsprechender Transformationsakt erforderlich ist[337]. Die für eine solche unmittelbare Anwendbarkeit der Bestimmungen zusätzlich erforderliche Eigenschaft, "self-executing" zu sein, d.h. nach Inhalt, Zweck und Fassung geeignet zu sein, unmittelbar innerstaatliche Wirkungen zu entfalten, ohne hierzu weiterer staatlicher Durchführungsmaßnahmen zu bedürfen[338], wird aber ganz überwiegend mit Verweis auf die entsprechende Formulierung und Bestimmtheit der gewährten Rechte[339] und auf das systematische Argument, die Pflicht zur Schaffung einer Beschwerdemöglichkeit nach Artikel 2 Abs. 3 IPbpR sowie die Existenz der Individualbeschwerde nach dem Fakultativprotokoll[340] setzten das Bestehen unmittelbar anwendbarer subjektiver Rechte voraus[341], bejaht[342]. Dem Einwand, Artikel 2 Abs. 2 IPbpR und Artikel 40 IPbpR widersprächen durch die Nennung einer Pflicht zu staatlichen Maßnahmen zwecks Verwirklichung der gewährten Rechte deren unmittelbarer Wirksamkeit[343], wird entgegnet, dass mit diesen Normen nur nochmals deklaratorisch die Pflicht zur Anpassung des nationalen Rechts ausgesprochen werde, *sofern* dies erforderlich sein sollte, und dass der Umkehrschluss, ohne entsprechende Anpassung könne man sich nicht auf diese Rechte berufen, schon angesichts der im selben Artikel benannten Pflicht zur Einräumung einer Beschwerdemöglichkeit für genau diesen Fall sinnwidrig sei[344].

---

336 *Schilling*, Internationaler Menschenrechtsschutz, § 2 Rdn. 17, S. 11; *Buergenthal*, International Human Rights, pp. 42-43.

337 Vgl. zu diesen Traditionen *Malanczuk*, Modern Introduction to International Law, pp. 65-68; *Diesbach*, Völkerrechtliche Garantien der Presse- und Informationsfreiheit, S. 90 f.

338 *Malanczuk*, Modern Introduction to International Law, p. 67; *Vázquez*, The Four Doctrines of Self-Executing Treaties, AJIL 89 (1995), 695 (695-697); *Diesbach*, Völkerrechtliche Garantien der Presse- und Informationsfreiheit, S. 91;

339 Vgl. *Diesbach*, Völkerrechtliche Garantien der Presse- und Informationsfreiheit, S. 94.

340 Englischer Text abgedruckt in: UNTS Vol. 999, p. 171, pp. 302-305; deutscher Text abgedruckt in: Sartorius II, Nr. 20a.

341 Vgl. *Gornig*, Äußerungsfreiheit und Informationsfreiheit als Menschenrechte, S. 246.

342 Vgl. m.w.N. *Gornig*, Äußerungsfreiheit und Informationsfreiheit als Menschenrechte, S. 246, Fn. 23.

343 *Goose*, Der internationale Pakt über bürgerliche und politische Rechte, NJW 1974, 1305 (1306); *Simsarian*, Draft International Covenant on Human Rights, AJIL 45 (1951), p. 170 (171), zu diesem Zeitpunkt noch Artikel 1 Abs. 2; *Simsarian*, Progress in Drafting two Covenant on Human Rights in the United Nations, AJIL 46 (1952), p. 710 (710 f.).

344 *Gornig*, Äußerungsfreiheit und Informationsfreiheit als Menschenrechte, S. 274.

Zur Ausführung der *internationalen* Durchsetzungsverfahren des Internationalen Pakts über bürgerliche und politische Rechte wird nach Artikel 28 IPbpR der Menschenrechtsausschuss benannt, welcher sich entsprechend der Artikel 28 ff. IPbpR aus 18 in ihrer persönlichen Eigenschaft und nicht als Staatenrepräsentanten von den Staaten gewählten Mitgliedern zusammensetzt.

Als einziges obligatorisches Durchsetzungsverfahren benennt Artikel 40 IPbpR die Pflicht zur staatlichen Berichterstattung über die Maßnahmen zur Verwirklichung der in dem Pakt gewährten Rechte und die dabei erzielten Fortschritte. Der Menschenrechtsausschuss ist nach Artikel 40 Abs. 4 IPbpR zur Prüfung dieser Berichte berufen und zur Übersendung „allgemeiner Bemerkungen" an die betroffenen Staaten befugt sowie zur Zuleitung der Berichte und Bemerkungen an den Wirtschafts- und Sozialrat.

Des Weiteren besteht nach Artikel 41 IPbpR die Option zur Zustimmung zu einer Staatenbeschwerde. Hiernach können Staaten der Zuständigkeit des Menschenrechtsausschusses zur Entgegennahme und Prüfung von Vertragsverletzungsbeschwerden durch solche Staaten zustimmen, die sich selbst in entsprechender Weise dazu verpflichtet haben. Angesichts der Tatsache, dass als Ergebnis einer Staatenbeschwerde gemäß Artikel 41 Abs. 1 lit. e IPbpR jedoch einzig eine gütliche Regelung der Sache angestrebt wird und gerade keine Weiterleitung an ein Rechtsprechungsorgan mit der Befugnis bindender Entscheidungen vorgesehen ist, muss die tatsächliche Wirksamkeit dieses Verfahrens als eher gering eingestuft werden[345].

Diese internationalen Durchsetzungsmechanismen werden nach Artikel 1 Fakultativprotokoll ergänzt durch die Möglichkeit der Vertragsstaaten, die Befugnis des Menschenrechtsausschusses zur Behandlung von Individualbeschwerden von Einzelpersonen anzuerkennen, die behaupten, Opfer einer Verletzung eines der im Pakt gewährten Rechte durch einen dieser Vertragsstaaten geworden zu sein. Nach Artikel 2 Fakultativprotokoll setzt dies die Erschöpfung des innerstaatlichen Rechtswegs voraus. Nach der Stellungnahme des Vertragsstaates prüft der Menschenrechtsausschuss nach Artikel 4 und 5 Fakultativprotokoll die Beschwerde und teilt gemäß Artikel 5 Abs. 4 seine Auffassungen dem betroffenen Vertragsstaat und der Einzelperson mit. Wiederum wird das Verfahren daher nicht mit der bindenden Entscheidung eines Rechtsprechungsorgans abgeschlossen, sondern vielmehr mit einer Stellungnahme empfehlenden Charakters.

Vor allem angesichts der Tatsache, dass der Menschenrechtsausschuss bis dato keinen Bericht auf einen Staatenbericht nach Artikel 40 IPbpR angefertigt hat und auch das Staatenbeschwerdeverfahren nach Artikel 41 IPbpR bisher nicht

---

[345] *Malanczuk*, Modern Introduction to International Law, p. 215.

angewendet wurde, ist die Bedeutung des Individualbeschwerdeverfahrens für den effektiven Schutz der im Pakt gewährten Rechte umso höher zu bewerten[346].

3. Verpflichtung zur nationalen Gewährleistung von Informationszugangsrechten nach dem Internationalen Pakt über bürgerliche und politische Rechte

Mangels einer ausdrücklichen Regelung des Grundsatzes des öffentlichen Zugangs zu amtlichen Dokumenten durch die Menschenrechtspakte ist eine aus dem internationalen Recht folgende Verpflichtung zu entsprechender nationaler Gewährleistung aus diesen Instrumenten nur denkbar, wenn der Schutzumfang der im Internationalen Pakt über bürgerliche und politische Rechte gewährten Kommunikationsfreiheiten oder der Rechte auf demokratische Partizipation eine solche Pflicht umfasst.

a. Kommunikationsfreiheiten

Der Internationale Pakt über bürgerliche und politische Rechte gewährt die Kommunikationsfreiheiten in Artikel 19, und zwar in seiner u.a. verbindlichen englischen Fassung mit folgendem Wortlaut:

"*1. Everyone shall have the right to hold opinions without interference.*

2. Everyone shall have the right to freedom of expression; this right shall include freedom to seek, receive and impart information and ideas of all kinds, regardless of frontiers, either orally, in writing or in print, in the form of art, or through any other media of his choice.

3. The exercise of the rights provided for in paragraph 2 of this Article carries with it special duties and responsibilities. It may therefore be subject to certain restrictions, but these shall only be such as are provided by law and are necessary:

(a) For respect of the rights or reputations of others;

(b) For the protection of national security or of public order (ordre public), or of public health and morals."

Dieser Text wurde durch den Dritten Ausschuss der Generalversammlung letztmalig vom 11. bis 19. Oktober 1961 diskutiert[347] und zum Abschluss dieser Be-

---

346 *Gornig*, Menschenrechte im Völkerrecht, in: *Blumenwitz/Gornig/Murswiek*, Minderheitenschutz und Menschenrechte, S. 172 f., 174 f. jeweils m.w.N.

347 UN Doc. A/C.3/SR.1071- 1078, pp. 57-91.

ratung mit 82 gegen eine Stimme bei sieben Enthaltungen angenommen[348]. Vorangegangen war eine jahrzehntelange Verhandlung des Normtextes, ausgehend im Wesentlichen von je einem Vorschlag Frankreichs, der Sowjetunion sowie der Konferenz der Vereinten Nationen für Informationsfreiheit[349], welche von der Menschenrechtskommission[350] und schließlich dem Dritten Ausschuss der Generalversammlung zu weiteren Fassungen zusammengeführt wurden[351].

Mit der Frage der Existenz und Reichweite eines Rechts auf Informationszugang nach den Bestimmungen des Internationalen Pakts über bürgerliche und politische Rechte befasste sich der Bericht des Special Rapporteur *Ligabo* vom 17. Dezember 2004[352]. Ohne genauere rechtliche Begründung kommt dieser vor dem Hintergrund der zunehmenden nationalen Gewährleistung von Informationszugangsrechten zu der ambivalenten Feststellung, dass die internationalen Bestimmungen zwar lediglich das allgemeine Recht auf Informationsfreiheit gewährleisteten, das Recht auf Zugang zu behördlichen Informationen aber leicht von der in den Artikeln 19 AEMR bzw. IPbpR enthaltenen Formulierung „to seek [and] receive (...) information" abzuleiten sei[353].

Im Sinne einer sorgfältigen rechtlichen Beantwortung der Frage, ob der Schutzbereich dieser Norm tatsächlich eine völkerrechtliche Pflicht zur nationalen Gewährung von Informationszugangsrechten beinhaltet, ist Artikel 19 IPbpR vielmehr im Weiteren auf folgende Gesichtspunkte hin zu überprüfen: Angesichts der im Grundlagenkapitel herausgearbeiteten spezifischen Funktion eines Informationszugangsrechts für die Verstärkung des persönlichen Rechts des Antragstellers auf Informationsfreiheit[354] ist zunächst festzustellen, ob Artikel 19 IPbpR ein selbständiges Recht auf Informationsfreiheit gewährt. In Anbetracht der Antragsgebundenheit des Rechts auf Informationszugang[355] ist des Weiteren zu fragen, ob dieses Recht auf Informationsfreiheit ein Recht auf Informationsverschaffung durch gezielte eigene Aktion beinhaltet. Der Schwerpunkt der Prüfung hat anschließend im Hinblick auf die Tatsache, dass es sich bei Informationszugangsrechten um subjektive Ansprüche zum Schutz des status positivus

---

348 UN Doc. A/5000, para. 5-35.

349 Texte jeweils abgedruckt in: Yearbook on Human Rights (1948), pp. 475-479; Yearbook on Human Rights (1949), pp. 334-336.

350 Vgl. die Fassungen der Menschenrechtskommission, abgedruckt in: Yearbook on Human Rights (1950), p. 460 (dort noch als Article 14); Yearbook on Human Rights (1951), S. 532 (auch hier als Article 14) sowie Yearbook on Human Rights (1952), p. 427 (dort als Article 16) und UN Doc. E/2256 Annex I B, p. 49.

351 Vgl. zum Fortgang dieses Normsetzungsprozesses insgesamt *Gornig*, Äußerungsfreiheit und Informationsfreiheit als Menschenrechte, S. 248 ff.

352 UN Doc. E/CN.4/2005/64.

353 UN Doc. E/CN.4/2005/64, para. 39.

354 Vgl. oben Kapitel 2 III. 4. a. aa.

355 Vgl. oben Kapitel 2 I.

handelt, welche auf die positive Leistung des Staates in Form der Gewährung von Informationszugang gerichtet sind[356], zu analysieren, ob der Schutzbereich der Norm einen entsprechenden Leistungsanspruch gegebenenfalls im Wege der Ableitung umfasst.

Entsprechend der Ausführungen des Menschenrechtsausschusses hat die Auslegung und Anwendung des Internationalen Pakts über bürgerliche und politische Rechte den Grundsatz zu beachten, dass die vom Pakt verwendeten Begriffe von allen nationalen Rechtssystemen und jeder Wörterbuchbedeutung unabhängig und als Auslegungskriterien daher neben dem Wortlaut der Bestimmungen ihr Ziel und Zweck heranzuziehen sind[357].

aa. Gewährleistung eines selbständigen Rechts auf Informationsfreiheit

Aufgrund der Überzeugung der Mehrheit der Mitglieder der Vereinten Nationen von der Wesentlichkeit des Grundrechts der Informationsfreiheit vermochte sich eine ausdrückliche Gewährleistung derselben im Rahmen der nach dem Internationalen Pakt über bürgerliche und politische Rechte verbürgten Kommunikationsfreiheiten entgegen dem sowjetischen Vorschlag und der vom Delegierten Chinas geäußerten Auffassung in Artikel 19 Abs. 2 IPbpR durchzusetzen[358].

Des Weiteren ist trotz des irreführenden Wortlauts von Artikel 19 Abs. 2 IPbpR auch im Rahmen dieser Norm von einer *Selbständigkeit* des Rechts der Informationsfreiheit auszugehen[359]. Während *Partsch* von der Formulierung "shall include" scheinbar darauf schließt, dass die Informationsfreiheit als Teilaspekt der Meinungsäußerungsfreiheit von dieser umfasst sei[360], weist *Gornig* darauf hin, dass hiermit lediglich die denknotwendige Verknüpfung der beiden Kommunikationsgrundrechte dahingehend zum Ausdruck komme, dass die Informationsfreiheit Voraussetzung der Äußerungsfreiheit sei[361]. Im Hinblick darauf, dass sich der Einschränkungsvorbehalt des Absatz 3 lediglich auf die in Absatz 2 gewährten Kommunikationsfreiheiten bezieht, beruht die Zusammenfassung der Meinungsäußerungs- und Informationsfreiheit in einem Absatz sowie die Abspaltung derselben von der Meinungsfreiheit vermutlich gesetzestechnisch le-

---

356 Vgl. oben Kapitel 2 III. 3. c.

357 *Van Duzen v. Canada*, Communication No. 50/1979, §10.2.

358 Vgl. hierzu insgesamt *Gornig*, Äußerungsfreiheit und Informationsfreiheit als Menschenrechte, S. 249; Text des sowjetischen Vorschlags abgedruckt in: Yearbook on Human Rights (1948), p. 475, p. 334; zur Äußerung des chinesischen Delegierten vgl. Yearbook on Human Rights (1949), p. 334; zur Ansicht der Mehrheit der Delegierten vgl. UN Doc. A/2929, ch. VI para. 119.

359 *Weiß*, Menschenrechtsausschuß und Meinungsäußerungsfreiheit, MRM, Themenheft „25 Jahre Internationale Menschenrechtspakte" 2002, S. 65 (73).

360 *Partsch*, in: *Henkin*, The International Bill of Rights, p. 217.

361 *Gornig*, Äußerungsfreiheit und Informationsfreiheit als Menschenrechte, S. 251.

diglich auf der Tatsache, nur letztere absolutem Schutz unterstellen zu wollen. Dies ändert nichts an der grundsätzlichen Selbständigkeit der sich aufeinander beziehenden einzelnen Kommunikationsfreiheiten[362].

bb. Gewährleistung eines Rechts auf Informationsverschaffung durch gezielte eigene Aktion

Des Weiteren ist der Wortlaut der nach Artikel 19 Abs. 2 IPbpR gewährten Informationsfreiheit angesichts der Antragsgebundenheit von Informationszugangsrechten daraufhin zu untersuchen, ob er ein Recht auf Informationsverschaffung durch gezielte eigene Tätigkeit umfasst.

In der englischen Fassung gewährt Artikel 19 Abs. 2 IPbpR die Informationsfreiheit als das Recht "to seek, receive and impart information", welches in der deutschen Fassung mit den Worten „Informationen (...) sich zu beschaffen, zu empfangen und weiterzugeben" übersetzt wird.

Damit lässt sich der Schutzbereich der nach Artikel 19 Abs. 2 IPbpR gewährten Informationsfreiheit zunächst in zwei Wirkungsrichtungen untergliedern: Während sie in ihrer aktiven Dimension das Recht der Informationsab- oder -weitergabe umfasst, richtet sie sich in ihrer passiven Ebene auf den Erhalt von Informationen[363]. Mit anderen Worten schützt die aktive Informationsfreiheit damit das Recht, „andere zu informieren (ius informandi)", die passive Informationsfreiheit das Recht, „sich informieren zu dürfen und informiert zu werden"[364]. Die von Informationszugangsrechten eingeschlagene Wirkungsrichtung dahingehend, bestimmte Daten zu *erhalten*, unterfällt damit der von Artikel 19 Abs. 2 IPbpR grundsätzlich geschützten passiven Informationsfreiheit.

---

[362] Vgl. zur parallel laufenden Diskussion der Kommunikationsfreiheiten im Rahmen von Artikel 5 GG auch m.w.N. *Angelov*, Grundlagen und Grenzen eines staatsbürgerlichen Informationszugangsanspruchs, S. 35 ff.

[363] So die überwiegende Abgrenzung zwischen aktiver und passiver Informationsfreiheit, vgl. *Gornig*, Äußerungsfreiheit und Informationsfreiheit als Menschenrechte, S. 153; *Weiß*, Menschenrechtsausschuß und Meinungsäußerungsfreiheit, MRM, Themenheft „25 Jahre Internationale Menschenrechtspakte" 2002, S. 65 (73). Es finden sich aber auch Stimmen, die die gleiche Abgrenzung nicht an der Wirkungsrichtung, sondern vielmehr der Frage der Entfaltung eigener Energie anknüpfen und dementsprechend das Recht der Informationsbeschaffung und –weitergabe als aktive sowie das Recht des Informationsempfangs als passive Informationsfreiheit bezeichnen, vgl. *Diesbach*, Völkerrechtliche Garantien der Presse- und Informationsfreiheit, S. 66; *Wohland*, Informationsfreiheit und politische Filmkontrolle, S. 30. Angesichts der Tatsache, dass letztlich aber auch der Informationsempfang noch einen gewissen Grad an Eigeninitiative erfordert, nämlich die Kenntnisnahme oder Rezeption der Information, ist letztere Unterscheidung nur graduell zu treffen. Erstere Abgrenzungsmethode ermöglicht hingegen eine eindeutige Zuteilung und ist daher zu bevorzugen.

[364] *Gornig*, Äußerungsfreiheit und Informationsfreiheit als Menschenrechte, S. 153.

Für die Beantwortung der Frage, ob hierbei auch die mit der Antragsgebundenheit von Informationszugangrechten verbundene Entfaltung eigener Initiative vom Schutzbereich der Informationsfreiheit umfasst ist, fällt ins Gewicht, dass Artikel 19 Abs. 2 IPbpR im Rahmen der passiven Informationsfreiheit ausdrücklich sowohl das Recht der Informations*beschaffung* als auch des Informations*empfangs* gewährt[365].

Nicht nur unter Berücksichtigung der Wortwahl der deutschen Übersetzung, sondern vielmehr auch unter Heranziehung der u.a. verbindlichen englischen (to seek/receive information) und französischen (de rechercher/recevoir des informations) Fassungen führt schon die semantische Auslegung der Norm zu der Schlussfolgerung, dass mit dem Recht auf Informations*beschaffung* eine von der rein rezeptiven Entgegennahme von Informationen im Sinne ihres bloßen Empfangs zu unterscheidende Handlungsalternative gemeint ist. *Diesbach* belegt dies insbesondere unter Heranziehung des Gebrauchs des Wortes „rechercher" (forschen, fahnden, immer wieder von neuem suchen) anstelle des noch in Artikel 19 AEMR verwendeten „chercher" (suchen) in der jeweiligen französischen Fassung, wodurch der aktive, dynamische, auf Eigeninitiative beruhende Wesenszug des geschützten Verhaltens stärker betont werde[366].

Die kontroverse Beratung der Benennung der Handlungsalternative der Informations*beschaffung* im Rahmen der vom Internationalen Pakt über bürgerliche und politische Rechte verbürgten Kommunikationsfreiheiten belegt diese Auslegung. Auf der Grundlage eines Vorschlags Indiens[367] hatten sieben Staaten Afrikas und Asiens gegen die entsprechende Formulierung eingewendet, dass ein Recht der Informations*beschaffung* zu aggressiv sei und zur Einmischung in die Angelegenheiten Dritter missbraucht werden könne, und stattdessen die Gewährung eines Rechts "to gather information" propagiert[368]. Diesem Vorschlag wurde nicht entsprochen. Mit der Begründung, letztere Formulierung lege nahe, dass lediglich die rein passive Entgegennahme regierungsamtlich bereitgestellter Informationen umfasst sein solle, entschloss man sich, das Recht aktiver Nachforschung zu erhalten und Missbrauch vielmehr durch Einschränkungsvorbehalte nach Absatz 3 entgegenzuwirken[369].

---

365 Dies entspricht dem Wortlaut der Gewährleistung der Kommunikationsfreiheiten nach Artikel 19 AEMR, wohingegen die Kommunikationsfreiheiten nach Artikel 10 Abs. 1 EMRK neben der aktiven Informationsfreiheit ausdrücklich lediglich das Recht auf Informations*empfang* gewähren. Hinsichtlich der Frage nach damit verbundenen Auswirkungen auf den Schutzbereich vgl. unten Kapitel 4 I. 3. a. bb.

366 *Diesbach*, Völkerrechtliche Garantien der Presse- und Informationsfreiheit, S. 71 f.

367 UN Doc. A/C.3/L.919, zitiert nach: UN Doc. A/5000, para. 9

368 UN Doc. A/C.3/L.929; Add. 1 and Add. 1/ Corr.1, zitiert nach: UN Doc. A/5000 para. 9, 11.

369 UN Doc. A/5000, para. 22, 34.

Die förmliche oder formlose Beantragung staatlicher Daten unterfällt als aktive Beschaffung von Informationen daher grundsätzlich dem nach Artikel 19 Abs. 2 IPbpR gewährten Schutzbereich der passiven Informationsfreiheit.

cc. Gewährleistung eines positiven Leistungsanspruchs auf Gewährung von Zugang zu staatlichen Informationen

Die Frage nach der Ableitung eines positiven Leistungsanspruchs auf Gewährung von Zugang zu staatlichen Informationen vom Recht auf Informationsbeschaffung wird in der Literatur zu Artikel 19 Abs. 2 IPbpR zwar teilweise aufgeworfen[370], zumeist aber ohne ins Detail gehende Begründung abgelehnt. Exemplarisch hierfür sei *Nowak* herausgegriffen, der zwar erwähnt, dass die rasche Entwicklung der modernen Informations- und Kommunikationsgesellschaft in vielen Staaten zu progressiver Gesetzgebung im Bereich der Gewährung behördlichen Informationszugangs führe, eine weitere Diskussion dieser Pflicht im Rahmen von Artikel 19 Abs. 2 IPbpR aber unter schlichter Verweisung auf die bisher weitgehend fehlende Anerkennung eines entsprechenden Rechts in der Rechtsprechung unterlässt[371].

Im Rahmen der deutschen Rechtsordnung haben Rechtsprechung und Literatur der verfassungsrechtlichen Ableitung eines Anspruchs auf Zugang zu staatlichen Informationen vom Recht auf Informationsfreiheit nach Artikel 5 Abs. 1 S. 1 GG im Wesentlichen zwei Argumente entgegengehalten: Als Ausschlusskriterium wird zum einen der explizit auf die „allgemein zugänglichen Quellen" beschränkte Wortlaut der in Artikel 5 Abs. 1 S. 1 GG gewährten Informationsfreiheit angeführt und zum anderen auf die Rechtsnatur der Informationsfreiheit als negatives Abwehrrecht verwiesen[372]. Im Folgenden soll daher untersucht werden, ob Wortlaut und Rechtsnatur von Artikel 19 Abs. 2 IPbpR die Ableitung

---

[370] Vgl. die Stellungnahmen bei *Nowak*, CCPR Commentary, Art. 19 para. 18-20; *Gornig*, Äußerungsfreiheit und Informationsfreiheit als Menschenrechte, S. 252 f.; *Blumenwitz*, in: *Nowak/Steurer/Tretter*, Fortschritt im Bewußtsein der Grund- und Menschenrechte, S. 71; *Weiß*, Menschenrechtsausschuß und Meinungsäußerungsfreiheit, MRM, Themenheft „25 Jahre Internationale Menschenrechtspakte" 2002, S. 65 (79); *Angelov*, Grundlagen und Grenzen eines staatsbürgerlichen Informationszugangsanspruchs, S. 53 f.; *Gets*, Meinungsäußerungs- und Informationsfreiheit im Internet aus der Sicht des Völkerrechts, S. 71. Vgl. mit Begründung *Diesbach*, Völkerrechtliche Garantien der Presse- und Informationsfreiheit, S. 122 ff. Keine Erwähnung dieser Fragestellung erfolgt hingegen bei *Partsch*, in: *Henkin*, The International Bill of Rights, pp. 216-226; *Joseph/Schultz/Castan*, The International Covenant on Civil and Political Rights, para. 18.08, 18.31, wo die Frage zwar aufgeworfen aber keine Antwort gegeben wird.

[371] *Nowak*, CCPR Commentary, Art. 19 para. 19.

[372] Vgl. für einen ausführlichen Überblick hierzu stellvertretend *Angelov*, Grundlagen und Grenzen eines staatsbürgerlichen Informationszugangsanspruchs, S. 37 ff. und S. 46 ff.

eines positiven Leistungsanspruchs auf Gewährung von Zugang zu staatlichen Informationen zulassen.

(1) Wortlaut

Nach der Rechtsprechung des Bundesverfassungsgerichts ist eine Informationsquelle dann im Sinne von Artikel 5 Abs. 1 S. 1 GG allgemein zugänglich, wenn sie „technisch geeignet und bestimmt ist, der Allgemeinheit, d.h. einem individuell nicht bestimmbaren Personenkreis, Informationen zu verschaffen“[373]. Hierbei stellt das Bundesverfassungsgericht klar, dass mit der h.M. allein auf die *objektiv* technische Eignung abzustellen sei, der Allgemeinheit Informationen zu verschaffen[374]. Im Zusammenhang mit behördlichen Informationen hat das OVG Münster in einem als richtungsweisend anerkannten Urteil aus dem Jahre 1958 entschieden, dass behördliche Akten keine allgemein zugänglichen Informationsquellen bilden können, da sie der öffentlichen Einsicht nicht allgemein zugänglich seien[375]. Diese Begründung wurde von Teilen der Literatur als unzureichend und zirkelschlüssig kritisiert[376]. Geht man mit der Mindermeinung von einer subjektiven Bestimmung der Allgemeinzugänglichkeit durch den Urheber aus, bleibt die Bestimmungsbefugnis hinsichtlich der dem staatlichen Bereich unterfallenden Informationen ebenfalls beim Staat[377]. Auch nach dieser Ansicht ergibt sich damit ohne weitere staatliche Tätigkeit hinsichtlich der Zugänglichmachung behördlicher Informationen aus dem Grundrecht der Informationsfreiheit keine Pflicht zur Gewährung von Informationszugangsrechten. Dieser Ansatz birgt lediglich die Möglichkeit, im Falle einer diesbezüglich geänderten staatlichen Praxis den Anwendungsbereich der Informationsfreiheit dann als eröffnet zu betrachten[378].

Obwohl der Wortlaut von Artikel 19 Abs. 2 IPbpR dies in keiner Weise zwingend erfordert, hat sich auch hier terminologisch erstaunlicherweise die deutsche Begrifflichkeit durchgesetzt: Das nach Artikel 19 Abs. 2 IPbpR gewährte Recht

---

[373] So wörtlich zuerst BVerfGE 27, 71 (83); vgl. im Ergebnis auch BVerfGE 27, 104 (108); BVerfGE 28, 175 (188); BVerfGE 33, 52 (65) sowie BVerwGE 47, 247 (252).

[374] BVerfGE 27, 71 (84).

[375] Vgl. OVG Münster, OVGE 14, 199 (201); vgl. auch OVG Koblenz, AS 3, 134 (136); BVerfG, NJW 1986, S. 1243; BVerwGE 47, 247 (252); BVerwG, DVBl. 1966, S. 575 (576).

[376] *Kugelmann*, Die informatorische Rechtsstellung des Bürgers, S. 60; *Gurlit*, Die Verwaltungsöffentlichkeit im Umweltrecht, S. 99; *Angelov*, Grundlagen und Grenzen eines staatsbürgerlichen Informationszugangsanspruchs, S. 43 ff., m.V.a. *Scherer*, Verwaltung und Öffentlichkeit, S. 27, 31, 71; *Scherer*, Datenschutz und Datenzugang, JZ 1979, 389 (390).

[377] Vgl. vor allem *Jerschke*, Öffentlichkeitspflicht der Exekutive und Informationsrecht der Presse, S. 108; *Lerche*, Aktuelle Grundfragen der Informationsfreiheit, Jura 1995, 561 (565).

[378] Vgl. hierzu m.w.N. *Angelov*, Grundlagen und Grenzen eines staatsbürgerlichen Informationszugangsanspruchs, S. 44 f.

auf Informationsbeschaffung wird überwiegend auf „allgemein zugängliche Informationen" beschränkt[379].

Dies ist im Gegensatz zur deutschen Rechtslage aber jedenfalls dem *Wortlaut* der Norm nicht zu entnehmen. Vielmehr ist nach *Diesbach* das Recht auf Informationsbeschaffung im Gegensatz zum Recht auf Informationsempfang „weder auf allgemein zugängliche i.S.v. jedermann offenstehende Quellen noch auf irgendeine andere bestimmte Quelle beschränkt", sondern erstrecke sich vielmehr auf alles, „was sich wahrnehmbar vollzieht, nicht nur auf allgemein bzw. öffentlich Wahrnehmbares"[380]. Objekt der Informationsbeschaffung können nach dieser Ansicht „also auch solche Gegenstände, Tatsachen oder Sachverhalte sein, die der Allgemeinheit verborgen also nicht öffentlich sind und von denen nur ein bestimmter Personenkreis oder gar nur eine einzelne Person Kenntnis hat"[381].

Auch wenn dies aufgrund der sogleich zu analysierenden rechtsdogmatischen Hindernisse im Ergebnis nicht durchschlägt, ist es doch konsequent, auf der Ebene des Wortlauts zunächst dieser Ansicht zu folgen. Wenn wie oben erläutert im Normsetzungsprozess dem Schutzbereich durch die Handlungsalternative der Informations*beschaffung* ausdrücklich die aktive Nachforschung in Bezug auf private Informationsquellen eingegliedert und Missbrauch im Sinne der Ausforschung erst auf der Ebene der Einschränkungsvorbehalte nach Absatz 3 begegnet werden sollte[382], dann ist jedenfalls dem Wortlaut der Norm kein Grund zu entnehmen, warum dies nicht auch für staatliche Informationen gelten sollte. Eine Begrenzung des Schutzbereichs von Artikel 19 Abs. 2 IPbpR auf allgemein zugängliche Informationen erscheint unter dieser Perspektive eher als vorauseilender Gehorsam im Hinblick auf die dogmatischen Einwände und orientiert sich ohne Not am insofern terminologisch eindeutig anders gefassten deutschen Recht auf Informationsfreiheit.

(2) Rechtsnatur

Gewichtiger zeigen sich hingegen die der Ableitung eines positiven Anspruchs auf Gewährung von Zugang zu behördlichen Informationen entgegenstehenden rechtsdogmatischen Einwände.

---

379 Vgl. *Nowak*, CCPR Commentary, Art. 19 para. 18-20; *Weiß*, Menschenrechtsausschuß und Meinungsäußerungsfreiheit, MRM, Themenheft „25 Jahre Internationale Menschenrechtspakte" 2002, S. 65 (79); *Blumenwitz*, in: *Nowak/Steurer/Tretter*, Fortschritt im Bewußtsein der Grund- und Menschenrechte, S. 72, der dies allerdings ausdrücklich nur im Rahmen des Rechts auf Pressefreiheit so formuliert.

380 *Diesbach*, Völkerrechtliche Garantien der Presse- und Informationsfreiheit, S. 71.

381 *Diesbach*, Völkerrechtliche Garantien der Presse- und Informationsfreiheit, S. 71.

382 Vgl. oben Kapitel 3 III. 3. a. bb.

Wie im Grundlagenkapitel erläutert, handelt es sich bei Informationszugangsrechten um originäre Teilhaberechte[383]. Da dem Wortlaut des Rechts auf Informations*beschaffung* jedenfalls nicht explizit auch ein Recht auf staatliche Informations*verschaffung* entnommen werden kann, verbleibt nur die Möglichkeit der Anspruchsbegründung im Wege der Ableitung.

(a) Grundsätzliche Existenz positiver Rechte nach dem Internationalen Pakt über bürgerliche und politische Rechte

Dieser Ableitung positiver Leistungsansprüche die Zweiteilung der Menschenrechtspakte entgegenzuhalten, griffe zu kurz. Zwar wird üblicherweise der Pakt über bürgerliche und politische Rechte als Katalog negativer Freiheiten vor staatlichen Eingriffen und der Pakt über wirtschaftliche, soziale und kulturelle Rechte als Auflistung positiver Rechte, welche der Staat durch eigenes Handeln zu garantieren hat, charakterisiert[384]. Obwohl diese Einteilung in den überwiegenden Fällen der gewährten Rechte zutrifft, hat sie sich als zu einfach und pauschal erwiesen[385].

Die Auffassung Diesbachs aus dem Jahre 1977, nach welcher die Ableitung positiver Leistungsansprüche von den im Internationalen Pakt über bürgerliche und politische Rechte gewährten Grundfreiheiten ausscheide, weil selbige lediglich Auswahlcharakter besäßen und sich der Pakt daher nicht als geschlossene Wertordnung darstelle[386], muss heute als überholt gewertet werden. Nach dieser Ansicht komme den aufgeführten Rechten weder eine staatslegitimierende Aufgabe zu noch beinhalteten sie Leitsätze und Gestaltungsaufträge, so dass ihnen lediglich die Funktion negativer Abwehrrechte zukäme und Teilhaberechte aus ihnen nicht ableitbar seien[387].

Diese Auffassung mag schon aus sich heraus nur teilweise zu überzeugen. Richtig ist, dass den in völkerrechtlichen Übereinkommen vereinbarten Menschenrechten die staatslegitimierende Aufgabe, wie sie national gewährten Grundrechten zu eigen ist, fehlt. Während wie im Grundlagenkapitel erläutert seit Locke davon ausgegangen wird, dass die Legitimation einer Regierung auf ihrer Bereitschaft und Fähigkeit beruhe, die unveräußerlichen Rechte des Einzelnen

---

[383] Kapitel 2 III. 3. cc. (1).

[384] Vgl. stellvertretend *Joseph/Schultz/Castan*, The International Covenant on Civil and Political Rights, para. 1.71; *Kimminich/Hobe*, Einführung in das Völkerrecht, S. 344; *Schilling*, Internationaler Menschenrechtsschutz, § 2 Rdn. 17, S. 10 f.

[385] *Joseph/Schultz/Castan*, The International Covenant on Civil and Political Rights, para. 1.72; *Nowak*, CCPR Commentary, Introduction para. 3.

[386] *Diesbach*, Völkerrechtliche Garantien der Presse- und Informationsfreiheit, S. 124 f.

[387] *Diesbach*, Völkerrechtliche Garantien der Presse- und Informationsfreiheit, S. 125.

zu schützen[388] und damit die verfassungsrechtlich gewährten Rechte Grundlage der Übertragung staatlicher Macht vom Staatsvolk auf die Regierung sind, handelt es sich bei den völkerrechtlich begründeten Menschenrechten um autonome zwischenstaatliche Unterwerfungen des Staates, welche nicht seine Gewalt rechtfertigen, sondern infolge freiwilliger Übereinkunft begrenzen[389].

Allerdings ist dies für die Ableitung originärer Teilhaberechte ohne Auswirkung, weil diese dogmatisch dahingehend begründet werden, dass sich Abwehrrechte im Einzelfall nicht in ihrer primär negatorischen Funktion erschöpfen, sondern der Staat infolge einer Garantenstellung für die Umsetzung der Freiheit in die Verfassungswirklichkeit zur Herstellung der faktischen Möglichkeit der Inanspruchnahme der Freiheit verpflichtet sei[390].

In diesem Zusammenhang falsch ist die Ansicht, die im Internationalen Pakt über bürgerliche und politische Rechte gewährleisteten Grundfreiheiten beinhalteten weder Leitsätze noch Gestaltungsaufträge. Dem widerspricht schon der Wortlaut des Artikel 2 Abs. 1 IPbpR, nach welchem sich die Staaten verpflichten, "(...) to respect and to ensure (...) the rights (...)". Während sich die erste Handlungsalternative der Achtung der gewährten Rechte im Unterlassen staatlicher Eingriffe erschöpft, schließt die Pflicht zur Gewährleistung der Rechte zwar erstere Handlungsalternative ein, geht aber gleichzeitig über sie hinaus, indem sie eine Pflicht affirmativer staatlicher Tätigkeit umfasst[391]. Dies wird deutlich vor allem im Zusammenhang mit der genaueren Beschreibung dieser Pflicht in Artikel 2 Abs. 2 IPbpR, nach welcher die Staaten zur Durchführung aller erforderlichen Schritte verpflichtet sind, welche sich als notwendig erweisen, um den gewährten Rechten Wirksamkeit zu verleihen. Diese Pflicht orientiert sich damit allein an der Herstellung effektiver Geltungskraft der gewährten Rechte und schließt im Rahmen des Erreichens dieses Zustandes ausdrücklich jede denkbare staatliche Maßnahme ein. Dem entsprechend kommt Nowak zu der Aussage, dass die Art der aus den Menschenrechten abgeleiteten staatlichen Pflichten nicht mehr an der bloßen Kategorisierung der Menschenrechte in die klassischen Generationen ansetze[392]. Vielmehr könne die effektive Wirksamkeit der Rechte nur durch eine Kombination staatlicher Unterlassungs- und Leistungspflichten gewährleistet werden[393]. Diese Ansicht hat auch der Menschenrechtsausschuss ausdrücklich in einem seiner Gutachten bestätigt, indem er aus-

---

[388] Vgl. oben Kapitel 2 III. 4. a. aa. (1) (a).
[389] Vgl. oben Kapitel 2 III. 1.
[390] Vgl. oben Kapitel 2 III. 3. b. cc. (1).
[391] *Buergenthal*, in: *Henkin*, The International Bill of Rights, p. 77.
[392] *Nowak*, CCPR Commentary, Introduction para. 3.
[393] *Nowak*, CCPR Commentary, Introduction para. 4.

führte "The legal obligation under article 2, paragraph 1, is both negative and positive in nature"[394].

In diesem Zusammenhang gewährt der Internationale Pakt über bürgerliche und politische Rechte zum einen einige Rechte, welche bereits aus sich heraus nicht ohne positive Maßnahmen des Staates denkbar sind, wie beispielsweise das Recht auf menschliche Behandlung in Gefangenschaft nach Artikel 10 Abs. 1 IPbpR, das Recht auf ein faires Verfahren nach Artikel 14 Abs. 1 IPbpR, das Wahlrecht nach Artikel 25 lit. b IPbpR sowie den ausdrücklichen Anspruch auf staatlichen Schutz der Familie und des Kindes nach Artikel 23 Abs. 1 IPbpR bzw. nach Artikel 24 Abs. 1 IPbpR[395]. Diese Rechte verlangen positive Schutzmaßnahmen in Form von Verfahrensgarantien oder durch die Verankerung spezifischer Rechtsinstitute[396]. Andere Rechte werden in erster Linie durch private Dritte beeinträchtigt und erfordern daher staatliche Schutzmaßnahmen auf der horizontalen Ebene, wie beispielsweise das Verbot von Sklaverei und Leibeigenschaft nach Artikel 8 IPbpR oder das Verbot von Kriegspropaganda und Verhetzung nach Artikel 20 IPbpR[397].

Für die vorliegende Ausarbeitung ausschlaggebend ist aber ein dritter Aspekt in der Rechtsfindung des Menschenrechtsausschusses, nämlich die Abschaffung einer strikten Einteilung der Rechte nach entweder negatorischen oder positiven korrespondierenden staatlichen Pflichten. Vielmehr wurden dem Recht auf Leben - einem klassischen Abwehrrecht - auch positive Pflichten entnommen. So wurde das Recht auf Leben nach Artikel 6 Abs. 1 IPbpR dahingehend ausgelegt, dass es die Staaten nicht nur zur Unterlassung willkürlicher Tötungen, sondern auch zu weitreichenden Maßnahmen zur Herabsetzung der Kindersterblichkeit, zur Verhinderung von Epidemien, zur Vermeidung von Unterernährung sowie zu Maßnahmen zur Erhöhung der Lebenserwartung verpflichte[398].

Ebenso wie in der deutschen Rechtspraxis ist die Ableitung positiver Pflichten von Abwehrrechten daher zwar nicht generell sehr wohl aber grundsätzlich möglich. Es ist daher im Folgenden zu prüfen, ob die Freiheit der Informationsbeschaffung nach Artikel 19 Abs. 2 IPbpR die Ableitung der positiven Pflicht der Herstellung von Informationszugang zulässt.

---

[394] General Comment No. 31 on The Nature of the General Legal Obligation Imposed on States Parties to the Covenant, para. 6.

[395] Vgl. zu diesen Beispielen *Joseph/Schultz/Castan*, The International Covenant on Civil and Political Rights, para. 1.72.

[396] *Nowak*, CCPR Commentary, Introduction para. 4.

[397] *Nowak*, CCPR Commentary, Introduction para. 4.

[398] General Comment No. 6 on Article 6, para. 5.

(b) Konkrete Ableitbarkeit positiver Rechte von der Informationsbeschaffungsfreiheit aufgrund eines sozialen Freiheitskonzepts

Dogmatisch handelt es sich bei den Kommunikationsfreiheiten um politische Freiheiten[399]. Im Gegensatz zu den dem status negativus, also dem Bereich liberaler Freiheit vom Staat dienenden bürgerlichen Rechten handelt es sich bei den politischen Freiheiten um dem status activus dienende Mitwirkungs- oder Teilnahmerechte, welche die Freiheit des Zugangs zum Staat sichern[400]. Trotz dieser auf Partizipation ausgerichteten Wirkungsdimension bleiben die politischen Freiheiten aber klassische Freiheitsrechte, welche jedenfalls ursprünglich lediglich als Abwehrrechte gegen den Staat konzipiert wurden[401]. Für die Ableitung einer dem Schutz des status positivus dienenden Wirkungsrichtung als positives Leistungsrecht dürfte sich das Recht der Informationsbeschaffung nach Artikel 19 Abs. 2 IPbpR dagegen entsprechend der Ausführungen im Grundlagenkapitel dieser Ausarbeitung nicht im *liberalen* Grundrechtsverständnis erschöpfen, sondern müsste vielmehr ein *soziales* Freiheitskonzept erkennen lassen[402].

In diesem Zusammenhang ist zunächst festzuhalten, dass die Ausgestaltung der Kommunikationsfreiheiten nach Artikel 19 IPbpR mit dem Ziel der Herstellung eines größtmöglichen Raumes der Freiheit erfolgte: Die sozialistischen Staaten hatten ihre Bemühungen zum Schutz des marxistisch-leninistischen Medienrechtsverständnisses, welches sie zunächst durch einen weniger umfassenden Schutzbereich der Kommunikationsfreiheiten zu gewährleisten versucht hatten, dahingehend geändert, dass sie einen weiten sachlichen Anwendungsbereichs akzeptierten und stattdessen die Absicherung des sozialistischen Informationskonzepts auf die Ebene der Einschränkungsvorbehalte zum Schutz der öffentlichen Ordnung und der nationalen Sicherheit verlagerten[403]. Die Auslegung der einzelnen von Artikel 19 IPbpR gewährten Rechte hat daher nach dem Grundsatz "in dubio pro libertate" zu erfolgen[404].

Das für die Herleitung positiver Leistungspflichten grundlegende soziale Freiheitskonzept wurde zunächst vor allem durch die marxistische Grundrechtsauf-

---

399 *Weiß*, Die Allgemeine Erklärung der Menschenrechte und die Gewährleistung politischer Freiheitsrechte, MRM, Themenheft „50 Jahre AEMR" 1997, S. 35 (36).

400 *Weiß*, Die Allgemeine Erklärung der Menschenrechte und die Gewährleistung politischer Freiheitsrechte, MRM, Themenheft „50 Jahre AEMR" 1997, S. 35 (36); vgl. auch schon oben m.w.N. Kapitel 2 III. 3. b. cc. (1).

401 *Weiß*, Die Allgemeine Erklärung der Menschenrechte und die Gewährleistung politischer Freiheitsrechte, MRM, Themenheft „50 Jahre AEMR" 1997, S. 35 (36).

402 Vgl. oben Kapitel 2 III. 3. b. cc. (1).

403 *Blumenwitz*, in: *Nowak/Steurer/Tretter*, Fortschritt im Bewußtsein der Grund- und Menschenrechte, S. 71.

404 *Blumenwitz*, in: *Nowak/Steurer/Tretter*, Fortschritt im Bewußtsein der Grund- und Menschenrechte, S. 71.

fassung propagiert. Die bürgerlich-liberale Tradition sieht den Hauptzweck der Grundrechte in der Schaffung eines persönlichen Freiheitsraumes des Einzelnen gegenüber dem Staat durch Gewährung negativer Abwehrrechte gegen die Überschreitung staatlicher Macht und betont damit die bürgerlichen und politischen Freiheitsrechte[405]. Die marxistische Grundrechtskonzeption orientierte sich hingegen ganz an der Herstellung einer sozialistischen und dann kommunistischen Gesellschaft als alleiniger Gesellschaftsform, in der der Einzelne sein wahres menschliches Potential, nämlich die Rückkehr zu seiner wahren Natur als sozialem Wesen, verwirklichen könne[406]. Die Abwesenheit der gesellschaftlichen Klassenunterschiede zwischen Bourgeoisie und Proletariat und damit auch die Realisierung der Freiheit des Einzelnen ist nach dieser Ansicht nur durch die Aufhebung der kapitalistischen Aufteilung des Eigentums an Produktionsmitteln zu erzielen[407]. Während individuelle Freiheitsrechte als egoistische, bourgeoise Rechte zur Wahrung kapitalistischer Besitzstände gewertet werden, sieht die marxistische Theorie die Funktion der Grundrechte allein in ihrer Eigenschaft, vom Staat positivistisch als Mittel zur Transformation der Gesellschaft im oben beschriebenen Sinne gewährt zu werden[408]. Grundrechte können daher nur sozialer und wirtschaftlicher Natur sein, da sie nur dann dem Ziel der Überführung der Produktionsmittel in Gemeinschaftsgut und in der Folge der Rückführung des Individuums zu seinem wahren Zustand als sozialem Wesen dienen können[409]. *Gornig* weist jedoch darauf hin, dass trotz dieser Theorie das Bekenntnis zur subjektiven Rechtsqualität der Grundrechte durch die sozialistische Lehre ein Lippenbekenntnis bleibe, weil Ansprüche auf ein Tun oder Unterlassen des Staates auch nach dieser Denkschule in der Regel nicht ohne weitere Konkretisierung durch einfache Gesetze begründet würden[410].

Dies gilt insbesondere für den Bereich der Kommunikationsgrundrechte. Nach der Grundrechtsdoktrin des Sozialismus werden Rechte nur insoweit gewährt, als sie den Zweck des Umbaus der Gesellschaft zur kommunistischen Form unterstützen[411]. Daraus folgt, dass „der gesellschaftliche Zweck die immanente

---

[405] *Malanczuk*, Modern Introduction to International Law, p. 210; vgl. zum bürgerlich-liberalen Grundrechtsverständnis ausführlich *Gornig*, Äußerungsfreiheit und Informationsfreiheit als Menschenrechte, S. 101 ff.

[406] *Davidson*, Human Rights, p. 38.

[407] *Gornig*, Meinungsäußerungsrecht und Pressefreiheit nach marxistisch-leninistischem Grundrechtsverständnis, ROW 1987, 79 (80 f.); *Davidson*, Human Rights, p. 38.

[408] *Gornig*, Äußerungsfreiheit und Informationsfreiheit als Menschenrechte, S. 125 ff., hier insb. S. 126 f.

[409] *Davidson*, Human Rights, p. 38.

[410] *Gornig*, Meinungsäußerungsrecht und Pressefreiheit nach marxistisch-leninistischem Grundrechtsverständnis, ROW 1987, 79 (90); *Gornig*, Äußerungsfreiheit und Informationsfreiheit als Menschenrechte, S. 130 f.

[411] *Gornig*, Äußerungsfreiheit und Informationsfreiheit als Menschenrechte, S. 127.

Schranke aller Grundrechte ist"[412]. Da dieser in der sozialen Integration des Individuums und der Kollektivierung aller sozialen Beziehungen besteht, bezieht sich die sozialistische Lesart der Kommunikationsfreiheiten auf deren politische, kollektivierende Funktion für die Herstellung einer sozialistischen Demokratie und gewährt sie auf diese Weise ausschließlich zum Zwecke sozialistischer Ziele[413]. Für die Auslegung des Rechts auf Informationsfreiheit ist weiterhin zu beachten, dass nach sozialistischem Verständnis durch die Herrschaft des Proletariats der Dualismus zwischen den vom Staat vertretenen kollektiven und den persönlichen Interessen des Einzelnen aufgehoben ist[414]. Daraus folgt zum einen, dass das Monopol hinsichtlich des Wissens, wie diese Ziele bestmöglich erreicht werden, beim Staat liegt[415]. Zum anderen sind umfangreiche Sicherungen der Rechtsstellung des Einzelnen wegen des aufgehobenen Gegensatzes zwischen Staat und Individuum nicht mehr notwendig[416].

Obwohl entsprechend dieser Ausführungen also grundsätzlich gerade die sozialistische Dogmatik das soziale Grundrechtsverständnis geprägt hat, ist letzteres insbesondere auf das Recht der Informationsfreiheit nicht einmal nach sozialistischer Ansicht anwendbar. Davon ausgehend, dass die Informationspolitik im kommunistischen Staat allein „dem Ziel der Stärkung der politischen Macht und der Festlegung von Ideologie und Programmatik" dient und daher eine unabhängige, neutrale, sachliche Information der Bürger nicht beabsichtigt ist, bezieht sich die Informationsfreiheit lediglich auf solche Informationen, „die das sozialistische Bewusstsein der Bürger stärken können"[417]. Die Ermöglichung politischen Pluralismus zum Zwecke des Aufzeigens alternativer Lösungsansätze oder der effektiven Kontrolle staatlicher Macht ist in dieser Konzeption keine Maxime.

Zusammenfassend ist daher festzuhalten, dass selbst die sozialistischen Staaten dem Recht auf freie Informationsbeschaffung nach Artikel 19 Abs. 2 IPbpR nur eine liberale und nicht auch eine soziale Wirkungsrichtung im Hinblick auf die Ableitung einer staatlichen Pflicht zur Gewährung von Informationenzugang entnahmen.

---

412 *Gornig*, Äußerungsfreiheit und Informationsfreiheit als Menschenrechte, S. 129.

413 *Nowak*, CCPR Commentary, Art. 19 para. 4.

414 *Gornig*, Äußerungsfreiheit und Informationsfreiheit als Menschenrechte, S. 128.

415 *Gornig*, Äußerungsfreiheit und Informationsfreiheit als Menschenrechte, S. 131 f.

416 *Weiß*, Die Allgemeine Erklärung der Menschenrechte und die Gewährleistung politischer Freiheitsrechte, MRM, Themenheft „50 Jahre AEMR" 1997, S. 35 (39); *Gornig*, Meinungsäußerungsrecht und Pressefreiheit nach marxistisch-leninistischem Grundrechtsverständnis, ROW 1987, 79 (80).

417 *Gornig*, Äußerungsfreiheit und Informationsfreiheit als Menschenrechte, S. 133.

(c) Konkrete Ableitbarkeit positiver Rechte von der Informationsbeschaffungsfreiheit aufgrund einer Einzelfallabwägung zwischen der Herstellung faktischer Geltungskraft und widerstreitenden Rechtspositionen

Des Weiteren ergibt sich auch unter Berücksichtigung der in der deutschen Rechtspraxis angeführten Argumente hinsichtlich der Ableitung positiver Leistungsansprüche gegen den Staat aus primären Abwehrrechten kein anderes Ergebnis. Entsprechend der Ausführungen im Grundlagenkapitel erfolgt die behutsam zu entwickelnde Ableitung originärer Teilhaberechte durch Abwägung der Dringlichkeit derselben für die faktische Freiheit mit der auf der anderen Seite zu gewichtenden Beeinträchtigung der der gegenläufigen verfassungsmäßigen Rechtspositionen sowie der Haushaltskompetenz des Parlaments im konkreten Einzelfall[418].

(aa) Kollidierende Rechtspositionen

In diesem Zusammenhang ist hinsichtlich des Schutzes der kollidierenden Rechtspositionen auf den Einschränkungsvorbehalt nach Artikel 19 Abs. 3 IPbpR hinzuweisen, der in litera (a) die Achtung der Rechte oder der Rufs anderer und in litera (b) den Schutz der nationalen Sicherheit, der öffentlichen Ordnung, der Volksgesundheit und der öffentlichen Sicherheit umfasst, so dass eine Abwägung der Gewährung von Informationszugang mit den kollidierenden privaten wie auch öffentlichen Rechtspositionen nach den Maßstäben der Verhältnismäßigkeit bzw. zumindest im Wege der Herstellung praktischer Konkordanz sichergestellt ist.

(bb) Fehlende Kompetenz

Konkret stärker ins Gewicht fallend stellt sich das auf nationaler Ebene mit der Gewährung originärer Teilhaberechte kollidierende Argument des Parlamentsvorbehalts bezüglich finanzwirksamer Entscheidungen dar, welcher als Kompetenzkonflikt auch auf der internationalen Ebene existiert und dort einem Eingriff in die Souveränität der Staaten entspräche. In der Entscheidung für eine Zweiteilung der Menschenrechtspakte haben die Vertragsstaaten ihren Bindungswillen dahingehend kundgetan, ihre Souveränität lediglich hinsichtlich der liberalen bürgerlichen und politischen Rechte internationalen Durchsetzungsmechanismen zu unterwerfen. Während diese Rechte in der Regel ohne finanziellen staatlichen Aufwand gewährleistet werden können, sind die wirtschaftlichen, sozialen und kulturellen Rechte des Internationalen Paktes für wirtschaftliche, soziale und kulturelle Rechte vom Vorhandensein und Einsatz finanzieller Ressourcen

---

[418] Vgl. oben Kapitel 2 III. 3. b. cc. (1).

abhängig[419]. Der oben erläuterten Verpflichtung der Vertragsstaaten nach Artikel 2 Abs. 1 IPbpR "to respect and to ensure (...) the rights recognized in the present Covenant" steht entsprechend dieses Unterschiedes nach Artikel 2 Abs. 1 IPwirt hinsichtlich der wirtschaftlichen, sozialen und kulturellen Rechte die Verpflichtung gegenüber "to take steps (...) to the maximum of its available resources, with a view to achieving progressively the full realization of the rights recognized in the present Covenant". Die explizit gestufte und auf die wirtschaftlichen Gegebenheiten des jeweiligen Staates bezogene Verpflichtung zur Gewährung der Rechte ist damit nicht absolut justiziabel, sondern bleibt jedenfalls hinsichtlich der konkret geforderten Maßnahmen letztlich im Ermessen des einzelnen Staates. Dem entsprechend gibt es im Rahmen des Internationalen Paktes für wirtschaftliche, soziale und kulturelle Rechte auch keinen dem Verfahren der Staaten- oder Individualbeschwerde des Internationalen Pakts über bürgerliche und politische Rechte entsprechenden Durchsetzungsmechanismus, sondern lediglich das nur zu Stellungnahmen empfehlenden Charakters führende Verfahren der Staatenberichte nach Artikel 16 ff. IPwirt.

Ebenso wie aber in der deutschen Lehre die Haushaltshoheit nicht als zwingender Einwand gegen die Ableitung originärer Teilhaberechte, sondern lediglich als ein - wenn auch gewichtiger - in die Abwägung einzustellender Aspekt gewertet wird, steht auch die Zweiteilung der Menschenrechtspakte entsprechend obiger Ausführungen der Ableitung positiver Leistungspflichten von einzelnen im Internationalen Pakt über bürgerliche und politische Rechte gewährten Rechten nicht zwingend entgegen. Hierbei ist neben der im nächsten Punkt zu behandelnden Dringlichkeit des Teilhaberechts für die Herstellung faktischer Geltungskraft der Freiheit auch die faktische Finanzintensität von Informationszugangsrechten zu bewerten. Anders als bei anderen Leistungsrechten wie beispielsweise dem Anspruch auf Zuteilung eines Studienplatzes oder bei der Gewährung finanzieller Leistungen wie beispielsweise Fürsorgeleistungen zur Sicherung des Existenzminimums sind die begehrten verwaltungsbehördlichen Informationen als solche keine finanzielle Ausgabe des Staates, sondern beschränken sich in ihren haushaltsrechtlichen Konsequenzen auf die Bereitstellung personeller und sachlicher Mittel im Rahmen des Zugangsverfahrens[420]. Damit hält sich die Finanzerheblichkeit von Informationzugangsrechten in einem moderaten Rahmen und steht der Ableitung eines entsprechenden originären Teilhaberechts zumindest dann nicht zwingend entgegen, wenn die auf der anderen Seite zu gewichtende Dringlichkeit für die faktische Freiheit zu den Kosten in angemessenem Verhältnis stünde.

---

[419] *Joseph/Schultz/Castan*, The International Covenant on Civil and Political Rights, para. 1.71.

[420] *Angelov*, Grundlagen und Grenzen eines staatsbürgerlichen Informationszugangsanspruchs, S. 87.

(cc) Dringlichkeit für die Herstellung faktischer Geltungskraft der Informationsbeschaffungsfreiheit

Gerade diese auf der anderen Seite der Abwägung zu gewichtende faktische Bedeutung der Gewährung von Informationszugangsrechten für die Freiheit der Informationsbeschaffung, wie sie Artikel 19 Abs. 2 IPbpR gewährt, ist aber im Ergebnis durchschlagend.

Nach *Alexy* ist die Ableitung originärer Leistungsrechte in der deutschen Rechtsordnung dann gerechtfertigt, wenn die oben genannten gegenläufigen Interessen durch die Gewährung der leistungsrechtlichen Position in relativ geringem Maße beeinträchtigt werden und das Prinzip der faktischen Freiheit sie auf der anderen Seite sehr dringend fordert[421]. Diese Dringlichkeit staatlicher Leistung für die faktische Freiheit kann sich insbesondere dann ergeben, wenn der Staat bestimmte ihrer Voraussetzungen monopolisiert hat und daher eine Garantie für ihre Existenz übernehmen muss[422]. Letzteres ließe sich im Zusammenhang mit der Freiheit der Informationsbeschaffung hinsichtlich der einem Verwaltungsverfahren zugrunde liegenden Informationen durchaus argumentieren.

Hinzukommen müsste in diesem Fall aber des Weiteren, dass die betroffenen Informationen auch ihrer *Art* nach für den Bestand der Informationsbeschaffungsfreiheit, wie sie Artikel 19 Abs. 2 IPbpR gewährt, notwendig sind. Informationen behördlicher Verwaltungsverfahren wären dies dann, wenn die Informationsbeschaffungsfreiheit eine demokratische Zielsetzung verfolgen würde.

In diesem Zusammenhang ist auf den im Grundlagenkapitel beschriebenen essentiellen Beitrag aller Kommunikationsfreiheiten für die demokratische Organisation einer Gesellschaft hinzuweisen[423], welchen selbstverständlich auch die in Artikel 19 IPbpR gewährten Rechte leisten[424]. Allerdings entspräche eine Lesart der Informationsbeschaffungsfreiheit dahingehend, dass selbige *nur* Bestand habe, wenn der Zugang zu Verwaltungsinformationen gewährleistet werde, allzu sehr westlichen Demokratiemaßstäben und widerspräche insofern der Tatsache, dass sich die Menschenrechtspakte bewusst der Normierung einer demokratischen Staatsform enthalten. So bekennt sich die Präambel des Internationalen Pakts über bürgerliche und politische Rechte an keiner Stelle zu einer konkreten Staatsform geschweige denn zu demokratischen Strukturen. Im operativen Teil des Paktes wird explizit lediglich im Rahmen Einschränkungsvorbehalte der Artikel 14 Abs. 1, Artikel 21 und Artikel 22 Abs. 2 IPbpR auf die de-

---

[421] *Alexy*, Theorie der Grundrechte, S. 466.
[422] *Murswiek*, in: *Isensee/Kirchhof*, Handbuch des Staatsrechts, Band V, § 112 Rdn. 88.
[423] Vgl. oben Kapitel 2 III. 4. a. aa. (1) (b).
[424] Auf diesen demokratischen Aspekt hinweisend auch *Nowak*, CCPR Commentary, Art. 19 para. 1.

mokratische Gesellschaft Bezug genommen. Diese Nennung im Rahmen der Einschränkungsvorbehalte eignet sich hingegen nicht zur Ableitung der im Grundlagenkapitel beschriebenen objektiv-rechtlichen Wirkungsrichtung[425]: Da es sich nicht um subjektive Rechte als solche handelt, können den Einschränkungsvorbehalten weder negative Kompetenzbestimmungen entnommen werden, welche Einfluss auf die Ausgestaltung anderer Rechte hätten, noch können sie als objektive Wertentscheidungen Auswirkung auf die Auslegung und Ausgestaltung anderer Rechte haben. Der einzig sich mit wesentlichen Partizipationsrechten befassende Artikel 25 IPbpR vermeidet jede explizite Bezugnahme auf das Demokratieprinzip und eignet sich damit nicht zur Ableitung einer über die dort gewährten Rechte hinausgehenden objektiv-rechtlichen Funktion, in deren Lichte andere Rechte des Paktes auszulegen wären.

Vielmehr liefert die Bezugnahme von Artikel 19 Abs. 2 IPbpR auf den *grenzüberschreitenden* Informationsfluss ("regardless of frontiers") einen wichtigen Hinweis auf die mit der Informationsbeschaffungsfreiheit verbundene Absicht. In diesem Zusammenhang ist ferner zu berücksichtigen, dass die Ausgestaltung der Kommunikationsgrundrechte des Menschenrechtspaktes auf derjenigen der Allgemeinen Erklärung der Menschenrechte gründet[426]. Genau wie die Informationsbeschaffungsfreiheit nach Artikel 19 Abs. 2 IPbpR bezieht sich auch die Informationsbeschaffungsfreiheit nach Artikel 19 AEMR ausdrücklich auf einen grenzüberschreitenden Informationenaustausch. Hintergrund zu dieser Formulierung war die zum Zeitpunkt der Verabschiedung der Allgemeinen Erklärung der Menschenrechte 1948 sehr frische Erfahrung der fatalen Folgen propagandistischer Informationsdoktrin während des Zweiten Weltkrieges. Während die westlichen Mächte das Ziel eines *ungehinderten*, *grenzüberschreitenden* Informationsflusses ("free flow of information") verfolgten, um damit indoktrinierender Propaganda vorzubeugen[427], plädierten die sozialistischen Staaten und insbesondere die Sowjetunion für die Idee eines *gleichgewichtigen* Informationsflusses oder eines *Austausches* der Informationen ("balanced flow of information"/"exchange of information")[428]. Dennoch umfasste auch der Alternativvorschlag der Sowjetunion zu Artikel 19 AEMR auf der Konferenz von San Francisco eine Verurteilung der Kriegshetze, welche im Internationalen Pakt über bürgerliche und politische Rechte ausdrücklich in Artikel 20 Einzug fand[429]. Dass dieser Aspekt der Verhinderung einer gezielten Schürung von nationalem

---

[425] Vgl. oben Kapitel 2 III. 3. b. cc. (2).

[426] *Nowak*, CCPR Commentary, Art. 19 para. 5.

[427] *Weiß*, Die Allgemeine Erklärung der Menschenrechte und die Gewährleistung politischer Freiheitsrechte, MRM, Themenheft „50 Jahre AEMR" 1997, S. 35 (43).

[428] *Kortteinen/Myntti/Hannikainen*, in: *Alfredsson/Eide*, The Universal Declaration of Human Rights, Article 19, p. 402.

[429] *Kortteinen/Myntti/Hannikainen*, in: *Alfredsson/Eide*, The Universal Declaration of Human Rights, Article 19, p. 402.

Hass auch zur Zeit der Verabschiedung der Menschenrechtspakte im Jahre 1966 die Ausgestaltung der Informationsbeschaffungsfreiheit noch dominierte, erklärt sich leicht durch die damals omnipräsente Bedrohung durch den Kalten Krieg.

Damit liegt das mit der Informationsbeschaffungsfreiheit nach Artikel 19 Abs. 2 IPbpR verfolgte Ziel in der Gewährleistung, sich frei von staatlicher Beeinflussung eine *eigene* Meinung bilden zu können und so internationalen Konflikten durch die Verhinderung staatlicher Lenkung vorzubeugen[430]. Die Betonung liegt damit auf dem im Grundlagenkapitel beschriebenen *individuellen* Aspekt der Kommunikationsfreiheiten, um damit in der Folge ein zwischenstaatliches, globales Ziel zu erreichen[431]. Der grenzüberschreitenden Informationsbeschaffungsfreiheit, wie sie die Allgemeine Erklärung der Menscherechte und der Internationale Pakt über bürgerliche und politische Rechte gewähren, im Rahmen eines *gesellschaftspolitischen* Aspektes das Ziel zu entnehmen, die Ausübung staatlicher Macht durch Partizipation und Kontrolle der Verwaltungsentscheidungen zu beaufsichtigen, disziplinieren und zu legitimieren, entspräche hingegen allzu sehr moderner westlicher Sicht orientiert an hohen demokratischen Maßstäben, welche weder die Allgemeine Erklärung der Menschenrechte noch der Internationale Pakt über bürgerliche und politische Rechte zu stützen vermag.

Auch die bisherige Rechtsfindung des Menschenrechtsausschusses kann kein anderes Ergebnis stützen. Der einzige Fall, in dem sich letzterer mit positiven Leistungspflichten des Staates hinsichtlich der Gewährung von Zugang zu Informationen befasste, betraf die Pressefreiheit in der Sache *Gauthier*[432]. Trotz fehlender expliziter Auflistung der Pressefreiheit im Internationalen Pakt über bürgerliche und politische Rechte ergibt sich selbige aus dem Recht auf Beschaffung und Weitergabe von Informationen und Gedankengut aller Art in Wort, Schrift oder Druck nach Artikel 19 Abs. 2 IPbpR[433]. Auch im Zusammenhang mit der Pressefreiheit wird gemeinhin vertreten, dass sie grundsätzlich ein Abwehrrecht darstelle und damit einen negativen Anspruch gegen den Staat auf Nichteingriff in den freien Zugang zu Ereignissen und allgemein zugänglichen Informationsquellen, nicht aber ein subjektives positives Recht auf Versorgung mit im einzelnen gewünschten Informationen umfasse[434].

---

430 So im Ansatz auch *Weiß*, Die Allgemeine Erklärung der Menschenrechte und die Gewährleistung politischer Freiheitsrechte, MRM, Themenheft „50 Jahre AEMR“ 1997, S. 35 (46).

431 Vgl. oben Kapitel 2 III. 4. a. aa. (1) (a).

432 *Gauthier v. Canada*, Communication No. 633/1995.

433 *Blumenwitz*, Die Meinungs- und Informationsfreiheit nach Art. 19 des Internationalen Pakts über bürgerliche und politische Rechte, S. 72; vgl. auch *Gornig*, Äußerungsfreiheit und Informationsfreiheit als Menschenrechte, S. 253 f.

434 *Blumenwitz*, Die Meinungs- und Informationsfreiheit nach Art. 19 des Internationalen Pakts über bürgerliche und politische Rechte, S. 72; *Nowak*, CCPR Commentary, Art. 19 para. 18 ff., der diese Frage aber immerhin als „debatable“ bezeichnet.

Im Fall *Gauthier* befand der Menschenrechtsausschuss, dass Zugang zu staatlich finanzierten Institutionen, die dazu eingerichtet wurden, um die Presse in den Stand zu versetzen, über die parlamentarische Arbeit berichten zu können, aufgrund der besonderen Bedeutung des Rechts auf Zugang zu Informationen für den demokratischen Prozess allen qualifizierten Journalisten zu gewähren sei und dass daher die Beschränkung des Zugangs zu diesen Institutionen auf Journalisten, welche Mitglieder eines privaten Presseclubs sind, die Informationsfreiheit anderer Journalisten verletze[435].

Der Menschenrechtsausschuss nimmt hierbei auf das Recht zur Teilnahme an der Gestaltung öffentlicher Angelegenheiten nach Artikel 25 und auf General Comment No. 25 Bezug, in welchem er ausführte "In order to ensure the full enjoyment of rights protected by article 25, the free communication of information and ideas about public and political issues between citizens, candidates and elected representatives is essential. This implies a free press and other media able to comment on public issues without censorship or restraint and to inform public opinion"[436]. Er führt im Weiteren aus, "Read together with article 19, this implies that citizens, in particular through the media, should have wide access to information and the opportunity to disseminate information and opinions about the activities of elected bodies and their members"[437]. Der Menschenrechtsausschuss erkennt ausdrücklich an, dass dieser Zugang zugunsten der Funktionsfähigkeit, Effektivität und Würde der Organe sowie der Sicherheit ihrer Mitglieder im Rahmen des Einschränkungsvorbehaltes zugunsten des Schutzes der öffentlichen Ordnung nach Artikel 19 Abs. 3 IPbpR einschränkbar sei, kommt aber schließlich zu dem Ergebnis, dass das im untersuchten Fall vorhandene Zugangsauswahlverfahren nicht notwendig und angemessen im Sinne dieses Vorbehaltes sei[438].

Auf den ersten Blick scheint es verlockend, hierin eine Bestätigung der Ableitung eines positiven Anspruchs auf Informationszugang von der Informationsbeschaffungsfreiheit nach Artikel 19 Abs. 2 IPbpR zu sehen. Dies würde jedoch zweierlei Besonderheiten des entschiedenen Falles verkennen: Zum einen ist zu beachten, dass die Presse eine im Verhältnis zum einzelnen Bürger herausgehobene, besondere Bedeutung für den demokratischen Prozess in der Gesellschaft besitzt ("in particular through the media"[439]) und dass außerdem die hier betroffenen Informationen die parlamentarische Tätigkeit und damit das Herzstück demokratischer Arbeit betreffen. Der Menschenrechtsausschuss bezieht sich nämlich ausdrücklich auf die Tatsache, dass die hier relevanten Informationen

---

[435] *Gauthier v. Canada*, Communication No. 633/1995, §13.5.
[436] General Comment No. 25 on Article 25, para. 25.
[437] *Gauthier v. Canada*, Communication No. 633/1995, §13.4.
[438] *Gauthier v. Canada*, Communication No. 633/1995, §13.6.
[439] Vgl. soeben *Gauthier v. Canada,* Communication No. 633/1995, §13.4.

die Tätigkeit gewählter Organe und ihrer Mitglieder betreffen ("information and opinions about the activities of elected bodies and their members"[440]). Zum anderen läge diese Interpretation neben der eigentlichen Aussage des Menschenrechtsausschusses. Dieser bringt in seiner Rechtsfindung nämlich gerade nicht zum Ausdruck, dass der Staat tatsächlich dazu verpflichtet ist, Zugang zu Institutionen herzustellen, die Informationen zur parlamentarischen Tätigkeit gewähren. Vielmehr befindet er im Fall *Gauthier* lediglich, dass *im Falle* der Einrichtung solcher Institutionen *gleiche* Zugänglichkeit für alle qualifizierten Journalisten garantiert sein müsse. Die Aussage befasst sich daher vielmehr mit der besonderen Rolle der Presse in einer demokratischen Gesellschaft für die Berichterstattung parlamentarischer Arbeit sowie mit dem Verbot der Diskriminierung einzelner Journalisten bei der Wahrnehmung dieser Rolle als mit dem Schutzbereich der Informationsbeschaffungsfreiheit nach Artikel 19 Abs. 2 IPbpR.

Zusammenfassend ist daher festzustellen, dass die Informationsbeschaffungsfreiheit nach Art. 19 Abs. 2 IPbpR zugunsten einer friedlichen Völkergemeinschaft an der Nichtbeeinflussung individueller Meinungsbildung orientiert ist. Eine Dringlichkeit der Gewährung von Zugang zu Verwaltungsinformationen kann für die Erreichung dieses Gesetzeszwecks nicht festgestellt werden.

(3) Ergebnis

Obwohl der Wortlaut von Artikel 19 Abs. 2 IPbpR die Ableitung eines Leistungsanspruchs auf Gewährung von Zugang zu behördlichen Informationen zulässt, steht die Rechtsnatur der Norm als negatives Abwehrrecht einer diesbezüglichen Ausweitung des Schutzbereichs entgegen, so dass dem Recht auf Informationsfreiheit nach Artikel 19 Abs. 2 IPbpR keine völkerrechtliche Pflicht zur nationalen Gewährleistung von Informationszugangsrechten zu entnehmen ist.

b. Demokratieprinzip und andere Partizipationsrechte

Ebenso wie die Allgemeine Erklärung der Menschenrechte nimmt auch der Internationale Pakt über bürgerliche und politische Rechte auf den Begriff der „demokratischen Gesellschaft", wie im vorigen Gliederungspunkt erwähnt, nur im Rahmen der Einschränkungsvorbehalte der Artikel 14 Abs. 1, Artikel 21 und Artikel 22 Abs. 2 IPbpR explizit Bezug. Diese Nennung im Rahmen der Einschränkungsvorbehalte begründet entsprechend obiger Erläuterung keine nationale Pflicht zur Gewährleistung individueller Informationszugangsrechte[441].

---

[440] Vgl. soeben *Gauthier v. Canada*, Communication No. 633/1995, §13.4.
[441] Vgl. oben Kapitel 2 III. 3. c.

Der Internationale Pakt über bürgerliche und politische Rechte gewährt Partizipationsrechte vielmehr in Artikel 25, welcher deswegen auch als Auflistung der politischen Rechte im engeren Sinne verstanden wird[442]. Im Hinblick auf die Frage nach Vorgaben des internationalen Rechts hinsichtlich einer staatlichen Pflicht zur Gewährung von Informationszugangsrechten ist insbesondere der Schutzbereich des in Artikel 25 lit. a IPbpR gewährten Rechts auf Teilnahme an der Gestaltung öffentlicher Angelegenheiten zu überprüfen.

Des Weiteren nehmen sowohl der Internationale Pakt über bürgerliche und politische Rechte wie auch der Internationale Pakt über wirtschaftliche, soziale und kulturelle Rechte wortgleich im jeweiligen Art. 1 ("common article 1") auf das Selbstbestimmungsrecht der Völker Bezug. Auch diesbezüglich soll im Folgenden geklärt werden, inwieweit der Schutzbereich eine Pflicht zur nationalen Gewährung von Informationszugangsrechten umfasst.

aa. Recht auf Teilnahme an der Gestaltung öffentlicher Angelegenheiten

Artikel 25 IPbpR gewährt die Rechte auf politische Partizipation in seiner unter anderem verbindlichen englischen Fassung mit folgendem Wortlaut:

"Every citizen shall have the right and the opportunity, without any of the distinctions mentioned in article 2 and without unreasonable restrictions:

> *a) To take part in the conduct of public affairs, directly or through freely chosen representatives;*
>
> *b) To vote and to be elected at genuine periodic elections which shall be by universal and equal suffrage and shall be held by secret ballot, guaranteeing the free expression of the will of the electors;*
>
> *c) To have access, on general terms of equality, to public service in his country."*

Artikel 25 IPbpR basiert auf Artikel 21 AEMR, einigen Entwürfen der Sowjetunion aus dem Jahre 1949[443] und einem jugoslawisch-französischen Kompromissvorschlag aus dem Jahre 1953[444].

Genau wie im Rahmen der Vorbereitung von Artikel 21 AEMR der amerikanische Delegierte gegen die dort in Absatz 3 verbürgte Maßgabe der Volksherrschaft ("The will of the people shall be the basis of the authority of govern-

---

442 *Nowak*, CCPR Commentary, Art. 25 para. 2.
443 UN Doc. E/CN.4/395; UN Doc. E/CN.4/L.120; UN Doc. E/CN.4/L.125; UN Doc. E/CN.4/L.221; UN Doc.A/C.3/L.96.
444 UN Doc. E/CN.4/L.224 Rev. 1, Rev. 4.

ment") eingewendet hatte, dass es sich hierbei um ein politisches Prinzip und nicht ein Menschenrecht handele, und Frankreich gegen die Regelung des Prinzips der Volksherrschaft in der Form eines individuellen Rechts wiederum eine dogmatische Unvereinbarkeit mit der Tradition des romanischen Rechtskreises angeführt hatte[445], wurde auch im Vorfeld der Verabschiedung der Partizipationsrechte des Artikel 25 IPbpR kritisiert, dass selbige ein demokratisches Ideal und nicht bindende individuelle Rechte darstellen würden[446]. Dennoch konnte sich der sowjetische Vorschlag, welcher lediglich vorgesehen hatte, die Staaten zur Gewährung der „Möglichkeit" der Teilnahme an der Durchführung der öffentlichen Angelegenheiten zu verpflichten, nicht gegen den jugoslawisch-französischen Entwurf durchsetzen, welcher die Partizipationsrechte im Gleichklang mit den meisten anderen Rechten des Pakts über bürgerliche und politische Rechte grundsätzlich als subjektive Rechte des Einzelnen formulierte[447].

Trotz dieser Wortwahl handelt es sich bei den gewährten Rechten aber inhaltlich wie auch im Rahmen der Partizipationsrechte des Artikels 21 AEMR um Minimalforderungen hinsichtlich der Struktur und internen Organisation staatlicher Entscheidungsabläufe, so dass sich die Norm mit dem System, dessen der Einzelne bedarf, um seine Rechte angemessen auszuüben, und damit tatsächlich eher mit den Mitgliedern einer politischen Gemeinschaft als mit dem Individuum als solchem befasst[448]. Während das in Artikel 21 Abs. 3 AEMR genannte Prinzip der Volksherrschaft theoretisch noch dahingehend ausgelegt werden könnte, dass es Raum für die Ableitung umfassender Partizipationsrechte biete, zeigt die Tatsache, dass Artikel 25 lit. b IPbpR in diesem Zusammenhang nur noch auf das aktive und passive Wahlrecht Bezug nimmt, dass das Prinzip der Volksherrschaft nach dem Willen der Vertragsstaaten lediglich dieses subjektive Recht umfasst[449].

Auch die Tatsache, dass der Internationale Pakt über bürgerliche und politische Rechte das in Artikel 21 Abs. 1 AEMR gewährte Recht auf Teilnahme an der Regierung seines Landes ("to take part in the government of his country") in Artikel 25 lit. a IPbpR auf die Teilnahme an der Gestaltung der öffentlichen Angelegenheiten erweitert ("to take part in the conduct of public affairs"), lässt die Ableitung einer Pflicht zur nationalen Gewährung von Informationszugangsrechten nicht zu. Zum einen wurde diese bewusst vage Formulierung gewählt,

---

445 *Weiß*, Die Allgemeine Erklärung der Menschenrechte und die Gewährleistung politischer Freiheitsrechte, MRM, Themenheft „50 Jahre AEMR" 1997, S. 35 (44).

446 So der belgische Delegierte, vgl. UN Doc. E/CN.4/SR.367, p. 14.

447 *Nowak*, CCPR Commentary, Art. 25 para. 8.

448 So für Artikel 21 AEMR *Weiß*, Die Allgemeine Erklärung der Menschenrechte und die Gewährleistung politischer Freiheitsrechte, MRM, Themenheft „50 Jahre AEMR" 1997, S. 35 (43 f.).

449 Vgl. auch *Schilling*, Internationaler Menschenrechtsschutz, § 19 Rdn. 328, S. 170.

um den Staaten eine Ausgestaltung des Rechts auf demokratische Partizipation zu ermöglichen, welche sich mit den verschiedensten Demokratiemodellen verträgt[450]. *Nowak* sieht den von Artikel 25 lit. a IPbpR geforderten Minimalstandard daher in der Pflicht, dass die Ausübung staatlicher Autorität auf dem Prinzip der Volkssouveränität beruhen müsse, die Regierung also nur dem Volk verpflichtet sei und von diesem kontrolliert und auch abgesetzt werden könne[451]. Die konkrete Umsetzung dieser Pflicht richte sich dagegen nach dem politischen System des jeweiligen Vertragsstaates, wobei das Recht auf Teilnahme an der Gestaltung der öffentlichen Angelegenheiten in dem den Mitgliedsländern der EU eigenen System einer auf Gewaltenteilung basierenden parlamentarischen Demokratie auf das Recht zur Wahl der Legislative und die Bindung der Exekutive an die parlamentarischen Gesetze beschränkt sei[452].

Etwas anderes ergibt sich auch nicht aus der Tatsache, dass sich die Norm ausdrücklich sowohl auf eine *unmittelbare* Teilnahme als auch auf eine solche durch frei gewählte Vertreter ("directly or through freely chosen representatives") bezieht. Entgegen einzelner Ansichten, welche in dieser Unterscheidung nur eine Bezugnahme auf die Formen einer direkten sowie indirekten Wahl sehen[453], kommt in der Wortwahl eindeutig zum Ausdruck, dass die hier beschriebenen Partizipationsrechte sowohl indirekte Partizipation durch gewählte Vertreter als auch Elemente einer direkten Demokratie wie beispielsweise Plebiszite und Bürgerinitiativen umfassen sollen[454]. Während aber das Recht auf indirekte Partizipation durch die Pflicht zur Durchführung regelmäßiger Wahlen nach Artikel 25 lit. b IPbpR gesichert ist und damit nicht völlig durch die Verwirklichung von Elementen direkter Demokratie ersetzt werden kann, wird durch die Verwendung des Wortes "or" deutlich, dass die Vertragsstaaten nicht zur Schaffung ebenjener direktdemokratischen Elemente verpflichtet sind, der einzelne Staatsbürger aber im Fall ihrer Existenz ein subjektives Recht auf Teilnahme an ihnen hat[455].

Diese Auffassung wird auch durch die Rechtsfindung des Menschenrechtsausschusses bestätigt. In *Grand Chief Donald Marshall v. Canada* hatten die höchsten Vertreter eines indianischen Stammes eine Verletzung von Artikel 25 IPbpR wegen ihrer Nichtzulassung bei einer speziellen Verfassungskonferenz zur Identifizierung und Regelung der Rechte der Ureinwohner gerügt[456]. Trotz Subsumtion dieser Verfassungskonferenz unter den Begriff der Gestaltung der öffentli-

---

450 *Nowak*, CCPR Commentary, Art. 25 para. 11.
451 *Nowak*, CCPR Commentary, Art. 25 para. 11.
452 *Nowak*, CCPR Commentary, Art. 25 para. 12.
453 *Partsch*, in: *Henkin*, The International Bill of Rights, p. 239.
454 So *Nowak*, CCPR Commentary, Art. 25 para. 13.
455 *Nowak*, CCPR Commentary, Art. 25 para. 13
456 Grand Chief Donald Marshall et al. v. Canada, Communication No. 205/1986.

chen Angelegenheiten lehnte der Menschenrechtsausschuss eine Verletzung von Artikel 25 lit. a IPbpR unter folgender Begründung ab: "Surely, it cannot be the meaning of article 25 (a) of the Covenant that every citizen may determine either to take part directly in the conduct of public affairs or to leave it to freely chosen representatives. It is for the legal and constitutional system of the State party to provide for the modalities of such participation. It must be beyond dispute that the conduct of public affairs in a democratic State is the task of representatives (...) [A]rticle 25 (a) of the Covenant cannot be understood as meaning that any directly affected group, large or small, has the unconditional right to choose the modalities of participation in the conduct of public affairs. That, in fact, would be an extrapolation of the right to direct participation by the citizens, far beyond the scope of article 25 (a)"[457]. In gleicher Weise formuliert der Menschenrechtsausschuss in seinem General Comment No. 25: "The allocation of powers and the means by which individual citizens exercise the right to participate in the conduct of public affairs protected by article 25 should be established by the constitution and other laws"[458]. Die konkrete Ausgestaltung der Modalitäten direkter und indirekter Partizipation liegt nach dieser Rechtsfindung also ausdrücklich in der Kompetenz der Vertragsstaaten.

Damit steht fest, dass Artikel 25 lit. a IPbpR keine zwingenden Vorgaben hinsichtlich der inhaltlichen Gestaltung der nationalen Partizipationsrechte enthält und der Norm keine über die in Artikel 25 lit. b und c IPbpR hinausgehende Garantie eines Rechts des Einzelnen auf direkte Partizipation an der Gestaltung der öffentlichen Angelegenheiten zu entnehmen ist[459].

bb. Recht auf Selbstbestimmung

Wie bereits im Rahmen der UN-Charta erwähnt, wird das Postulat demokratischer Strukturen in Zusammenhang mit dem Selbstbestimmungsprinzip diskutiert[460]. Es findet sich in den wortgleichen Artikeln 1 der beiden Menschenrechtspakte in der folgenden u.a. verbindlichen englischen Fassung:

---

[457] *Grand Chief Donald Marshall et al. Canada*, Communication No. 205/1986, para. 5.4 and 5.5.

[458] General Comment No. 25 on Article 25, para. 5.

[459] *Joseph/Schultz/Castan*, The International Covenant on Civil and Political Rights, para. 22.08, 22.14. Der Verweis bei *Joseph/Schultz/Castan* auf die nachfolgende Rechtsfindung des Menschenrechtsausschusses in *Länsman v. Finland* (511/92) und *Länsman v. Finland* (671/95) sowie General Comment No. 23, wonach direkte Partizipationsrechte von Mitgliedern einer gesellschaftlichen Minderheit an *sie betreffenden* Entscheidungen aus Artikel 27 und eventuell auch Artikel 25 IPbpR folgen, ist für die vorliegende Ausarbeitung unbeachtlich, da hier nur etwaige Pflichten zur Gewährleistung *allgemeiner* Informationszugangsrechte untersucht werden.

[460] Vgl. bereits oben Kapitel 3 I. 2. b.

"1. All peoples have the right of self-determination. By virtue of that right they freely determine their political status and freely pursue their economic, social and cultural development.

(...)

3. The States parties to the present Covenant, (...) shall promote the realization of the right of self-determination, and shall respect that right, in conformity with the provisions of the Charter of the United Nations."

Die Literatur zu Artikel 1 der Menschenrechtspakte kommt übereinstimmend zu der Ansicht, dass die Rechtsfindung des Menschenrechtsausschusses trotz der anerkannt großen politischen Bedeutung des Selbstbestimmungsrechts und seiner Einstufung als zwingendes Völkerrecht ungenügend sei und der rechtliche Inhalt der Norm daher unklar bleibe[461]. Von den in diesem Zusammenhang diskutierten Fragen sind für die vorliegende Ausarbeitung dogmatisch der Rechtscharakter der Norm sowie inhaltlich die konkrete Reichweite des Rechts auf Selbstbestimmung zu diskutieren.

Im Gegensatz zu den Artikeln 1 Abs. 2 und 55 UN-Charta, welche nur auf den *Grundsatz* der Selbstbestimmung Bezug nehmen, spricht Artikel 1 der Menschenrechtspakte explizit vom *Recht* auf Selbstbestimmung. Dennoch sahen Teile der Literatur bis in die 70er-Jahre des letzten Jahrhunderts im Recht auf Selbstbestimmung dogmatisch kein Recht im eigentlichen Sinne, sondern vielmehr lediglich ein politisch-moralisches Prinzip[462]. Dies verkennt, dass entsprechende Bemühungen während der Vorbereitung der Artikel 1 der Menschenrechtspakte bewusst zurückgewiesen worden waren[463]. Die Literatur sieht im Selbstbestimmungsrecht der Völker daher mittlerweile „eine echte Völkerrechtsnorm"[464]. Daneben hat auch der Menschenrechtsausschuss den Rechtscharakter von Artikel 1 der Menschenrechtspakte bestätigt, indem er feststellte "(...) the Committee reaffirmed that the Covenant recognizes and protects in most resolute terms a people`s right to self-determination and its right to dispose of its natural resources, as an essential condition for the effective guarantee and observance of individual human rights and for the promotion and strengthening

---

[461] M.V.a. General Comment No. 12 on Article 1 *Nowak*, CCPR Commentary, Art. 1 para. 6 sowie *Joseph/Schultz/Castan*, The International Covenant on Civil and Political Rights, para. 7.03 and 7.25; ebenso *Alfredsson*, in: *Tomuschat*, Modern Law of Self-Determination, p. 53.

[462] *Khol*, Der Menschenrechtskatalog der Völkergemeinschaft, S. 34 f.; 39 f.; *Guradze*, Die Menschenrechtskonvention der Vereinten Nationen, JIR 13 (1971), 242 (246) sowie *Stöcker*, Europäische Menschenrechtskonvention, Ordre-public-Vorbehalt und nationales Selbstbestimmungsrecht, EuGRZ 1987, 473 (476, Fn. 34) m.w.N.

[463] Vgl. insbesondere UN Doc. A/C.3/L.498/Corr.2; UN Doc. A/3077, para. 64.

[464] *Gornig*, Der Inhalt des Selbstbestimmungsrechts, Politische Studien, Sonderheft 6, 1993, S. 11 (24).

of those rights"[465]. Aus der Praxis des Menschenrechtsausschusses ergibt sich außerdem, dass das Recht auf Selbstbestimmung nach Artikel 1 der Menschenrechtspakte aufgrund seines kollektiven Charakters abgesehen von der bevollmächtigten Geltendmachung durch einen einzelnen Vertreter eines Volkes im Namen desselben zwar nicht zur Durchsetzung im Wege der Individualbeschwerde geeignet ist[466], die Berichtspflicht der Staaten nach Artikel 40 IPbpR hingegen auch das Selbstbestimmungsrecht umfasst[467].

Was die Definition der inhaltlichen Reichweite des Rechts auf Selbstbestimmung betrifft, wird trotz der Tatsache, dass der Wortlaut des Artikel 1 IPbpR das Recht als einheitliches Ganzes gewährt, in Literatur und Staatenpraxis zwischen äußeren und inneren Aspekten des Selbstbestimmungsrechts differenziert[468]. Während das äußere Selbstbestimmungsrecht der Völker die Entscheidung über den Territorialstatus betrifft[469], erfasst der in Artikel 1 Abs. 1 S. 2 der Menschenrechtspakte zum Ausdruck kommende innere Aspekt die Beziehungen zwischen einem Volk und seiner Regierung und berechtigt ersteres zur freien Gestaltung der staatlichen Ordnung[470]. Vorgaben im Sinne des Untersuchungsgegenstandes dieser Ausarbeitung scheinen damit zumindest im Rahmen des letzteren Aspektes möglich.

Das Recht auf interne Selbstbestimmung folgt aus der Tatsache, dass sich das Selbstbestimmungsrecht nicht mit einmaligem Gebrauch - nämlich des Aktes der Staatsgründung oder des Entschlusses zum Verbleib in einem Staat[471] - verbraucht, sondern vielmehr permanent besteht[472], was sich vor allem in der deklaratorischen Verwendung der Präsenzform ("All people have" anstelle von "shall

---

[465] Vgl. *Lubicon Lake Band v. Canada*, Communication No. 167/1984, para. 13.3 und ebenso *E.P. et al. v. Columbia*, Communication No. 318/1988, para. 8.2.

[466] Vgl. stellvertretend die Rechtsfindung in *The Mikmaq Tribal Society v. Canada*, Communication No. 78/1980; *A.B. et. al. v. Italy*, Communication No. 413/1990. Nachweis weiterer Fälle bei *Nowak*, CCPR Commentary, Art. 1 para. 24.

[467] General Comment No. 12 on Article 1, para. 3.

[468] *Gornig*, Der Inhalt des Selbstbestimmungsrechts, Politische Studien, Sonderheft 6, 1993, S. 11 (21). *Cassese*, in: *Henkin*, The International Bill of Rights, pp. 96-101; *Kiss*, The Peoples´ Right to Self-Determination, HRLJ 1986, p. 165 (170, 171); *Heintze*, in: *Ipsen*, Völkerrecht, § 27 Rdn. 11.

[469] *Heintze*, in: *Ipsen*, Völkerrecht, § 29 Rdn. 1.

[470] *Heintze*, in: *Ipsen*, Völkerrecht, § 30 Rdn. 1.

[471] Das Völkerrecht bezeichnet diese Willensbekundungsakte als Plebiszite und Referenden, vgl. zu diesen Ausdrücken *Heintze*, in: *Ipsen*, Völkerrecht, § 27 Rdn. 18.

[472] *Gros Espiell*, The Right to Self-Determination, para. 47; *Ermacora*, Die Selbstbestimmungsidee, S. 21; *Cassese*, in: *Henkin*, The International Bill of Rights, p. 98; *Ansbach/Heintze*, Selbstbestimmung und Verbot der Rassendiskriminierung im Völkerrecht, S. 39; *Nowak*, CCPR Commentary, Art. 1 para. 34; *Heintze*, in: *Ipsen*, Völkerrecht, § 30 Rdn. 1. Zur gegenteiligen Ansicht vgl. *Ermacora*, Zu den Menschenrechtspakten der Vereinten Nationen, Vereinte Nationen 1968-1969, 133 (134).

have") zeigt, welche entgegen dem Entwurf der Menschenrechtskommission und der Formulierung der meisten anderen Rechte der Menschenrechtspakte vom 3. Unterausschuss der Generalversammlung bewusst gewählt wurde[473]. Hieraus folgt die Maßgabe, dass das Recht auf Selbstbestimmung in einem fortwährenden Prozess immer wieder neu sicherzustellen ist[474]. Daraus wiederum ergibt sich die Forderung nach Partizipation der jeweiligen Völker am politischen Willensbildungsprozess[475]. Nach der neueren Literatur[476] umfasst das innere Selbstbestimmungsrecht damit ein demokratisches Element[477], indem es ein Recht der Völker "to play an active part in shaping the affairs of their community in conditions of freedom and equality"[478] beinhaltet.

Voraussetzung der Herleitung einer völkerrechtlichen Forderung nach Demokratie wäre jedoch im Hinblick auf die Durchsetzbarkeit entsprechender Ansprüche das Bestehen einer völkerrechtlich verbindlichen Definition des Demokratiebegriffes, welche angesichts der unterschiedlichen staatlichen Wertvorstellungen und des dem Völkerrecht zugrunde liegenden Konzepts des Pluralismus der Ideologien bislang unterblieben ist[479]. Die Wiener Weltmenschenrechtskonferenz beschrieb sie im Jahre 1993 dementsprechend pauschal als "full participation of people in all aspects of their lives"[480].

Im Zusammenhang mit der Überzeugung vom gemeinsamen Ursprung von Demokratie und Menschenrechten und der daraus folgenden Ansicht, dass die faktische Verwirklichung des Rechts auf Selbstbestimmung eine Vorbedingung für die Gewährleistung aller anderen individuellen Menschenrechte sei[481], folgt aus

---

[473] Vgl. UN Doc. A/C.3/SR.668, para. 3; *Cassese*, in: *Henkin*, The International Bill of Rights, p. 98.

[474] *Marie*, Relations between peoples` rights and human rights, HRLJ 1986, p. 195 (201); *Nowak*, CCPR Commentary, Art. 1 para. 19; vgl. bereits soeben *Gros Espiell*, The Right to Self-Determination, para. 47.

[475] *Nowak*, CCPR Commentary, Art. 1 para. 34; *Gornig*, Der Inhalt des Selbstbestimmungsrechts, Politische Studien, Sonderheft 6, 1993, S. 11 (17).

[476] Noch in der Literatur der späten DDR fehlt dieser Aspekt hingegen völlig, vgl. als Beispiel *Ansbach/Heintze*, Selbstbestimmung und Verbot der Rassendiskriminierung im Völkerrecht, S. 21 ff.

[477] *Gornig*, Der Inhalt des Selbstbestimmungsrechts, Politische Studien, Sonderheft 6, 1993, S. 11 (15); *Cassese*, in: *ders.*, UN Law/Fundamental Rights, p. 153; *Cassse*, in: *Henkin*, The International Bill of Rights, p. 98; *Kiss*, The Peoples´ Right to Self-Determination, HRLJ 1986, p. 165 (171); *Stöcker*, Europäische Menschenrechtskonvention, Ordre-public-Vorbehalt und nationales Selbstbestimmungsrecht, EuGRZ 1987, 473 (476).

[478] So im Wortlaut der deutsche Vertreter vor der Menschenrechtskommission, vgl. UN Doc. E/CN.4/1990/SR.4, para. 30.

[479] *Heintze*, in: *Ipsen*, Völkerrecht, § 30 Rdn. 5 und 7.

[480] Vgl. hierzu ILM 1993, 1661 (1666, para. 8).

[481] *Gros Espiell*, The Right to Self-Determination, para. 59; *Marie*, Relations between peoples` rights and human rights, HRLJ 1986, p. 195 (198); *Heintze*, in: *Ipsen*, Völkerrecht, § 30

dem Recht auf innere Selbstbestimmung zumindest ein Verbot nazistischer und faschistischer Regime und damit die Grundlage für ein Recht auf Revolution gegen Diktaturen, welche systematisch und in schwerem Maße gegen die Menschenrechte verstoßen[482].

Ansonsten kann die verbindliche Reichweite des vom inneren Selbstbestimmungsrecht umfassten Rechts auf demokratische Partizipation aber nicht über den oben diskutierten Schutzbereich der im Internationalen Pakt über bürgerliche und politische Rechte gewährten Rechte auf politische Partizipation hinausgehen. Angesichts der Tatsache, dass wie oben erläutert Artikel 25 lit. a IPbpR weder zwingende Vorgaben zur Ausgestaltung der Modalitäten des Rechts auf Teilnahme an der Gestaltung der öffentlichen Angelegenheiten noch einen individuellen Anspruch auf Gewährung von Elementen *direkter* demokratischer Partizipation umfasst, kann ein solcher verbindlicher Schutzbereich auch nicht dem Recht auf innere Selbstbestimmung nach Artikel 1 Abs. 1 IPbpR entnommen werden.

Obwohl die Gewährung eines Rechts auf Zugang zu Verwaltungsinformationen die dem inneren Recht auf Selbstbestimmung innewohnenden Partizipationsrechte stärken würde, stellt es daher keine von den Vertragsstaaten verbindlich zu gewährleistende Pflicht dar.

4. Grenzen für die nationale Gewährleistung von Informationszugangsrechten nach dem Internationalen Pakt über bürgerliche und politische Rechte

Bezugnehmend auf die Ausführungen im Grundlagenkapitel ist wiederum zu prüfen, inwieweit der Internationale Pakt über bürgerliche und politische Rechte personenbezogene Daten im Rahmen des Rechts auf Privatheit sowie Betriebs- und Geschäftsgeheimnisse im Rahmen des Rechts auf Eigentum schützt[483]. Des Weiteren ist zu prüfen, inwieweit der Internationale Pakt über bürgerliche und politische Rechte Vorgaben hinsichtlich der kollidierenden öffentlichen Interessen an der Funktionsfähigkeit und Effizienz der Verwaltung sowie an nationaler Sicherheit umfasst[484].

Rdn. 6.

[482] *Marie*, Relations between peoples` rights and human rights, HRLJ 1986, p. 195 (203); *Cassese*, in: *Henkin*, The International Bill of Rights, p. 98; *Kiss*, The Peoples´ Right to Self-Determination, HRLJ 1986, p. 165 (171).

[483] Vgl. oben Kapitel 2 III. 4. b. aa.

[484] Vgl. oben Kapitel 2 III. 4. b. bb.

a. Recht auf ein Privatleben

Das Recht auf ein Privatleben schützt der Internationale Pakt über bürgerliche und politische Rechte in Artikel 17 mit dem folgenden u.a. verbindlichen englischen Wortlaut:

"1. No one shall be subjected to arbitrary or unlawful interference with his privacy, family, home or correspondence, nor to unlawful attacks on his honour and reputation.

2. Everyone has the right to the protection of the law against such interference or attacks."

Der Wortlaut von Artikel 17 Abs. 1 IPbpR lässt noch den ehemaligen Schwerpunkt des Rechts auf Privatheit, wie er sich in der bürgerlichen Gesellschaft des 19. Jahrhunderts entwickelte, erkennen: Der geschützte Privatbereich des Einzelnen war zunächst mit dem Schutz der Familie, der Wohnung und der Korrespondenz vor allem auf einen institutionellen Bereich bezogen[485]. Weiterhin werden diese Aspekte explizit vom Recht auf ein Privatleben aufgezählt, aus der ausdrücklichen Gleichstellung mit dem Recht auf "privacy" ganz allgemein folgt jedoch, dass das Recht auf ein Privatleben neben diesen institutionellen Bereichen den Schutz weiterer Aspekte umfasst[486]. Diese Manifestationen der Privatheit, welche nicht zu den anderen explizit aufgezählten Kategorien gehören, werden daher als das Recht auf ein Privatleben im engeren Sinne bezeichnet[487].

aa. Internationale Diskussion der Reichweite des Schutzbereichs hinsichtlich personenbezogener Daten

Die Definition des konkret mit dem Recht auf ein Privatleben im engeren Sinne von Artikel 17 Abs. 1 IPbpR gewährleisteten Schutzbereichs bereitet Schwierigkeiten, welche zum einen darin begründet sind, dass der Begriff während der Vorbereitungen von Artikel 17 IPbpR nahezu keiner Diskussion unterlag und seine Verwendung vielmehr von einigen Delegierten wegen der Unklarheit seines konkreten rechtlichen Gehalts kritisiert wurde[488]. Daneben hat auch der Menschenrechtsausschuss in seiner Rechtsfindung bisher nicht zu einer sorgfältigen Definition des Privatheitbegriffs im Rahmen von Artikel 17 IPbpR beigetragen. Treffend führt *Herndl* in seinem Sondervotum im Fall *Coeriel and Aurik*

---

485 *Nowak*, CCPR Commentary, Art. 17 para. 4.
486 *Volio*, in: *Henkin*, The International Bill of Rights, p. 192.
487 *Nowak*, CCPR Commentary, Art. 17 para. 17.
488 So zusammenfassend *Nowak*, CCPR Commentary, Art. 17 para. 16. Vgl. zu letzterer Kritik UN Doc. A/2929, ch. VI para. 102.

v. The Netherlands hierzu aus: „The Committee itself has not really clarified the notion of privacy either in its General Comment on article 17 where it actually refrains from defining that notion. In its General Comment the Committee attempts to define all the other terms used in article 17 such as "family", "home", "unlawful" and "arbitrary". It further refers to the protection of personal "honour" and "reputation" also mentioned in article 17, but it leaves open the definition of the main right enshrined in that article, i.e. the right to 'privacy`"[489].

Die Versuche, den Inhalt des Rechts auf ein Privatleben zu definieren, reichen von weiten Ansätzen im Sinne eines umfassenden Rechts, in Ruhe gelassen zu werden[490], bis hin zu äußerst engen Interpretationen im Sinne eines Rechts auf Kontrolle der einen selbst betreffenden Informationen[491]. Die detaillierteste Einteilung und Beschreibung des von Artikel 17 Abs. 1 IPbpR umfassten Rechts auf ein Privatleben in Abgrenzung zu den anderen dort genannten institutionellen Kategorien nimmt *Nowak* vor, indem er ihm den Schutz desjenigen spezifischen Bereichs individueller Existenz und Autonomie zuordnet, der nicht mit der Freiheit und Privatheit anderer kollidiert, und indem er diesen Bereich weiter in die geschützten Teilaspekte der Identität, Integrität, Intimität, Autonomie, Kommunikation und Sexualität gliedert[492]. Auch *Volio* nimmt auf die genannten zwei Oberkategorien (individuelle Existenz und Autonomie) zur Beschreibung des Rechts auf ein Privatleben Bezug, wenn er definiert, dass es das Recht des Einzelnen schütze, in seiner Eigenschaft als unabhängiges Subjekt zu entscheiden, wie er seine Autonomie nutzt, um seine ontologische Freiheit authentisch und sinnvoll auszufüllen, und wie er hierbei in den Austausch der Interaktionen, welche das gesellschaftliche Leben begründen, einzutreten entscheidet[493].

Im Rahmen der detaillierten Einteilung *Nowaks* unterfällt der für die vorliegende Ausarbeitung interessierende Schutz personenbezogener Daten dem vom Recht auf ein Privatleben umfassten Recht auf Intimität, worunter *Nowak* das Recht auf Geheimhaltung *privater* Wesenszüge, Unternehmungen und Daten des Einzelnen von der Öffentlichkeit versteht[494].

---

489 Coeriel and Aurik v. The Netherlands, Communication No. 453/1991.

490 *Warren/Brandeis*, The Right to Privacy, (1890) 4 Harvard Law Review 193, 195, zitiert nach: *Joseph/Schultz/Castan*, The International Covenant on Civil and Political Rights, para. 16.01.

491 *Westin*, Privacy and Freedom, p. 7.

492 *Nowak*, CCPR Commentary, Art. 17 para. 17-29.

493 *Volio*, in: *Henkin*, The International Bill of Rights, p. 193.

494 *Nowak*, CCPR Commentary, Art. 17 para. 21. Dem Recht auf Identität ordnet er hingegen die individuelle Beschaffenheit menschlicher Existenz, dem Recht auf Integrität den Schutz körperlicher Unversertheit und Bewegungsfreiheit unterhalb der von Artikel 7 und 10 IPbpR geforderten Eingriffsintensität, dem Recht auf Autonomie den Schutz der Selbstverwirklichung, dem Recht auf Kommunikation den Schutz der Aufnahme und Entwicklung zwischenmenschlicher Beziehungen und dem Recht auf Sexualität den Schutz sexuellen Verhal-

Im Unterschied zu dem im deutschen Recht von Artikel 2 Abs. 1 GG abgeleiteten *umfassenden* Recht auf informationelle Selbstbestimmung als Teil des allgemeinen Persönlichkeitsrechts, welches sich grundsätzlich auf *alle* personenbezogenen Informationen bezieht[495], beschränkt sich der vom Recht auf ein Privatleben nach Artikel 17 Abs. 1 IPbpR gewährte Schutz personenbezogener Informationen damit auf solche *„privaten"* Charakters.

Die Subsumtion personenbezogener Informationen unter dieses Kriterium der Privatheit stützt sich nach *Nowak* auf eine Vielzahl von Faktoren, unter denen er explizit das eigene Verhalten und die Gefühle des Betroffenen nennt und daraus eine Eröffnung des Schutzbereiches für solche Informationen folgert, die allgemein anerkannten Vertraulichkeitswahrungspflichten, wie beispielsweise von Ärzten und Geistlichen, oder anderen Geheimhaltungsgarantien, wie beispielsweise der Garantie einer geheimen Wahl, unterliegen oder deren Beschaffung, Übermittlung oder Veröffentlichung den Betroffenen aus moralischen Gründen in eine missliche Situation versetzen oder peinlich berühren, ihn also zum Objekt öffentlichen Spotts machen[496]. Andere formulieren dies ähnlich, indem sie den Schutzbereich des Rechts auf ein Privatleben eröffnet sehen für alle personenbezogenen Daten, Tatsachen und Unternehmungen, die anderen unbekannt sind und deren Kenntnis moralisches oder körperliches Unbehagen bei der sie betreffenden Person auslösen würde[497]. Ebenfalls im Ergebnis gleichlautend listet die so genannte *Nordic Conference* in Stockholm im Jahre 1967 die Verbreitung von Informationen, die in Verhältnissen beruflicher Vertraulichkeit gegeben oder empfangen wurden, sowie die öffentliche Enthüllung *privater* Angelegenheiten unter den Verletzungen des Rechts des Einzelnen auf Intimität auf[498]. Der Menschenrechtsausschuss hat des Weiteren die oben genannten beruflichen Vertraulichkeitspflichten als bedeutenden Aspekt des Rechts auf ein Privatleben in einem Comment gegenüber Portugal bestätigt[499].

Zwar wird grundsätzlich festgestellt, dass der Schutz personenbezogener Daten einen Teilaspekt des Rechts auf Intimität darstelle, entstanden als Folge der technologischen Entwicklung elektronischer Datenverarbeitung[500]. Auch der Menschenrechtsausschuss befindet in seinem General Comment, dass die Ver-

---

tens zu, vgl. *Nowak*, CCPR Commentary, Art. 17 para. 18, 20, 24, 26, 28.

495 Vgl. BVerfGE 65, 1 (42 f.), so genanntes "Volkszählungsurteil"; BVerfGE 80, 367 (373).

496 *Nowak*, CCPR Commentary, Art. 17 para. 21.

497 *Novoa*, Derecho a la Vida Privada y la Libertad de Información, un Conflicto de Derechos, p. 45-46, zitiert nach: *Volio*, in: *Henkin*, The International Bill of Rights, p. 194.

498 *International Commission of Jurists*, The Rule of Law and Human Rights: Principles and Definitions 63-64 (1967), zitiert nach: *Volio*, in: *Henkin*, The International Bill of Rights, p. 194.

499 UN Doc. CCPR/CO/78/PRT, para. 18, im dortigen Fall bezog sich der Menschenrechtsausschuss auf Vertraulichkeitspflichten von Anwälten und Ärzten.

500 Vgl. *Nowak*, CCPR Commentary, Art. 17 para. 23.

tragsstaaten nach Artikel 17 Abs. 2 IPbpR positiv dazu verpflichtet sind, die Aufnahme, Verarbeitung, Nutzung und Übermittlung automatisierter personenbezogener Daten durch staatliche Stellen und Private gesetzlich zu regeln und hierbei neben dem Verbot einer Datenverarbeitung zu mit dem Menschenrechtspakt unvereinbaren Zwecken auch durchsetzbare Auskunfts-, Korrektur- und Löschungsansprüche zu verankern[501]. Trotz dieser umfassend auf *alle* in automatisierter Form gespeicherten personenbezogenen Daten bezogenen positiven *Verarbeitungsanforderungen* bezieht sich die Literatur aber wie oben erläutert hinsichtlich der aus dem Recht auf ein Privatleben folgenden *Geheimhaltungspflichten* nur auf solche personenbezogenen Daten, die im oben definierten Sinne darüber hinaus auch *privater* Natur sind.

Aus dem Schutz vor rechtswidrigen Beeinträchtigungen der Ehre und des Rufs, wie ihn Artikel 17 Abs. 1 IPbpR gewährt, kann ebenso wenig eine die nationale Gewährung von Informationszugangsrechten begrenzende Vorgabe des internationalen Rechts zugunsten des Schutzes aller personenbezogener Informationen gefolgert werden. Bereits aus der Verwendung des Wortes "attacks" ist auf eine gewisse Eingriffsqualität zu schließen[502]. Während der Vorbereitungen dieser Bestimmung wurde mehrfach betont, dass faire Kommentare oder wahre Bemerkungen mit beeinflussender Wirkung für die Ehre oder den Ruf des Betroffenen nicht als "attacks" im Sinne der Norm zu werten seien[503]. Des Weiteren beinhaltet das Wort "attacks" die Konnotation *absichtlicher* Angriffe, so dass nicht jede Beeinträchtigung der Ehre und des guten Rufs, sondern lediglich bewusste Beleidigungen in den Schutzbereich dieser Alternative fallen[504]. Zusammenfassend stellt *Nowak* daher fest, dass Artikel 17 Abs. 1 IPbpR nur solche Eingriffe in die persönliche Ehre und den Ruf verbiete, die unrechtmäßig und absichtlich seien und auf falschen oder unerwiesenen Behauptungen beruhten[505]. Da anzunehmen ist, dass Daten, die sich in der Hand staatlicher Verwaltungsbehörden befinden, entweder korrekt sind oder aber im Falle ihrer Unrichtigkeit nicht absichtlich zur Herabsetzung der Ehre oder Beschädigung des Rufs der betroffenen Person von der Behörde veröffentlicht werden, erscheint eine Verletzung dieser Alternative von Artikel 17 Abs. 1 IPbpR durch nationale Informationszugangsgesetze ausgeschlossen, zumindest aber sehr fern liegend[506].

---

501 General Comment No. 16 on Article 17, para. 10.

502 *Nowak*, CCPR Commentary, Art. 17 para. 51.

503 UN Doc. A/2929, ch. IV para. 103.

504 *Volio*, in: *Henkin*, The International Bill of Rights, p. 199.

505 *Nowak*, CCPR Commentary, Art. 17 para. 53.

506 Das Merkmal der Absicht ist nämlich bereits dann nicht erfüllt, wenn der Handelnde berechtigten Grund zur Annahme hatte, dass seine Ausführungen wahr seien, vgl. zum Wahrheitsbegriff *Berka*, Medienfreiheit und Persönlichkeitsschutz, S. 232 ff.

bb. Übertragbarkeit der deutschen Rechtsfindung zum allgemeinen Persönlichkeitsrecht auf den Schutzbereich des Rechts auf ein Privatleben des Internationalen Pakts über bürgerliche und politische Rechte

Die Beschränkung des Schutzbereiches von Artikel 17 Abs. 1 IPbpR auf private personenbezogene Informationen erscheint auch bei einem Vergleich der wie oben erläutert weitergehenden deutschen Rechtspraxis in Bezug auf den Schutz personenbezogener Daten angesichts der Ausgestaltung von Artikel 17 Abs. 1 IPbpR konsequent:

Die dem Recht auf ein Privatleben nach Artikel 17 Abs. 1 IPbpR entsprechende deutsche Verfassungsnorm ist Artikel 2 GG, der in seinem ersten Absatz das so genannte allgemeine Persönlichkeitsrecht gewährt. Nach der Rechtsprechung des Bundesverfassungsgerichts betreffen dessen konkrete Ausformungen nicht verschiedene Lebensbereiche, sondern vielmehr verschiedene Entfaltungsweisen des Einzelnen, nämlich die der Selbstbestimmung, Selbstbewahrung und der Selbstdarstellung[507], wovon für die vorliegende Ausarbeitung die beiden letztgenannten Aspekte von Bedeutung sind.

Das Recht der *Selbstbewahrung* beinhaltet nach dieser Rechtsprechung das Recht des Einzelnen, sich zurückzuziehen, abzuschirmen und für sich und allein zu bleiben, wobei nach der so genannten Sphärentheorie zwischen einer absolut zu schützenden und der öffentlichen Gewalt damit schlechthin entzogenen Intimsphäre als dem Wesensgehalt des allgemeinen Persönlichkeitsrechts und der Privatsphäre zu unterscheiden ist, in welche unter Beachtung des Verhältnismäßigkeitsgrundsatzes eingegriffen werden darf[508]. Das Recht der Selbstbewahrung umfasst nach dieser Rechtsprechung die aus dem vertraulichen Kontakt zwischen Arzt und Patient entstehenden Krankenakten[509] sowie sonstige Befunde über Gesundheitszustand, seelische Verfassung und Charakter[510], mithin also jene personenbezogenen Daten, die wie oben erläutert auch *privat* im Sinne von Artikel 17 Abs. 1 IPbpR sind.

In seinem Aspekt des Rechts der *Selbstdarstellung* ist der Schutzbereich hingegen in Bezug auf herabsetzende, fälschende und unerbetene öffentliche Darstellungen sowie unerbetene heimliche Wahrnehmungen der betroffenen Person eröffnet[511]. Diesem Recht unterfallen nach der Rechtsprechung des Bundesverfassungsgerichts der Schutz der persönlichen Ehre[512] sowie neben anderem das

---

507 *Pieroth/Schlink*, Grundrechte, Staatsrecht II, S. 88 Rdn. 373.
508 *Pieroth/Schlink*, Grundrechte, Staatsrecht II, S. 88 Rdn. 375.
509 BVerfGE 32, 373 (379 f.).
510 BVerfGE 89, 69 (82 f.).
511 *Pieroth/Schlink*, Grundrechte, Staatsrecht II, S. 89 Rdn. 377.
512 BVerfGE 54, 208 (217).

Recht am eigenen Bild[513] und Wort[514]. Diese Rechtsprechung weiterentwickelnd hat das Bundesverfassungsgericht des Weiteren seit dem so genannten Volkszählungsurteil ein umfassendes Recht auf *informationelle Selbstbestimmung* anerkannt, welches die aus dem Gedanken der Selbstbestimmung folgende Befugnis des Einzelnen umfasse, „grundsätzlich selbst zu entscheiden, wann und innerhalb welcher Grenzen persönliche Lebenssachverhalte offenbart werden“[515]. In Anbetracht der Tatsache, dass Daten, die isoliert betrachtet belanglos sein mögen, durch Weiterverarbeitung und Kombination mit anderen Daten eine völlig veränderte Relevanz entwickeln können, ist nach der Rechtsprechung des Bundesverfassungsgerichts grundsätzlich *jede* personenbezogene Information sensibel, so dass es kein „belangloses“ Datum mehr gebe und diese daher unabhängig von dem Lebensbereich, auf welchen sie sich beziehen, zu schützen sind[516].

Nach der deutschen Rechtslage begrenzt das allgemeine Persönlichkeitsrecht Informationszugangsrechte daher in zweierlei Hinsicht: Die Zugangsgewährung zu personenbezogenen Daten, die Verhältnissen professioneller Vertraulichkeit entstammen, kollidiert mit dem Recht auf Selbstbewahrung, alle weiteren personenbezogenen Informationen sind umfassend durch die dem Recht auf Selbstdarstellung unterfallende informationelle Selbstbestimmung geschützt.

Der oben erläuterte Schutzbereich des Rechts auf ein Privatleben nach Artikel 17 Abs. 1 IPbpR zeigt sich damit hinsichtlich personenbezogener Daten aus Verhältnissen beruflicher Vertraulichkeit identisch mit der deutschen Rechtslage, hinsichtlich der nach deutscher Rechtslage umfassend geschützten restlichen personenbezogenen Daten gewährt Artikel 17 Abs. 1 IPbpR dagegen nur einen Schutz der im oben erläuterten Sinne „privaten“ Informationen.

Diese insofern bestehende geringere Reichweite des Schutzbereiches kann nicht unter Anwendung der deutschen Rechtsprechung zum Recht auf informationelle Selbstbestimmung ausgeweitet werden: Das Recht auf informationelle Selbstbestimmung ist Teil des Rechts der Selbstdarstellung, welchem nach obiger Erläuterung u.a. der Schutz der persönlichen Ehre unterfällt. Berücksichtigt man den Wortlaut von Artikel 17 Abs. 1 IPbpR, so fällt auf, dass dieser mit der Bezugnahme auf die Begriffe "honour" und "reputation" genau diesen Ehrschutz explizit gewährleistet. Wenn diese Begriffe nicht nur deklaratorischer Natur sind, ist hieraus im Umkehrschluss zu folgern, dass der Schutzbereich des Artikel 17 Abs. 1 IPbpR hinsichtlich des Rechts auf Selbstdarstellung aber eben auch *nur* diesen Schutz persönlicher Ehre gewährleistet. Dies schließt die Ableitung eines

513 BVerfGE 35, 202 (220).
514 BVerfGE 54, 148 (155).
515 BVerfGE 65, 1 (42); BVerfGE 80, 367 (373).
516 BVerfGE 65, 1 (45).

umfassenden Schutzes informationeller Selbstbestimmung, wie er aus dem deutschen allgemeinen Persönlichkeitsrecht entwickelt wurde, auf der Ebene des Rechts auf ein Privatleben nach Artikel 17 Abs. 1 IPbpR aus.

Damit können vom Recht auf ein Privatleben nach Artikel 17 Abs. 1 IPbpR grundsätzlich nur für den oben beschriebenen begrenzten Bereich privater personenbezogener Daten Vorgaben hinsichtlich der Ausgestaltung nationaler Informationszugangsgesetze folgen.

cc. Einschränkbarkeit des Schutzbereiches

Bezüglich dieser privaten personenbezogenen Daten ist jedoch des Weiteren zu beachten, dass Artikel 17 Abs. 1 IPbpR lediglich ein Verbot willkürlicher oder rechtswidriger Eingriffe ("arbitrary or unlawful") enthält. Nachdem die Festlegung des rechtlichen Gehalts der beiden verwendeten Begriffe während der Vorbereitungen der Norm umfangreiche Diskussionen ausgelöst hatte[517], klärte der Menschenrechtsausschuss diesen - nach wiederum eigenen Kontroversen[518] - im Rahmen des General Comment zu Artikel 17 IPbpR.

Hinsichtlich des Begriffes "unlawful interference" führt der Menschenrechtsausschuss in diesem General Comment folgendermaßen aus: "The term "unlawful" means that no interference can take place except in cases envisaged by the law"[519]. Im Zusammenhang mit der positiven Pflicht nach Artikel 17 Abs. 2 IPbpR ergibt sich des Weiteren, dass die Ermächtigung zum Eingriff in das Recht auf Privatheit auf einem im Zeitpunkt des Eingriffes in Kraft getretenen Gesetz im förmlichen Sinn beruhen muss und der Staat sich dieser Pflicht weder durch legislative Untätigkeit noch durch das Einräumen unangemessen weiter behördlicher Ermessensspielräume entziehen darf[520]. Der Menschenrechtsausschuss bezieht sich auf den hierin zum Ausdruck kommenden rechtstaatlichen Bestimmtheitsgrundsatz in seinem General Comment mit den Worten: "[R]elevant legislation must specify in detail the precise circumstances in which such interference may be permitted"[521].

Übersetzt in die deutsche Rechtsprache stehen Eingriffe in das Recht auf ein Privatleben nach Artikel 17 IPBR damit unter Gesetzesvorbehalt. Im Zusammenhang mit dem vom Recht auf ein Privatleben eröffneten Schutzbereich für private personenbezogene Daten ergibt sich damit, dass die nationalen Rechtsordnungen bei Gewährung des Rechts auf Informationszugang dazu verpflichtet

---

[517] UN Doc. A/2929, ch. VI para. 100-101; UN Doc. A/4625, para. 36.
[518] UN Doc. CCPR/C/SR.751.
[519] General Comment No. 16 on Article 17, para. 3.
[520] *Nowak*, CCPR Commentary, Art. 17, para. 11.
[521] General Comment No. 16 on Article 17, para. 8.

sind, gleichzeitig förmliche Gesetze zu erlassen, deren Normen den Zugang zu privaten personenbezogenen Daten hinreichend bestimmt und damit ohne unangemessen weiten behördlichen Ermessensspielraum regeln.

Weitere Vorgaben ergeben sich aus dem Verbot willkürlicher Eingriffe ("arbitrary interference"), zu welchem der Menschenrechtsausschuss in seinem General Comment wie folgt ausführt: "(...) the expression "arbitrary interference" can also extend to interference provided for under the law. The introduction of the concept of arbitrariness is intended to guarantee that even interference provided for by law should be in accordance with the provisions, aims and objectives of the Covenant and should be, in any event, reasonable in the particular circumstances"[522]. Ohne diese Formulierung inhaltlich weiter zu konkretisieren, zieht der Menschenrechtsausschuss in *Canepa v. Canada* lediglich folgerichtig den Schluss: "(...) arbitrariness within the meaning of article 17 is not confined to procedural arbitrariness (...)"[523].

Damit führt der Menschenrechtsausschuss zwar das Gebot der Verhältnismäßigkeit in den Einschränkungsvorbehalt des Rechts auf ein Privatleben nach Artikel 17 IPbpR ein, unterlässt aber abgesehen von der pauschalen, vagen Forderung, dass die zu erlassenden Regelungen der Gesamtheit der Zwecke, Ziele und Absichten des Menschenrechtspaktes entsprechen müssten, jede Festlegung darauf, welchen inhaltlichen Maßstäben diese Prüfung konkret zu genügen hat. Es ist damit zwar klar, dass jeder Eingriff in das Recht auf ein Privatleben Zwecken dienen muss, die angesichts des Paktes in seiner Gesamtheit legitim wirken, zu deren Durchsetzung der Eingriff als erforderlich erscheint und angesichts derer er im konkreten Einzelfall als angemessen zu bewerten ist[524]. Im Unterschied zu den Einschränkungsvorbehalten der Artikel 12 Abs. 3, 18 Abs. 3, 19 Abs. 3, 21 und 22 Abs. 2 IPbpR listet Artikel 17 IPbpR diese legitimen Zwecke aber nicht auf.

Wennergren folgerte hieraus in seinem Sondervotum zu *Toonen v. Australia* eine im Grundsatz unbegrenzte Anzahl möglicher legitimer Zwecke: "A State party is therefore in principle free to interfere by law with the privacy of individuals on any discretionary grounds, not just on grounds related to public safety, order, health, morals, or the fundamental rights and freedoms of others, as spelled out in other provisions of the Covenant"[525]. Diese Folgerung erscheint zunächst auch angesichts der Tatsache plausibel, dass während der Vorbereitungen von Artikel 17 IPbpR der Vorschlag Dänemarks, der Niederlande und Irlands, einen Einschränkungsvorbehalt mit abschließender Aufzählung der zur

---

522 General Comment No. 16 on Article 17, para. 4.
523 *Giosue Canepa v. Canada*, Communication No. 558/1993, para. 11.4.
524 *Nowak*, CCPR Commentary, Art. 17 para. 12.
525 *Toonen v. Australia*, Communication No. 488/1992.

Rechtfertigung eines Eingriffs geeigneten Zwecke einzufügen, aus dem Grund abgelehnt wurde, dass dies das Recht der Vertragsstaaten, die konkreten Grenzen der Norm selbst zu bestimmen, über die Maße eingeschränkt hätte[526]. *Nowak* hingegen will sich bei der Festlegung legitimer Eingriffszwecke im Rahmen von Artikel 17 IPbpR an den in den oben genannten Vorschriften angeführten geeigneten Zielen orientieren, da diese bereits derart weitreichende Eingriffsmöglichkeiten gewährten, dass angesichts der Bedeutung des Rechts auf Privatheit Eingriffe zugunsten weiterer Zwecke nur sehr schwer zu rechtfertigen seien[527]. Andere Stimmen in der Literatur beziehen sich in ähnlicher Weise auf einen Rückgriff auf diese Ziele, wenn sie schreiben: "The permissible limits to the right of privacy are probably very similar to the enumerated limits found in other ICCPR guarantees"[528].

Zu diesen legitimen Zwecken gehören der Schutz der nationalen Sicherheit, der öffentlichen Ordnung, der Volksgesundheit, der öffentlichen Sittlichkeit sowie der Rechte und Freiheiten anderer. Da das Recht auf Informationszugang keines der zuerst genannten öffentlichen Ziele verfolgt, bleibt nur der Einschränkungsvorbehalt zugunsten der Rechte und Freiheiten anderer. Da wie oben erläutert das Recht auf Informationszugang aber weder von der Informationsbeschaffungsfreiheit des Artikel 19 Abs. 2 IPbpR noch von einem anderen der im Pakt gewährten Rechte umfasst ist, müssen die nationalen Rechtsordnungen, wenn sie den Grundsatz auf öffentlichen Zugang zu amtlichen Dokumenten enthalten, folglich aufgrund der Wirkungsweise des Artikel 17 IPbpR in seiner Eigenschaft als negative Kompetenzbestimmung eine gesetzlich normierte Einschränkung zugunsten privater personenbezogener Daten ohne weiteren Abwägungsvorbehalt enthalten, während andere Daten nach dieser Vorschrift nicht zwingend durch das nationale Recht geschützt werden müssen.

b. Recht auf Eigentum

Hinsichtlich der sich aus dem Internationalen Pakt über bürgerliche und politische Rechte möglicherweise ergebenden Grenzen bei der nationalen Gewährung von Informationszugangsrechten zugunsten des Schutzes von Betriebs- und Geschäftsgeheimnissen ist vorangehend festzustellen, dass der persönliche Anwendungsbereich der im Pakt gewährten Rechte nach Artikel 2 Abs. 1 IPbpR dem unter anderem verbindlichen englischen Text entsprechend allen "individuals" eröffnet ist. Die *travaux préparatoires* bestätigen, dass dieser Formulierung bewusst der Vorrang vor einer Verwendung des Wortes "persons" gegeben wurde,

---

526 UN Doc. A/C.3/L.874, einschließlich Corr.1, Rev.1, Rev.2, abgedruckt in: UN Doc. A/4625, para. 35. Vgl. auch *Volio*, in: *Henkin*, The International Bill of Rights, p. 192.
527 *Nowak*, CCPR Commentary, Art. 17 para. 13.
528 *Joseph/Schultz/Castan*, The International Covenant on Civil and Political Rights, para. 16.14.

um unzweifelhaft klarzustellen, dass die im Internationalen Pakt über bürgerliche und politische Rechte gewährten Rechte lediglich natürliche Personen begünstigen[529]. Juristischen Personen bleibt der Schutzbereich der Normen daher grundsätzlich verschlossen[530].

Des Weiteren fehlt dem Internationalen Pakt über bürgerliche und politische Rechte aber auch eine Normierung des Eigentumsschutzes, unter dessen Schutzbereich die zu einem Geheimnis verdichteten Informationen wirtschaftlicher Tätigkeit in ihrer Eigenschaft als Vermögenswert fallen könnten[531]. Zwar hat der Menschenrechtsausschuss das Fehlen einer ausdrücklichen Eigentumsgarantie zumindest teilweise ersetzt, indem er den Kern einer solchen Garantie, nämlich das Verbot des übermäßigen Sonderopfers, aus dem in Artikel 26 IPbpR verankerten allgemeinen Gleichheitssatz ableitet[532]. Da sich die in diesen Verfahren behandelten Fälle jedoch immer zugleich auch auf ein diskriminierendes Gesetz bezogen, bleibt die diesbezügliche Rechtsfindung des Menschenrechtsausschusses für die vorliegende Ausarbeitung ohne Relevanz.

Damit umfasst der Internationale Pakt über bürgerliche und politische Rechte keine Vorgaben zugunsten des Schutzes von Betriebs- und Geschäftsgeheimnissen bei der nationalen Gewährung von Informationszugangsrechten.

c. Kollidierende öffentliche Belange

Mangels einer Eigenschaft der öffentlichen Belange der Funktionsfähigkeit und Effizienz der Verwaltung sowie der nationalen Sicherheit als Menschenrechte sowie angesichts der Tatsache, dass ihre Nennung im Rahmen von Einschränkungsvorbehalten keine staatlichen Pflichten nach sich zieht[533] und auch die einzige Bezugnahme auf die judikative, administrative und legislative Gewalt in Artikel 2 Abs. 3 lit. (b) IPbpR lediglich im Hinblick auf die nationale Gewährung von Beschwerdemöglichkeiten bei Verletzungen der Rechte des Paktes und

---

[529] UN Doc. A/5655, para. 17.

[530] Lediglich in einzelnen Fällen können gegen juristische Personen gerichtete staatliche Maßnahmen eine Verletzung des Paktes darstellen, nämlich wenn sie gleichzeitig in die Rechte einzelner natürlicher Personen eingreifen, vgl. mit Beispielen hierzu *Buergenthal*, in: *Henkin*, The International Bill of Rights, p. 73. Im Rahmen von Eingriffen in das Eigentum juristischer Personen sind vergleichbare Fälle nicht zu erkennen.

[531] Vgl. zu dieser Einstufung der Betriebs- und Geschäftsgeheimnisse bereits oben Kapitel 2 III. 4. b. aa. (2).

[532] Vgl. *Schilling*, Internationaler Menschenrechtsschutz, § 18 Rdn. 326, S. 168 und § 17 Rdn. 302, S. 154 f., m.V.a. *Simunek et al. v. Czech Republic*, Communication No. 516/1992, para. 11.3-12.1; *Adam v. Czech Republic*, Communication No. 586/1994, para. 12.6-13.1; *Blazek et al. v. Czech Republic*, Communication No. 857/1999, para. 5.8; *Des Fours Walderode et al. V. Czech Republic*, Communication No. 747/1997, para. 8.4.

[533] Vgl. bereits oben Kapitel 2 III. 4. b. bb. und Kapitel 2 III. 3. c.

nicht als eigenständig durchsetzbare und die Definition und Austarierung der gewährten Rechte beeinflussende Normierung des Gewaltenteilungsgrundsatzes erfolgt[534], sind dem Internationalen Pakt über bürgerliche und politische Rechte Vorgaben zugunsten des Schutzes öffentlicher Belange bei der Gewährung nationaler Informationszugangsrechte nicht zu entnehmen.

IV. Vorgaben für die nationale Gewährleistung von Informationszugangsrechten aus anderen universellen völkerrechtlichen Übereinkommen

Anderen universellen völkerrechtlichen Übereinkommen lassen sich keine von den bisherigen Ergebnissen abweichende Vorgaben für die nationale Ausgestaltung von Informationszugangsrechten entnehmen.

Die zentrale Rolle, welche dem Recht auf Informationsfreiheit seit Beginn der Menschenrechtstätigkeit der Vereinten Nationen beigemessen wurde, spiegelt sich in anhaltender Aktivität zu diesem Themenkomplex bis heute wieder. So war die Menschenrechtskommission vom Wirtschafts- und Sozialrat im Juni 1946 nicht nur mit dem Entwurf einer "International Bill of Rights", sondern daneben ausdrücklich auch mit der Ausarbeitung einer Konvention über die Informationsfreiheit betraut[535], zu welcher die Resolution 59 I der Generalversammlung im Dezember 1946 mit der Forderung einer Konferenz für Informationsfreiheit zur Ausarbeitung einer entsprechenden Konvention den ersten Schritt machte[536]. Entsprechende Entwürfe wurden der Generalversammlung jedooch immer wieder erfolglos zur Annahme vorgelegt[537]. Auch inhaltlich sind diesen Vorschlägen keine Vorgaben hinsichtlich einer Pflicht zur nationalen Gewährung von Informationszugangsrechten zu entnehmen: Sie beziehen sich auf den Grundsatz des freien Informationsflusses und das Recht der Informationsfreiheit im bisher herausgearbeiteten klassischen Verständnis als negatives Abwehrrecht[538]. Der Grundsatz des öffentlichen Zugangs zu amtlichen Dokumenten wird hingegen nicht ausdrücklich genannt, und auch zur Ableitung positiver Leistungsansprüche von den gewährten Freiheitsrechten ist kein Anlass ersichtlich. Eine Zäsur stellt auf der universellen Ebene in diesem Zusammenhang die gemeinsame Erklärung zum Zugang zu Informationen und zur Geheimhaltungsgesetzgebung des Spezialberichterstatters für Medienfreiheit der UN und des

---

534 Vgl. bereits oben Kapitel 2. III. 4. b. bb.

535 Vgl. hierzu *Gornig*, Äußerungsfreiheit und Informationsfreiheit als Menschenrechte, S. 233.

536 GA Res. 59 (I).

537 Vgl. den ausführlichen Überblick hierzu m.w.N. bei *Gornig*, Äußerungsfreiheit und Informationsfreiheit als Menschenrechte, S. 265-272.

538 Vgl. wiederum die Ausfürungen zum Schutzinhalt dieser Entwürfe bei *Gornig*, Äußerungsfreiheit und Informationsfreiheit als Menschenrechte, S. 266 ff.

Vertreters für Medienfreiheit der OSZE sowie des Spezialberichterstatters für Meinungsfreiheit der OAS vom 6. Dezember 2004 dar, in der die Staaten zur Verabschiedung von Informationsfreiheitsgesetzen zur Gewährleistung einer weitestmöglichen Offenlegung bei klar umgrenzten Ausnahmeregelungen aufgefordert werden[539]. Die Erklärung bleibt jedoch rechtlich unverbindlich und schafft damit keine Vorgaben hinsichtlich einer bindenden völkerrechtlichen Pflicht zur Einführung nationaler Informationszugangsgesetze im Sinne dieser Ausarbeitung.

Nichts anderes ergibt sich hinsichtlich der aus dem universellen Vertragsrecht folgenden Grenzen für die nationale Gewährung von Informationszugangsrechten. Im Hinblick auf Grenzen zugunsten des Schutzes personenbezogener Daten ist abgesehen von den bisher behandelten Abkommen auf die Richtlinien der Vereinten Nationen betreffend personenbezogene Daten in automatisierten Dateien[540] zu verweisen, beschlossen von der Generalversammlung der Vereinten Nationen am 4. Dezember 1990, bei welchen es sich jedoch um Empfehlungen handelt und damit nicht um bindendes Völkerrecht[541]. Bis heute wird daher von den Vereinten Nationen die Vorbereitung einer verbindlichen Rechtsurkunde gefordert, in der das Recht auf Datenschutz und Schutz der Privatsphäre als vollstreckbare Menschenrechte im Einzelnen aufgeführt werden, wie beispielsweise ausdrücklich in der Erklärung von Montreux zum Abschluss der 27. Internationalen Konferenz der Datenschutzbeauftragten im September 2005[542].

Ebenso wenig ergeben sich von den obigen Ausführungen abweichende Grenzen für die nationale Gewährung von Informationszugangsrechten zugunsten von Betriebs- und Geschäftsgeheimnissen. Zwar beinhalten verschiedene Deklarationen und Konventionen spezielle Bestimmungen zum Schutz des Eigentums bestimmter Personengruppen oder spezieller Eigentumsrechte, der Schutz von Betriebs- und Geschäftsgeheimnissen ist hiervon jedoch nicht umfasst[543].

---

[539] *Ader/Schoenthal*, Der Zugang zu Informationen über staatliches Handeln, insbesondere aus der Sicht der Medien, IRIS plus 2005-02, 1 (2).
[540] Deutscher Text abgedruckt in: BT-Drs. 11/6458, S. 119 f.
[541] *Tinnefeld/Ehmann/Gerling*, Einführung in das Datenschutzrecht, S. 99.
[542] Text der Erklärung von Montreux abrufbar unter http://www.sachsen-anhalt.de/LPSA/index.php?id=24750, zuletzt abgerufen am 25.9.2007.
[543] Für einen Überblick über diese universellen Instrumente vgl. *Krause*, Rätten till egendom som en mänsklig rättighet, S. 34 ff.

KAPITEL 4 Vorgaben aus dem regionalen Völkervertragsrecht

Im Folgenden soll untersucht werden, ob dem europäischen regionalen Völkervertragsrecht Vorgaben für die Gewährung des Grundsatzes des öffentlichen Zugangs zu amtlichen Dokumenten in den nationalen Rechtsordnungen Europas zu entnehmen sind. Hierbei sind im Rahmen der Abkommen europäischer internationaler Organisationen vor allem die Europäische Konvention zum Schutze der Menschenrechte und Grundfreiheiten (EMRK) des Europarates als Hauptinstrument europäischen Menschenrechtsschutzes sowie daneben im Sinne eines vollständigen Überblicks die Übereinkünfte der Organisation für Sicherheit und Zusammenarbeit in Europa (OSZE) und der Organisation für Wirtschaftliche Zusammenarbeit und Entwicklung (OECD) zu analysieren. Zwar handelt es sich bei den beiden letztgenannten Organisationen wegen ihrer grundsätzlichen Beitrittsoffenheit für außereuropäische Staaten nicht um europäische Organisationen im strengen Sinn, ihre inhaltliche Zielrichtung rechtfertigt aber dennoch eine Abhandlung im Rahmen des regionalen europäischen Völkervertragsrechts[544]. Als zweiter Schwerpunkt ist das Gemeinschaftsrecht der Europäischen Union als supranationaler Rechtsordnung auf Vorgaben im Sinne dieser Ausarbeitung zu untersuchen.

I. Europarat

Seit seiner Gründung im Jahre 1949 mit dem Ziel der Bewahrung individueller Freiheitsrechte und Demokratie stellt der Europarat den Motor des europäischen Menschenrechtsschutzes dar[545]. Die Satzung des Europarates[546] nennt in Artikel 1 lit. b „(...) den Schutz und die Fortentwicklung der Menschenrechte und Grundfreiheiten" unter den Aufgaben der Organisation. Und nach Artikel 3 der Satzung des Europarates erkennt jedes Mitglied „(...) den Grundsatz der Vorherrschaft des Rechts und den Grundsatz an, dass jeder, der seiner Hoheitsgewalt unterliegt, der Menschenrechte und Grundfreiheiten teilhaftig werden soll". Genau wie im Rahmen der Charta der Vereinten Nationen wird der Katalog der geschützten Menschenrechte und Grundfreiheiten nicht in der Satzung selbst aufgelistet, sondern nachfolgenden Abkommen vorbehalten.

Dieser Aufgabe dient in erster Linie die im Jahre 1950 unterzeichnete und am 3. September 1953 gemäß Artikel 59 Abs. 2 EMRK nach Hinterlegung von zehn Ratifikationsurkunden in Kraft getretene Konvention zum Schutz der Menschenrechte und Grundfreiheiten, die so genannte Europäische Menschenrechtskon-

---

[544] So auch *Buergenthal*, International Human Rights, p. 159.
[545] *Buergenthal*, International Human Rights, p. 102.
[546] Englischer Text abgedruckt in: UNTS, Vol. 87, pp. 103-129; deutscher Text abgedruckt in: Sartorius II, Nr. 110.

vention samt mehrerer Zusatzprotokolle[547]. Die EMRK umfasst die grundlegenden bürgerlichen und politischen Menschenrechte[548] und bildet damit den Schwerpunkt der Prüfung etwaiger aus der Rechtsetzung des Europarates folgender völkerrechtlicher Vorgaben für die Gewährung von Informationszugangsrechten in den nationalen Rechtsordnungen Europas. Sofern hilfreich sollen im Rahmen der Auslegung der durch die EMRK gewährten Rechte aber auch die Akte anderer Organe des Europarates herangezogen werden.

1. Rechtsbindung

Bei der Europäischen Menschenrechtskonvention handelt es sich der Rechtsnatur nach um einen multilateralen völkerrechtlichen Vertrag[549]. Sie bildet damit nach Artikel 38 Abs. 1 lit. a IGH-Statut eine Quelle verbindlichen Völkerrechts.

Damit enthält sie echte objektive Verpflichtungen im Verhältnis der Vertragsstaaten untereinander, was auch der Europäische Gerichtshof für Menschenrechte (EGMR) in seiner Rechtsfindung bestätigt hat: Im Fall *Ireland v. United Kingdom* befand er, die EMRK „creates, over and above a network of mutual, bilateral undertakings, objective obligations which, in the words of the Preamble, benefit from a ´collective enforcement`"[550]. Nach Artikel 1 EMRK sichern die Vertragsstaaten „(...) allen ihrer Herrschaftsgewalt unterstehenden Personen die in Abschnitt 1 dieser Konvention niedergelegten Rechte und Freiheiten zu", wozu der EGMR erläuterte, dass die in Artikel 1 EMRK verwendete und nach Artikel 59 Abs. 4 EMRK u.a. verbindliche englische Wortwahl "shall secure" an Stelle der zunächst vorgeschlagenen Wendung "undertake to secure" klarstelle, dass die Rechte unmittelbar durch Ratifikation der Konvention geschaffen und von den Staaten unabhängig von weiteren Durchführungsmaßnahmen zu respektieren seien[551]. Da alle Mitglieder der EU auch die EMRK ratifiziert haben[552], können sie für den Fall, dass selbige Vorgaben hinsichtlich des

---

[547] Englischer Text abgedruckt in: *Brownlie*, Basic Documents in International Law, pp. 328-387; deutscher Text abgedruckt in: Sartorius II, Nr. 130 ff.

[548] Sie wird ergänzt durch die Europäische Sozialcharta, welche einen Katalog wirtschaftlicher und sozialer Rechte enthält; englischer Text abgedruckt in: *Melander/Alfredsson*, The Raoul Wallenberg Compilation of Human Rights Instruments, No. 22; deutscher Text abgedruckt in: Sartorius II, Nr. 115.

[549] *Gornig*, Äußerungsfreiheit und Informationsfreiheit als Menschenrechte, S. 277 f., mit detaillierter Begründung; *Diesbach*, Völkerrechtliche Garantien der Presse- und Informationsfreiheit, S. 87; *Guradze*, EMRK-Kommentar, S. 11; *Frowein*, European Convention on Human Rights, in: *Bernhardt*, Encyclopedia of Public International Law, Volume II, p. 188 (190).

[550] *Ireland v. U.K*, Series A 25, para. 239.

[551] *Ireland v. U.K*, Series A 25, para. 239.

[552] Für den Ratifikationsstand der EMRK vgl. http://conventions.coe.int, zuletzt abgerufen am 25.9.2007.

Schutzes der bei dem Recht auf Informationszugang kollidierenden Rechtsgüter enthält, folglich nicht einwenden, die Ausgestaltung eines nationalen Rechts auf Informationszugang sei eine innere Angelegenheit.

2. Durchsetzbarkeit

Wiederum ist im Rahmen der Frage nach der Durchsetzbarkeit der in der EMRK gewährten Rechte bzw. der hiermit korrespondierenden staatlichen Pflichten zwischen der innerstaatlichen und der internationalen Rechtswirkung zu unterscheiden.

Die auf beiden Ebenen der Durchsetzbarkeit erforderliche Eigenschaft grundsätzlicher unmittelbarer Anwendbarkeit jeder einzelnen[553] der materiellrechtlichen Bestimmungen der EMRK wird bejaht mit Hinweis auf die direkte Begünstigung von Einzelpersonen nach Artikel 1 EMRK, die Bestimmtheit des Wortlauts der gewährten Rechte sowie das systematische Argument, eine mit der Individualbeschwerde nach Artikel 34 EMRK zu rügende Beschwer durch Verletzung der in der EMRK gewährten Rechte sei nur für den Fall sinnvoll, dass selbige "self-executing" seien[554].

Ob die Bestimmungen der EMRK im innerstaatlichen Rechtsweg durchsetzbar sind, ist wie bereits erläutert zumindest nach der dualistischen Tradition eine Frage des nationalen Staats- und Verfassungsrechts[555]. Die vorherrschende Auffassung, nach welcher das internationale Recht entsprechend seines derzeitigen Entwicklungsstandes nicht zwingend den monistischen Ansatz fordert[556], trifft auch auf die Rechtswirkung der EMRK zu, welche zudem auch bei Zugrundelegung der dualistischen Tradition keine Pflicht zur Umsetzung in innerstaatliches Recht durch einen Transformationsakt umfasst: Obwohl Artikel 1 und 13 EMRK eine Auslegung im Sinne einer solchen Pflicht zulassen würden, hat der Europäische Gerichtshof für Menschenrechte klargestellt, dass der Intention der Urheber der Konvention zwar im Falle ihrer Umsetzung in nationales Recht auf besondere Weise entsprochen werde, gleichzeitig aber betont, dass eine Rechtspflicht hierzu nach der Konvention selbst nicht bestehe[557]. Dem entsprechend unterschiedlich zeigt sich die diesbezügliche Staatenpraxis[558], wobei nach Malta

---

[553] Hierauf besonders hinweisend *van Dijk/van Hoof,* Theory and Practice of the European Convention on Human Rights, p. 17.

[554] Vgl. hierzu ausführlich m.w.N. *Gornig*, Äußerungsfreiheit und Informationsfreiheit als Menschenrechte, S. 279 ff.; *Diesbach*, Völkerrechtliche Garantien der Presse- und Informationsfreiheit, S. 91 ff.

[555] Vgl. bereits oben Kapitel 3 III. 2.

[556] *van Dijk/van Hoof,* Theory and Practice of the European Convention on Human Rights, p. 17.

[557] *Silver and others v. UK*, 1983, Series A 61, para. 113.

[558] *Frowein*, The European Convention on Human Rights, in: *Bernhardt*, Encyclopedia of

im Jahre 1987[559] insbesondere die nordischen Staaten seit Anfang der neunziger Jahre des letzten Jahrhunderts von ihrer Praxis der Nichtumsetzung Abstand nahmen[560]. Des Weiteren ist zu berücksichtigen, dass auch in Ländern, in denen der EMRK der Status innerstaatlichen Rechts vorenthalten bleibt, die EMRK zur Auslegung nationalen Rechts teilweise herangezogen wird, um Vertragsverletzungen zu vermeiden[561].

Von der Frage der innerstaatlichen Einklagbarkeit der Bestimmungen der EMRK unabhängig ist hingegen der kollektive Überwachungsmechanismus der Konvention durch die hierfür vorgesehenen Konventionsorgane auf der Grundlage von Staaten- sowie Individualbeschwerden, welcher gemäß der so genannten "local-remedy rule" des Artikel 35 Abs. 1 EMRK nach Erschöpfung der innerstaatlichen Rechtsbehelfe angestrengt werden kann.

In seiner ursprünglichen Variante hatte dieser Mechanismus nach Artikel 24 a.F. EMRK lediglich die Staatenbeschwerde als obligatorisches Instrument internationaler Durchsetzbarkeit vorgesehen, wohingegen Individualbeschwerden nach Artikel 25 a.F. EMRK nur für den Fall diesbezüglicher Anerkennung durch den betreffenden Staat in einer gesonderten Deklaration zulässig waren. Die Beschwerden wurden in einem komplexen Verfahren durch ein Zusammenspiel des Ministerkomitees, der Europäischen Kommission für Menschenrechte und des Europäischen Gerichtshofs für Menschenrechte behandelt.

Dieses System wurde durch das am 1. November 1998 in Kraft getretene Zusatzprotokoll Nr. 11 grundlegend geändert[562]. Danach sind gemäß Artikel 33 und 34 EMRK sowohl Staaten- als auch Individualbeschwerden unabhängig staatlicher Unterwerfungserklärungen für alle Vertragsschließenden obligatorisch. Daneben wurde die Europäische Kommission für Menschenrechte abgeschafft. Nach Artikel 32 Abs. 1 EMRK sind beide Beschwerdearten nunmehr direkt an den Europäischen Gerichtshof für Menschenrechte zu richten, welcher selbige nach Artikel 40 Abs. 1 EMRK grundsätzlich in öffentlicher Verhandlung behandelt. Nach Artikel 46 Abs. 2 EMRK ist das endgültige Urteil des Gerichtshofs dem Ministerkomitee zuzuleiten, welches dann dessen Durchführung überwacht.

Public International Law, Volume II, p. 188 (190).

[559] *Brandt*, Eigentumsschutz in europäischen Völkerrechtsvereinbarungen, S. 82.

[560] *Danelius*, The Incorporation of the European Convention on Human Rights into Swedish Law, HRLJ 1998, pp. 301 (301-302).

[561] *Gornig*, Äußerungsfreiheit und Informationsfreiheit als Menschenrechte, S. 283, für das Vereinigte Königreich und Irland; *Buergenthal*, International Human Rights, p. 109.

[562] Englischer Text abgedruckt in: *Brownlie*, Basic Documents in International Law, pp. 372-385. Deutscher Text abgedruckt bei: *Frowein/Peukert*, Europäische Menschenrechtskonvention, S. 880 ff.

3. Verpflichtung zur nationalen Gewährleistung von Informationszugangsrechten nach der Europäischen Menschenrechtskonvention

Wiederum ist mangels einer expliziten Regelung des Grundsatzes des öffentlichen Zugangs zu amtlichen Dokumenten durch die Bestimmungen der Europäischen Menschenrechtskonvention eine Verpflichtung zu entsprechender nationaler Gewährleistung aus diesem Instrument nur denkbar, wenn der Schutzumfang der in der EMRK gewährten Kommunikationsfreiheiten oder der Rechte auf demokratische Partizipation eine solche Pflicht umfasst.

Neben den bisher angewandten Auslegungskriterien des Wortsinnes, des systematischen Bedeutungszusammenhangs, der Regelungsabsicht bzw. den Zwecken und Normvorstellungen des historischen Gesetzgebers sowie dem Kriterium objektiv-teleologischer Auslegung[563], bietet die EMRK nach der Rechtsprechung des EGMR aufgrund ihrer Eigenschaft als „living instrument“ als zusätzliches Interpretationskriterium die so genannte *evolutive* Auslegungsmethode, infolge derer sich die Interpretation der Normen der EMRK nicht ausschließlich historisch am Stand des Jahres 1950 orientiert, sondern die Umstände der jeweiligen Jetztzeit einzubeziehen hat[564].

a. Kommunikationsfreiheiten

Die Europäische Menschenrechtskonvention gewährt die Kommunikationsfreiheiten in Artikel 10, welcher in seiner u.a. verbindlichen englischen Fassung wie folgt lautet:

“1. Everyone has the right to freedom of expression. This right shall include freedom to hold opinions and to receive and impart information and ideas without interference by public authority and regardless of frontiers. This Article shall not prevent States from requiring the licensing of broadcasting, television or cinema enterprises.

2. The exercise of these freedoms, since it carries with it duties and responsibilities, may be subject to such formalities, conditions, restrictions or penalties as are prescribed by law and are necessary in a democratic society, in the interest of national security, territorial integrity or public safety, for the prevention of disorder or crime, for the protection of health or morals, for the protection of the reputation or rights of others, for preventing the disclosure of information received in confidence, or for maintaining the authority and impartiality of the judiciary.”

---

[563] Vgl. zu diesen Kriterien der Auslegung auch *Larenz/Canaris*, Methodenlehre der Rechtswissenschaft, S. 141 ff.

[564] *Tyrer v. UK*, Series A 26, para. 31. Vgl. genauer unten Kapitel 4 I. 3.a. cc. (2) (c) (cc).

Dieser Wortlaut ist das Ergebnis einer gut einjährigen Vorbereitungsphase, an welcher von der Beratenden Versammlung des Europarates sowie deren Rechtsausschuss über den Ministerausschuss, den von diesem eingesetzten Juristenausschuss bis hin zu einem Ausschuss höherer Regierungsbeamter verschiedenste Gremien mit unterschiedlichen Entwürfen beteiligt waren[565].

Zur Beantwortung der Frage, ob der Schutzbereich von Artikel 10 Abs. 1 EMRK eine völkerrechtliche Pflicht zur nationalen Gewährung von Informationszugangsrechten beinhaltet, ist die Norm wiederum auf folgende Gesichtspunkte hin zu überprüfen[566]: Angesichts der spezifischen Funktion eines Informationszugangsrechts für die Verstärkung des persönlichen Rechts des Antragstellers auf Informationsfreiheit ist zunächst festzustellen, ob Artikel 10 Abs. 1 EMRK ein selbständiges Recht auf Informationsfreiheit umfasst. Wegen der Antragsgebundenheit des Rechts auf Informationszugang ist anschließend zu analysieren, ob dieses Recht auf Informationsfreiheit ein Recht auf Informationsbeschaffung durch gezielte eigene Aktion beinhaltet. Und drittens hat sich der Hauptteil der Prüfung auch im Rahmen der EMRK damit zu befassen, ob der Schutzbereich von Artikel 10 Abs. 1 EMRK einen positiven Leistungsanspruch des Einzelnen gegen den Staat in Form der Gewährung von Informationszugang gegebenenfalls im Wege der Ableitung umfasst.

aa. Gewährleistung eines selbständigen Rechts auf Informationsfreiheit

Auch im Rahmen von Artikel 10 Abs. 1 EMRK ist trotz des insofern missverständlichen Wortlauts zunächst festzustellen, dass es sich bei der dort genannten Informationsfreiheit um ein im Verhältnis zu den anderen Kommunikationsgrundrechten selbständig gewährtes Recht handelt. So wird in der Literatur darauf hingewiesen, dass der Wortlaut der Norm zwar suggeriere, der Schutzbereich der Meinungsäußerungsfreiheit schließe die Informationsfreiheit ein[567]. *Gornig* und *Ragaz* stellen jedoch klar, dass in der verwendeten Formulierung nur die denknotwendige Verknüpfung zwischen Äußerungsfreiheit und Informationsfreiheit dergestalt zum Ausdruck komme, dass erstere nicht ohne letztere existieren könne, die Informationsfreiheit also eine Vorbedingung für die Äußerungsfreiheit sei[568].

---

565 Vgl. zur Entstehungsgeschichte der EMRK m.w.N. *Gornig*, Äußerungsfreiheit und Informationsfreiheit als Menschenrechte, S. 276 f., sowie zum Verlauf der Beratung des Normtextes der Kommunikationsfreiheiten m.w.N. *Gornig*, Äußerungsfreiheit und Informationsfreiheit als Menschenrechte, S. 285 ff.

566 Vgl. auch schon oben Kapitel 3 III. 3. a.

567 *Gornig*, Äußerungsfreiheit und Informationsfreiheit als Menschenrechte, S. 291.

568 *Gornig*, Äußerungsfreiheit und Informationsfreiheit als Menschenrechte, S. 291; *Ragaz*, Die Meinungsäußerungsfreiheit in der EMRK, S. 6.

Für die vorliegende Ausarbeitung ist insbesondere die von *Gornig* herausgearbeitete hiermit verbundene Konsequenz, dass „die passive Informationsfreiheit nicht nur Gegenstände erfasst, die in Ausübung der Äußerungsfreiheit wahrgenommen werden, sondern sich auf alle wahrnehmbaren Ereignisse bezieht“[569], von Bedeutung: Da es sich bei dem Begehren auf Zugang zu amtlichen Dokumenten gerade nicht um die Kehrseite des Rechts auf Äußerungsfreiheit einer dritten Person handelt, ist nur bei einer im beschriebenen Sinne verstandenen Selbständigkeit der Informationsfreiheit überhaupt eine Ausdehnung des Schutzbereiches auf Informationszugangsrechte grundsätzlich denkbar.

bb. Gewährleistung eines Rechts auf Informationsverschaffung durch gezielte eigene Aktion

Die in Artikel 10 Abs. 1 S. 2 EMRK gewährte Informationsfreiheit umfasst in der englischen Fassung ausdrücklich das Recht "to receive and to impart information and ideas" und nach der deutschen Übersetzung damit „die Freiheit, zum Empfang und zur Mitteilung von Nachrichten oder Ideen“. Neben der aktiven Wirkungsrichtung mit ihrem Recht der Informationsab- oder -weitergabe ist damit auch die für das Recht auf Informationszugang entscheidende passive Dimension gerichtet auf den Erhalt von Informationen ausdrücklich eingeschlossen[570].

Ob daneben auch die mit der Antragsgebundenheit von Informationszugangsrechten verbundene Entfaltung eigener Initiative durch Gewährleistung eines Rechts auf Informationsverschaffung durch gezielte eigene Aktion vom Schutzbereich der passiven Informationsfreiheit nach Artikel 10 Abs. 1 S. 2 EMRK umfasst ist, erscheint angesichts des Wortlauts der Norm zunächst weniger eindeutig als im Rahmen der entsprechenden Bestimmungen der Allgemeinen Erklärung der Menschenrechte bzw. des Internationalen Pakts über bürgerliche und politische Rechte: Die EMRK verzichtet im Unterschied zu den beiden universellen Instrumenten auf eine Nennung des Rechts auf Informations*beschaffung* (to seek information/de rechercher des information) neben dem Recht auf Informations*empfang* (to receive information/de recevoir des informations).

Wie bereits oben im Rahmen der Ausführungen zur Informationsfreiheit nach dem Internationalen Pakt über bürgerliche und politische Rechte dargestellt, legt die semantische Interpretation des Rechts auf Informations*beschaffung* nahe, dass hiermit eine von der rein rezeptiven Entgegennahme von Informationen im Sinne ihres bloßen Empfangs zu unterscheidende, deutlich dynamischere und

---

569 *Gornig*, Äußerungsfreiheit und Informationsfreiheit als Menschenrechte, S. 291.

570 *Gornig*, Äußerungsfreiheit und Informationsfreiheit als Menschenrechte, S. 291. Vgl. zu dieser Abgrenzung bereits oben Kapitel 3 III. 3. a. bb.

die Entfaltung von Eigeninitiative betonende Handlungsalternative gemeint ist[571].

Angesichts der Tatsache, dass ein früherer Entwurf des Sachverständigengremiums die Informationsbeschaffungsfreiheit enthalten hatte, ist auszuschließen, dass es sich bei der jetzigen Form der Informationsfreiheit um eine unbewusste Formulierung handelt[572]. Dennoch arbeitet *Diesbach* heraus, dass hieraus nicht auch zwingend auf eine Absicht der Konventionsverfasser dahingehend zu schließen sei, das aktive Beschaffen von Informationen nicht in den Schutzbereich fallen zu lassen, sondern hinter der Formulierung auch die Motivation stehen könne, lediglich exzessives Eindringen in andere Rechtspositionen wie insbesondere die schamlose Ausforschung fremder Privatsphäre zu verhindern[573]. Dem entsprechend werden in der Literatur beide Seiten vertreten[574].

Das einzige Sachargument gegen die Gewährleistung auch eines Rechts auf Informationsverschaffung durch eigene Aktion durch den Schutzbereich von Artikel 10 Abs. 1 S. 2 EMRK, das über eine Bezugnahme auf den Wortlaut hinausgeht, liefert *Partsch*. Er argumentiert, dass nach Artikel 10 Abs. 2 EMRK die Freiheiten des ersten Absatzes zur Verhinderung der *Verbreitung* vertraulicher Nachrichten einschränkbar seien, im Falle einer Einbeziehung der Informations*beschaffungs*freiheit in den Schutzbereich von Artikel 10 Abs. 1 S. 2 EMRK aber auch ein Einschränkungsvorbehalt zugunsten einer *Ausforschung* im Hinblick auf diese Nachrichten in Artikel 10 Abs. 2 EMRK hätte aufgenommen werden müssen[575].

---

571 Vgl. oben Kapitel 3 III. 3. a. bb.

572 *Gornig*, Äußerungsfreiheit und Informationsfreiheit als Menschenrechte, S. 292; *Partsch*, Die Rechte und Freiheiten der EMRK, in: *Bettermann/Neumann/Nipperdey*, Die Grundrechte Bd. I/1, S. 435 f. Im Ergebnis identisch, dabei aber darauf hinweisend, dass es sich in diesem Zusammenhang nicht um ein Verändern der Wortwahl, sondern vielmehr um die Bevorzugung eines gleichzeitig erarbeiteten, präziseren Konventionsentwurfs handelte *Diesbach*, Völkerrechtliche Garantien der Presse- und Informationsfreiheit, S. 75 f.

573 *Diesbach*, Völkerrechtliche Garantien der Presse- und Informationsfreiheit, S. 76 f.

574 Vgl. hinsichtlich der Befürworter einer vom Schutzbereich der Informationsfreiheit nach Artikel 10 Abs. 1 S. 2 EMRK umfassten Informationsbeschaffungsfreiheit *Diesbach*, Völkerrechtliche Garantien der Presse- und Informationsfreiheit, S. 77 f.; *Kugelmann*, Der Schutz privater Individualkommunikation nach der EMRK, EuGRZ 2003, 16 (20); *Frowein/Peukert*, Europäische Menschenrechtskonvention, Artikel 10 Rdn. 11; *Bullinger*, Freedom of expression and information, HRLJ 1985, 339 (353); *Guradze*, EMRK-Kommentar, S. 143. Vgl. zur Gegenhaltung *Partsch*, Die Rechte und Freiheiten der europäischen Menschenrechtskonvention, S. 201 f.; *Partsch*, Die Rechte und Freiheiten der EMRK, in: *Bettermann/Neumann/Nipperdey*, Die Grundrechte Bd. I/1, S. 436; *Gornig*, Äußerungsfreiheit und Informationsfreiheit als Menschenrechte, S. 292; *Ragaz*, Die Meinungsäußerungsfreiheit in der EMRK, S. 56 f.

575 *Partsch*, Die Rechte und Freiheiten der EMRK, in: *Bettermann/Neumann/Nipperdey*, Die Grundrechte Bd. I/1, S. 436, Fn. 674.

Richtigerweise wendet *Diesbach* hiergegen ein, dass von einer fehlenden Einschränkbarkeit nicht zwingend auf das Nichtvorhandensein eines entsprechenden Rechts zu schließen sei[576]. Außerdem könnte man argumentieren, dass die Verbreitung vertraulicher Nachrichten im ersten Schritt zunächst deren Ausforschung voraussetzt, so dass der Einschränkungsvorbehalt zugunsten einer Verbreitung dieser Nachrichten auch einen solchen zugunsten ihrer Ausforschung mit einschließt.

Des Weiteren haben die Europäische Menschenrechtskommission wie auch der Europäische Gerichtshof für Menschenrechte implizit die Gewährleistung der Informationsbeschaffungsfreiheit im Sinne eines Rechts auf Informationsverschaffung durch gezielte eigene Aktion durch Artikel 10 Abs. 1 S. 2 EMRK anerkannt: Im Fall *Autronic v. Switzerland* wurde das Recht zur Errichtung individueller Satellitenantennen, welche nichts anderes darstellt als das „aktive" Beschaffen von Informationen, grundsätzlich als dem Recht auf freien Informationsempfang nach Artikel 10 Abs. 1 S. 2 EMRK unterfallend eingestuft[577].

Damit ist die Informationsempfangsfreiheit im Sinne von Artikel 10 Abs. 1 S. 2 EMRK keineswegs auf ein bloßes "Öffnen von Augen und Ohren"[578] beschränkt, sondern schließt das Recht auf aktive Beschaffung von Information unter Verwendung aller technischen Mittel und jeder Form persönlichen Einsatzes und Bemühens ein[579].

cc. Gewährleistung eines positiven Leistungsanspruchs auf Gewährung von Zugang zu staatlichen Informationen

Im Rahmen der Literatur zu Artikel 10 EMRK wird die Frage nach der Gewährleistung eines positiven Leistungsanspruches auf Gewährung von Zugang zu staatlichen Informationen im Gegensatz zu Ausführungen im Rahmen der universellen Instrumente zum Schutz der Menschenrechte zumindest an manchen Stellen in Ansätzen begründet diskutiert[580]. Wie schon im Rahmen der obigen Ausführungen zur Reichweite der nach dem Internationalen Pakt über bürgerliche und politische Rechte gewährten Informationsfreiheit soll auch im Folgen-

---

576 *Diesbach*, Völkerrechtliche Garantien der Presse- und Informationsfreiheit, S. 75.

577 *Autronic v. Switzerland*, Series A 178, para. 47. Vgl. auch die Besprechung dieses Falls bei *Gornig*, Satellitenrundfunk und Völkerrecht, ZUM 1992, 174 (184 f).

578 So wörtlich *Bullinger*, Freedom of expression and information, HRLJ 1985, 339 (352).

579 *Frowein/Peukert*, Europäische Menschenrechtskonvention, Artikel 10 Rdn. 11 f.; *Bullinger*, Freedom of expression and information, HRLJ 1985, 339 (352 f.).

580 Vgl. insbesondere die wenigstens etwas ausführlicheren Ausführungen von *Frowein/Peukert*, Europäische Menschenrechtskonvention, Artikel 10 Rdn. 13 f.; *van Dijk/van Hoof*, Theory and Practice of the European Convention on Human Rights, pp. 565-566; *Schilling*, Internationaler Menschenrechtsschutz, §15 Rdn. 234, S. 120; *Diesbach*, Völkerrechtliche Garantien der Presse- und Informationsfreiheit, S. 122 ff.

den entsprechend der in der deutschen Rechtspraxis verwendeten Argumente untersucht werden, ob Wortlaut und Rechtsnatur von Artikel 10 Abs. 1 S. 2 EMRK die Ableitung eines positiven Leistungsanspruchs auf Gewährung von Zugang zu staatlichen Informationen zulassen[581].

(1) Wortlaut

Teile der Rechtsprechung und Literatur halten der Gewährleistung eines positivrechtlichen Leistungsanspruchs auf Gewährung von Zugang zu staatlichen Informationen den Wortlaut von Artikel 10 Abs. 1 S. 2 EMRK entgegen. Nach dieser Ansicht liegt der Zweck der Nichtauflistung der Informations*beschaffungs*freiheit gerade darin, jeden künftigen Versuch der Ableitung positiver staatlicher Pflichten hinsichtlich der Zugangsgewährung zu Informationen zu verhindern[582]. Diese Wertung wird von den entsprechenden Vertretern jedoch nicht weiter begründet oder belegt und kann für sich damit die Möglichkeit der Ableitung positiver Informationszugangsrechte vom Recht der Informationsfreiheit nach Artikel 10 Abs. 1 S. 2 EMRK nicht zwingend ausschließen.

Dennoch hat sich wie im Rahmen von Artikel 19 Abs. 2 IPbpR auch im Hinblick auf den Schutzbereich der Informationsfreiheit nach Artikel 10 Abs. 1 S. 2 EMRK terminologisch eine Beschränkung auf die so genannten "allgemein zugänglichen Quellen" durchgesetzt[583]. Dem Wortlaut ist diese Eingrenzung hingegen nicht zu entnehmen[584]. *Diesbach* nimmt folgerichtig zu dem Problem nicht einmal mehr explizit Stellung: Entsprechend seiner oben erläuterten Argumentation, dass sich die Informations*beschaffungs*freiheit mangels expliziter Beschränkung des Wortlauts auf allgemein zugängliche Quellen schon semantisch auf alles beziehe, was sich *grundsätzlich* wahrnehmbar vollziehe, und damit nicht auf tatsächlich öffentlich Wahrnehmbares beschränke, gilt Gleiches für ihn nach Einbeziehung der Informations*beschaffungs*freiheit in den Schutzbereich von Artikel 10 Abs. 1 S. 2 EMRK selbstverständlich auch für diese[585].

---

[581] Vgl. zu diesen Prüfungspunkten bereits oben Kapitel 3 III. 3. a. cc.

[582] Schweizerisches Bundesgericht, Lausanne (BGer), P166, 180/76, Rdn. 4a, abgedruckt in: EuGRZ 1979, 3 (4); *Schilling*, Internationaler Menschenrechtsschutz, § 15 Rdn. 234, S. 120.

[583] *Kugelmann*, Der Schutz privater Individualkommunikation nach der EMRK, EuGRZ 2003, 16 (20); *Schilling*, Internationaler Menschenrechtsschutz, § 15 Rdn. 234, S. 120; *Villiger*, Handbuch der Europäischen Menschenrechtskonvention, § 26, Rdn. 611; *Peukert*, Die Kommunikationsgrundrechte im Lichte der Rechtsprechung der Organe der EMRK, in: *Däubler-Gmelin*, Festschrift für Mahrenholz, S. 280; Gallwas, NJW 1992, 2785; *Meyer-Ladewig*, EMRK-Handkommentar, Art. 10 Rdn. 14; *Bullinger*, Freedom of expression and information, HRLJ 1985, 339 (353).

[584] Dies feststellend auch *Angelov*, Grundlagen und Grenzen eines staatsbürgerlichen Informationszugangsanspruchs, S. 53; *Klein*, Einwirkungen des europäischen Menschenrechtsschutzes auf Meinungsäußerungsfreiheit und Pressefreiheit, AfP 1994, 9 (16).

[585] *Diesbach*, Völkerrechtliche Garantien der Presse- und Informationsfreiheit, S. 71 ff.

Dieser Ansatz entspricht im Ergebnis mittlerweile auch der Rechtsfindung der Konventionsorgane. Die von ihnen behandelten Fälle hatten zwar teilweise Konstellationen zum Gegenstand, in welchen sich das Recht auf freien Informationsempfang lediglich als Kehrseite der Äußerungsfreiheit einer dritten Partei darstellte. So wurde im Fall *Sunday Times* das Recht der Öffentlichkeit auf Information lediglich als Abwägungsposition im Rahmen der Prüfung erwogen, ob der Eingriff in die Informationsmitteilungsfreiheit des Antragstellers im Sinne des Einschränkungsvorbehalts nach Artikel 10 Abs. 2 EMRK gerechtfertigt sei[586]. Und auch in den Fällen, in welchen sich die Konventionsorgane mit Eingriffen in das Recht auf freien Informationsempfang als solches zu befassen hatten, stellte sich letzteres als Kehrseite der Äußerungsfreiheit Dritter dar. Im Fall *X., Y. and Z. v. United Kingdom* wendeten sich britische Leser gegen die Vorenthaltung des so genannten "little red schoolbook", welches im Jahre 1971 gerichtlich eingezogen worden war[587]. Die Europäische Menschenrechtskommission ließ in ihrer Entscheidung offen, ob Artikel 10 Abs. 1 S. 2 EMRK das Recht gewähre, sämtliche Information, die ein anderer Autor veröffentlichen will, zu empfangen, weil im beurteilten Fall das Buch nach geringfügigen Änderungen publiziert werden durfte und ein Eingriff in das Recht folglich nicht festgestellt wurde. In *Open Door and Dublin Well Woman* wurden die an zwei private Beratungsstellen gerichteten Verbotsverfügungen durch irische Gerichte, über Abtreibungsmöglichkeiten im Vereinigten Königreich zu informieren, auch als eine Verletzung des Rechts auf freien Informationsempfang befunden[588].

Diese Fälle befassten sich damit zunächst ausschließlich mit einer Informationsempfangsfreiheit, welche sich auf Informationen bezieht, die Dritte der Allgemeinheit zugänglich machen wollen. Sie bezogen sich mithin also auf Informationen allgemein zugänglicher Art.

Dies ist jedoch nicht ausschließlich der Fall gewesen. In bislang fünf Fällen, nämlich im Fall *X. v. The Federal Republic of Germany*[589], dem Fall *X. v. The United Kingdom*[590], dem Fall *Leander*[591], dem Fall *Gaskin*[592] und der Sache *Matky*[593] hatten sich die Konventionsorgane mit Zugang zu Informationen zu befassen, welche sich in staatlichem Besitz befanden, also nicht allgemein zu-

---

586 The Sunday Times v. The United Kingdom, Series A 30, para. 65-68.
587 X., Y. and Z. v. United Kingdom, Appl. No. 5528/72, DR 5, 5 ff.
588 Open Door and Dublin Well Woman v. Ireland, Series A 246, para. 53-80.
589 *X. v. The Federal Republic of Germany*, Appl. No. 8383/78, DR 17, 227 ff.
590 *X. v. The United Kingdom*, Appl. No. 8575/79, DR 20, 202 ff.
591 *Leander v. Sweden*, Series A 116, para. 74-75.
592 *Gaskin v. The United Kingdom*, Series A 160, para. 50-53.
593 *Sdruzeni Jihoceske Matky v. Czech Republic*, Appl. No. 19101/03, veröffentlicht nur in französischer Fassung, abrufbar auf der Internetseite http://www.coe.int/ T/ D/ Menschenrechtsgerichtshof/; zuletzt abgerufen am 25.9.2007.

gänglich im Sinne der oben beschriebenen Definition[594] waren. Unabhängig vom Ausgang dieser Entscheidungen und den im weiteren Verlauf dieser Ausarbeitung genauer zu überprüfenden Details der jeweiligen Begründungen wurde in allen diesen Fällen ein Recht auf Empfang von Informationen nicht allgemein zugänglicher Art grundsätzlich für möglich gehalten. An dieser Stelle sei lediglich auf den Wortlaut der Entscheidung im Fall *X. v. The Federal Republic of Germany* hingewiesen, welche sich als einzige explizit mit der nicht allgemein zugänglichen Natur der betroffenen Informationen befasst. In den entscheidenden Passagen befindet die Menschenrechtskommission wörtlich: "(...) that it follows from the context in which the right to receive information is mentioned in the above named provision that it envisages *first of all access to general sources of information* (...)"[595] und im weiteren Verlauf "However, even assuming that the right to receive information may under certain circumstances include a right of access by the interested person to documents which *although not generally accessible* are of particular importance for his own position, (...)"[596].

In eindeutiger Weise bekennt sich die Kommission in dieser Entscheidung zwar zu den allgemein zugänglichen Informationen als primärem Gegenstand der nach Artikel 10 Abs. 1 S. 2 EMRK gewährten Informationsempfangsfreiheit, macht aber zugleich deutlich, dass auch nicht allgemein zugängliche Informationen grundsätzlich vom Recht auf freien Informationsempfang umfasst sein können.

Diese Rechtsfindung erscheint sinnvoll. Unabhängig von der Frage, ob im Ergebnis die Ableitung eines positiven Leistungsanspruchs auf Gewährung von Zugang zu behördlichen Informationen von der Informationsfreiheit des Artikel 10 Abs. 1 S. 2 EMRK dogmatisch möglich ist, beinhaltet zumindest der Wortlaut der Norm keinen Grund, selbige lediglich auf allgemein zugängliche Informationen zu beziehen. Entsprechend der obigen Ausführungen im Rahmen der nach dem Internationalen Pakt über bürgerliche und politische Rechte bestehenden Reichweite der Informationsfreiheit ist nicht ersichtlich, warum neben der Beschaffung privater Informationen durch aktives eigenes Bemühen auch nach Artikel 10 Abs. 1 S. 2 EMRK nicht hinsichtlich staatlicher Informationen Gleiches als vom Wortlaut des Schutzbereichs der Informationsfreiheit grundsätzlich umfasst zu bewerten sein sollte[597].

---

[594] Vgl. oben Kapitel 3 III. 3. a. cc. (1).
[595] *X. v. The Federal Republic of Germany*, Appl. No. 8383/78, DR 17, 228 (Hervorhebung durch die Verfasserin).
[596] *X. v. The Federal Republic of Germany*, Appl. No. 8383/78, DR 17, 228 f. (Hervorhebung durch die Verfasserin).
[597] Vgl. bereits oben Kapitel 3 III 3. a. cc. (1).

(2) Rechtsnatur

Der Schwerpunkt der Prüfung eines positiven Leistungsanspruchs auf Gewährung von Zugang zu behördlichen Informationen im Rahmen der Informationsfreiheit nach Artikel 10 Abs. 1 S. 2 EMRK liegt wie schon bei den Ausführungen zum Internationalen Pakt über bürgerliche und politische Rechte auf den entgegenstehenden rechtsdogmatischen Einwänden.

Wiederum verbleibt mangels expliziter Benennung einer entsprechenden Pflicht nur die Existenz eines originären Teilhaberechts des beschriebenen Inhalts im Wege der Ableitung[598].

(a) Grundsätzliche Existenz positiver Rechte nach der Europäischen Menschenrechtskonvention

Entsprechend der Zweiteilung der Menschenrechtspakte erfolgt auch der Schutz der Menschenrechte durch das System des Europarats in zwei verschiedenen Instrumenten: Während die EMRK primär dem Schutz der politischen und bürgerlichen Rechte dient, befasst sich die Europäische Sozialcharta[599] mit dem Schutz sozialer Rechte. Auch hier handelt es sich bei der EMRK damit in erster Linie um einen Katalog negativer Freiheiten vor staatlichen Eingriffen, während die Sozialcharta Menschenrechte der zweiten Generation umfasst und damit positive Rechte auflistet, welche der Staat durch eigenes Handeln zu erfüllen hat[600].

Wie schon im Rahmen der Menschenrechtspakte besteht jedoch auch diese Einteilung nicht ohne Ausnahmen: Die den beiden Rechtskategorien zugeschriebenen Merkmale hinsichtlich ihrer rechtlichen Natur, Wirkungsdimension und daraus folgenden Durchsetzbarkeit finden sich vielmehr auch *innerhalb* der Kategorien wieder[601].

Trotz ihrer Eigenschaft als in erster Linie negative Abwehrrechte beinhalten manche der durch die EMRK gewährten Rechte schon ihrem Wortlaut nach positive Leistungspflichten des Staates, wie beispielsweise das Recht auf Leben, welches nach Artikel 2 Abs. 1 S. 1 EMRK gesetzlich zu schützen ist, oder das

---

[598] Vgl. hierzu allgemein bereits oben Kapitel 2 III. 3. cc. (1).

[599] Englischer Text abgedruckt in: *Melander/Alfredsson*, The Raoul Wallenberg Compilation of Human Rights Instruments, No. 22; deutscher Text abgedruckt in: Sartorius II, Nr. 115.

[600] *Schilling*, Internationaler Menschenrechtsschutz, § 2 Rdn. 14, S. 8; *van Dijk/van Hoof*, Theory and Practice of the European Convention on Human Rights, pp. 293-294.

[601] *van Dijk/van Hoof*, Theory and Practice of the European Convention on Human Rights, p. 294.

Recht auf freie Wahlen nach Artikel 3 des Ersten Zusatzprotokolls, welches die Pflicht zur Abhaltung dieser Wahlen explizit benennt.

Entscheidend ist jedoch, dass der EGMR daneben auch für solche Rechte, deren Wortlaut dies nicht belegt, positive Pflichten anerkannt hat. Als Grundlage dieser positiven staatlichen Pflichten wurde zum einen die dem Katalog der Rechte und Freiheiten vorangestellte generelle Definition der Verpflichtung der Unterzeichnerstaaten in Artikel 1 EMRK herangezogen[602], nach welcher die in der Konvention niedergelegten Rechte und Freiheiten schlicht allen der Herrschaftsgewalt unterstehenden Personen durch die Vertragsstaaten zugesichert werden ("shall secure"). Genau wie im Rahmen der Gewährleistungspflicht nach Artikel 2 Abs. 1 IPbpR erfährt auch diese Pflicht ihrem Wortlaut nach in keiner Weise Relativierung, so dass sie für den betreffenden Staat eine Ergebnispflicht hinsichtlich der Herstellung der faktischen Geltungskraft der Rechte begründet[603], was im konkreten Fall staatliche Unterlassungs- wie auch Leistungspflichten bedeuten kann. Als zweite rechtliche Grundlage für die Ableitung positiver Pflichten aus primär abwehrrechtlichen Freiheiten im Rahmen der EMRK wurde daneben das so genannte "principle of effectiveness" herangezogen. Entsprechend der traditionellen völkerrechtlichen Auslegungsmethode, nach welcher ein Vertrag so zu interpretieren ist, dass Gestaltungsziel und Regelungszweck bestmöglich erreicht werden[604], hat auch der EGMR in ständiger Rechtsprechung vertreten, dass es Ziel und Zweck der EMRK sei, nicht nur theoretische oder illusorische, sondern vielmehr praktische und effektive Rechte zu gewährleisten, und ihre Bestimmungen daher nach dem effet utile auszulegen seien[605].

Der Maßstab der Effektivität hat in diesem Zusammenhang zum einen zur Ableitung positiver staatlicher Schutzpflichten hinsichtlich der Verletzung der Konventionsrechte durch private Dritte geführt[606]. Daneben wurde durch Heranziehung dieses Grundsatzes aber auch die Ableitung positiver Leistungsrechte von Normen, deren Wortlaut dies nicht explizit benennt, im Wege extensiver Auslegung des Schutzbereiches der entsprechenden Rechte ermöglicht[607], und zwar neben der Ableitung prozessualer Garantien auch hinsichtlich einer Ablei-

---

602 *A. v. The United Kingdom*, Appl. No. 25599/94, Rep. 1998-VI, p. 2699, para. 22.

603 *Schilling*, Internationaler Menschenrechtsschutz, § 6 Rdn. 53 ff., S. 30 f.

604 *Heintschel v. Heinegg*, in: *Ipsen*, Völkerrecht, § 11 Rdn. 16.

605 *van Dijk/van Hoof,* Theory and Practice of the European Convention on Human Rights, p. 74; Internationaler Pakt für wirtschaftliche, soziale und kulturelle Rechte, Internationaler Menschenrechtsschutz, § 4 Rdn. 34, S. 19.

606 *Peukert,* Die Kommunikationsgrundrechte im Lichte der Rechtsprechung der Organe der EMRK, in: *Däubler-Gmelin*, Festschrift für Mahrenholz, S. 284. Vgl. hierzu die Rechtsprechung in *X. and Y. v. The Netherlands*, Series A 91, para. 23; *Plattform "Ärzte für das Leben"*, Series A 139, para. 31-32.

607 *van Dijk/van Hoof,* Theory and Practice of the European Convention on Human Rights, p. 74.

tung materieller Ansprüche[608]: So folgerte der EGMR im Fall *Airey* aus Artikel 6 EMRK eine Pflicht, die im irischen Familienrecht bestehenden Rechtsmittel durch Gewährung von Prozesskostenhilfe oder anderer Mittel effektiv zugänglich zu machen[609], und im Fall *Marckx* durch extensive Auslegung des Begriffs der Achtung des Familienlebens nach Artikel 8 Abs. 1 EMRK eine Pflicht des Staates, den Schutz des Familienlebens durch Gesetzgebung tatsächlich zu regulieren[610].

Damit ist auch im Rahmen der EMRK von einem Nebeneinander negativer und positiver staatlicher Pflichten zu sprechen, so dass auch hier die Ableitung positiver Leistungsrechte von primär negativen Abwehrrechten wiederum nicht *generell*, wohl aber *grundsätzlich* möglich ist.

(b) Konkrete Ableitbarkeit positiver Rechte von der Informationsbeschaffungsfreiheit aufgrund eines sozialen Freiheitskonzepts

Unstrittig handelt es sich bei den Kommunikationsfreiheiten um dem status negativus sowie dem status activus dienende politische Freiheiten[611]. Für die Ableitung einer dem Schutz des status positivus dienenden Wirkungsrichtung als positives Leistungsrecht dürfte sich das Recht auf freien Informationsempfang nach Artikel 10 Abs. 1 S. 2 EMRK entsprechend obiger Ausführungen hingegen nicht im liberalen Grundrechtsverständnis erschöpfen, sondern müsste ein soziales Freiheitskonzept erkennen lassen[612].

Während in der Literatur zumeist trotz Anerkennung der grundsätzlichen Existenz positiver Rechte im Rahmen der EMRK deren konkrete Ableitbarkeit von Artikel 10 Abs. 1 EMRK zumindest in Form der hier maßgeblichen positiven Leistungsrechte ohne nähere Begründung abgelehnt wird[613], findet sich bei *van Dijk/van Hoof* immerhin ein geeigneter Argumentationsansatz für die Herleitung eines sozialen Freiheitskonzepts auch im Rahmen typischer Erstgenerationsrechte: Im modernen Wohlfahrtsstaat, welcher mittlerweile die Mehrzahl der Mit-

---

608 Vgl. zu der Feststellung prozessualer Garantien z.B. *Klass and Others*, Series A 28, para. 33; *Agrotexim Hellas S. A. a.o. v. Greece*, Appl. No. 14807/89, DR 72, 148, 156; *Artico*, Series A 37, para. 33.

609 *Airey*, Series A 32, para. 24, 26-28.

610 *Marckx v. Belgium*, Series A 31, para. 31.

611 Vgl. bereits oben Kapitel 3 III. 3. a. cc. (2) (b).

612 Vgl. bereits oben Kapitel 3 III. 3. a. cc. (2) (b) und Kapitel 2 III. 3. b. cc. (1).

613 *Peukert*, Die Kommunikationsgrundrechte im Lichte der Rechtsprechung der Organe der EMRK, in: *Däubler-Gmelin*, Festschrift für Mahrenholz, S. 284. Andere kommen nur zu einer Ableitbarkeit positiver *Schutz*pflichten im Rahmen der Kommunikationsfreiheiten nach Artikel 10 Abs. 1 EMRK, vgl. *Meyer-Ladewig*, EMRK-Handkommentar, Art. 10 Rdn. 9; *Kugelmann*, Der Schutz privater Individualkommunikation nach der EMRK, EuGRZ 2003, 16 (23).

glieder des Europarats kennzeichne, so wird dort ausgeführt, würden auch die politischen und bürgerlichen Freiheiten mehr und mehr vergesellschaftet ("socialised"), während gleichzeitig die sozialen, wirtschaftlichen und kulturellen Rechte zunehmend an inhaltlicher Konkretisierung gewännen[614]. Untermauerung widerfährt diesem Ansatz zumindest auf den ersten Blick durch den Beitritt einer Vielzahl von zuvor sozialistischen osteuropäischen Staaten einschließlich Russlands zum Europarat und der EMRK in den letzten Jahren, da das für die Herleitung positiver Leistungspflichten grundlegende soziale Freiheitskonzept entsprechend obiger Ausführungen ja gerade durch die marxistische Grundrechtsdogmatik propagiert wurde[615].

Allerdings kam wie bereits oben erläutert gerade im Rahmen der Kommunikationsfreiheiten nicht einmal die sozialistische Lesart zu einer in diesem Sinne sozialen Wirkungsdimension der gewährten Rechte: Da die Grundrechte nach diesem Verständnis allein zum Zwecke des Gesellschaftsumbaus im Sinne des Kommunismus gewährt werden und das Wissensmonopol in diesem Zusammenhang beim Staat liegt, der aufgrund der Aufhebung des Gegensatzes zwischen Staat und Individuum außerdem keiner Kontrolle bedarf, beinhaltet die Informationsempfangsfreiheit auch nach dieser Doktrin keine positiven Leistungsrechte[616].

Insofern ist die von *Gornig* dargestellte Prägung des Menschenrechtsverständnisses der EMRK durch eine liberale Grundrechtsauffassung, welche sich aus der Entstehungsgeschichte der Konvention, ihrer Terminologie und Zielsetzung ergebe[617], insbesondere in Bezug auf das Recht des freien Informationsempfangs auch heute noch maßgeblich. Die Ableitung einer sozialen Wirkungsdimension passt zum einen schon deswegen nicht zur Informationsempfangsfreiheit, als durch ein Recht auf Informationszugang im Sinne dieser Ausarbeitung ja gerade keine Leistung in Form materieller Stärkung des Einzelnen erfolgt, sondern vielmehr ein Wissenszuwachs ermöglicht wird. Dies fällt jedoch nicht unter das soziale Freiheitskonzept im klassischen Sinn. Was die Informationsempfangsfreiheit angeht, bleibt es damit bei der durch *Gornig* dargestellten Tatsache, dass die Freiheit des Einzelnen im Rahmen der EMRK „um der freien Entfaltung der Persönlichkeit willen" gewährleistet werde[618]. Eine grundsätzliche soziale Wirkungsdimension des Rechts auf freien Informationsempfang ist damit abzuleh-

---

614 *van Dijk/van Hoof,* Theory and Practice of the European Convention on Human Rights, p. 294.
615 Vgl. oben Kapitel 3 III. 3. a. cc. (2) (b).
616 Vgl. oben Kapitel 3 III. 3. a. cc. (2) (b).
617 *Gornig*, Äußerungsfreiheit und Informationsfreiheit als Menschenrechte, S. 303; *Hailbronner*, Die Einschränkung von Grundrechten in einer demokratischen Gesellschaft, in: *Bernhardt u. a.*, Festschrift für Mosler, S. 369, 370.
618 *Gornig*, Äußerungsfreiheit und Informationsfreiheit als Menschenrechte, S. 303.

nen, so dass eine Ableitung positiver Leistungsrechte auf dieser Grundlage ausscheidet.

(c) Konkrete Ableitbarkeit positiver Rechte von der Informationsbeschaffungsfreiheit aufgrund einer Einzelfallabwägung zwischen der Herstellung faktischer Geltungskraft und widerstreitenden Rechtspositionen

Es verbleibt mithin die Möglichkeit behutsamer Ableitung eines originären Teilhaberechts im Sinne eines Anspruchs auf Informationszugang durch Abwägung der Dringlichkeit desselben für die faktische Freiheit mit den auf der anderen Seite zu gewichtenden Kompetenzverletzungen und kollidierenden Rechtspositionen im konkreten Einzelfall[619].

(aa) Kollidierende Rechtspositionen

Wiederum ist hinsichtlich der kollidierenden privaten wie öffentlichen Rechtspositionen auf den in Artikel 10 Abs. 2 EMRK enthaltenen Einschränkungsvorbehalt zu verweisen, welcher ausdrücklich eine Einschränkbarkeit zugunsten der nationalen Sicherheit, der territorialen Unversertheit, der öffentlichen Sicherheit, der Aufrechterhaltung der Ordnung und der Verbrechensverhütung, des Schutzes der Gesundheit und der Moral sowie des Schutzes des guten Rufs oder der Rechte anderer, der Verhinderung der Verbreitung vertraulicher Nachrichten sowie zugunsten einer Gewährleistung des Ansehens und der Unparteilichkeit der Rechtsprechung zulässt. Damit ist eine Abwägung der Gewährung von Informationszugang mit den im Einzelfall kollidierenden privaten bzw. öffentlichen Rechtspositionen nach den Maßstäben der Verhältnismäßigkeit bzw. zumindest im Wege der Herstellung praktischer Konkordanz sichergestellt und steht der Ableitung originärer Teilhaberechte im Einzelfall nicht zwingend entgegen.

(bb) Fehlende Kompetenz

Dem Einwand des Eingriffs in die staatliche Souveränität aufgrund der infolge der Finanzerheblichkeit von Informationszugangsrechten fehlenden Kompetenz zur Ableitung solcher Rechte im Wege einer Rechtsfortbildung durch die Konventionsorgane kommt im Verhältnis zur entsprechenden Frage im Rahmen des Internationalen Pakts über bürgerliche und politische Rechte [620] geringeres Gewicht zu.

---

[619] Vgl. hierzu bereits allgemein Kapitel 2 III. 3. b. cc. (1) und im Rahmen des Internationalen Paktes über bürgerliche und politische Rechte Kapitel 3 III. 3. a. cc. (2) (c).
[620] Vgl. dazu oben Kapitel 3 III. 3. a. cc. (2) (c) (bb).

Auch im Rahmen der EMRK entschied man sich zwar für eine gesonderte Regelung der im Gegensatz zu den politischen und bürgerlichen Freiheitsrechten vom Vorhandensein und dem Einsatz finanzieller Ressourcen abhängigen Zweitgenerationsrechte in einem eigenen Instrument, der Europäischen Sozialcharta. Im Gegensatz zu der nach Artikel 2 Abs. 1 IPwirt ausdrücklich gestuften und auf die wirtschaftlichen Gegebenheiten des jeweiligen Staates bezogenen Verpflichtung zur Gewährung dieser Rechte beschreibt die Europäische Sozialcharta in ihrem Ersten Teil die staatliche Obliegenheit aber mit den Worten "The Contracting Parties accept as the aim of their policy, to be pursued by all appropriate means, both national and international in character, the attainment of conditions in which the following rights and principles may be effectively realised (...)". Sie bezieht die staatlichen Pflichten damit im Gegensatz zum Internationalen Pakt für wirtschaftliche, soziale und kulturelle Rechte gerade *nicht* von vornherein explizit auf die vorhandenen finanziellen Ressourcen. Dennoch lässt die Verpflichtung, alle geeigneten und angemessenen Mittel ("appropriate means") zur effektiven Gewährleistung der Rechte einzusetzen, Raum für staatliches Ermessen, welche Schritte in diesem Sinne durch den jeweiligen Staat durchgeführt werden. Die Mitglieder des Europarats haben ihren Bindungswillen daher dahingehend kundgetan, ihre Souveränität hinsichtlich der Gewährleistung der Zweitgenerationsrechte in einem im Verhältnis zu den in der EMRK geregelten Erstgenerationsrechten geringeren Maße internationalen Standards zu unterwerfen.

Dass letztlich aber auch die Finanzerheblichkeit der Gewährleistung bestimmter Rechte nicht zwingend ihre Ableitung von den Bestimmungen der EMRK hindert, zeigt allein die Tatsache, dass der EGMR ansonsten überhaupt keine positiven Leistungsrechte nach der EMRK hätte feststellen dürfen. Insbesondere die oben zitierte Entscheidung im Fall *Airey*, welche explizit einen Anspruch auf Gewährung von Prozesskostenhilfe im Wege der Ableitung bejahte, beweist in dieser Hinsicht, dass *allein* die Finanzerheblichkeit der Ableitung entsprechender Rechte von den Bestimmungen der EMRK nicht entgegensteht.

Dies muss erst recht für die Ableitung von Informationszugangsrechten gelten, die im Gegensatz zur Gewährung staatlicher Subventionen oder anderer Leistungen wie beispielsweise der Zuteilung von Studienplätzen nicht an sich eine finanzielle Ausgabe des Staates bedeuten, sondern deren faktische Finanzintensität entsprechend obiger Ausführungen auf die Bereitstellung personeller und sachlicher Mittel im Rahmen des Zugangsverfahrens beschränkt ist[621].

---

[621] Vgl. bereits oben Kapitel 3 III. 3. a. cc. (2) (c) (bb).

(cc) Dringlichkeit für die Herstellung faktischer Geltungskraft der Informationsempfangsfreiheit

Entsprechend der oben dargestellten Definition ist die Ableitung originärer Leistungsrechte gerechtfertigt, wenn die gerade behandelten gegenläufigen Interessen durch die Gewährung der leistungsrechtlichen Position in relativ geringem Maße beeinträchtigt werden und das Prinzip der faktischen Freiheit sie andererseits sehr dringend fordert[622]. Entscheidend für die Ableitbarkeit von Informationszugangsrechten von Artikel 10 Abs. 1 S. 2 EMRK ist damit die Bewertung der Dringlichkeit eines Teilhaberechts dieses Inhalts für die faktische Freiheit des Informationsempfangs, wie sie die genannte Bestimmung gewährt.

Aufgrund der Monopolstellung des Staates hinsichtlich des Besitzes behördlicher Informationen wäre eine solche Dringlichkeit staatlicher Leistung für die faktische Freiheit dann zu bejahen, wenn die Informationsempfangsfreiheit im Sinne des Artikel 10 Abs. 1 S. 2 EMRK eine demokratische Zielsetzung verfolgen würde und sich verwaltungsbehördliche Informationen folglich ihrer *Art* nach für den faktischen Bestand der Freiheit als notwendig erwiesen[623].

Auch im Rahmen der durch die EMRK gewährten Menschenrechte steht der Beitrag der Kommunikationsfreiheiten für die demokratische Verfasstheit einer Gesellschaft außer Zweifel[624]. Im Sinne der hier zu beurteilenden Dringlichkeit der Gewährung von Informationszugangsrechten ist jedoch über diese allgemeine demokratiestützende Funktion hinausgehend zu fragen, ob die Informationsempfangsfreiheit, wie Artikel 10 Abs. 1 S. 2 EMRK sie gewährt, *nur* Bestand hat, wenn Zugang zu verwaltungsbehördlichen Informationen gewährleistet wird[625].

In diesem Zusammenhang ist auch im Rahmen der Europäischen Menschenrechtskonvention zu berücksichtigen, dass selbige sich einer ausdrücklichen Normierung der Staatsform enthält. Der sich mit dem Recht auf Wahlen als wesentlichstem politischen Partizipationsrecht befassende Artikel 3 des Ersten Zusatzprotokolls unterlässt jede ausdrückliche Verwendung des Demokratiebeg-

---

[622] *Alexy*, Theorie der Grundrechte, S. 466; vgl. auch bereits oben Kapitel 3 III. 3. a. cc. (2) (c) (cc).

[623] Vgl. bereits oben Kapitel 3 III. 3. a. cc. (2) (c) (bb).

[624] *Klein*, Einwirkungen des europäischen Menschenrechtsschutzes auf Meinungsäußerungsfreiheit und Pressefreiheit, AfP 1/94, 9 (13); *Bullinger*, Freedom of expression and information, HRLJ 1985, 339 (341); *Frowein/Peukert*, Europäische Menschenrechtskonvention, Artikel 10 Rdn. 1; *van Dijk/van Hoof*, Theory and Practice of the European Convention on Human Rights, p. 558; *Meyer-Ladewig*, EMRK-Handkommentar, Art. 10 Rdn. 1. Vgl. auch bereits allgemein oben Kapitel 2 III 4. a. aa. (1) (b).

[625] Vgl. bereits oben Kapitel 3 III. 3. a. cc. (2) (c) (cc).

riffs und eignet sich daher nicht zur Ableitung einer über das dort gewährte Wahlrecht hinausgehenden objektiv-rechtlichen Funktion. Auch der expliziten Beschränkung der Einschränkungsvorbehalte der Artikel 8 Abs. 2, 9 Abs. 2, 10 Abs. 2 und 11 Abs. 2 EMRK auf Eingriffe zugunsten der dort genannten legitimen Zwecke, sofern sie *in einer demokratischen Gesellschaft notwendig* sind, fehlt eine objektiv-rechtliche Wirkungsrichtung, welche als negative Kompetenzbestimmung oder objektive Wertentscheidung Einfluss auf Ausgestaltung und Auslegung anderer Rechte haben könnte, weil es sich bei den Einschränkungsvorbehalten eben gerade nicht um subjektive Rechte handelt[626].

Im Unterschied zu den Menschenrechtspakten nimmt die EMRK aber im nichtoperativen Teil an herausgehobener Stelle - der Präambel - auf die Demokratie ("an effective political democracy") als wesentliche Grundlage zur Aufrechterhaltung der Grundfreiheiten Bezug. Hieraus sowie aus der Verknüpfung des Verhältnismäßigkeitsgrundsatzes der gerade genannten Einschränkungsvorbehalte mit der Notwendigkeit etwaiger Eingriffe in einer demokratischen Gesellschaft wird denn auch gefolgert, dass die Demokratie „zweifelsfrei die Grundlage der europäischen öffentlichen Ordnung" sei und sie damit nicht nur das einzige von der EMRK in Betracht gezogene politische Modell, sondern darüber hinaus das einzig mit ihr überhaupt zu vereinbarende System darstelle[627]. Im Zusammenhang mit der Rechtsfindung des Europäischen Gerichtshofs für Menschenrechte hinsichtlich der Definition der EMRK als integriertes System zum Schutz der Menschenwürde, welches als Ganzes zu sehen und auszulegen sei, ergibt sich zumindest eine Schranke für die Ausübung der Menschenrechte dahingehend, dass der Schutz der EMRK für Handlungen, die auf die Abschaffung demokratischer Werte hinauslaufen, außer Betracht fällt[628].

Über diese negative Grenze hinaus müsste der Informationsempfangsfreiheit des Artikel 10 Abs. 1 S. 2 EMRK für eine Ableitbarkeit der Gewährleistung eines positiven Teilhaberechts in Gestalt von Informationszugangsrechten aber wie oben erläutert eine unmittelbare Funktion für die demokratische Partizipation des Einzelnen an den Verwaltungsverfahren zu entnehmen sein. Im Folgenden soll die Rechtsfindung der Konventionsorgane hierzu unter besonderer Beachtung der Ableitbarkeit eines allgemeinen Rechts auf Zugang zu Verwaltungsinformationen nach Artikel 10 Abs. 1 S. 2 EMRK untersucht werden.

Einen Zusammenhang zwischen der demokratischen Verfasstheit einer Gesellschaft und dem Recht auf freien Informationsempfang stellte der Gerichtshof im bereits zitierten Fall *Sunday Times* her. Hintergrund dieses Falls bildete die Beschwerde des Herausgebers, der Redaktion und des Chefredakteurs der Sunday

---

626 Vgl. bereits allgemein oben Kapitel 2 III. 4. a. aa. (1) (b).
627 *Schilling*, Internationaler Menschenrechtsschutz, § 4 Rdn. 37, S. 20.
628 *Schilling*, Internationaler Menschenrechtsschutz, § 4 Rdn. 37, S. 20 f.

Times gegen ein gerichtliches Veröffentlichungsverbot hinsichtlich eines Artikels über die so genannten Conterganakinder. Der EGMR befand, dass die Allgemeinheit in einer demokratischen Gesellschaft ein Recht auf freien Empfang von Informationen und Ideen habe, deren Verbreitung Aufgabe der Medien sei[629]. Das im Hinblick auf den Gegenstand dieser Ausarbeitung betonenswerte dieser Entscheidung liegt in der Tatsache, dass der Gerichtshof in diesem Fall nicht mehr nur von einem Recht der Öffentlichkeit auf Empfang jener Informationen spricht, welche die Presse oder andere Medien veröffentlichen, sondern vielmehr von einem Recht, angemessen informiert zu werden als solchem ("right to be adequately informed")[630]. Allerdings ist hinsichtlich der vorliegend zu untersuchenden Frage einer aus Artikel 1 Abs. 1 S. 2 EMRK folgenden staatlichen Pflicht zur Gewährleistung nationaler Informationszugangsrechte die genaue Begründung des EGMR zu berücksichtigen: Dieser argumentierte im vorliegenden Fall, dass im Rahmen der Prüfung, ob ein Eingriff in die Informationsmitteilungsfreiheit der Presse im Rahmen der Einschränkungsvorbehalte des Artikel 10 Abs. 2 EMRK gerechtfertigt sei, letztere gegen das Recht der Allgemeinheit, informiert zu werden, abzuwägen seien[631]. Dies bedeutet implizit, dass das Recht der Allgemeinheit, informiert zu werden, vom Gerichtshof entsprechend der Systematik des Artikel 10 Abs. 2 EMRK, nach welchem Eingriffe einem der dort abschließend aufgezählten legitimen Zwecke dienen müssen, als Recht eines Dritten im Sinne des Artikel 10 Abs. 2 EMRK gewertet wird. Da dieses als solches bestehende Recht der Allgemeinheit, informiert zu werden, entsprechend der bisherigen Ausführungen keineswegs automatisch bereits vom Recht auf freien Informationsempfang nach Artikel 10 Abs. 1 S. 2 EMRK umfasst ist, kann das Urteil durchaus als erweiterte Interpretation des Schutzbereichs in dieser speziellen Reichweite gelesen werden. Insbesondere die explizite Bezugnahme auf die demokratische Verfasstheit einer Gesellschaft im Rahmen der Begründung des Gerichtshofs zeigt ferner, dass auch der EGMR den jedenfalls teilweise von der Literatur[632] herausgearbeiteten Bedeutungswandel der klassischen Kommunikationsfreiheiten aufgrund eines sich wandelnden Demokratieverständnisses anerkennt und in der Rechtsprechung zu berücksichtigen bereit ist. Allerdings fehlt der Entscheidung jede Konkretisierung des genauen Schutzinhalts eines solchen Rechts der Öffentlichkeit, informiert zu werden. Da im Fall *Sunday Times* dieses Recht auch lediglich als Kehrseite des Rechts des Antragstellers auf freie Informationsmitteilung behandelt wird, wäre die Beantwortung der Frage nach einer von diesem Recht gegebenenfalls bein-

[629] *The Sunday Times v. UK,* Series A 30, para. 65.
[630] *Frowein/Peukert,* Europäische Menschenrechtskonvention, Artikel 10 Rdn. 13.
[631] *The Sunday Times v. UK,* Series A 30, para. 65-68.
[632] *Ragaz,* Die Meinungsäußerungsfreiheit in der EMRK, S. 7 f. Vgl. hierzu genauer weiter unten in diesem Gliederungspunkt.

halteten staatlichen Pflicht zur Gewährleistung nationaler Informationszugangsrechte allein auf Grundlage dieser Entscheidung spekulativ.

Die Konventionsorgane hatten sich daneben aber auch mit Fällen zu beschäftigen, in denen Eingriffe in das Recht auf freien Informationsempfang des Antragstellers selbst gerügt wurden.

Wie oben erwähnt, betrafen allerdings die hierunter zu subsumierenden Fälle *Little Red Schoolbook* und *Open Door and Dublin Well Woman* Konstellationen, in denen sich der vom Antragsteller gerügte Eingriff in sein Recht auf freien Informationsempfang wiederum auf Informationen bezog, welche eine dritte private Partei veröffentlichen wollte, also um allgemein zugängliche Informationen im Sinne der deutschen Terminologie[633].

Wie ebenfalls bereits oben ausgeführt, befassten sich die Konventionsorgane daneben aber in mehreren Fällen, nämlich in *X. v. The Federal Republic of Germany*[634], in *X. v. The United Kingdom*[635], im Fall *Leander*[636], im Fall *Gaskin*[637] und in der Sache *Matky*[638] mit dem Zugang zu Informationen, welche sich in staatlichem Besitz befanden[639]. Zwei weitere Fälle, welche in der Regel in diesem Zusammenhang genannt werden, sind bei genauer Betrachtung für die vorliegende Frage der Ableitbarkeit eines antragsgebundenen Rechts auf Gewährung von Zugang zu Verwaltungsinformationen von der Informationsempfangsfreiheit unbeachtlich: Sowohl in der Sache *Guerra v. Italy* als auch in der Sache *Sirbu v. Moldova* befasste sich der Gerichtshof nicht mit der Frage des Rechts auf Zugangsgewährung zu beantragten Verwaltungsinformationen, sondern vielmehr mit der Frage, ob die Informationsempfangsfreiheit des Artikel 10 Abs. 1 S. 2 EMRK eine positive Verpflichtung des Staates umfasse, aus eigenem Antrieb Informationen zu sammeln und zu verbreiten[640].

Im Fall *X. v. The Federal Republic of Germany* rügte der Antragsteller hingegen, dass die unterlassene Zustellung seiner Post durch das staatliche Postunter-

---

633 Vgl. bereits oben Kapitel 4 I. 3. a. cc. (1).

634 *X. v. The Federal Republic of Germany*, Appl. No. 8383/78, DR 17, 227 ff.

635 *X. v. The United Kingdom*, Appl. No. 8575/79, DR 20, 202 ff.

636 *Leander v. Sweden*, Series A 116, para. 74-75.

637 *Gaskin v. The United Kingdom*, Series A 160, para. 50-53.

638 *Sdruzeni Jihoceske Matky v. Czech Republic*, Appl. No. 19101/03, veröffentlicht ausschließlich in französischer Sprache, abrufbar auf der Internetseite http://www.echr.coe.int; zuletzt abgerufen am 25.9.2007.

639 Vgl. bereits oben Kapitel 4 I. 3. a. cc. (1).

640 *Guerra et. al. v. Italy*, Appl. No. 14967/89, Rep. 1998-I, p. 210 f., para. 53; *Sirbu et. al. v. Moldova*, Appl. No. 73562/01, 73565/01, 73712/01, 73744/01, 73972/01 und 73973/01, Urteil v. 15/06/2004, para. 17-19, abrufbar auf der Internetseite http://www.echr.coe.int; zuletzt abgerufen am 25.9.2007.

nehmen an die von ihm angegebene Adresse einen Eingriff in sein Recht auf freien Informationsempfang nach Artikel 10 Abs. 1 S. 2 EMRK darstelle[641]. Die Europäische Kommission für Menschenrechte betonte in ihrer Entscheidung die primäre Bezogenheit der Informationsempfangsfreiheit auf allgemein zugängliche Informationen, indem sie befand "that it follows from the context in which the right to receive information is mentioned in the above named provision that it envisages first of all access to general sources of information which may not be restricted by positive action of the authorities unless this can be justified under the second paragraph of Article 10"[642].

Mit Hinweis auf den Kontext, in welchem das Recht der Informationsempfangsfreiheit in Artikel 10 Abs. 1 EMRK gewährt wird, geht die EKMR damit ohne genauere Erläuterung, was dieser Kontext konkret sein soll, von einer Anknüpfung des Rechts auf freien Informationsempfang primär an allgemein zugängliche Informationen aus. Zumindest die Verwendung der Wendung "first of all" und die damit zum Ausdruck kommende Selbstbeschränkung auf eine Aussage lediglich zur *hauptsächlich* umfassten Kategorie der von der Informationsempfangsfreiheit erfassten Informationen lässt jedoch Raum für Spekulationen, ob der Schutzbereich daneben nicht auch für nicht allgemein zugängliche Informationen eröffnet sein kann.

In ihrer Begründung führt die EKMR im Weiteren aus: "However, even assuming that the right to receive information may under certain circumstances include a right of access by the interested person to documents which although not generally accessible are of particular importance for his own position, it must be observed that in the present case there is no such question of the applicant being as such denied access to the specific information which was contained in the letter sent to him. A right to receive such information within a specified period of time by way of correspondence cannot be derived from Article 10.1 of the Convention (...)[643]".

Im Hinblick auf die Auswirkung dieser Ausführungen der EKMR für die Existenz völkerrechtlicher Vorgaben von Artikel 10 Abs. 1 S. 2 EMRK hinsichtlich einer nationalen Pflicht zur Gewährleistung von Informationszugangsrechten ist zunächst hervorzuheben, dass der zuletzt zitierte Gedanke der EKMR entgegen dessen, was der Wortlaut auf den ersten Blick vermuten lassen könnte, nicht als *obiter dictum* dahingehend gewertet werden kann, Artikel 10 Abs. 1 EMRK umfasse ein Recht auf öffentlichen Zugang zu amtlichen Dokumenten im Sinne dieser Ausarbeitung. Die Ausführungen haben vielmehr hypothetischen Charakter und dienen der Klarstellung, dass der von der Menschenrechtskommission

---

[641] X. v. The Federal Republic of Germany, Appl. No. 8383/78, DR 17, 227.
[642] X. v. The Federal Republic of Germany, Appl. No. 8383/78, DR 17, 228.
[643] *X. v. The Federal Republic of Germany*, Appl. No. 8383/78, DR 17, 228 f.

begutachtete Fall auf keine denkbare Weise eine Verletzung von Artikel 10 Abs. 1 EMRK beinhaltet. Die hinter den Ausführungen stehende Motivation der EKMR besteht damit nicht in einer möglichen Ausweitung des Schutzbereichs der Informationsempfangsfreiheit, sondern vielmehr darin, jede hypothetisch mögliche Verletzung der EMRK durch den vorliegenden Fall auszuschließen.

Obwohl in der ausdrücklichen Benennung eines Informationszugangsrechts zumindest eine Anerkennung der denkbaren Verknüpfung des Grundsatzes des öffentlichen Zugangs zu amtlichen Dokumenten mit der Bestimmung des Artikel 10 Abs. 1 S. 2 EMRK zu sehen ist, enthält sich die EKMR dennoch streng genommen einer Aussage, ob die lediglich hypothetisch zur weiteren negativen Absicherung der Entscheidung angeführte Konstellation überhaupt tatsächlich unter den Schutzbereich der Norm fallen könnte. Darüber hinaus knüpft die EKMR in den obigen Ausführungen selbst die hypothetische Existenz eines Rechts auf allgemeinen Zugang zu amtlichen Informationen an weitere strenge Bedingungen. Erwogen wird ein Recht auf Zugang zu amtlichen Informationen aufgrund der Tatsache, dass unter bestimmten Umständen ("under certain circumstances") ein Dokument besondere Bedeutung für die Person und Stellung des Antragstellers besitzen kann ("of particular importance for his own position"). Damit bezieht sich die EKMR gerade nicht auf Informationszugangsrechte im Sinne dieser Ausarbeitung, welche als wesentliches Merkmal *öffentlichen* Zugang zu amtlichen Dokumenten gewährleisten, also allgemeinen Zugang unabhängig vom Vorliegen eines spezifischen rechtlichen oder sonstigen Interesses an den Informationen. Die Hypothese der EKMR betrifft vielmehr ein Recht auf *individuellen* Zugang zu Informationen mit *außerordentlicher Bedeutung für den Antragsteller* und kann damit nicht zur Herleitung von Vorgaben der Informationsempfangsfreiheit des Artikel 10 Abs. 1 S. 2 EMRK hinsichtlich einer nationalen Pflicht zur Gewährleistung von Informationszugangsrechten im Sinne dieser Ausarbeitung herangezogen werden.

Im Fall *X. v. The United Kingdom* rügte der zu lebenslanger Haft verurteilte Antragsteller die Verweigerung des Zugangs zu Informationen hinsichtlich der personellen Zusammensetzung eines Komitees zur Einstufung seiner Person im Vollzug[644]. In ihrer Entscheidung nahm die EKMR ausdrücklich auf die Ausführungen des EGMR im Fall *Sunday Times* zum Recht der Allgemeinheit, Informationen und Ideen in Bereichen öffentlichen Interesses zu empfangen, Bezug und führte im Weiteren aus: "[the Commission] does not consider however that the concept of information within the meaning of Article 10, paragraph 1 is so extensive as to oblige the divulgence of the names of the members of an administrative committee of this kind". Die EKMR kommt daher zu dem Schluss, dass die Verweigerung des Zugangs zu den begehrten Informationen keine Ver-

---

[644] *X. v. The United Kingdom*, Appl. No. 8575/79, DR 20, 202 f.

letzung des Rechts des Antragstellers auf freien Informationenempfang nach Artikel 10 Abs. 1 S. 2 EMRK darstellt.

Der Wortlaut der Begründung lässt hinsichtlich der Frage nach der Ausweitung des Schutzbereichs der Informationsempfangsfreiheit des Artikel 10 Abs. 1 S. 2 EMRK auf eine Pflicht zur Gewährleistung nationaler Informationszugangsrechte alternativ zweierlei Schlüsse zu. Die Ausführungen der EKMR können zum einen dahingehend ausgelegt werden, dass die Kommission es grundsätzlich für möglich hält, dass die nach Artikel 10 Abs. 1 S. 2 EMRK gewährleistete Informationsempfangsfreiheit ein Recht auf öffentlichen Zugang zu amtlichen Dokumenten umfasst und sie ferner lediglich im hier entschiedenen Fall zu der Überzeugung gelangt, dass die konkret angeforderten Informationen nicht unter den Schutzbereich des Rechts auf Informationszugang fallen. Für dieses Verständnis der Ausführungen der EKMR spricht die verwendete Begründung, dass die Reichweite des nach Artikel 10 EMRK gewährten Informationskonzepts nicht zur Veröffentlichung der Namen der Mitglieder eines Verwaltungskomitees dieser Art ("of this kind") verpflichte. Die Verwendung dieses Zusatzes lässt Raum für eine Auslegung, dass nur der spezifische Charakter des hier vorliegenden Komitees Geheimhaltung verlangt[645].

Alternativ können die Ausführungen der EKMR in diesem Fall aber auch dahingehend ausgelegt werden, dass das im Rahmen von Artikel 10 Abs. 1 EMRK zum Ausdruck kommende Informationskonzept nicht auf eine Reichweite ausgeweitet werden könne, nach welcher eine positive Pflicht des Staates zur Zugänglichmachung konkreter einzelner Informationen umfasst wäre.

Auf den ersten Blick erscheint nur die erste Interpretation als mit dem Wortlaut der von der EKMR verwendeten Begründung vereinbar. Im Hinblick auf die Anforderungen an eine korrekte rechtliche Argumentation erweist sich hingegen der zweite Ansatz als näher liegend. Wäre die EKMR der Ansicht gewesen, dass das Artikel 10 Abs. 1 EMRK zugrunde liegende Informationskonzept grundsätzlich eine staatliche Pflicht zur Zugangsgewährung zu konkreten, einzelnen Informationen beinhaltete, wäre sie ihrerseits dazu verpflichtet gewesen, in der Rechtsbegründung im Einzelnen darzulegen, warum sie nichtsdestotrotz im untersuchten Fall zu der Überzeugung gelangte, dass die dort beantragten Informationen von dieser Pflicht zur Gewährung von Informationszugang nicht umfasst sein sollten. Wären Informationszugangsrechte im Sinne dieser Ausarbeitung grundsätzlich von der Informationsempfangsfreiheit des Artikel 10 Abs. 1 S. 2 EMRK umfasst, müsste jeder Eingriff in Form einer Zugangsverweigerung im Sinne von Artikel 10 Abs. 2 EMRK gerechtfertigt sein, um nicht rechtswidrig gegen die EMRK zu verstoßen. Die Zugangsverweigerung müsste sich demnach

---

[645] So wohl auch *Frowein/Peukert*, Europäische Menschenrechtskonvention, Artikel 10 Rdn. 13.

auf eine gesetzliche Grundlage stützen können und in einer demokratischen Gesellschaft im Interesse eines der von Artikel 10 Abs. 2 EMRK aufgelisteten legitimen Zwecke unentbehrlich sein. Die Existenz materiell-rechtlicher Anforderungen verlangt in einem Rechtsstaat prozessual deren vollständige rechtliche Überprüfung durch das Rechtsfindungsorgan bei der Identifizierung von Rechtsverletzungen. Hieraus ergibt sich des Weiteren die rechtsstaatliche Pflicht, dass die durch das Rechtsfindungsorgan abgegebene Begründung dazu geeignet sein muss, die tatsächliche Einhaltung dieser Prüfungspflicht durch das Organ zu belegen. Hieraus folgt für den vorliegenden Fall, dass die Ausführungen der EKMR nicht als Nachweis für eine Überzeugung dahingehend gewertet werden können, dass die nach Artikel 10 Abs. 1 S. 2 EMRK gewährleistete Informationsempfangsfreiheit grundsätzlich ein Recht auf allgemeinen Informationszugang im Sinne dieser Ausarbeitung umfasst.

Für Rückschlüsse zur Herleitung von Informationszugangsrechten von der Informationsempfangsfreiheit im Rahmen der Rechtsfindung des Europäischen Gerichtshofs für Menschenrechte sind wie erwähnt dessen Ausführungen in den Fällen *Leander* sowie *Gaskin* zu berücksichtigen.

Im Fall *Leander* hatte die zuständige Behörde eine Benennung des Antragstellers zum Museumstechniker auf der Grundlage geheimer Informationen abgelehnt und selbigem außerdem Zugang zu diesen Informationen verweigert. Im Zusammenhang mit der Verweigerung des Informationszugangs befand der EGMR wie folgt: "the right to freedom to receive information basically prohibits a Government from restricting a person from receiving information that others wish or may be willing to impart to him. Article 10 does not, in circumstances such as those of the present case, confer on the individual a right of access to a register containing information on his personal position, nor does it embody an obligation on the Government to impart such information to the individual"[646].

Zum gleichen Ergebnis kam der EGMR im Fall *Gaskin*, der die Verweigerung von Zugang zu den über den Antragsteller angefertigten Berichten während seiner Zeit in der Jugendfürsorge betraf. Bezugnehmend auf seine Ausführungen im Fall *Leander* befand der EGMR hier Folgendes: "Also in the circumstances of the present case, Article 10 does not embody an obligation on the State concerned to impart the information in question to the individual"[647].

Obwohl der Gerichtshof in beiden Fällen im Ergebnis die Anerkennung einer staatlichen Pflicht zur Gewährung von Zugang zu den beantragten Informationen als von der Informationsempfangsfreiheit umfasst ablehnt, lässt die Wort-

---

646 *Leander v. Sweden*, Series A 116, para. 74.
647 *Gaskin v. UK*, Series A 160, para. 52.

wahl beider Entscheidungen wiederum Raum für eine Ausweitung des Schutzbereichs von Artikel 10 Abs. 1 S. 2 EMRK in diese Richtung.

In diesem Zusammenhang ist zunächst zu berücksichtigen, dass der Gerichtshof das Wort "basically" verwendet zur genaueren Einstufung des vom Recht auf freien Informationsempfang umfassten Verbots auf Seiten des Staates, eine Person in dem freien Empfang solcher Informationen, die ein anderer diesem mitteilen will, zu behindern. Wie schon die EKMR im Rahmen der beiden oben erläuterten Entscheidungen macht damit auch der Gerichtshof deutlich, dass dieses klassische Eingriffsverbot hinsichtlich allgemein zugänglicher Informationen die *primär* von der Informationsempangsfreiheit nach Artikel 10 Abs. 1 S. 2 EMRK beinhaltete staatliche Pflicht darstellt. Implizit kommt mit der ausdrücklichen Bewertung dieser Seite des Schutzbereichs aber auch zum Ausdruck, dass daneben weitere Wirkungsrichtungen nicht per se ausgeschlossen sind.

Diese Auslegung wird durch die weitere Formulierung der beiden Entscheidungen gestützt. Der Gerichtshof gründet seine Entscheidungen beide Male ausdrücklich auf die spezifischen Gegebenheiten der Fälle ("in circumstances such as those of the present case"/"in the circumstances of the present case") und bezieht sich ferner jedes Mal abstrakt auch auf die konkrete Eigenheit der beantragten Informationen ("such information"/"the information in question"). Hätte der EGMR für eine Ableitbarkeit von Informationszugangsrechten vom Recht auf freien Informationsempfang, wie es Artikel 10 Abs. 1 S. 2 EMRK gewährt, rechtlich keinerlei Raum gesehen, wären diese ergänzenden Ausführungen überflüssig gewesen. Hierfür spricht des Weiteren, dass sich auch keine Hinweise darauf finden, dass mit der Formulierung nur eine „wasserdichte", selbst bei hypothetischer Existenz entsprechender Pflichten die Verletzung der Konventionsrechte ausschließende Begründung gefunden werden sollte. Genau dies hatte die Kommission hingegen in ihrer Entscheidung in der Sache *X. v. The Federal Republic of Germany* wie bereits erläutert getan ("However, even asuming that (...)")[648].

Diese Annahme, der Gerichtshof habe das Recht auf Gewährung von Zugang zu den begehrten Informationen nur aufgrund der Tatsache verweigert, dass die begehrten Informationen ihrer konkreten Art nach Geheimhaltung verlangten, steht auch nicht in Widerspruch zu den weiteren Ausführungen des Gerichtshofs im Fall *Gaskin*, in welchem neben der Verletzung von Artikel 10 Abs. 1 EMRK geprüft wurde, ob die Zugangsverweigerung eine Verletzung des Rechts auf ein Privatleben nach Artikel 8 Abs. 1 EMRK darstellt. In diesem Zusammenhang kam der Gerichtshof zu dem Ergebnis, dass die Geheimhaltung der fraglichen Berichte aus der Zeit des Antragstellers in der Obhut der Jugendfürsorge nur

[648] Vgl. wie bereits zuvor *X. v. The Federal Republic of Germany*, Appl. No. 8383/78, DR 17, 228 f.

dann mit dem Verhältnismäßigkeitsgrundsatz in Einklang stehe, wenn gesetzlich gewährleistet sei "that an independent authority finally decides whether access has to be granted in cases where a contributor fails to answer or withholds consent"[649]. Die Tatsache, dass der EGMR im Rahmen seiner Ausführungen zu einer Verletzung von Artikel 10 EMRK keine vergleichbaren Anforderungen stellte, könnte als Beweis dafür gewertet werden, dass Informationszugangsrechte von letzterer Norm nicht umfasst seien. Auch dieser Einwand erscheint hingegen nicht zwingend, da es durchaus nahe liegt, im Rahmen der Spannbreite an geheimhaltungsbedürftigen Informationen zwischen Artikel 8 EMRK und Artikel 10 EMRK zu differenzieren. Unter Beachtung der Tatsache, dass sich das Recht auf Informationszugang im Rahmen des Rechts auf ein Privatleben nach Artikel 8 Abs. 1 EMRK auf ein individuelles rechtliches Interesse stützen kann, während ein Zugangsrecht nach Artikel 10 Abs. 1 S. 2 EMRK unabhängig von der Geltendmachung berechtigter Interessen bestehen würde, ist leicht zu rechtfertigen, warum das Schutzniveau im Rahmen von Informationszugangsrechten nach Artikel 8 Abs. 1 EMRK im Vergleich zu solchen nach Artikel 10 Abs. 1 S. 2 EMRK höher ausgestaltet ist.

Auf der anderen Seite ist aber auch in den Fällen *Leander* und *Gaskin* zu berücksichtigen, was bereits oben im Zusammenhang mit der Entscheidung der Europäischen Kommission für Menschenrechte im Fall *X. v. The United Kingdom* erläutert wurde: Wäre der Gerichtshof zu der Überzeugung gelangt, dass das Recht auf allgemeinen Zugang zu amtlichen Informationen grundsätzlich von der nach Artikel 10 Abs. 1 S. 2 EMRK gewährleisteten Informationsempfangsfreiheit umfasst ist, hätte jede Verweigerung in den entschiedenen Fällen eine genaue Erörterung der Rechtfertigung der Eingriffe im Sinne des Einschränkungsvorbehalts nach Artikel 10 Abs. 2 EMRK durch das Gericht in der Entscheidungsbegründung erfordert. Dies lassen beide Fälle vermissen.

Auch die zuletzt im Zusammenhang mit der Frage der Ableitbarkeit eines Rechts auf Informationszugang von Artikel 10 Abs. 1 S. 2 EMRK ergangene Entscheidung in der Sache *Matky* aus dem Jahre 2006 führt bei genauem Hinsehen zu keinem anderen Ergebnis[650]:

In dem vorliegenden Fall hatte sich der Gerichtshof mit der Ablehnung des Antrags einer nichtstaatlichen Umweltschutzorganisation auf Zugang zu Dokumenten und Plänen der Behörden der Tschechischen Republik über ein Kernkraftwerk zu befassen. In Bezugnahme auf die Entscheidung in der Sache *Leander* wiederholt der Gerichtshof zunächst seine Auffassung, dass die Informations-

---

649 *Gaskin v. UK*, Series A 160, para. 49.

650 *Sdruzeni Jihoceske Matky v. Czech Republic*, Appl. No. 19101/03, veröffentlicht ausschließlich in französischer Sprache, abrufbar auf der Internetseite http://www.coe.int/ T/ D/ Menschenrechtsgerichtshof, zuletzt abgerufen am 25.9.2007.

empfangsfreiheit primär den Zugang zu allgemein zugänglichen Informationen beinhalte und damit im Wesentlichen darauf ziele, dem Staat zu verbieten, jemanden am Empfang solcher Informationen zu hindern, die andere ihm zukommen lassen wollen oder bereit wären zu geben[651]. Ferner verweist der Gerichtshof auf seine Rechtsfindung im bereits zitierten Fall *Guerra*, nach welcher die Freiheit zum Empfang von Nachrichten nicht so ausgelegt werden könne, als lege sie einem Staat die positive Verpflichtung auf, in einem Fall wie dem vorliegenden aus eigenem Antrieb Informationen zu sammeln und zu verbreiten[652], um in Bezug auf den zu entscheidenden Fall *Matky* zu konstatieren, dass es gleichermaßen schwierig sei, von der EMRK ein allgemeines Recht auf Zugang zu behördlichen Dokumenten abzuleiten (« La Cour observe également qu´il est difficile de déduire de la Convention un droit général d´accès aux données et documents de caractère administratif »)[653].

Anschließend stellt der EGMR fest, dass sich die Antragstellerin im vorliegenden Fall darauf berufen hatte, Zugang zu behördlichen Dokumenten begehrt zu haben, deren Zugänglichkeit nach Maßgabe der gesetzlichen Bedingungen eines bestimmten tschechischen Gesetzes gewährleistet sei, und kommt im Folgenden zu der im Zusammenhang mit der vorliegenden Ausarbeitung beachtlichen Feststellung, dass der Gerichtshof eingestehe, dass in diesem Fall die Zugangsverweigerung einen Eingriff in das Recht der Antragstellerin auf freien Empfang von Informationen begründe (« Dans ces conditions, la Cour admet que le rejet de ladite demande a constitué une ingérence au droit de la requérante de recevoir des informations »)[654].

Diese Feststellung scheint für sich genommen zunächst erstmalig eine Ausweitung des Schutzbereichs der Informationsempfangsfreiheit des Artikel 10 Abs. 1 S. 2 EMRK auf das Recht auf allgemeinen Zugang zu behördlichen Informationen ausdrücklich anzuerkennen.

Dem widerspricht jedoch der weitere Wortlaut der Entscheidung. Noch bevor der Gerichtshof sich mit der Einhaltung der Vorgaben des Einschränkungsvorbehalts des Artikel 10 Abs. 2 EMRK befasst, geht die Entscheidung erneut auf die Definition des Schutzbereichs der Informationsempfangsfreiheit ein. Der Gerichtshof geht ausdrücklich davon aus, dass Artikel 10 EMRK nicht dahingehend auszulegen sei, als garantiere er ein absolutes Recht, zu allen technischen

---

[651] *Sdruzeni Jihoceske Matky v. Czech Republic*, Appl. No. 19101/03, para. 1.1. Die Tatsache, dass der EGMR hier von der Informationsempfangsfreiheit nach Artikel 10 *Abs. 2* EMRK spricht (la liberté de recevoir des informations, mentionneé au pragraphe 2 de l´article 10 de la Convention), ist wohl als ein Versehen zu werten.
[652] Vgl. erneut *Guerra et. al. v. Italy*, Appl. No. 14967/89, Rep. 1998-I, p. 210 f., para. 53.
[653] Sdruzeni Jihoceske Matky v. Czech Republic, Appl. No. 19101/03, para. 1.1.
[654] Sdruzeni Jihoceske Matky v. Czech Republic, Appl. No. 19101/03, para. 1.1.

Informationen des Kernkraftwerkes Zugang zu erhalten, da diese im Gegensatz zu solchen über die ökologischen Auswirkungen keinen Gegenstand öffentlichen Interesses darstellten (« La Cour estime en effet que l´article 10 de la Convention ne saurait être interprété comme garantissant le droit absolu d´accéder à tous les détails techniques relatifs à la construction d´une centrale, car, à la différence des informations concernant l´impact environnemental de celle-ci, de telles données ne sauraient relever de l´intérêt général »)[655]. Der Gerichtshof erkennt in Bezug auf den Schutzbereich des Rechts auf freien Informationsempfang des Artikel 10 Abs. 1 S. 2 EMRK also gerade kein Recht auf Zugang zu behördlichen Informationen unabhängig vom Vorliegen eines weiteren berechtigten Interesses an, wie es für Informationszugangsrechte im Sinne dieser Ausarbeitung charakteristisch ist, sondern verneint hinsichtlich der konkret angeforderten Dokumente ein allgemeines öffentliches Zugangsinteresse. Dies verstärkt er weiter, indem er im Folgenden feststellt, dass nach Ansicht des Gerichts die Antragstellerin nicht deutlich vorgetragen habe, inwieweit die Zugangsverweigerung sie daran gehindert habe, ihre Ziele im weiteren Verlauf dieser Sache weiter zu verfolgen (« De l´avis de la Cour, l`intéressée n´a pas clairement démontré en quoi le refus d´accéder aux documents sollicités l´avait empêché de poursuivre ses buts dans le cadre de cette procédure »)[656]. Genau wie im Fall *X. v. The Federal Republic of Germany*[657] wird damit das vom Gerichtshof erwogene Zugangsrecht an die weitere Bedingung einer individuellen, besonderen Bedeutung für den Antragsteller geknüpft und damit an das Vorliegen eines spezifischen rechtlichen oder sonstigen Interesses, welches allgemeinen Informationszugangsrechten charakteristischerweise gerade fehlt.

Erst dann kommt der Gerichtshof zu der Feststellung, dass man auch die von der Behörde angeführten, mit der Zugangsverweigerung verfolgten Zwecke nicht habe entkräften können, welche im Einklang mit den Anforderungen des Einschränkungsvorbehalts des Artikel 10 Abs. 2 EMRK stünden, so dass der Eingriff in das Recht der Antragstellerin auf freien Informationsempfang nicht außer Verhältnis zu den mit dem Eingriff verfolgten Zwecken einzustufen sei.

Auch wenn die Formulierung des Gerichtshofs hinsichtlich der Anerkennung der Ableitbarkeit des Grundsatzes des öffentlichen Zugangs zu amtlichen Informationen vom Recht auf freien Informationsempfang nach Artikel 10 Abs. 1 S. 2 EMRK damit jedenfalls als ambivalent zu bewerten ist und für die Zukunft zumindest eine weiter gestärkte Tendenz hinsichtlich der Erweiterung des Schutzbereichs auf Informationszugangsrechte begründen dürfte, ist sie auf-

---

655 Sdruzeni Jihoceske Matky v. Czech Republic, Appl. No. 19101/03, para. 1.1.

656 Sdruzeni Jihoceske Matky v. Czech Republic, Appl. No. 19101/03, para. 1.1.

657 Vgl. bereits zuvor *X. v. The Federal Republic of Germany*, Appl. No. 8383/78, DR 17, 228 f.

grund der Forderung eines spezifischen individuellen Zugangsinteresses nicht ins Letzte konsequent.

Dem entspricht insbesondere die abschließende Entscheidung des Gerichtshofs: Der EGMR weist die Beschwerde hinsichtlich der Verletzung von Artikel 10 EMRK wie auch hinsichtlich der sonstigen gerügten Rechtsverletzungen nach Artikel 35 Abs. 4 EMRK als unzulässig zurück wegen offensichtlicher Unbegründetheit i.S.v. Artikel 35 Abs. 3 EMRK (« Il s´ensuit que le grief doit être rejeté pour défaut manifeste de fondement, en application de l´article 35 §§ 3 et 4 de la Convention »)[658].

Hätte der Gerichtshof den Schutzbereich der Informationsempfangsfreiheit des Artikel 10 Abs. 1 S. 2 EMRK tatsächlich für Informationszugangsrechte unabhängig vom Vorliegen spezifischer rechtlicher oder sonstiger Interessen eröffnet gesehen, hätte es nahegelegen, dass er die Beschwerde vernünftigerweise vielmehr als unbegründet wegen Rechtfertigung des Eingriffs nach Artikel 10 Abs. 2 EMRK hätte abweisen müssen. Die Zurückweisung als unzulässig wegen offensichtlicher Unbegründetheit in Zusammenhang mit der Erörterung des fehlenden Vorliegens eines öffentlichen Interesses an den Informationen lässt hingegen eher vermuten, dass der Gerichtshof im Einklang mit seiner bisherigen Rechtsprechung nicht von einer Ausweitung der Informationsempfangsfreiheit auf *allgemeine* Informationszugangsrechte ausgegangen ist. Berücksichtigt man zudem, dass dem EGMR die Brisanz dieser Frage durchaus bewusst sein dürfte, so spricht nicht zuletzt auch die Tatsache, dass die Entscheidung bis heute lediglich in der französischen Originalsprache erschienen ist, gegen eine Absicht des Gerichtshofes, seine viel beachtete Rechtsprechung in dieser Frage durch diese Entscheidung - zumal im Gewand einer Zurückweisung als unzulässig wegen offensichtlicher Unbegründetheit - quasi „klammheimlich“ geändert zu haben.

Die bisherige Verneinung der Frage nach der Ableitbarkeit von Informationszugangsrechten vom Recht auf freien Informationsempfang nach Artikel 10 Abs. 1 S. 2 EMRK durch die Literatur mit - oft jedoch nur pauschaler - Bezugnahme auf die Rechtsfindung der Konventionsorgane[659], dürfte sich damit auch durch diese jüngste Entscheidung des EGMR in der Sache *Matky* nicht geändert haben, zumal bis dato bezeichnenderweise keine Ausführungen der Literatur zu den Auswirkungen dieser Entscheidung recherchiert werden konnten, was angesichts ihrer Zäsurwirkung bei entsprechender Lesart unverständlich wäre.

---

[658] Sdruzeni Jihoceske Matky v. Czech Republic, Appl. No. 19101/03, para. 1.1.

[659] *Frowein/Peukert*, Europäische Menschenrechtskonvention, Artikel 10 Rdn. 13; *Peukert*, Die Kommunikationsrechte im Lichte der Rechtsprechung der Organe der EMRK, in: *Däubler-Gmelin u.a.*, Festschrift für Mahrenholz, S. 280; *Meyer-Ladewig*, EMRK-Handkommentar, Art. 10 Rdn. 14.

Dennoch ist zu betonen, dass die Rechtsfindung der Konventionsorgane andererseits einer zukünftigen Ableitung von Informationszugangsrechten von der Informationsempfangsfreiheit nicht nur nicht entgegensteht, sondern dass diese aufgrund der erläuterten bereits erfolgten ausdrücklichen Andeutungen sogar naheliegt. Aufgrund der Eigenschaft der EMRK als "living instrument" könnte sich der Gerichtshof, wie er selbst festgestellt hat, bei einer entsprechenden Änderung der Umstände nicht mehr an frühere Urteile gebunden halten[660]. Da wie oben erläutert die Vorgaben der EMRK nicht als statisch, sondern vielmehr als die gesellschaftlichen Veränderungen reflektierend verstanden werden, beinhaltet der Ansatz einer evolutiven Auslegungsmethode, dass die Rechtsfindungsorgane der Konvention den jeweiligen Jetztzustand der rechtlichen Gegebenheiten und Überzeugungen im Raum der Unterzeichnerstaaten der EMRK zu berücksichtigen haben und folglich bei der Auslegung der Bestimmungen nicht auf die Auffassung zu Zeiten des Entwurfs der Konvention abstellen können[661]. Neben der eigenen Rechtsfindung der Konventionsorgane hat die Interpretation der Konventionsrechte damit andere internationale und europäische Instrumente sowie das gemeinsame europäische Schutzniveau der entsprechenden Rechte auf der Basis nationalen Rechts und der Praxis in den Mitgliedern des Europarats einzubeziehen[662]. Nachweis dieser Rechtsüberzeugung der Mitgliedsländer kann dabei auch in Äußerungen der Mitgliedsländer oder anderer Organe des Europarats gefunden werden, welche für sich genommen nicht rechtsverbindlich sind. Eine respektable Zahl von Deklarationen, Empfehlungen und Resolutionen verschiedenster Organe des Europarats haben sich ebenso wie mehrere vom Europarat durchgeführte Kolloquien in diesem Sinne mit dem Schutzbereich der Informationsempfangsfreiheit befasst. Im Folgenden soll der Versuch unternommen werden, die in diesem Zusammenhang bestehende Rechtsüberzeugung im Raum des Europarats herauszuarbeiten.

1970 bestimmte die Beratende Versammlung des Europarats in Resolution 428 hinsichtlich der Meinungsäußerungsfreiheit wie folgt: "This right shall include freedom to seek, receive, impart, publish and distribute information and ideas. There shall be a corresponding duty for the public authorities to make available information on matters of public interest within reasonable limits and a duty for mass communication media to give complete and general information on public affairs."[663].

---

660 *Christine Goodwin v. The United Kingdom*, Appl. No. 28957/95, Rep. 2002 VI, p. 26, para. 74.

661 *Tyrer v. UK*, 1978, Series A 26, para. 31.

662 *van Dijk/van Hoof*, Theory and Practice of the European Convention on Human Rights, p. 78.

663 Res. 428 (1970), Council of Europe, Consultative Assembly, Twenty-First Ordinary Session (Third Part), 22-30 January 1970, p. 2.

Während sich diese Resolution vorwiegend mit den Interessen der Massenmedien und dem Recht auf Zugang zu im *öffentlichen Interesse* stehenden Verwaltungsinformationen befasste und damit die Tradition früherer Äußerungen fortsetzt, bezog sich die Parlamentarische Konferenz von Wien im Jahre 1971 diese bisherige Beschränkung benennend dagegen unter Verweisung auf die diesbezügliche schwedische Gesetzgebung, nach welcher amtliche Dokumente mit Ausnahme gesetzlich vorgeschriebener Fälle grundsätzlich jedermann erhältlich seien, auf das auch für den Einzelnen bestehende Interesse am Erhalt von Informationen durch die Behörden[664]. Die Konferenz bekannte sich damit im Rahmen des Europarats erstmals zum Grundsatz des öffentlichen Zugangs zu amtlichen Dokumenten. Dieses Bekenntnis setzte sich in der Folge jedoch alles andere als lückenlos fort.

Das Ministerkomitee beauftragte das Expertenkomitee für Menschenrechte mit der Fortentwicklung der Informationsfreiheit nach Artikel 10 Abs. 1 S. 2 EMRK wieder lediglich im Hinblick auf einen Zugang zu im öffentlichen Interesse stehenden Informationen wie folgt: "[to study] the extension of the right to freedom of information provided for in Article 10 of the European Convention on Human Rights, by the conclusion of a protocol or otherwise, so as to include freedom to seek information (which is included in Article 19 (2) of the UNO Covenant on Civil and Political Rights); there should be a corresponding duty on public authorities to make information available on matters of public interest subject to appropriate limitations"[665].

Der im Jahre 1975 folgende Vorschlag durch das Expertenkomitee für Menschenrechte wies schließlich eine noch geringere Reichweite auf, indem er sich darauf beschränkte, Artikel 10 EMRK das Recht der Informationsbeschaffungsfreiheit ("to seek information"), d.h. das Recht eigener Tätigkeit zum Erhalt von Informationen allgemein zugänglicher Natur, im Wege eines neuen Protokolls beizufügen[666].

Auch das internationale Kolloquium zur EMRK in Rom befasste sich im gleichen Jahr lediglich mit der Frage, ob die Informationsempfangsfreiheit die staatliche Pflicht zur Zugänglichmachung von im öffentlichen Interesse stehenden Informationen umfasse, und kam zu dem Ergebnis, dass eine evolutive Auslegung durch die Konventionsorgane in diesem Sinne wünschenswert sei, da sie die Änderung der Bestimmung oder den Abschluss einer zusätzlichen Regelung ersetzen könne[667].

---

664 "Parliamentary Conference on Human Rights" (Vienna 18.-20.10.1971), Strasbourg 1972, p. 19.

665 *Ragaz*, Die Meinungsäußerungsfreiheit in der EMRK, S. 89.

666 Text abgedruckt in: European Yearbook, Vol. 18 (1975), pp. 71-74, insb. p. 72.

667 *Ragaz*, Die Meinungsäußerungsfreiheit in der EMRK, S. 90 f.

Einen in seiner Reichweite umfassenderen Ansatz verfolgte hingegen ein Jahr später das Kolloquium des Europarats über „Informationsfreiheit und die Pflicht der Behörden, Informationen zugänglich zu machen“ in Graz[668]. Trotz ausdrücklicher Bezugnahme auf die zu damaligem Zeitpunkt sehr divergierenden nationalen Regelungen hinsichtlich der Gewährung von Informationszugangsrechten wurden selbige auf dem Kolloquium als für die Realisierung des freien öffentlichen Meinungs- und Informationsaustausches geeignetes Mittel bezeichnet und befunden, dass die Öffentlichkeit der Informationen ein wesentliches Element der Demokratie darstelle, da nur der informierte Bürger seine demokratischen Pflichten selbst wahrnehmen könne. Daneben wurde auf die positiven Auswirkungen für ein besseres Verständnis staatlicher Maßnahmen sowohl genereller wie individuell gegen den Einzelnen gerichteter Art verwiesen und die infolge der Publizität verbesserte Kontrolle der Verwaltung hervorgehoben. Einigkeit bestand dahingehend, dass das Problem der Geheimhaltung erfordernden Fälle durch Ausnahmeregelungen lösbar sei.

Im Jahr 1979 verabschiedete die Beratende Versammlung Empfehlung 854 über die Informationsfreiheit und den Zugang der Öffentlichkeit zu behördlichen Informationen[669]. Sie gründet auf der Überzeugung, dass das Funktionieren einer repräsentativen Demokratie auf der Informiertheit der Bürger und gewählten Vertreter beruhe. Angesichts der Tatsache, dass die Regierung sowie andere staatliche Behörden über eine Vielzahl an Informationen verfügten, die nicht über allgemein zugänglichen Quellen erhältlich seien, bezeichnet die Empfehlung es als wünschenswert, dass der Allgemeinheit zu diesen Dokumenten vorbehaltlich unvermeidlicher Ausnahmen Zugang gewährt werde. Wiederum ist insbesondere die ausdrückliche Bezugnahme der Empfehlung auf die entsprechende schwedische Rechtslage sowie anderer Mitglieder des Europarats als auch den in diesem Zusammenhang in den USA verabschiedeten "Freedom of Information Act" und den "Privacy Act" hervorzuheben. Die Empfehlung rät dem Ministerkomitee, die Mitgliedsländer zur Gewährung eines Systems zum Schutz der Informationsfreiheit dergestalt zu veranlassen, dass ein allgemeines Recht auf Zugang zu behördlichen Informationen gewährleistet werde.

Dieser Aufforderung kam das Ministerkomitee im Jahre 1981 durch seine Empfehlung zum Zugang zu behördlichen Informationen nach, indem es wie folgt befand: "Considering the importance for the public in a democratic society of adequate information on public issues (...) everyone shall have the right to obtain, on request, information held by public authorities other than legislative bodies and judicial authorities [and that this access to information] shall not be

[668] Vgl. *Ranner*, Kolloquium in Graz, EuGRZ 1976, 447 ff.
[669] Recommendation 854 (1979) on Access by the Public to Government Records and Freedom of Information, Text abgedruckt in: European Yearbook, Vol. 27 (1979), pp. 362-384.

refused on the ground that the requesting person has not a specific interest in the matter"[670].

Des Weiteren verabschiedete das Ministerkomitee im Jahre 1982 auf der Grundlage von Artikel 15 lit. a der Satzung des Europarats eine Erklärung über die Meinungsäußerungs- und Informationsfreiheit[671]. Eine Bezugnahme auf den Grundsatz des öffentlichen Zugangs zu amtlichen Dokumenten findet sich in der Deklaration jedoch nicht.

Im Jahre 1985 veranstaltete der Europarat ein weiteres Menschenrechtskolloquium in Sevilla und analysierte Berichte zur Meinungsäußerungs- und Informationsfreiheit in einer demokratischen Gesellschaft[672]. Hinsichtlich Informationszugangsrechten im Sinne dieser Ausarbeitung bezog sich das Kolloquium auf die oben erwähnte Empfehlung des Ministerkomitees aus dem Jahre 1981. Es kommentiert diese Empfehlung dahingehend, dass das Ministerkomitee bei der Verabschiedung Informationszugangsrechte offensichtlich nicht als von Artikel 10 EMRK umfasst bewertete und dass traditionell das verfassungsmäßige Recht der Informationsempfangs- und -beschaffungsfreiheit kein allgemeines demokratisches Recht auf Aktenzugang beinhalte, sondern letzteres vielmehr auf zusätzlicher Gesetzgebung beruhe, welche trotz einer wachsenden Tendenz in einer beachtlichen Anzahl von Mitgliedsländern weiterhin fehle[673].

Sowohl die Parlamentarische Versammlung als auch das Ministerkomitee hielten in Empfehlungen aus den Jahren 1986 und 1991 die Forderung nach nationaler Gewährleistung von Informationszugangsgesetzen aufrecht[674]. Als weitere rechtlich nicht verbindliche Empfehlung fordert eine Recommendation des Committee of Ministers aus dem Jahre 2002 die Mitgliedstaaten zur Gewährleistung des allgemeinen Grundsatzes auf Zugang zu amtlichen Dokumenten auf[675].

---

670 Recommendation No. R (81) 19 on the Access to Information held by Public Authorities; Text abgedruckt in: European Yearbook, Vol. 29 (1981), pp. 360-364, preamble and para. I, III.

671 Englischer Text abgedruckt in: ArchVR 1983, pp. 124-125.

672 Vgl. den Report hierzu bei *Bullinger*, Freedom of expression and information, HRLJ 1985, 339 ff.

673 *Bullinger*, Freedom of expression and information, HRLJ 1985, 339 (354-355); allgemein zum gleichen Ergebnis kommend auch Schweizerisches Bundesgericht in seinem Urteil P 166, 180/76, vgl. EuGRZ 1979, 3 (5).

674 Vgl. *Angelov*, Grundlagen und Grenzen eines staatsbürgerlichen Informationszugangsanspruchs, S. 120 f., Fn. 553, m.V.a. Recommendation No. 1037 (86) by the Parliamentary Assembly of the Council of Europe on Data Protection and Freedom of Information, European Yearbook, Vol. 34 (1986), p. 21 und Recommendation No. R (91) 10 by the Committee of Ministers of the Council of Europe on the Communication to Third Parties of Personal Data Held by Public Bodies, European Yearbook, Vol. 39 (1991), p. 13.

675 Recommendation (2002) of the Committee of Ministers of the Council of Europe to Member States on Access to Official Documents, deutsche nichtamtliche Übersetzung zu fin-

Weiter ist darauf hinzuweisen, dass die Nichtverabschiedung von verbindlichen völkerrechtlichen Instrumenten des Europarats im Rahmen der Forderung nach der Gewährleistung von Informationszugangsrechten keinesfalls zwingend bedeutet, dass selbige weder von Artikel 10 Abs. 1 S. 2 EMRK umfasst noch durch zusätzliche Abkommen gültiges regionales Völkerrecht geworden sind. Es kann hierin vielmehr auch die Vermeidung der Argumentationsmöglichkeit nicht-unterzeichnender Staaten gesehen werden, Artikel 10 EMRK umfasse nicht schon als solcher die in den zusätzlichen Instrumenten bezeichneten Rechtspositionen[676]. Damit kann die Nichtverabschiedung entsprechender rechtsverbindlicher Instrumente bis zum heutigen Tag auch als Indiz dafür gewertet werden, dass bevorzugt wird, eine die Gewährleistung von Informationszugangsrechten umfassende Reichweite des Schutzbereichs des Rechts auf freien Informationsempfang nach Artikel 10 Abs. 1 S. 2 EMRK im Wege evolutiver Gesetzesinterpretation festzustellen, welche dann ohne Weiteres für alle durch die EMRK gebundenen Staaten verpflichtend und gegenüber gesonderten Regelungen damit zu bevorzugen wäre[677].

Es bleibt zu beantworten, ob sich die nationale Rechtspraxis im Raum des Europarats bis zum Zeitpunkt dieser Ausarbeitung dahingehend entwickelt hat, dass eine evolutive Interpretation der Informationsempfangsfreiheit des Artikel 10 Abs. 1 S. 2 ERMK im Sinne einer Pflicht zur Gewährung von Informationszugangsrechten möglich ist.

Voranzustellen ist dieser Überprüfung, dass die Durchführung einer zur Beantwortung dieser Frage wünschenswerten Rechtsvergleichung aller betroffenen nationalen Rechtsordnungen den Rahmen dieser Ausarbeitung überfordern würde. Gleichzeitig erscheint sie allerdings für das Ergebnis dieser Arbeit nicht zwingend erforderlich. Bereits ein Überblick über die entsprechende Rechtslage ermöglicht für die hiesige Fragestellung hinreichende Einsichten.

Der Europarat zählt zum jetzigen Zeitpunkt 47 Mitglieder, von denen lediglich der am 11. Mai 2007 zuletzt beigetretene Staat Montenegro nicht auch die Europäische Menschenrechtskonvention unterzeichnet hat, was entsprechend der bisherigen Praxis jedoch nur ein vorübergehender Zustand sein dürfte[678].

---

den auf der Internetseite: www.medialaw.ru/laws/other_laws/european/e-rec2002(2).htm , zuletzt abgerufen am 25.9.2007.

676 Auf diese Gefahr hinweisend *Malinverni*, Freedom of Information in the ECHR and in the ICCPR, HRLJ 1983, 443 (449-450).

677 *Malinverni*, Freedom of Information in the ECHR and in the ICCPR, HRLJ 1983, 443 (450).

678 Vgl. zu einer Übersicht der Mitgliedstaaten des Europarates mit Beitrittsdatum die Aufstellung auf der Homepage des Europarates, www.coe.int sowie zu dem jeweiligen Zeitpunkt der Ratifikation der EMRK und ihrer Zusatzprotokolle die Aufstellung auf der Homepage des EGMR, www.echr.coe.int, jeweils zuletzt abgerufen am 25.9.2007.

Zur Beantwortung der Frage nach der evolutiven Ableitbarkeit von Informationszugangsrechten von der Informationsempfangsfreiheit des Artikel 10 Abs. 1 S. 2 EMRK ist zum einen der Bedeutungswandel der Kommunikationsfreiheiten in Zeiten eines fortentwickelten Demokratieverständnisses zu berücksichtigen[679]. Nach *Bullinger* übersetzt das veränderte Demokratieverständnis die liberalen Ideen des 19-ten Jahrhunderts unter Einbeziehung der Bedürfnisse der Massengesellschaft in die Gesellschaftsform einer pluralistischen Demokratie[680]. Dem entsprechend sei der Begriff der demokratischen Gesellschaft auch durch die Konventionsorgane unter Berücksichtigung des Demokratieverständnisses der Mitglieder des Europarats ausgelegt und auf die Schlüsselworte des Pluralismus und der Toleranz gestützt worden[681]. *Bullinger* leitet aus diesem Konzept der pluralistischen Demokratie für die Kommunikationsfreiheiten fünf Merkmale ab, von denen sich grundsätzlich zwei für die Ableitung von Informationszugangsrechten aus der Informationsempfangsfreiheit des Artikel 10 Abs. 1 S. 2 EMRK eignen könnten: Zum einen argumentiert er, dass sich der Staat und die Gesellschaft in einer pluralistischen Demokratie nicht mehr auf eine von allen und allem zu fördernde vorformulierte Doktrin gründeten, sondern abgesehen von einem Minimalkonsens lediglich eine relative Wahrheit als Ergebnis von Diskussion und Kompromissfindung existiere[682]. Und zweitens bezieht er sich auf das Charakteristikum eines Wettkampfes verschiedener politischer Gruppierungen, in welchem jede Minderheit die Chance besitze, die öffentliche Meinung zugunsten ihrerselbst zu drehen und dadurch bei zukünftigen Wahlen zur Mehrheitsgruppierung zu werden, wobei als Mittel ausschließlich die Macht der Argumentationskraft zur Verfügung stehe[683]. Wenn diese Merkmale in einer pluralistischen Demokratie auf die Kommunikationsfreiheiten ausstrahlen, dann besteht hierin grundsätzlich eine Möglichkeit für die evolutive Auslegung des Rechts auf freien Informationsempfang im Sinne einer Ableitbarkeit des Rechts auf Informationszugang: Sowohl die öffentliche Diskussion anstelle vorgefertigter staatlicher Doktrin als auch insbesondere der politische Machtwettstreit benötigen gerade auch die Zugänglichkeit von Informationen, die sich im Besitz staatlicher Behörden befinden, da erst diese Informationen ihrer Art nach die Bildung einer politischen Meinung hinsichtlich der jeweils konkreten staatlichen Tätigkeit ermöglichen.

---

[679] Diesen Bedeutungswandel feststellend *Ragaz*, Die Meinungsäußerungsfreiheit in der EMRK, S. 7.

[680] *Bullinger*, Freedom of expression and information, HRLJ 1985, 339 (343), m.w.N; ebenso *Rosas*, Democracy and Human Rights, in: *Rosas/Helgesen*, Human Rights in a changing East-West Perspective, p. 26.

[681] Vgl. *Bullinger*, Freedom of expression and information, HRLJ 1985, 339 (342), m.V.a. *Handyside*, Series A 24 p. 23, para. 49.

[682] *Bullinger*, Freedom of expression and information, HRLJ 1985, 339 (343).

[683] *Bullinger*, Freedom of expression and information, HRLJ 1985, 339 (343).

Dem entgegenzuhalten ist die Tatsache, dass auch bei der Auslegung des der EMRK zugrunde liegenden Demokratiebegriffs das gemeinsame Demokratieverständnis der Europaratmitglieder heranzuziehen ist[684]. Wenn man weiter davon ausgeht, dass der so zu ermittelnde Demokratiebegriff daher keinen fixen Inhalt hat, sondern vielmehr ständiger Veränderung unterliegt[685], ist damit auch bei der Ermittlung des gemeinsamen Demokratieverständnisses rechtsvergleichend vorzugehen[686]. Wie bereits angedeutet, ist für die Ermittlung eines europäischen Standards entsprechend der Ausführungen bei *Gornig* grundsätzlich ein vollständiger Rechtsvergleich aller nationaler Rechtsordnungen erforderlich, da nicht eine mehrheitliche, sondern vielmehr allein eine grundsätzlich allgemeine Anerkennung der entsprechenden Rechtsüberzeugung im Sinne einer tendenziellen, grundsätzlichen Übereinstimmung der Anwendung dieser Rechtsposition in der Verfassungswirklichkeit die Auslegung der Konvention zu beeinflussen vermag[687]. Unabhängig von der Frage nach der Existenz des Grundsatzes des öffentlichen Zugangs zu amtlichen Dokumenten in den Rechtsordnungen der nicht recherchierten Länder und der verbleibenden Unsicherheit, ob die genannten Feststellungen zu den in der Literatur kommentierten Staaten sämtlich korrekt sind, scheidet aber eine von der Informationsempfangsfreiheit nach Artikel 10 Abs. 1 S. 2 EMRK zwingend umfasste Pflicht zur Gewährleistung von Informationszugang im Wege evolutiver Auslegung schon bei Betrachtung der vorhandenen Darstellungen der nationalen Rechtslagen aus:

Zum einen ist zu berücksichtigen, dass die Ausweitung des Europarats und gleichzeitig damit auch des Kreises der durch die EMRK gebundenen Staaten auf den osteuropäischen Raum bis hin zu Russland im Hinblick auf den Gegenstand der vorliegenden Ausarbeitung nicht ohne Ambivalenz zu beurteilen ist. Im Hinblick auf die Tatsache, dass grundsätzlich ein kleinerer Kreis von Vertragspartnern und die größere Homogenität ihrer Rechtsansichten eine klarere Definition und gesteigerte Durchsetzbarkeit der Rechte ermöglichen[688], stellt *Bullinger* im Jahre 1985 und damit noch vor dem Ende des Ost-West-Konflikts fest, dass die Reichweite der Kommunikationsfreiheiten nach Artikel 10 EMRK nicht denselben demokratischen Sinngehalt haben könne wie im Rahmen des Interna-

---

[684] *Gornig*, Äußerungsfreiheit und Informationsfreiheit als Menschenrechte, S. 302, wobei sich die Ausführungen auf den unbestimmten Rechtsbegriff der „demokratischen Gesellschaft" im Rahmen des Einschränkungsvorbehalt nach Artikel 10 Abs. 2 EMRK beziehen. Für die Auslegung des den Schutzbereich der Kommunikationsfreiheiten beeinflussenden Demokratieverständnisses kann jedoch nichts anderes gelten, was auch *Gornig* auf Seite 303 zum Ausdruck bringt, wenn er den Begriff neben der Interpretation der Schranken auch zur Auslegung des Inhaltes der in Artikel 10 EMRK gewährleisteten Rechte heranzieht.

[685] *Gornig*, Äußerungsfreiheit und Informationsfreiheit als Menschenrechte, S. 302.

[686] *Gornig*, Äußerungsfreiheit und Informationsfreiheit als Menschenrechte, S. 304.

[687] *Gornig*, Äußerungsfreiheit und Informationsfreiheit als Menschenrechte, S. 304.

[688] So auch *Gornig*, Menschenrechte im Völkerrecht, in: *Blumenwitz/Gornig/Murswiek*, Minderheitenschutz und Menschenrechte, S. 179.

tionalen Pakts über bürgerliche und politische Rechte bzw. der Allgemeinen Erklärung der Menschenrechte, da letztere Abkommen aufgrund ihrer universellen Geltung in Ländern mit verschiedensten Demokratiekonzepten Anwendung fänden, welche nicht immer den Charakter einer pluralistischen Demokratie aufwiesen[689]. Diese Diversität von Demokratiekonzepten hat sich zumindest mit dem Beitritt Russlands zum Europarat und der EMRK auch auf das Demokratieverständnis der EMRK übertragen. Zwar wurde hiermit der Menschenrechtsschutz insgesamt zugunsten einer großen Anzahl von Menschen ausgeweitet, das Demokratiekonzept dürfte sich hingegen weiterhin von dem der westlichen Mitgliedsländer unterscheiden. Der von *Bullinger* gesehene - wenn auch im Ergebnis verneinte - Trend dahingehend, dass zumindest im Europarat der Grundsatz der pluralistischen Demokratie die Gewährleistung von Informationszugangsrechten nahelegt, hat sich damit nicht eben verstärkt.

Zu gleichem Ergebnis führt auch eine Bestandsaufnahme der Verbreitung des Grundsatzes des öffentlichen Zugangs zu amtlichen Dokumenten in den nationalen Rechtsordnungen der durch die EMRK gebundenen Staaten. Entgegen der Feststelllung auf dem Kolloquium in Sevilla kann heute zwar nicht mehr davon gesprochen werden, dass Gesetze zur Gewährleistung des Rechts auf freien Informationszugang bei einer beachtlichen Zahl von Mitgliedsländern weiterhin fehlen. Mit dieser Frage beschäftigte sich im Jahre 1981 ein von der Projektgruppe Datenzugangsrecht des Bundesinnenministeriums in Auftrag gegebenes Gutachten des *Heidelberger Max-Planck-Instituts für ausländisches öffentliches Recht und Völkerrecht (MPI)*[690] sowie Literaturhinweise zu zahlreichen ausländischen Regelungen zu allgemeinen Informationszugangsrechten in einer Ausarbeitung *Trantas* aus dem Jahre 1998[691]. Im Internet finden sich des Weiteren auf den Seiten von *geocities* sowie auf der Homepage von *Sobotta* Auflistungen und Nachweise zahlreicher ausländischer Informationszugangsrechte[692]. Ein internationaler Vergleich der Kommunikationsfreiheiten von *Breunig* aus dem Jahre 1994 liefert einen universellen Überblick über die Verbreitung und den Schutzbereich des Rechts auf Informationsfreiheit in den nationalen Rechtsordnungen[693]. Die Richtigkeit dieser Übersichten unterstellt, ist für 36 Unterzeichnerstaaten der EMRK die Existenz nationaler Informationszugangsrechte positiv festgestellt, wobei darauf hinzuweisen ist, dass von Propagisten des Grundsatzes des öffentlichen Zugangs zu amtlichen Dokumenten mitunter das Charakteristikum der Unabhängigkeit des Zugangsanspruchs vom Vorliegen eines berechtigten Interesses nicht sehr ernst genommen wird, so dass fraglich erscheint, ob es

---

689 *Bullinger*, Freedom of expression and information, HRLJ 1985, 339 (344).
690 *Bernhardt*, MPI-Gutachten über ausländisches Datenzugangsrecht.
691 *Trantas*, Akteneinsicht und Geheimhaltung im Verwaltungsrecht, S. 553 ff.
692 Vgl. www.geocities.com/walter_keim/informationsfreiheitsgesetz.htm sowie http://user.uni-frankfurt.de/~sobotta/FOI_MS.htm, beide zuletzt abgerufen am 25.9.2007.
693 *Breunig*, Kommunikationsfreiheiten, S. 70 ff.

sich bei den jeweiligen Rechten tatsächlich sämtlich um allgemeine Informationszugangsrechte im Sinne dieser Ausarbeitung handelt[694]. Für die Länder Liechtenstein und Malta konnte in eigenen Ermittlungen recherchiert werden, dass sie derzeit nicht über nationale allgemeine Informationszugangsrechte verfügen.

Zwar finden sich teilweise in den Verfassungen der genannten Länder Bestimmungen zum Informationszugang, in fast keinem Fall wird das Recht auf Informationszugang aber von der Informationsfreiheit als solcher bereits umfasst. In der überwältigenden Mehrzahl der Fälle werden Informationszugangsrechte vielmehr erst durch einfaches Gesetzesrecht gewährleistet und befinden sich damit in der Normenhierarchie unterhalb des Verfassungsrangs. Trotz der allgemeinen Tendenz zur Gewährleistung von Informationszugangrechten ohne die Anforderung des Nachweises eines qualifizierten Individualinteresses kann damit eine grundsätzliche Rechtüberzeugung dahingehend, dass selbige Teil des verfassungsmäßigen Rechts auf freien Informationsempfang bildeten, nicht verifiziert werden[695]. Allein eine solche würde aber eine entsprechende Auslegung der Reichweite des von Artikel 10 Abs. 1 S. 2 EMRK gewährleisteten Schutzumfangs im Wege evolutiver Interpretation rechtfertigen. Angesichts der des Weiteren in großem Maße divergierenden tatsächlichen Norminhalte hinsichtlich Schutzbereich und Einschränkbarkeit begründen diese formell als Informationszugangsgesetze bezeichneten nationalen Normen zudem allenfalls eine schwache Grundlage für die Feststellung einer entsprechenden allgemeinen europäischen Rechtsüberzeugung selbst auf der Ebene des einfachen nationalen Gesetzesrechts. Von der Bezeichnung als Informationszugangsgesetz ist in diesem Zusammenhang keineswegs in allen Fällen auf die Existenz eines Zugangsanspruchs unabhängig vom Vorliegen eines berechtigten Interesses im Sinne dieser Ausarbeitung zu schließen.

Bis heute kann dem Recht auf freien Informationsempfang nach Artikel 10 Abs. 1 S. 2 EMRK damit auch im Wege evolutiver Auslegung keine nationale Pflicht zur Gewährleistung von Informationszugangsrechten entnommen werden.

---

694 In den Übersichten wird die Existenz von Informationszuganggesetzen bejaht für die nationalen Rechtsordnungen der Länder: Albanien, Armenien, Aserbaidschan, Belgien, Bosnien und Herzegowina, Bulgarien, Dänemark, Estland, Finnland, Frankreich, Georgien, Deutschland, Griechenland, Island, Irland, Italien, Kroatien, Lettland, Litauen, Mazedonien, Moldawien, Niederlande, Norwegen, Österreich, Polen, Portugal, Rumänien, Russland, Slowakei, Spanien, Schweden, Schweiz, Tschechische Republik, Ungarn, Unkraine und Vereinigtes Königreich; keine Ausführungen beinhalten die genannten Quellen zu den Ländern: Andorra, Luxemburg, Monaco, San Marino, Zypern.

695 So im Ergebnis auch *Nolte*, Die Herausforderung für das deutsche Recht der Akteneinsicht durch europäisches Gemeinschaftsrecht, DÖV 1999, 363 (368).

Es bleibt damit bei der von *Frowein* dargestellten äußersten Grenze der Ableitung positiver Pflichten vom Recht auf freien Informationsempfang nach Artikel 10 Abs. 1 S. 2 EMRK im Sinne einer staatlichen Pflicht zur Garantie eines Systems, in dem es tatsächlich möglich ist, sich über die grundlegenden Fragen zu informieren, da ansonsten das vom Gerichtshof in einer offenen pluralistischen Demokratie bejahte Recht der Allgemeinheit auf Information leer liefe[696]. Allerdings ist diese demokratische Pflicht der Regierung und anderer staatlicher Behörden, die Staatsbürger über die wesentlichen politischen Fragen zu informieren, nach den vergleichenden Ergebnissen zur Verbreitung eines vom verfassungsmäßigen Recht auf freien Informationsempfang umfassten Rechts auf Informationenzugang in den nationalen Rechtsordnungen der durch die EMRK gebundenen Staaten im Sinne einer konstitutionellen Verpflichtung zu verstehen, deren Durchsetzung Aufgabe der nationalen Parlamente bleibe, so dass sie sich nicht in individuellen Rechten der Staatsbürger niederschlage[697].

(3) Ergebnis

Auch im Rahmen der EMRK ist damit zusammenfassend festzustellen, dass der in den von der EMRK gebundenen Mitgliedsländern existierende gemeinsame Standard pluralistischer Demokratie die Gewährung von Informationszugangsrechten nicht in einer Weise dringend erfordert, nach welcher der Zugang zu Verwaltungsinformationen seiner Art nach für den Bestand der Informationsempfangsfreiheit im Sinne des Artikel 10 Abs. 1 S. 2 EMRK zwingend notwendig wäre. Den Kommunikationsfreiheiten der EMRK kann daher derzeit auch im Wege evolutiver Auslegung kein originäres Teilhaberecht auf Informationszugang entnommen werden.

b. Demokratieprinzip, Partizipationsrechte und Verfahrensrechte

Obwohl die EMRK wie bereits erläutert mit der Präambel an prägnanter Stelle im nichtoperativen Teil auf die Demokratie als wesentliche Grundlage zur Aufrechterhaltung der Grundfreiheiten verweist und auch die Einschränkungsvorbehalte der Artikel 8 Abs. 2, 9 Abs. 2, 10 Abs. 2 und 11 Abs. 2 EMRK an eine Notwendigkeit in einer demokratischen Gesellschaft knüpft und damit das politische Modell der Demokratie zum einzig mit der EMRK vereinbaren System ernennt, kann diesen Bezugnahmen lediglich eine negative Grenze für die Ausübung der Menschenrechte entnommen werden, mangels Eigenschaft als subjektive Rechte aber nicht eine zur Ableitung positiver Rechte erforderliche objektiv-rechtliche Wirkungsrichtung[698].

---

[696] *Frowein/Peukert*, Europäische Menschenrechtskonvention, Artikel 10 Rdn. 13.
[697] *Bullinger*, Freedom of expression and information, HRLJ 1985, 339 (354).
[698] Vgl. bereits oben Kapitel 4 I. 3. a. cc. (2) (c) (cc) sowie allgemein Kapitel 2 III. 4. a. aa.

Hinsichtlich einer aus der EMRK folgenden völkerrechtlichen Pflicht zur nationalen Gewährleistung von Informationszugangsrechten bleiben damit Artikel 3 des Ersten Zusatzprotokolls zur EMRK[699], welcher sich mit dem Recht auf demokratische Partizipation befasst, sowie der Verfahrensrechte gewährende Artikel 6 EMRK zu prüfen.

aa. Recht auf freie Wahlen

Demokratische Partizipation gewährleistet das Recht auf freie Wahlen nach Artikel 3 Erstes Zusatzprotokoll aus dem Jahre 1952 in seiner u.a. verbindlichen englischen Fassung mit folgendem Wortlaut:

"The High Contracting Parties undertake to hold free elections at reasonable intervals by secret ballot, under conditions which will ensure the free expression of the opinion of the people in the choice of the legislature."

Anders als die Allgemeine Erklärung der Menschenrechte und der Internationale Pakt über bürgerliche und politische Rechte, welche auch auf die allgemeineren Grundsätze politischer Partizipation in Form von Volksherrschaft und dem Recht auf Teilnahme an der Gestaltung öffentlicher Angelegenheiten Bezug nehmen, gewährt die EMRK in Artikel 3 Erstes Zusatzprotokoll lediglich das Recht auf freie Wahlen und bezieht sich mit diesem schmaleren Schutzbereich[700] damit nicht auf die Gewährleistung eines allgemeinen Rechts auf politische Partizipation, sondern vielmehr auf die nationale Verwirklichung repräsentativer Demokratie[701]. Die besondere Bedeutung der Bestimmung liegt damit in der Verknüpfung der Pflicht zur Gewährleistung regelmäßiger freier und geheimer Wahlen und der Zusammensetzung der legislativen Gewalt, so dass die Europäische Kommission für Menschenrechte zu der Feststellung gekommen ist, dass Artikel 3 Erstes Zusatzprotokoll die Existenz einer repräsentativen, in regelmäßiger Wahl bestimmten Legislative als Grundlage der demokratischen Verfasstheit einer Gesellschaft voraussetze[702]. Der EGMR hat dem entsprechend bereits bei seiner ersten Befassung mit der Bestimmung die vorrangige Bedeutung von Artikel 3 Erstes Zusatzprotokoll im System der Konvention aufgrund

---

(1) (b).

[699] Englischer Text abgedruckt in: *Brownlie*, Basic Documents in International Law, p. 347; deutscher Text abgedruckt in: Sartorius II, Nr. 131.

[700] *Fox*, The Right to Political Participation in International Law, Yale Journal of International Law Vol. 17 (1992), pp. 539-607 (560).

[701] *Rosas*, Democracy and Human Rights, in: *Rosas/Helgesen*, Human Rights in a changing East-West Perspective, p. 26.

[702] *van Dijk/van Hoof*, Theory and Practice of the European Convention on Human Rights, p. 655, m.V.a. *Greek Case*, Yearbook of the ECHR 1969, 179, para. 416.

der Tatsache betont, dass in der Bestimmung mit dem Wahlrecht ein Wesensprinzip der Demokratie verankert sei[703].

Auffallend ist zunächst die Tatsache, dass der Normtext weder als subjektives Recht noch als staatliche negative Unterlassenspflicht formuliert ist, sondern vielmehr ausdrücklich als positive Pflicht des Staates[704]. Die hieraus zunächst in der Literatur abgeleitete Verneinung einer Geltendmachung der Norm im Rahmen der Individualbeschwerde mangels Gewährung eines subjektiven Rechts[705] ist aufgrund eindeutiger Rechtsfindung der EKMR sowie des EGMR als überholt zu bewerten[706]: Die Kommission befand im Jahre 1975 in Abkehr von früheren Ansätzen, dass "whatever the wording of Article 3, the right it confers is in the nature of an individual right, since this quality constitutes the very foundation of the whole Convention"[707]. Der Gerichtshof bestätigte die Interpretation des nach Artikel 3 Erstes Zusatzprotokoll gewährten Rechts als nicht lediglich institutionelles, sondern vielmehr subjektives Recht auf Partizipation[708].

Die Grenzen des verbindlichen Schutzbereichs dieses subjektiven Rechts sind hingegen eng gezogen: Sofern das Volk an der Zusammenstellung der Legislative in regelmäßigen Abständen durch Wahl partizipiert, sind die von Artikel 3 Erstes Zusatzprotokoll umfassten Anforderungen erschöpft[709]. Konkret wurde in diesem Zusammenhang des Weiteren entschieden, dass die Bestimmung nicht erfordere, dass das Volk im Vorfeld zu einzelnen staatlichen Hoheitsakten etwa im Wege eines Referendums zu konsultieren wäre[710]. Konsequenterweise wird man hieraus folgern müssen, dass der gleiche Maßstab dann erst recht im Nachfeld verwaltungsbehördlicher Entscheidungen gelten muss. Die Auslegung des in Artikel 3 Erstes Zusatzprotokoll gewährten Prinzips repräsentativer Zusam-

---

703 Mathieu-Mohin and Clerfayt v. Belgium, Series A 113, para. 47.

704 *Fox*, The Right to Political Participation in International Law, Yale Journal of International Law Vol. 17 (1992), pp. 539-607 (560); *Rosas*, Democracy and Human Rights, in: *Rosas/Helgesen*, Human Rights in a changing East-West Perspective, p. 26; *van Dijk/van Hoof*, Theory and Practice of the European Convention on Human Rights, p. 656.

705 So z.B. noch *Partsch*, Die Rechte und Freiheiten der europäischen Menschenrechtskonvention, S. 243 f.

706 Hierauf verweisend *Rosas*, Democracy and Human Rights, in: *Rosas/Helgesen*, Human Rights in a changing East-West Perspective, p. 26; *Fox*, The Right to Political Participation in International Law, Yale Journal of International Law Vol. 17 (1992), pp. 539-607 (560); *van Dijk/van Hoof*, Theory and Practice of the European Convention on Human Rights, pp. 660-662; ebenso: *Frowein/Peukert*, Europäische Menschenrechtskonvention, Art. 3 des 1. ZP Rdn. 1.

707 *W, X, Y, and Z v. Belgium*, Appl. No. 6745 and 6746/74, Yearbook of the ECHR 1975, p. 236 (244).

708 Mathieu-Mohin and Clerfayt v. Belgium, Series A 113, para. 48-51.

709 *van Dijk/van Hoof*, Theory and Practice of the European Convention on Human Rights, pp. 657-658.

710 *X. v. Federal Republic of Germany*, Appl. No. 6794/74, DR 3, 98, 103.

mensetzung der Legislative kann damit nicht etwa dahingehend ausgeweitet werden, dass auch die *Durchführung* der Gesetze weiterführenden demokratischen Anforderungen zu genügen hätte, wie sie durch ein Recht auf Informationszugang verwirklich würden[711].

Eine völkerrechtliche Pflicht zur nationalen Gewährleistung von Informationszugangsrechten ist Artikel 3 Erstes Zusatzprotokoll damit nicht zu entnehmen.

bb. Recht auf ein faires Verfahren

Der Vollständigkeit halber sei an dieser Stelle auch kurz zum Versuch Stellung genommen, ein Recht auf Zugang zu behördlichen Informationen vom Recht auf ein faires Verfahren, wie es Artikel 6 Abs. 1 EMRK gewährt, abzuleiten.

Im bereits zitierten Fall *X. v. The United Kingdom* argumentierte der Antragsteller, dass die Geheimhaltung der Zusammensetzung des mit seiner Einstufung im Strafvollzug befassten Ausschusses unter den Schutzbereich des Artikel 6 Abs. 1 EMRK falle, der jedem ein Recht auf Gehör bei der Feststellung seiner zivilrechtlichen Ansprüche oder in einer gegen ihn erhobenen strafrechtlichen Anklage gewähre ("in the determination of his civil rights and obligations or of any criminal charge against him")[712]. Die Europäische Kommission für Menschenrechte befand hierzu Folgendes: "the decision of the Committee to classify a prisoner (...) is not a determination of such matters, not being a question of civil rights or obligations or criminal charges, but an administrative classification"[713].

Wenn noch nicht einmal die inhaltlich mit einem Strafverfahren in Zusammenhang stehenden Verwaltungsentscheidungen unter den Schutzbereich des Artikel 6 Abs. 1 EMRK fallen, muss dies erst recht auch für alle sonstigen bei staatlichen Behörden im Rahmen ihrer Verwaltungstätigkeit befindlichen Informationen gelten.

4. Grenzen für die nationale Gewährleistung von Informationszugangsrechten nach der Europäischen Menschenrechtskonvention

Zur Beantwortung der Frage, inwieweit sich aus der Europäischen Konvention für Menschenrechte Grenzen für die nationale Gewährleistung von Informationszugangsrechten ergeben, ist das dort gewährte Recht auf Privatheit im Hinblick auf den Schutz personenbezogener Daten sowie das Recht auf Eigentum im Hinblick auf den Schutz von Betriebs- und Geschäftsgeheimnissen zu über-

---

711 So im Ergebnis auch *Nolte*, Die Herausforderung für das deutsche Recht der Akteneinsicht durch europäisches Gemeinschaftsrecht, DÖV 1999, 363 (368).
712 *X. v. the United Kingdom*, Appl. No. 8575/79, DR 20, 203.
713 *X. v. the United Kingdom*, Appl. No. 8575/79, DR 20, 203.

prüfen[714]. Neben diesen Grenzen zugunsten kollidierender privater Interessen Dritter ist zu beantworten, ob die EMRK Vorgaben zugunsten der widerstreitenden öffentlichen Interessen an der Funktionsfähigkeit und Effizienz der Verwaltung sowie an nationaler Sicherheit beinhaltet[715].

a. Recht auf ein Privatleben

Das Recht auf ein Privatleben gewährleistet die Europäische Menschenrechtskonvention in Artikel 8 in der u.a. verbindlichen englischen Fassung mit folgendem Wortlaut:

"1. *Everyone has the right to respect for private and family life, his home and his correspondence.*

2. *There shall be no interference by a public authority with the exercise of this right except such as is in accordance with the law and is necessary in a democratic society in the interests of national security, public safety or the economic well-being of the country, for the prevention of disorder or crime, for the protection of health or morals, or for the protection of the rights and freedoms of others."*

Bereits die Formulierung von Artikel 8 EMRK lässt erkennen, dass das Recht auf Achtung des Privatlebens, wie es die Europäischen Menschenrechtskonvention gewährt, in großem Maße durch die Gewährleistung des entsprechenden Rechts in Artikel 12 AEMR inspiriert wurde[716]. Wiederum sind mit dem Schutz der Familie, der Wohnung und der Korrespondenz auch institutionelle Bereiche neben dem Recht auf ein Privatleben im engeren Sinne geschützt[717].

aa. Reichweite des Schutzbereichs hinsichtlich personenbezogener Daten

Die Definition des jeweiligen Schutzbereichs der in Artikel 8 Abs. 1 EMRK benannten Rechte bereitet Schwierigkeiten, zumal die *traveaux préparatoires* jede Klärung der diesbezüglichen materiellen Reichweite der Norm entbehren[718]. Hinsichtlich der Versuche in der Literatur, den Schutzbereich zu interpretieren, kommt *Badinter* nicht ohne spürbares Augenzwinkern zu der Aussage, dass vie-

---

714 Vgl. bereits oben Kapitel 2 III. 4. b. aa.

715 Vgl. bereits oben Kapitel 2 III. 4. b. bb.

716 *Velu*, The European Convention on Human Rights and the Right to Respect for Private Life, the Home and Communications, in: *Robertson*, Privacy and Human Rights, p. 14; *Fawcett*, Application of the ECHR, Article 8 p. 211.

717 *Fawcett*, Application of the ECHR, Article 8, p. 211.

718 *Velu*, The European Convention on Human Rights and the Right to Respect for Private Life, the Home and Communications, in: *Robertson*, Privacy and Human Rights, pp. 15-18, vor allem p. 25.

le Studien ein solch hohes Maß an Respekt für die Privatheit aufwiesen, dass sie von einer genauen Analyse des tatsächlich geschützten Bereichs gleich gänzlich Abstand nähmen[719]. Auch der Europäische Gerichtshof für Menschenrechte kommt zu der Auffassung, dass das „Privatleben" ein weiter Begriff sei und sich nicht abschließend definieren lasse[720].

Vor dem Hintergrund dieser Definitionsschwierigkeiten hat sich die Auffassung durchgesetzt, dass sich die einzelnen in Artikel 8 Abs. 1 EMRK garantierten Rechte trotz der Existenz eigener Schutzbereiche teilweise überschneiden[721] und in ihrer Gesamtheit mehr als die Summe ihrer Einzelteile gewährleisten[722]. Zum einen wurde daraus abgeleitet und in der Rechtsfindung der Europäischen Kommission für Menschenrechte bestätigt, dass sich Beschwerden hinsichtlich des Eingriffs in die private Sphäre auf den Artikel in seiner Gesamtheit bezögen und die genaue Zuordnung zu einem der genannten Rechte entbehrlich sei[723]. Zum anderen ist man in Abkehr von dem Versuch der Subsumtion des jeweiligen Verstoßes unter eine eher vage Definition der vom Recht auf Privatheit umfassten Schutzbereiche dazu übergegangen, in pragmatischer Weise von Artikel 8 Abs. 1 EMRK geschützte Fallgruppen zu entwickeln und aufzulisten[724], wobei diese über die in der Norm explizit benannten Bereiche hinausgehen[725].

Vor dem Hintergrund der allgemein gehaltenen Definition, dass das Recht auf Achtung des Privatlebens dem Individuum eine Sphäre sichern solle, in der es die Entwicklung und Erfüllung seiner Persönlichkeit anstreben[726] und ein Leben nach seiner Wahl leben könne[727], haben die Konventionsorgane hinsichtlich der im Rahmen dieser Ausarbeitung interessierenden personenbezogenen Daten anerkannt, dass der Bereich des Datenschutzes vom Schutzbereich des Artikel 8

---

719 *Badinter*, Le droit au respect de la vie privée, Juris Classeur Périodique, La Semaine Juridique 1968, No. 2136, para. 9.

720 *Pretty v. Vereinigtes Königreich*, Appl. No. 2346/02, Rep. 2002-III, p. 193, § 61; *Niemietz v. Germany*, Series A 251, para. 31.

721 *Frowein/Peukert*, Europäische Menschenrechtskonvention, Artikel 8 Rdn. 1.

722 *Jacobs*, The European Convention on Human Rights, Article 8 p. 126.

723 *van Dijk/van Hoof*, Theory and Practice of the European Convention on Human Rights, p. 489; *Jacobs*, The European Convention on Human Rights, Article 8 p. 126; *X. v. Switzerland*, Appl. No. 8257/78, DR 13, 248, 252 f.

724 *Velu*, The European Convention on Human Rights and the Right to Respect for Private Life, the Home and Communications, in: *Robertson*, Privacy and Human Rights, p. 31; im Ergebnis dieser Logik folgend auch *Schilling*, Internationaler Menschenrechtsschutz, § 13 Rdn. 167, S. 87 f.; *Meyer-Ladewig*, EMRK Handkommentar, Artikel 8 Rdn. 3 ff.

725 *van Dijk/van Hoof*, Theory and Practice of the European Convention on Human Rights, p. 489.

726 Brüggemann and Scheuten v. The Federal Republic of Germany, Appl. No. 6959/75, DR 10, 100, 115, para. 55.

727 *P.G. and J.H v. The United Kingdom*, Appl. No. 44787/98, Rep. 2001-IX, p. 217 f., para. 56-60.

Abs. 1 EMRK umfasst sei. Die EKMR wie auch der EGMR haben in verschiedenen Fällen, darunter auch im bereits zitierten Fall *Leander*, befunden, dass die Sammlung und Speicherung von Daten über eine Person in den Schutzbereich von Artikel 8 Abs. 1 EMRK eingreife und der Rechtfertigung bedürfe[728]. Ausdrücklich hat sich die EKMR auf diese Rechtsfindung im Fall *Lundvall v. Sweden* berufen[729]. In *Amann v. Switzerland* wiederholte der Gerichtshof diese Auffassung mit den Worten "the storing of data relating to the "private life" of an individual falls within the application of Article 8 §1" [730].

Zu beantworten bleibt, welche Art von Daten von diesem Schutz umfasst sind. In früheren Jahren wurde hierzu die Auffassung vertreten, dass nicht alle personenbezogenen Daten nach Artikel 8 Abs. 1 EMRK vor Veröffentlichung zu schützen seien, sondern vielmehr nur solche, die in Verhältnissen beruflicher Vertraulichkeit gegeben oder empfangen wurden[731]. Dies wurde vor allem auf die in dieser Weise eingrenzenden Ausführungen der Beratenden Versammlung (heute: Parlamentarische Versammlung) des Europarats zum Recht auf Privatheit in ihrer Resolution 428 (1970), welche die Deklaration betreffend die Massenmedien und Menschenrechte enthält[732], sowie jene der so genannten Nordic Conference of Jurists on the Right to Respect for Privacy aus dem Jahre 1967 gestützt[733].

Dieses enge Verständnis von den nach Artikel 8 Abs. 1 EMRK zu schützenden Daten scheint heute angesichts der Rechtsfindung der Konventionsorgane überholt, so dass sich die besondere Sensibilität von beruflicher Vertraulichkeit unterliegenden Daten nur mehr im Rahmen der Abwägung der Rechtfertigung von Eingriffen nach Artikel 8 Abs. 2 EMRK niederschlagen kann:

Für eine Eröffnung des Schutzbereichs des Rechts auf Privatheit nach Artikel 8 Abs. 1 EMRK hinsichtlich *aller* personenbezogener Daten spricht zunächst die Tatsache, dass der Gerichtshof im Fall *Amann v. Switzerland* festgestellt hat, dass der Begriff des Privatlebens im Zusammenhang mit dem Bereich des Da-

---

[728] *Leander v. Sweden*, Series A 116, para. 48; *Martin v. Switzerland*, Appl. No. 25099/94, DR 81, 136, 139; *Rotaru v. Romania*, Appl. No. 28341/95, Rep. 2000-V, para. 43.

[729] *Lundvall v. Sweden*, Appl. No. 10473/83, DR 45, 121, 130.

[730] *Amann v. Switzerland*, Appl. No. 27798/95, Rep. 2000-II, p. 269, para. 65.

[731] *Jacobs*, The European Convention on Human Rights, Article 8 p. 126; *Velu*, The European Convention on Human Rights and the Right to Respect for Private Life, the Home and Communications, in: *Robertson*, Privacy and Human Rights, p. 33, 59.

[732] Res. 428 (1970), Council of Europe, Consultative Assembly, Twenty-First Ordinary Session (Third Part), 22-30 January 1970, p. 4.

[733] *Velu*, The European Convention on Human Rights and the Right to Respect for Private Life, the Home and Communications, in: *Robertson*, Privacy and Human Rights, p. 33, 59; Vgl. auch *van Dijk/van Hoof*, Theory and Practice of the European Convention on Human Rights, pp. 489-490, wobei dort diese Eingrenzung im Folgenden nicht übernommen wird.

tenschutzes nicht restriktiv ausgelegt werden dürfe, sondern nur eine weite Lesart der Norm auch im Einklang mit der Konvention des Europarats zum Schutz des Einzelnen bei der automatisierten Verarbeitung personenbezogener Daten stehe[734].

Diese so genannte Datenschutzkonvention war der erste internationale Vertrag, der sich speziell und exklusiv dem Bereich des Datenschutzes widmete. Sie trat am 1. Oktober 1985 in Kraft[735]. Ohne dem Einzelnen einklagbare Rechte zu gewähren[736], macht die Bezugnahme der Datenschutzkonvention auf die Achtung des Rechts auf Privatheit an zwei Stellen der Präambel sowie im Rahmen der Gegenstands- und Zweckbeschreibung nach Artikel 1 deutlich, dass die Unterzeichnerstaaten die nach diesem Vertrag bestehenden Verpflichtungen als in den Schutzbereich des nach Artikel 8 Abs. 1 EMRK garantierten Rechts auf ein Privatleben fallend bewerten. Nach Artikel 1 und Artikel 2 lit. a und c der Datenschutzkonvention umfasst der Begriff des Datenschutzes im Rahmen dieser Konvention den Schutz des Rechts auf Privatheit in Bezug auf jede personenbezogene, also sich auf ein identifiziertes oder identifizierbares Individuum beziehende Information, die in automatisierter Weise in Form von Speicherung, Veränderung, Löschung, Wiederverwendung oder Veröffentlichung verarbeitet wird. Was die Art der dem Datenschutz unterfallenden Informationen betrifft, schließt die Datenschutzkonvention damit *alle* personenbezogenen Daten ein und begrenzt sich nicht lediglich auf Informationen, die beruflichen Vertraulichkeitspflichten unterliegen. Die Tatsache, dass sich die Datenschutzkonvention hierbei ausdrücklich auf das Recht auf Privatheit bezieht, indiziert des Weiteren, dass auch der Schutzbereich des Artikels 8 Abs. 1 EMRK als alle personenbezogenen Daten umfassend ausgelegt wird.

Das gleiche Verständnis liegt auch der Rechtsfindung der Konventionsorgane in den bisher in diesem Zusammenhang entschiedenen Fällen zugrunde. Im Fall *Lundvall* aus dem Jahre 1983 richtete sich der Antrag gegen den allgemeinen Zugang zu einem Register über Steuerschuldner, wobei an keiner Stelle etwaige bestehende diesbezügliche berufliche Vertraulichkeitspflichten thematisiert worden wären. Ohne eine Stellungnahme zu diesem Kriterium kam die Kommission denn auch schlicht zu dem Ergebnis, dass die Zugänglichkeit dieses Registers als solche einen Eingriff in das Recht des Antragstellers auf Achtung seines Privatlebens im Sinne von Artikel 8 Abs. 1 EMRK darstelle ("can as such be regarded as an interference with the applicant`s right to respect for his private

---

[734] *Amann v. Switzerland*, Appl. No. 27798/95, Rep. 2000-II, p. 269, para. 65.

[735] Englischer Text abgedruckt in: *Stadler*, The Council of Europe`s Data Protection Convention, HRLJ 1981, 200 (201-206); deutscher Text abgedruckt in: BGBl. 1985 II, S. 538 ff.

[736] *Schild*, Datenschutz in Europa, EuZW 1991, 745 (747); *Auernhammer*, Die Europäische Datenschutz-Konvention und ihre Auswirkungen auf den grenzüberschreitenden Datenverkehr, DuD 1985, 7 (8).

life as guaranteed by Article 8 para. 1 of the Convention")[737]. Im Fall *Leander* aus dem Jahre 1987 hatte es sich um den Zugang zu Daten über den Antragsteller in einem geheimen Polizeiregister gehandelt, so dass angenommen werden kann, dass für eine Diskussion des Bestehens beruflicher Vertraulichkeitspflichten durchaus Raum gewesen wäre. Während die Kommission noch betont hatte, dass sich die Frage eines Eingriffs in das Recht auf Privatheit nach Artikel 8 Absatz 1 EMRK am Inhalt des betroffenen Registers entscheide, lässt die Entscheidung des Gerichtshofs diese Differenzierung unbeachtet und kommt ohne weitere Begründung zu dem Ergebnis, dass das geheime polizeiliche Register unbestreitbar Informationen enthalte, die das private Leben des Antragstellers beträfen ("[...] uncontested, that the secret police-register contained information relating to Mr. Leander`s private life")[738]. Der Fall *Amann* aus dem Jahre 2000 betraf die Speicherung der Informationen aus einem abgehörten Telefonat hinsichtlich des Bestehens von Kontakten des Antragstellers zur russischen Botschaft und Tätigkeiten desselben für diese in einer Bundesdatei. Der Gerichtshof kam in diesem Zusammenhang zu der Feststellung, dass diese Details unstrittig Daten aus dem privaten Leben des Antragstellers beträfen, der Anwendungsbereich des Artikel 8 Abs. 1 EMRK damit eröffnet sei und ein Eingriff in den Schutzbereich unabhängig von Spekulationen darüber bestünde, ob die Informationen sensibler Natur seien oder der Antragsteller tatsächlich spürbar beeinträchtigt wurde[739].

Die Konventionsorgane beurteilen die Frage des Eingriffs in das Recht auf ein Privatleben damit unabhängig vom Bestehen beruflicher Vertraulichkeitspflichten, so dass davon auszugehen ist, dass grundsätzlich *alle* personenbezogenen Daten dem Schutzbereich des Artikels 8 Abs. 1 EMRK unterfallen[740].

bb. Einschränkbarkeit des Schutzbereichs

Auch die Europäische Menschenrechtskonvention gewährt das Recht auf ein Privatleben nicht absolut, sondern lässt Eingriffe im Rahmen des Einschränkungsvorbehalts nach Artikel 8 Abs. 2 EMRK zu. Sofern nationale Informationszugangsgesetze auch den Zugang zu personenbezogenen Daten Dritter vorsehen, müssen diese Gesetze folglich den Anforderungen von Artikel 8 Abs. 2 EMRK entsprechen, um nicht gegen die nach der EMRK bestehenden völkerrechtlichen Pflichten zu verstoßen.

---

[737] *Lundvall v. Sweden*, Appl. No. 10473/83, DR 45, 121, 131.

[738] *Leander v. Sweden*, Series A 116, para. 48.

[739] *Amann v. Switzerland*, Appl. No. 27798/95, Rep. 2000-II, p. 270, para. 70.

[740] Im Ergebnis scheint dies auch die der neueren Literatur stillschweigend zugrunde liegende Auffassung zu sein, vgl. die Ausführungen bei *van Dijk/van Hoof*, Theory and Practice of the European Convention on Human Rights, pp. 489-494; *Frowein/Peukert*, Europäische Menschenrechtskonvention, Artikel 8 Rdn. 5.

Ein Vergleich der Terminologie des Einschränkungsvorbehalts des Artikels 8 Abs. 2 EMRK mit derjenigen des Artikel 17 Abs. 1 IPbpR legt zunächst angesichts der Auflistung einer Vielzahl besonderer Eingriffszwecke im Rahmen der Bestimmung der EMRK die Schlussfolgerung nahe, dass die EMRK Eingriffe in das Recht auf ein Privatleben in einer breiteren Anzahl von Fällen rechtfertigt, als dies nach dem Menschenrechtspakt der Fall ist[741], welcher lediglich ein Verbot willkürlicher oder rechtswidriger Eingriffe enthält[742]. Tatsächlich ist das Gegenteil der Fall: Entgegen der weiten Formulierung des Artikel 8 Abs. 2 EMRK gewährleistet diese Norm einen besseren Schutz als der vage bleibende Wortlaut nach Artikel 17 Abs. 1 IPbpR[743]. Wie bereits im vorangehenden Kapitel dieser Ausarbeitung ausgeführt, zeugt hiervon die Tatsache, dass im Rahmen der Vorbereitung des Menschenrechtspakts der Vorschlag eines Normtexts orientiert an der Aufzählung der zum Eingriff rechtfertigenden legitimen Zwecke des Artikel 8 Abs. 2 EMRK mit der Begründung abgelehnt wurde, dass hierdurch das Recht der Staaten zur genauen Bestimmung der Grenzen der Norm übermäßig eingeschränkt werde[744]. Der Einschränkungsvorbehalt nach Artikel 8 Abs. 2 EMRK ist daher als abschließende Auflistung der zum Eingriff berechtigenden legitimen Zwecke zu lesen[745].

Entsprechend des Wortlauts von Artikel 8 Abs. 2 EMRK verletzt die durch nationale Informationszugangsgesetze gewährte Zugänglichkeit personenbezogener Daten Dritter das nach der EMRK garantierte Recht auf ein Privatleben nur dann nicht, wenn diese Zugangsgewährung gesetzlich vorgesehen ist ("in accordance with the law"), einen oder mehrere der in Artikel 8 Abs. 2 EMRK abschließend aufgezählten legitimen Zwecke verfolgt ("in the interests of national security, public safety or the economic well-being of the country, for the prevention of disorder or crime, for the protection of health or morals, or for the protection of the rights and freedoms of others") und zudem zur Erreichung dieses Eingriffszwecks in einer demokratischen Gesellschaft notwendig ist ("is necessary in a democratic society").

Neben der formell-rechtlichen Vorgabe, dass nationale Informationszugangsgesetze, die Zugang auch zu personenbezogenen Daten gewähren, damit auf ein

---

741 So vertreten bei *Schilling*, Internationaler Menschenrechtsschutz, § 13 Rdn. 168, S. 89.

742 Vgl. bereits oben Kapitel 3 III. 4. a. cc.

743 *Goose*, Der internationale Pakt über bürgerliche und politische Rechte, NJW 1974, 1305 (1307).

744 Vgl. oben Kapitel 3 III. 4. a. cc.

745 *Frowein/Peukert*, Europäische Menschenrechtskonvention, Vorbemerkung zu Artikel 8-11 Rdn. 11; *Velu*, The European Convention on Human Rights and the Right to Respect for Private Life, the Home and Communications, in: *Robertson*, Privacy and Human Rights, p. 72; *Goose*, Der internationale Pakt über bürgerliche und politische Rechte, NJW 1974, 1305 (1307).

Parlamentsgesetz rückführbar sein müssen, verlangt das Erfordernis gesetzlicher Grundlage des Weiteren, dass diese Gesetze die Voraussetzungen und Grenzen der Eingriffsmöglichkeit sowie das in diesem Fall zur Anwendung kommende Verfahren ausreichend klar zu regeln haben, um den Anforderungen des Gesetzesvorbehalts an Bestimmtheit und Vorhersehbarkeit zu entsprechen[746]. In den Fällen *Kruslin v. France*, *Huvig v. France* und *Amann v. Switzerland*, welche die Erhebung von personenbezogenen Daten durch geheime Abhörmaßnahmen betrafen sowie in letzterem Fall auch ihre Speicherung, hat der Gerichtshof hieraus formelle Anforderungen an die zur Erhebung und Speicherung von Daten berechtigenden nationalen Gesetze abgeleitet: Sie müssen angemessene Sicherheiten gegen Missbrauch bieten, indem sie mit ausreichender Klarheit die Reichweite und die Ausübung der Ermessensentscheidungen umgrenzen[747]. Diese Rechtsfindung hat der Gerichtshof im Fall *Leander* auch auf die Anforderungen an solche Gesetze übertragen, die - wie es für Informationszugangsgesetze zutrifft - Berechtigungsgrundlage für die weitere Verwendung personenbezogener Daten Dritter sind[748]. Da es sich hierbei nicht um im Sinne dieser Ausarbeitung interessierende materiell-rechtliche, sondern vielmehr um formell-rechtliche völkerrechtliche Vorgaben für die Ausgestaltung nationaler Informationszugangsgesetze handelt, wird an dieser Stelle auf eine detaillierte Darstellung derselben verzichtet[749].

Materiell-rechtliche Anforderungen an nationale Informationszugangsgesetze ergeben sich hingegen aus der Vorgabe des Artikels 8 Abs. 2 EMRK dahingehend, dass sich die gesetzliche Zugänglichkeit personenbezogener Daten Dritter in einer demokratischen Gesellschaft zur Erreichung eines der von der Norm abschließend aufgezählten besonderen Eingriffszwecke als notwendig darstellen muss. Die Beurteilung der Notwendigkeit in einer demokratischen Gesellschaft hat der Gerichtshof in diesem Zusammenhang dahingehend präzisiert, dass ein dringendes soziales Bedürfnis ("pressing social need") für die Einschränkung bestehen müsse[750]. Im Fall *Leander* hat der Gerichtshof konkret bezogen auf den Eingriff in das Recht auf ein Privatleben durch Verwendung personenbezogener Daten hinsichtlich der in diesem Zusammenhang bestehenden gerichtlichen Kontrolldichte befunden, dass den einzelnen Staaten ein weiter Beurteilungs-

---

[746] *Frowein/Peukert*, Europäische Menschenrechtskonvention, Vorbemerkung zu Artikel 8-11 Rdn. 2.

[747] *Kruslin v. France*, Series A 176, para. 34; *Huvig v. France*, Series A 176, para. 34; *Amann v. Switzerland*, Appl. No. 27798/95, Rep. 2000-II, p. 270 ff., para. 71 ff., insb. para. 73, 76, 80.

[748] *Leander v. Sweden*, Series A 116, para. 48, 60, 65-67.

[749] Für eine genauere Abhandlung vgl. *Frowein/Peukert*, Europäische Menschenrechtskonvention, Vorbemerkung zu Artikel 8-11 Rdn. 2 ff.; *van Dijk/van Hoof,* Theory and Practice of the European Convention on Human Rights, pp. 536-537.

[750] *Handyside*, Series A 24, para 48.

spielraum ("margin of appreciation") hinsichtlich der Bewertung der Notwendigkeit in einer demokratischen Gesellschaft in Form eines dringenden sozialen Bedürfnisses zukomme, und diesen Spielraum ausdrücklich auch auf die konkrete Wahl eines Mittels zur Erreichung eines der in Artikel 8 Abs. 2 EMRK aufgezählten Eingriffszwecke bezogen[751]. Dennoch verbleibt die letzte Entscheidung über die Notwendigkeit und die damit verbundene Überprüfung der Verhältnismäßigkeit beim Gerichtshof[752]. Im Rahmen dieser Kontrolle überprüft der Gerichtshof den Nachweis einer Notwendigkeit gerade des eingesetzten Mittels zum Schutz des betroffenen Gutes sowie die Frage, ob eine Abwägung zwischen dem Freiheitsrecht und dem Schutzgut stattgefunden und zu dem Ergebnis geführt hat, dass der Eingriff die betroffenen Rechtsgüter in ein angemessenes Verhältnis zueinander setzt[753].

Als legitime Eingriffszwecke listet Artikel 8 Abs. 2 EMRK in diesem Zusammenhang die nationale Sicherheit, die öffentliche Ruhe und Ordnung, das wirtschaftliche Wohl des Landes, die Verteidigung der Ordnung und die Verhinderung von strafbaren Handlungen, den Schutz der Gesundheit und der Moral sowie den Schutz der Rechte und Freiheiten anderer auf. Für die vorliegende Ausarbeitung entscheidend ist in diesem Zusammenhang, ob der Grundsatz des öffentlichen Zugangs zu amtlichen Dokumenten in den sachlichen Anwendungsbereich der Rechte und Freiheiten anderer im Sinne des Artikels 8 Abs. 2 EMRK fällt. In diesem Fall würde es konsequenterweise ausreichen, wenn nationale Informationszugangsgesetze eine Zugangsgewährung zu personenbezogenen Daten Dritter davon abhängig machten, dass zuvor behördliches Ermessen den Eingriff in das Recht auf ein Privatleben der betroffenen dritten Person angesichts der Dringlichkeit des Schutzes des Rechts des Antragstellers auf Informationszugang als verhältnismäßig bewertet hätte.

Ohne die Frage eindeutig zu klären, lässt die bisher ergangene Rechtsfindung der Konventionsorgane eher vermuten, dass selbige Informationszugangsrechte nicht zu den Rechten und Freiheiten anderer im Sinne von Artikel 8 Abs. 2 EMRK zählen. Hierfür spricht, dass im Einklang mit den bisherigen Ergebnissen dieser Ausarbeitung der Grundsatz des öffentlichen Zugangs zu amtlichen Dokumenten nicht unter den Schutzbereich eines der durch die EMRK gewährten Rechte fällt[754]. In Anbetracht dessen hätte eine Einstufung von Informationszugangsrechten unter den Eingriffszweck der Rechte und Pflichten anderer zur Folge, dass einem Recht, welches nicht in den verpflichtenden Anwendungsbereich der EMRK fällt, jedenfalls die theoretische Möglichkeit zukäme, höher-

---

751 *Leander v. Sweden*, Series A 116, para. 67.

752 *Dudgeon v. Great Britain*, Series A 45, para. 59.

753 *Frowein/Peukert*, Europäische Menschenrechtskonvention, Vorbemerkung zu Artikel 8-11, Rdn. 16.

754 Vgl. oben Kapitel 4 I. 3.

rangig bewertet zu werden als ein Eingriff in das von Artikel 8 Abs. 1 EMRK verbindlich zu schützende Recht auf ein Privatleben. Dem entsprechend haben die Konventionsorgane in den bisher entschiedenen Fällen die Rechtfertigung von Eingriffen in das Recht auf Privatheit durch Gewährung von Informationszugang zumindest zusätzlich auch auf das Vorliegen eines der anderen von Artikel 8 Abs. 2 EMRK benannten Eingriffszwecke gestützt. Während der Gerichtshof im Fall *Amann* den Eingriff in das Recht auf Privatheit schon aufgrund eines Verstoßes gegen die formell-rechtlichen Anforderungen des Gesetzesvorbehalts an eine ausreichend bestimmte Regelung und Begrenzung des behördlichen Ermessensspielraums als nach Artikel 8 Abs. 2 EMRK ungerechtfertigt bewertete und sich daher mit Fragen der Verhältnismäßigkeit ausdrücklich nicht zu befassen hatte[755], maß er die Rechtfertigung des Eingriffs im Fall *Leander* am legitimen Zweck der nationalen Sicherheit[756]. Im bereits oben zitierten Fall *Lundvall* hatte sich die EKMR mit dem Zugang der Öffentlichkeit zu einem schwedischen Steuerschuldnerregister zu befassen und prüfte im Rahmen der Verhältnismäßigkeit die konkrete Gewichtung des Eingriffs in das Recht auf Privatheit in Relation zu den Eingriffszwecken des wirtschaftlichen Wohls des Landes sowie des Schutzes der Rechte und Freiheiten anderer[757]. Die Kommission bezog sich hierbei ausdrücklich auf den schwedischen Grundsatz des öffentlichen Zugangs zu amtlichen Dokumenten und befand, dass der Eingriff in das Recht auf ein Privatleben des Antragstellers in Anbetracht der langen Tradition jenes Grundsatzes als geringerwertig ("must be regarded as being of a minor nature") zu beurteilen sei[758]. Nach der EKMR ist der im Fall *Lundvall* zu beurteilende Eingriff nach Maßgabe des Artikel 8 Abs. 2 EMRK gesetzlich vorgesehen und in einer demokratischen Gesellschaft notwendig zum Schutze unter anderem des wirtschaftlichen Wohls des Landes und der Rechte und Freiheiten anderer ("this interference is justified under the terms of Article 8 para. 2 as being in accordance with the law and necessary in a democratic society inter alia for the economic well-being of the country and for the protection of the rights and freedoms of others")[759]. Trotz unmittelbarer Bezugnahme auf den schwedischen Grundsatz des öffentlichen Zugangs zu amtlichen Dokumenten bemüht die Kommission also zwei der legitimen Eingriffszwecke des Artikel 8 Abs. 2 EMRK, wobei nicht näher erläutert wird, welche Rechte und Freiheiten anderer von der Kommission konkret erwogen wurden. Die im Wortlaut der Entscheidung vorgenommene unmittelbare Verknüpfung mit dem Eingriffzweck des wirtschaftlichen Landeswohls lässt zumindest Raum für die Vermutung, dass die Kommission hinsichtlich der kollidierenden privaten Rechtsposition das Recht Dritter

---

755 *Amann v. Switzerland*, Appl. No. 27798/95, Rep. 2000-II, p. 273, para. 81.
756 *Leander v. Sweden*, Series A 116, para. 59, 65-67.
757 *Lundvall v. Sweden*, Appl. No. 10473/83, DR 45, 121, 131, para. 5.
758 *Lundvall v. Sweden*, Appl. No. 10473/83, DR 45, 121, 131, para. 5.
759 *Lundvall v. Sweden*, Appl. No. 10473/83, DR 45, 121, 131, para. 5.

auf Eigentum im Blick gehabt haben könnte. Im Einklang mit dieser Lesart der Entscheidung stünde auch die Tatsache, dass die Kommission auf die Zugänglichkeit der im Fall konkret betroffenen Informationen aus dem staatlichen Steuerschuldregister für Kreditinformationsunternehmen hinweist, deren Geschäftsgegenstand gerade der Schutz des Eigentums Dritter ist: Wäre der Grundsatz der Allgemeinzugänglichkeit staatlicher Informationen für sich schon eine unter den Eingriffszweck der Rechte und Freiheiten anderer fallende Position, wäre sowohl die genaue Charakterisierung des Empfängers der Daten als auch die zusätzliche Benennung des Eingriffszwecks des Wirtschaftswohls überflüssig gewesen. Die Benennung dieser beiden Einzelheiten lässt hingegen vermuten, dass die EKMR die sowohl für den Staat als auch für Dritte bei Nichtveröffentlichung bzw. Zugangsverweigerung zu Informationen hinsichtlich bestehender Steuerschulden drohenden ökonomischen Risiken gegen das Recht der betroffenen Person auf Privatheit abgewogen und hierbei auch den Grundsatz des öffentlichen Zugangs zu amtlichen Informationen in die Bewertung der kollidierenden Rechtgüter einbezogen hat.

Mangels genauerer Erläuterungen zur Subsumtion des Sachverhalts unter den Eingriffszweck der Rechte und Freiheiten anderer wie auch jedweder Ausführungen zur konkret vorgenommenen Verhältnismäßigkeitsprüfung ist diese Lesart zwar nicht zwingend, aber im Sinne der Verwirklichung des Grundsatzes des öffentlichen Zugangs zu amtlichen Dokumenten bei einem gleichzeitig zu gewährleistenden effektiven Schutzes des Rechts auf Privatheit wünschenswert. Sie entspricht des Weiteren auch den Vorgaben der Datenschutzkonvention, die in Artikel 5 (b) das so genannte datenschutzrechtliche Zweckbindungsgebot mit den Worten normiert, dass personenbezogene Daten, die automatisierter Verarbeitung unterzogen werden, zu spezifizierten und legitimen Zwecken gespeichert werden müssen und nicht in einer Weise weiterverwendet werden dürfen, die mit diesen Zwecken unvereinbar ist[760]. Vor dem Hintergrund der Tatsache, dass diese Maßgabe in Zusammenhang mit dem bereits erläuterten Verständnis der Datenschutzkonvention gelesen werden muss, dass das Speichern personenbezogener Daten ein Eingriff in das Recht auf ein Privatleben der betroffenen Person nach Artikel 8 Abs. 1 EMRK darstellt, ist weiter zu folgern, dass konsequenterweise nur die in Artikel 8 Abs. 2 EMRK abschließend aufgelisteten legitimen Eingriffszwecke auch die Anforderungen von Artikel 5 lit. (b) Datenschutzkonvention an die Spezifiziertheit und Legitimität des Speicherungszwecks erfüllen. Wenn in diesem Zusammenhang allein das Bestehen nationaler Informationszugangsrechte als Recht oder Freiheit anderer und damit als legitimer Zweck ausreichend wäre, würde das datenschutzrechtliche Zweckerforder-

---

[760] Englischer Text abgedruckt in: *Stadler*, The Council of Europe`s Data Protection Convention, HRLJ 1981, 200 (202).

nis hingegen derart aufgeweicht, dass es de facto rechtlich jeder Schlagkraft beraubt würde.

Eine äußerst interessante, bisher leider weder in der Literatur noch durch die Konventionsorgane diskutierte Fragestellung knüpft sich hieran an: Muss die *weitere* Verwendung der gespeicherten Daten, zu welcher auch deren Zugänglichmachung zählt, *demselben* legitimen Zweck dienen, der zuvor zur Rechtfertigung ihrer Speicherung herangezogen wurde? Im deutschen Recht bestimmt § 14 Abs. 1 S. 1 und 2 Bundesdatenschutzgesetz, dass das Speichern, Verändern oder Nutzen personenbezogener Daten nur zulässig ist, wenn es zur Erfüllung der Aufgaben der zuständigen Stelle erforderlich ist und es für die Zwecke erfolgt, für die die Daten erhoben bzw. - falls eine Erhebung fehlt - für die sie gespeichert wurden[761]. § 16 Abs. 4 Bundesdatenschutzgesetzes normiert weiter, dass der Empfänger der Daten sie „nur zu dem Zwecke verarbeiten und nutzen darf, zu dessen Erfüllung sie ihm übermittelt" wurden. Es wird damit sichergestellt, dass der zur Rechtfertigung des ersten Eingriffs in die Rechte des Betroffenen geltend gemachte legitime Eingriffszweck mit den die weiteren Eingriffe legitimierenden Zwecken identisch sein muss[762]. Vor dem Hintergrund dieser Anforderungen kommt *Ibler* hinsichtlich der deutschen Rechtslage zu der Auffassung, dass der voraussetzungslos unabhängig von der Geltendmachung eines berechtigten Interesses gewährte Zugangsanspruch nach dem deutschen IFG dieses sich auf jeden weiteren Eingriff fortsetzende datenschutzrechtliche Zweckbindungsgebot aushebele[763]. Im Rahmen der Datenschutzkonvention wird hingegen auf eine solche fortgesetzte Legitimation aller Eingriffe durch den immer identischen Eingriffszweck verzichtet und in Artikel 5 lit. b vielmehr nur eine Rechtfertigung jedes Eingriffs pauschal durch einen Eingriffszweck verlangt. Eine Übertragung der strengen Anforderungen der deutschen Rechtsordnung würde zwar zu einem sehr effektiven Schutz des Rechts auf ein Privatleben führen, gleichzeitig aber den Grundsatz auf öffentlichen Zugang zu amtlichen Dokumenten faktisch jeder Wirksamkeit berauben: Der verbleibende Anwendungsbereich würde auf eine verschwindend kleine Menge von Fällen beschränkt, in welchen der Zugangsbegehrende mit seinem Antrag dasselbe rechtliche Interesse verfolgt wie der Staat bei Erhebung und Speicherung der betroffenen Informationen. Tatsächlich wäre diese Forderung die Wiedereinführung

---

761 Text abgedruckt in: Sartorius I, Nr. 245.

762 Vgl. zur datenschutzrechtlichen Zweckbindung im deutschen Recht m.w.N. *Masing,* Transparente Verwaltung: Konturen eines Informationsverwaltungsrechts, VVDStRL 63 (2004), S. 377 (400), Fn. 64.

763 *Masing,* Transparente Verwaltung: Konturen eines Informationsverwaltungsrechts, VVDStRL 63 (2004), S. 377 (399 ff.); *Ibler*, Zerstören die neuen Informationszugangsgesetze die Dogmatik des deutschen Verwaltungsrechts?, in: *Eberle/Ibler/Lorenz,* Festschrift für Brohm, S. 416; darauf bezugnehmend *Kloepfer/v. Lewinski*, Das Informationsfreiheitsgesetz des Bundes (IFG), DVBl. 2005, 1277 (1283).

der Erforderlichkeit eines zum Zugang berechtigenden spezifischen rechtlichen Interesses durch die Hintertür und stünde damit im Widerspruch zu *dem* Wesensmerkmal der Informationszugangsrechte. Auch die Rechtsfindung im Fall *Lundvall* stützt diese von der deutschen Rechtslage abweichende Lesart des nach der Datenschutzkonvention bestehenden Zweckbindungsgebots: Hätte die EKMR einen ebenso strengen Ansatz verfolgt, wäre eine detaillierte Prüfung der Natur des die Erhebung und Speicherung der Daten rechtfertigenden Eingriffszwecks erforderlich gewesen sowie eine Analyse, ob derselbe Zweck auch die Zugangsgewährung gestützt hat. Beides lässt die Entscheidung vermissen.

Zusammenfassend ist zu konstatieren, dass Vieles dafür spricht, dass nationale Informationszugangsgesetze, welche den Zugang personenbezogener Daten einschließen, nach Maßgabe von Artikel 8 Abs. 2 EMRK verbindlich einen Abwägungsvorbehalts zugunsten eines weiteren der dort abschließend normierten legitimen Eingriffszwecke aufweisen müssen, ohne dass dieser mit dem bei Erhebung oder Speicherung der betroffenen Daten maßgeblichen Eingriffszweck identisch sein muss.

b. Recht auf Eigentum

Der Vollständigkeit halber sei der Überprüfung der nach der EMRK bestehenden Grenzen für die nationale Gewährung von Informationszugangsrechten zugunsten von Betriebs- und Geschäftsgeheimnissen vorangestellt, dass selbige nicht unter den eben erläuterten Schutzbereich des Rechts auf ein Privatleben nach Artikel 8 Abs. 1 EMRK fallen: Zwar umfasst Artikel 8 Abs. 1 nach der Rechtsfindung des EGMR den Aufbau von Beziehungen mit anderen Menschen und zwar im Rahmen der Alternative des Rechts auf ein Privatleben auch unter Einschluss beruflicher und geschäftlicher Aktivitäten ("there appears (...) to be no reason in principle why this understanding of the notion of "private life" should be taken to exclude activities of a professional or business nature")[764]. Hierbei beschränkt sich der Gerichtshof jedoch auf die Ausübung individueller Tätigkeit im Rahmen von Geschäftsbeziehungen. Wie an anderer Stelle dieser Ausarbeitung erläutert, betrifft der Schutz der zu einem Geheimnis verdichteten Informationen wirtschaftlicher Tätigkeit hingegen den Vermögenswert als solchen[765]. Die Rechtsfindung der Konventionsorgane lässt an keiner Stelle vermuten, dass auch immaterielle Besitzstände aus wirtschaftlicher Tätigkeit unter den Schutz des Rechts auf Achtung des Privatlebens fallen könnten, so dass verbindliche Vorgaben zugunsten des Schutzes von Betriebs- und Geschäftsgeheimnissen auch im Rahmen der EMRK nur auf Grundlage des Rechts auf Eigentum denkbar sind.

---

[764] *Amann v. Switzerland*, 2000, Appl. No. 27798/95, Rep. 2000-II, p. 269, para. 65.
[765] Vgl. bereits oben Kapitel 2 III. 4. b. aa. (2).

Das Recht auf Eigentum gewährleistet die EMRK in Artikel 1 Erstes Zusatzprotokoll in der unter anderem verbindlichen englischen Fassung mit folgendem Wortlaut[766]:

"Every natural or legal person is entitled to the peaceful enjoyment of his possessions. No one shall be deprived of his possessions except in the public interest and subject to the conditions provided for by law and by the general principles of international law (...)."

Obwohl das Recht auf Eigentum einen Gegenstand der Beratungen der EMRK bildete und Teil des durch die Beratende Versammlung verabschiedeten Konventionsentwurfs war, fürchtete das Ministerkomitee bei Beschluss des endgültigen Konventionstexts für den Fall einer Gewährleistung des Rechts auf Eigentum ein möglicherweise verzögertes Inkrafttreten der Konvention und entschloss sich deswegen zur gesonderten Regelung desselben in einem Zusatzprotokoll[767].

Wie bereits an anderer Stelle dieser Ausarbeitung erwähnt, umfasst der persönliche Anwendungsbereich des Rechts auf Eigentum nach der EMRK im Unterschied zu der Eigentumsgarantie des Artikel 17 AEMR nach dem ausdrücklichen Wortlaut auch juristische Personen ("Every natural or legal person").

Hinsichtlich des sachlichen Anwendungsbereichs hat der EGMR klargestellt, dass trotz der Verwendung des Begriffs "possessions" in der englischen Fassung das Recht des Einzelnen auf Eigentum gemeint sei und bezog sich hierbei auf die konsequente dahingehende Terminologie während der Beratungen[768]. Des Weiteren bestätigte der Gerichtshof hinsichtlich des von Artikel 1 Erstes Zusatzprotokoll eröffneten Schutzbereichs, dass der dort verwendete Eigentumsbegriff losgelöst von innerstaatlicher Kategorisierung grundsätzlich autonom ausgelegt werden müsse[769] und sich nicht auf das Eigentum an materiellen Gütern beschränke, sondern dass auch bestimmte Rechte und Interessen, welche den Status eines Vermögenswerts erlangt hätten, als Eigentumsrechte im Sinne von Artikel 1 Erstes Zusatzprotokoll einzustufen seien[770]. Dem entsprechend umfasst der Schutzbereich der Norm neben dem Eigentum an materiellen Gütern eine Vielzahl wesentlicher, geschützter Interessen, Forderungen und geldwerter Rechte, denen gemein ist, Vermögenswerte darzustellen[771]. Die Definition be-

---

766 Englischer Text abgedruckt in: *Brownlie*, Basic Documents in International Law, p. 347; deutscher Text abgedruckt in: Sartorius II, Nr. 131.

767 Für einen ausführlichen Überblick zu den Beratungen des Rechts auf Eigentum während der Vorbereitung der EMRK vgl. *Krause*, Rätten till egendom som en mänsklig rättighet, p. 20-26.

768 *Marckx v. Belgium*, Series A 31, para. 63.

769 *Schilling*, Internationaler Menschenrechtsschutz, § 18 Rdn. 305, S. 157.

770 Gasus Dosier- und Fördertechnik GmbH v. Netherlands, Series A 306, para. 53.

771 *van Dijk/van Hoof*, Theory and Practice of the European Convention on Human Rights, p.

stimmter Kriterien zur Auslegung dieses immateriellen Eigentumsbegriffs gestaltet sich schwierig, nach der Rechtsfindung der Konventionsorgane scheinen jedoch drei Bedingungen für eine Eröffnung des Schutzbereichs des Rechts auf Eigentum für immaterielle Güter erforderlich zu sein: Die staatlichen Maßnahmen müssen den wirtschaftlichen Wert des betroffenen Rechts oder Interesses berühren[772], der Gegenstand, auf den sich das Eigentum bezieht, muss im Verhältnis zu den aus ihm folgenden Forderungen genau definierbar sein[773], und außerdem muss das vermögenswerte Recht oder Interesse ausreichend Etablierung erfahren haben, d.h. der Beschwerdeführer muss sich in einer Position befinden, in der er auf die Realisierung der Ansprüche berechtigterweise zumindest vertrauen durfte[774].

Im Ergebnis haben die Konventionsorgane eine Eröffnung des Schutzbereichs von Artikel 1 Erstes Zusatzprotokoll zur EMRK unter dieser Tatbestandsalternative beispielsweise bejaht für vermögenswerte vertraglich begründete Ansprüche[775], geldwerte Forderungen gegen den Staat im Sinne von beitragsbegründeten Sozialversicherungsleistungen[776], die Innehabung einer Schanklizenz[777] sowie den Kundenstamm[778]. Aus dieser zuletzt genannten Anerkennung von Lizenzen, anderen Erlaubnissen bis hin zu tatsächlichen Gegebenheiten, welche sich aus der Ausübung wirtschaftlicher Tätigkeit ergeben, folgert *Schilling* der Sache nach eine Einbeziehung des Rechts am eingerichteten und ausgeübten Gewerbebetrieb in den Schutzbereich des Artikel 1 Erstes Zusatzprotokoll[779]. Diese pauschale Schlussfolgerung greift hingegen zu kurz: Nicht die Verknüpfung des jeweiligen immateriellen Rechts mit der Ausübung wirtschaftlicher Tätigkeit als solche eröffnet bereits den sachlichen Anwendungsbereich der Norm, sondern vielmehr die erfolgreiche Subsumtion unter die oben genannten drei kumulativen Voraussetzungen. So hat die Europäische Kommission für Menschenrechte z.B. im Fall *Pudas v. Sweden* befunden, dass die Einziehung der Lizenz zur Betreibung bestimmter wirtschaftlicher Tätigkeiten nur dann unter den Schutzbereich von Artikel 1 Erstes Zusatzprotokoll falle, wenn der Berechtigte vernünftiger- und berechtigterweise auf die bleibende Existenz der Lizenz und die Möglichkeit, fortgesetzt Gewinne aus ihrer Nutzung zu ziehen, vertrau-

---

619; *Schilling*, Internationaler Menschenrechtsschutz, § 18 Rdn. 305 f., S. 157 f.

[772] *Durini v. Italy*, Appl. No. 19217/91, DR 65, 250, 261, para. 1.

[773] *X. v. Netherlands*, Appl. No. 4130/69, CD 38, p. 15, para. 2.

[774] *Van der Mussele v. Belgium*, Series A 70, para. 48-49; *Gratzinger und Gratzingerova v. Czech Republic*, Appl. No. 39794/98, Rep. 2002-VII, p. 419, para. 69.

[775] *Mellacher a.o. v. Austria*, Series A 169, para. 43-44.

[776] *Gaygusuz v. Austria*, Appl. No. 17371/90, Rep. 1996-IV, p. 1142, para. 41; *Willis v. United Kingdom*, Appl. No. 36042/97, Rep. 2002-IV, p. 323 para. 36.

[777] *Tre Traktörer AB v. Sweden*, Series A No. 159, para. 53.

[778] *Van Marle a.o. v. Netherlands*, Series A 101, para. 41; *Iatridis v. Greece*, Appl. No. 31107/96, Rep. 1999-II, p. 96, para 54.

[779] *Schilling*, Internationaler Menschenrechtsschutz, § 18 Rdn. 306, S. 158.

en durfte[780]. Die Zugehörigkeit eines Rechts zum Geschäftsbetrieb entbindet damit nicht von der Prüfung der für eine Subsumtion unter den Schutzbereich des Rechts auf Eigentum an immateriellen Gütern erforderlichen tatbestandlichen Voraussetzungen.

Hinsichtlich der hier zu beurteilenden Eröffnung des Anwendungsbereichs auf Betriebs- und Geschäftsgeheimnisse ist trotz der unstreitigen Tatsache, dass selbige den jeweiligen Wirtschaftsteilnehmer begünstigen, zu berücksichtigen, dass sich ihr tatsächlicher wirtschaftlicher Wert im Sinne einer konkreten Vermögensposition nicht messen lässt. Ebenso wenig können sie als Grundlage spezifischer zukünftiger geldwerter Forderungen eingestuft werden, welche sich zudem bereits in einer Weise konkretisiert hätten, dass der Berechtigte auf ihre Realisierung berechtigterweise vertrauen darf. Mangels Erfüllung der Anforderungen an die dem Schutz von Artikel 1 Erstes Zusatzprotokoll zur EMRK unterfallenden immateriellen Rechte verwundert kaum, dass sich die Konventionsorgane im Rahmen des Rechts auf Eigentum bisher nicht mit Eingriffen in Betriebs- und Geschäftgeheimnisse zu befassen hatten.

Völkerrechtliche Grenzen für die nationale Gewährung von Informationszugangsrechten zugunsten des Schutzes von Betriebs- und Geschäftsgeheimnissen können der EMRK daher nicht entnommen werden.

c. Kollidierende öffentliche Belange

Der Ableitung völkerrechtlicher Grenzen für die Gewährung nationaler Informationszugangsrechte zugunsten eines Schutzes der Funktionsfähigkeit und Effizienz der Verwaltung sowie nationaler Sicherheit von der EMRK steht wiederum die Tatsache entgegen, dass diese kollidierenden öffentlichen Belange ihrer Rechtsnatur nach keine Menschenrechte darstellen und ihre Nennung im Rahmen von Einschränkungsvorbehalten keine staatlichen Pflichten zeitigt, sondern im Gegenteil staatliche Handlungsspielräume eröffnet[781].

Auf einen Aspekt der Rechtsfindung des Gerichtshofs im bereits zuvor zitierten Fall *Gaskin* soll an dieser Stelle trotz fehlender Relevanz hinsichtlich völkerrechtlicher Grenzen bei der Ausgestaltung nationaler Informationszugangsgesetze im verpflichtenden Sinne des Untersuchungsgegenstands dieser Ausarbeitung dennoch hingewiesen werden: Ausdrücklich hatte der EGMR dort das aus dem Recht auf ein Privatleben folgende persönliche Informationszugangsrecht u.a. auch gegen das staatliche Interesse an der Vertraulichkeit behördlicher Dokumente zum Zwecke des Erhalts objektiver und verlässlicher Informationen abgewogen (“On the other hand, it must be borne in mind that confidentiality of

---

[780] *Pudas v. Sweden*, Appl. No. 10426/83, DR 40, 234, 241.
[781] Vgl. hierzu bereits oben Kapitel 2 III. 3. c. und Kapitel 2 III. 4. b. bb.

public records is of importance for receiving objective and reliable information")[782]. Damit hat der Gerichtshof die Bedeutung der Kooperationsbereitschaft der Bevölkerung mit den staatlichen Behörden, welche entsprechend der Ausführungen im Grundlagenkapitel einen Teilaspekt des staatlichen Interesses an der Funktionsfähigkeit der Verwaltung darstellt[783], anerkannt und als legitimes Eingriffsziel im Sinne von Artikel 8 Abs. 2 EMRK gewertet. Angesichts der Tatsache, dass das vom Recht auf ein Privatleben im Einzelfall abgeleitete Aktenzugangsrecht von einem besonderen rechtlichen Interesse gestützt ist, muss im Sinne eines „Erst-recht-Schlusses" gefolgert werden, dass dann umso mehr auch ein von jedem spezifischen rechtlichen Interesse unabhängiges allgemeines Informationszugangsrecht zugunsten dieses Eingriffszwecks legitim einschränkbar sein muss.

Völkerrechtlich verbindliche Vorgaben hinsichtlich Grenzen zugunsten der kollidierenden öffentlichen Interessen an der Funktionsfähigkeit und Effizienz der Verwaltung sowie nationaler Sicherheit sind der EMRK jedoch nicht zu entnehmen.

II. Organisation für Sicherheit und Zusammenarbeit in Europa

Die Konferenz für Sicherheit und Zusammenarbeit in Europa (KSZE) wurde 1975 durch die Schlussakte von Helsinki[784] gegründet und ist seit einer Namensänderung im Jahre 1994 nunmehr unter der Bezeichnung Organisation für Sicherheit und Zusammenarbeit in Europa (OSZE) bekannt. Von Beginn an zählten mit den Vereinigten Staaten und Kanada sowie der Sowjetunion auch außereuropäische Länder zu den Mitgliedern, so dass es sich im völkerrechtlichen Sinn nicht um eine regionale europäische internationale Organisation handelt. Der Gründungszweck der Überwindung der ideologischen Ost-West-Spaltung durch Errichtung eines Systems zur Gewährleistung von Stabilität und Sicherheit in Europa in Form eines fortgesetzten Dialogs, welcher Aspekte des Menschenrechtsschutzes mit denen der Sicherheit verknüpfte, um die Austragungsformen des Kalten Kriegs durch Verhaltensregeln zu kanalisieren und stabilisieren, und die daraus folgende enge Verbindung mit dem Kontinent Europa sowie der Einfluss der Organisation auf die Menschenrechtspolitik der europäischen Staaten rechtfertigen jedoch eine Behandlung der OSZE in diesem Kapitel der Ausarbeitung[785].

---

782 *Gaskin v. UK*, Series A 160, para. 49. Der Eingriff wurde im Ergebnis jedoch wegen Unverhältnismäßigkeit dennoch als Verletzung von Artikel 8 Abs. 1 EMRK eingestuft.

783 Vgl. hierzu oben Kapitel 2 III. 4. b. (1).

784 Englischer Text der Schlussakte von Helsinki abgedruckt in: ILM 1975, pp. 1292-1325.

785 *Buergenthal*, International Human Rights, pp. 159-160.

Auf die gemeinsame Erklärung zum Zugang zu Informationen und zur Geheimhaltungsgesetzgebung des Spezialberichterstatters für Medienfreiheit der UN und des Vertreters für Medienfreiheit der OSZE sowie des Spezialberichterstatters für Meinungsfreiheit der OAS vom 6. Dezember 2004 wurde bereits im vorangehenden Kapitel Bezug genommen[786]. Sie fordert die Staaten zur Verabschiedung von Informationsfreiheitsgesetzen mit der Zielsetzung der Gewährleistung einer weitestmöglichen Offenlegung bei klar umgrenzten Ausnahmeregelungen auf[787], schafft aber ihrer Rechtsnatur nach gerade keine bindenden Vorgaben hinsichtlich einer völkerrechtlichen Pflicht zur Einführung nationaler Informationszugangsgesetze im Sinne dieser Ausarbeitung.

Des Weiteren ist auf völkerrechtliche Vorgaben zur Gewährleistung nationaler Informationszugangsgesetze die Schlussakte von Helsinki selbst zu untersuchen. Die Schlussakte gliedert sich in fünf Teile, wovon vier als so genannte „Körbe“ bezeichnet werden. Menschenrechtliche Fragen werden hierbei vorrangig im Prinzipienkatalog des Korbs I deklariert und daneben zu gewissem Maß auch in Korb III aufgegriffen.

Für die Beantwortung der Frage nach völkerrechtlich verbindlichen Vorgaben der OSZE für die Ausgestaltung nationaler Informationszugangsgesetze ist zunächst von Bedeutung, dass die Schlussakte von Helsinki keinen internationalen Vertrag im Sinne von Artikel 2 Abs. 1 lit. a Wiener Vertragsrechtskonvention darstellt, dessen Hauptmerkmal der Wille zur Schaffung völkerrechtlich verbindlicher staatlicher Pflichten ist[788]. Trotz Verwendung einer vertragstypischen Terminologie und Unterzeichnung auf höchster staatlicher Ebene lassen weder der Text der Schlussakte noch ihre Vorbereitung, die Umstände ihrer Verabschiedung oder die nachfolgende Staatenpraxis auf eine entsprechende Absicht schließen. Verschiedene Elemente indizieren vielmehr die bewusste Intention der teilnehmenden Staaten, die Schaffung völkerrechtlich verbindlicher Pflichten gerade verhindern zu wollen[789]:

Ein so genannter “disclaimer of legal value” in einer der letzten Bestimmungen der Schlussakte schließt ihre Registrierfähigkeit nach Artikel 102 UN-Charta aus, was von der finnischen Regierung als Beweis gegen das Vorliegen eines verbindlichen völkerrechtlichen Vertrags gewertet wird (“as would be the case

---

786 Vgl. oben Kapitel 3 IV.

787 *Ader/Schoenthal*, Der Zugang zu Informationen über staatliches Handeln, insbesondere aus der Sicht der Medien, IRIS plus 2005-02, 1 (2).

788 Vgl. stellvertretend *Heintschel v. Heinegg*, in: *Ipsen*, Völkerrecht, § 9 Rdn. 3.

789 Vgl. zum folgenden Überblick die umfassenden Ausarbeitungen bei *Gornig*, Äußerungsfreiheit und Informationsfreiheit als Menschenrechte, S. 379 ff.; *Coccia*, Helsinki Conference and Final Act on Security and Cooperation in Europe, in: *Bernhardt*, Encyclopedia of Public International Law, Volume II, p. 693 (694, 695).

were it a matter of a treaty or international agreement")[790]. Dem entspricht auch die verwendete, für einen völkerrechtlichen Vertrag untypische, eher als weich zu charakterisierende Terminologie, welche von teilnehmenden („participating") statt unterzeichnenden ("contracting") Staaten, von leitenden ("guiding") anstelle von bestimmenden ("governing") Prinzipien und vom souveränen Wollen ("will") anstelle des normativen Sollen ("shall") spricht[791]. Bestimmungen zu Ratifikation und Inkrafttreten, wie sie typisch sind für internationale Verträge, fehlen, und konsequenterweise finden sich auch keine förmlichen nationalen Zustimmungsverfahren der staatlichen Legislativorgane[792].

Einhellig gehen Staatenpraxis und Literatur daher von einer moralischen bzw. politischen Bindungskraft nicht aber von einer rechtlichen Verbindlichkeit der Schlussakte aus[793]. Entsprechend der Schlussbestimmung der Schlussakte erklären die teilnehmenden Staaten vor dem Hintergrund der hohen politischen Bedeutung der Ergebnisse der Konferenz ("mindful of the high political significance which they attach to the results of the Conference") ihre Absicht, in Einklang mit den Bestimmungen der Schlussakte zu handeln ("their determination to act in accordance with the provisions contained in the above texts"). Soweit die Schlussakte geltendes völkerrechtliches Gewohnheitsrecht kodifiziert, besteht dessen Rechtsverbindlichkeit daneben selbstverständlich unabhängig von der Rechtsnatur der Schlussakte fort[794].

Unter Verzicht auf den Entwurf eines eigenen Menschenrechtskatalogs bezieht die Schlussakte in Absatz 8 des Prinzips VII von Korb I unter Verweisung auf die Ziele und Grundsätze der UN-Charta, der Allgemeinen Erklärung der Menschenrechte sowie internationaler menschenrechtlicher Vereinbarungen wie insbesondere der beiden Menschenrechtspakte die nach diesen Instrumenten bestehenden Menschenrechte und Grundfreiheiten ein[795]. Die rechtliche Bedeutung

---

[790] Schreiben der finnischen Regierung an den UN Generalsekretär, abgedruckt in: EA 1975 (Bd. Dokumente), S. D 574.

[791] *Gornig*, Äußerungsfreiheit und Informationsfreiheit als Menschenrechte, S. 379 f.; *Coccia*, Helsinki Conference and Final Act on Security and Cooperation in Europe, in: *Bernhardt*, Encyclopedia of Public International Law, Volume II, p. 693 (695).

[792] *Gornig*, Äußerungsfreiheit und Informationsfreiheit als Menschenrechte, S. 380.

[793] *Buergenthal*, International Human Rights, p. 165; *Gornig*, Äußerungsfreiheit und Informationsfreiheit als Menschenrechte, S. 381; *Coccia*, Helsinki Conference and Final Act on Security and Cooperation in Europe, in: *Bernhardt*, Encyclopedia of Public International Law, Volume II, p. 693 (695).

[794] *Gornig*, Äußerungsfreiheit und Informationsfreiheit als Menschenrechte, S. 381; *Coccia*, Helsinki Conference and Final Act on Security and Cooperation in Europe, in: *Bernhardt*, Encyclopedia of Public International Law, Volume II, p. 693 (695).

[795] Vgl. auch *Gornig*, Äußerungsfreiheit und Informationsfreiheit als Menschenrechte, S. 383; *Coccia*, Helsinki Conference and Final Act on Security and Cooperation in Europe, in: *Bernhardt*, Encyclopedia of Public International Law, Volume II, p. 693 (698).

dieser Verweisung lag zur Zeit der Verabschiedung der Schlussakte in der Tatsache, dass einschließlich der Sowjetunion einige Teilnehmerstaaten der Konferenz die Bindungswirkung der Allgemeinen Erklärung der Menschenrechte noch nicht anerkannt hatten und auf diese Weise nunmehr zumindest politisch zur Einhaltung des Norminhalts gehalten waren[796].

Hinsichtlich der zu beantwortenden Frage nach Vorgaben der Schlussakte der OSZE zur Gewährleistung nationaler Informationszugangsgesetze bedeutet dies zunächst, dass die in diesem Zusammenhang bereits besprochenen Normen der genannten anderen menschenrechtlichen Instrumente mittels Referenz auch in die Schlussakte miteinbezogen wurden[797]. Während zusätzliche völkerrechtliche Vorgaben hinsichtlich der Grenzen nationaler Informationszugangsgesetze zugunsten kollidierender privater und öffentlicher Belange durch diese Verweisungstechnik nicht ersichtlich sind, erscheint bezüglich etwaiger bestehender Pflichten zur Gewährleistung des Grundsatzes des öffentlichen Zugangs zu amtlichen Dokumenten ein erweiterter Anwendungsbereich der erläuterten Rechte der anderen Instrumente grundsätzlich aufgrund der Tatsache möglich, dass die Auslegung der via Referenz einbezogenen Normen im Rahmen des Systems der OSZE auch im Lichte der anderen Bestimmungen der Schlussakte zu erfolgen hat[798]. In diesem Zusammenhang fällt vor allem ins Gewicht, dass die Schlussakte in Prinzip VIII das Konzept nicht nur externer, sondern auch interner Selbstbestimmung im Sinne eines Rechts des Volkes, den äußeren und inneren politischen Status fortwährend zu wählen und zu ändern, gewährt[799]. Vor dem Hintergrund der Veränderungen in den politischen Systemen Osteuropas nimmt die Konferenz seit ihren Dokumenten aus dem Jahre 1990, nämlich dem Document of the Copenhagen Meeting of the Conference on the Human Dimension of the Conference on Security and Cooperation in Europe[800] und der Charta von Paris für ein neues Europa[801], auch jeweils explizit auf das Demokratieprinzip Bezug. In der Charta von Paris für ein neues Europa wird die Demokratie ausdrücklich als das einzig zu verfolgende politische System der beteiligten Länder benannt und eine Verknüpfung mit dem in regelmäßigen, freien und fairen Wahlen zum Ausdruck kommenden Volkswillen hergestellt. Angesichts der im

---

796 *Gornig*, Äußerungsfreiheit und Informationsfreiheit als Menschenrechte, S. 384; *Buergenthal*, International Human Rights, p. 162.

797 So ausdrücklich in Bezug auf die Garantien der Äußerungs- und Informationsfreiheit *Gornig*, Äußerungsfreiheit und Informationsfreiheit als Menschenrechte, S. 383.

798 Gleiches zugrunde legend *Gornig*, Äußerungsfreiheit und Informationsfreiheit als Menschenrechte, S. 395 f.

799 Vgl. *Coccia*, Helsinki Conference and Final Act on Security and Cooperation in Europe, in: *Bernhardt*, Encyclopedia of Public International Law, Volume II, p. 693 (698-699).

800 Englischer Text abgedruckt in: *Melander/Alfredsson*, The Raoul Wallenberg Compilation of Human Rights Instruments, No. 29.

801 Englischer Text abgedruckt in: *Melander/Alfredsson*, The Raoul Wallenberg Compilation of Human Rights Instruments, No. 30.

Grundlagenkapitel herausgearbeiteten verstärkenden Wirkung von Informationszugangsrechten für die demokratische Verfasstheit einer Gesellschaft aufgrund ihrer Partizipations- und Kontrollfunktion[802] wäre daher im Rahmen der durch das System der OSZE gebundenen Staaten an eine entsprechend erweiterte Auslegung des Schutzbereichs der in den anderen menschenrechtlichen Instrumenten gewährten Kommunikationsgrundrechte und insbesondere der Informationsfreiheit zu denken.

Eine solche Lesart der Kommunikationsgrundrechte ginge hingegen über das in der Schlussakte zum Ausdruck gebrachte Verständnis der in der OSZE organisierten Staaten hinsichtlich der Informationsfreiheit hinaus. Der zweite Abschnitt des Korbs III, welcher seiner Überschrift nach der Zusammenarbeit in humanitären und anderen Bereichen gewidmet ist, befasst sich mit dem Bereich der „Information". Entsprechend der Präambel des dritten Korbs liegt der Zweck der größeren Verbreitung von Information im Beitrag zur „Stärkung des Friedens und der Verständigung zwischen den Völkern und zur geistigen Bereicherung der menschlichen Persönlichkeit". Demzufolge setzen sich die Teilnehmerstaaten im zweiten Abschnitt zum Ziel, „die freiere und umfassendere Verbreitung von Informationen aller Art zu erleichtern, die Zusammenarbeit im Bereich der Information und den Informationsaustausch mit anderen Ländern zu fördern sowie die Bedingungen zu verbessern, unter denen Journalisten aus einem Teilnehmerstaat ihren Beruf in einem anderen Teilnehmerstaat ausüben". Gerade an der Bezugnahme auf den grenzüberschreitenden Charakter des angestrebten Informationssystems wird deutlich, dass entsprechend der oben zitierten Präambel insbesondere der international friedensfördernde Aspekt der Informationsfreiheit durch das System der OSZE gestärkt werden soll. Zusammen mit dem ebenfalls in der Präambel zum Ausdruck gebrachten individuellen Aspekt der geistigen Bereicherung der menschlichen Persönlichkeit zielt das von der Organisation vertretene Informationskonzept damit auf die Gewährleistung der „Voraussetzungen für eine Realisierung des Individualrechts der aktiven und passiven Informationsfreiheit"[803] im klassischen Sinn eines freien Flusses von Informationen jeder Art innerstaatlich wie grenzüberschreitend. Primär ist damit also ein abwehrrechtliches Konzept der Informationsfreiheit gemeint, ergänzt um die positive Pflicht zur Schaffung eines Informationssystems, welches die faktische Zugänglichkeit der Informationen sichert. Auf die demokratiefördernden Partizipations- und Kontrollfunktionen einer die Zugänglichkeit behördlicher Informationen gewährleistenden Informationsfreiheit wird damit im Rahmen des von der OSZE verfolgten Informationskonzepts nicht hingewiesen. Dem entsprechend wiederholt auch das oben genannte Dokument von Kopenhagen unter Punkt 9.1 des Abschnitts II nur den Wortlaut der Informationsfreiheit, wie sie in

---

[802] Vgl. hierzu oben Kapitel 2 III. 4. a. aa. (1) (b) und Kapitel 2 III. 4. a. bb.
[803] *Gornig*, Äußerungsfreiheit und Informationsfreiheit als Menschenrechte, S. 389.

den menschenrechtlichen Instrumenten gewährt wird, als Recht auf Empfang und Verbreitung von Informationen und Ideen ohne Eingriffe staatlicher Behörden und unabhängig von Grenzen ("to receive and impart information and ideas without interference by public authority and regardless of frontiers")[804].

Auch im Rahmen der OSZE erschöpft sich die Forderung nach einem demokratischen politischen System damit in der Gewährleistung regelmäßiger freier Wahlen der Repräsentanten.

Den Bestimmungen der OSZE sind damit keine von den bisherigen Standards abweichenden Vorgaben hinsichtlich der Ausgestaltung nationaler Informationszugangsrechte zu entnehmen.

III. Organisation für Wirtschaftliche Zusammenarbeit und Entwicklung

Im Sinne eines vollständigen Überblicks der im europäischen Raum existierenden völkerrechtlichen Vorgaben für die nationale Ausgestaltung von Informationsfreiheitsgesetzen ist auch die normative Tätigkeit der Organisation für wirtschaftliche Zusammenarbeit und Entwicklung (OECD) zu nennen. Die OECD ist die im Jahre 1960 vertraglich bestimmte Nachfolgeorganisation der Organisation für Europäische Wirtschaftliche Zusammenarbeit (OEEC), welche ihrerseits 1948 zur Durchführung des Marshallplans gegründet worden war[805]. Zwar ist die Mitgliedschaft in der OECD nach Artikel 16 OECD-Abkommen grundsätzlich jeder Regierung ("any Government") möglich, so dass auch hier nicht von einer europäischen internationalen Organisation im völkerrechtlichen Sinn gesprochen werden kann. Die Verbindung zur Vorgängerorganisation der OEEC sowie der vorrangig europäische Charakter der OECD mit dem Ziel der Aufrechterhaltung des wirtschaftlichen Wachstums und der Förderung der wirtschaftlichen Entwicklung innerhalb wie außerhalb der Gebiete ihrer Mitglieder rechtfertigt jedoch eine objektbezogene Einordnung in dieses Kapitel der Ausarbeitung[806].

Völkerrechtliche Vorgaben für die nationale Ausgestaltung von Informationszugangsgesetzen in Form von Grenzen zugunsten des Datenschutzes erscheinen im Rahmen der Regelungen der OECD möglich durch die nur kurz nach der Datenschutzkonvention des Europarats im Jahre 1980 verabschiedeten „Leitlinien für

---

[804] Vgl. zum englischen Text nochmals *Melander/Alfredsson*, The Raoul Wallenberg Compilation of Human Rights Instruments, No. 29.

[805] *Bowett*, The Law of International Institutions, p. 189.

[806] *Bowett*, The Law of International Institutions, p. 189, 190. Im Ergebnis ebenso *Gloria*, in: *Ipsen*, Völkerrecht, § 46 Rdn. 1 ff.

den Schutz der Privatsphäre und den grenzüberschreitenden Verkehr personenbezogener Daten“[807].

Sie gründen auf der Anerkennung der Notwendigkeit der Gewährleistung eines grenzüberschreitenden Datenverkehrs und zielen auf die Herstellung eines Ausgleichs zwischen der Persönlichkeitssphäre und dem freien Informationsaustausch[808]. Im Ergebnis überschneiden sie sich zu einem großen Teil mit den Vorgaben der Datenschutzkonvention des Europarats, aufgrund der tendenziell abweichenden Zielsetzung finden sich aber auch nicht unerhebliche Unterschiede[809]: Obwohl auch die Datenschutzleitlinien der OECD den Schutz der Privatsphäre zum Gegenstand haben, kennzeichnet sie schwerpunktmäßig das Bemühen um einen verstärkten grenzüberschreitenden Datenfluss zum Zwecke eines freien Güter- und Kapitalverkehrs[810]. Sie dienen daher nicht primär dem Schutz allgemeiner Persönlichkeitsrechte, sondern vielmehr der Beseitigung nichttarifärer Handelshemmnisse, welche sich aus den unterschiedlichen Datenschutzregeln ergeben[811].

Um die Ausarbeitung nicht zu überfrachten, soll an dieser Stelle auf eine genaue Darstellung der Regelungen der OECD-Datenschutzleitlinien vor dem Hintergrund ihrer fehlenden völkerrechtlichen Verbindlichkeit verzichtet werden: Im Gegensatz zu solchen Kodizes der OECD, welche als Ratsbeschlüsse nach Artikel 5 lit. a OECD-Abkommen die Mitglieder der Organisation dahingehend völkerrechtlich binden, den in den Beschlüssen festgelegten Verpflichtungen durch Erlass entsprechender nationaler Bestimmungen nachzukommen, haben die Datenschutzleitlinien lediglich die Rechtsnatur einer völkerrechtlich nichtbindenden Empfehlung nach Artikel 5 lit. b OECD-Abkommen[812].

Völkerrechtlich bindende Vorgaben im Sinne von Grenzen bei der Ausgestaltung nationaler Informationszugangsgesetze zum Zwecke des Datenschutzes lassen sich den Datenschutzleitlinien der OECD daher nicht entnehmen.

---

807 Englischer Text abrufbar im Internet unter http://www.datenschutz-berlin.de/ gesetze/internat/ben.htm, zuletzt abgerufen am: 25.9.2007.

808 *Schild*, Datenschutz in Europa, EuZW 1991, 745 (747).

809 *Auernhammer*, Die Europäische Datenschutz- Konvention und ihre Auswirkungen auf den grenzüberschreitenden Datenverkehr, DuD 1985, 7 (8).

810 *Schild*, Datenschutz in Europa, EuZW 1991, 745 (747).

811 *Trute*, Der Schutz personenbezogener Informationen in der Informationsgesellschaft, JZ 1998, 822 (830).

812 *Herrmann*, Informationspflichten gegenüber der Verwaltung, S. 326; *Bowett*, The Law of International Institutions, p. 191; *Schild*, Datenschutz in Europa, EuZW 1991, 745 (747).

IV. Europäische Union

Als weiterer Schwerpunkt im Rahmen der Prüfung der Vorgaben des regionalen europäischen Völkervertragsrechts für die nationale Gewährleistung des Grundsatzes des öffentlichen Zugangs zu amtlichen Dokumenten ist das Gemeinschaftsrecht der Europäischen Union (EU) zu behandeln, welches wie die Rechtsordnungen der Mitgliedsländer die Bedürfnisse sowohl der Informationsgesellschaft als eines ihrer wichtigsten Politikziele[813] als auch des kehrseitig mit ihr verbundenen Datenschutzes[814] erkannt und zunehmender Regelung unterworfen hat[815].

Der Prüfung vorangehend ist im Verhältnis zu den bisher analysierten Instrumenten des universellen und regionalen Völkervertragsrechts auf zwei Aspekte hinzuweisen, welche sich aus der Eigenart der Europäischen Union ergeben und auf den Bereich des durch sie geprägten Informationsrechts ausstrahlen. Erstens liegt dem Informationsrecht der EU vorrangig eine wirtschaftliche Betrachtungsweise zugrunde[816], welche primär auf die Funktion von Informationen als Wirtschaftsgut und weniger auf ihre Bedeutung in kultureller und politischer Hinsicht abstellt[817]. Diese Perspektive gründet auf der fehlenden Rechtsetzungszuständigkeit der Europäischen Gemeinschaft (EG) im Bereich des allgemeinen Verwaltungsrechts und der Erforderlichkeit eines wirtschaftlichen Bezugs insbesondere für die Geltendmachung der Kompetenz des Artikel 95 EGV zur Vollendung des Binnenmarktes, ohne die sich die Gemeinschaft lediglich auf Förderkompetenzen oder nicht bindende Erklärungen beschränken muss[818]. Damit ergibt sich auch für Informationen des öffentlichen Sektors eine vorrangig ökonomisierende - und damit von dem menschenrechtlichen Blickwinkel der in dieser Ausarbeitung bisher behandelten Instrumente abweichende - Sichtweise. Vor dem Hintergrund dieser Perspektive hat die Kommission staatliche Informationen aufgrund ihres in einer besonderen Vielfalt, Exklusivität und Vertrauens-

---

813 Stellvertretend *Schoch*, Der Entwurf eines Informationsweiterverwendungsgesetzes des Bundes, NVwZ 2006, 872 (872).

814 Stellvertretend *Trute*, Der Schutz personenbezogener Informationen in der Informationsgesellschaft, JZ 1998, 822 (822), m.V.a. Mitteilung der Kommission, Europas Weg in die Informationsgesellschaft, KOM (94), 347 endg., S. 9 f.

815 Vgl. auch die Benennung von Datenschutz und Informationszugangsfreiheiten als die zwei tragenden Säulen der Informationsgesellschaft bei *Kloepfer*, Informationszugangsfreiheit und Datenschutz, DÖV 2003, 221 (223).

816 *Schoch*, Der Entwurf eines Informationsweiterverwendungsgesetzes des Bundes, NVwZ 2006, 872 (872).

817 *Kloepfer/Neun*, Rechtsfragen der europäischen Informationsgesellschaft, EuR 2000, 512 (562).

818 *Kugelmann*, Informationsfreiheit als Element moderner Staatlichkeit, DÖV 2005, 851 (855); *Schoch*, Der Entwurf eines Informationsweiterverwendungsgesetzes des Bundes, NVwZ 2006, 872 (873).

würdigkeit wurzelnden spezifischen Werts[819] als eine Schlüsselressource für die Binnenmarktentwicklung und die Entfaltung des freien Waren-, Dienstleistungs- und Personenverkehrs bewertet[820]. Es bleibt also zu prüfen, inwieweit das Gemeinschaftsrecht neben der Gewährleistung der privaten Nutzung staatlicher Informationen als Wirtschaftsgut[821] auch Vorgaben zur nationalen Ausgestaltung von Informationszugangsgesetzen schafft, welche entsprechend der Ausführungen im Grundlagenkapitel dieser Ausarbeitung vorrangig den gesellschaftlichen Zielen demokratischer Partizipation und Kontrolle und dem individuellen Zweck der Persönlichkeitsentfaltung zu dienen bestimmt sind[822].

Zweitens ist zu berücksichtigen, dass die Europäische Gemeinschaft als eine der in der Europäischen Union organisierten Gemeinschaften durch einen im Vergleich zu den bisher behandelten internationalen Organisationen erhöhten Integrations- oder Verdichtungsgrad gekennzeichnet ist und im Rahmen der derzeitigen Theorie der internationalen Organisationen daher als Rechtskörper *sui generis* bezeichnet wird[823]. Im Gegensatz zu den in der Regel auf der Grundlage intergouvernementaler Zusammenarbeit errichteten internationalen Organisationen, bei denen die Staaten grundsätzlich ihre Souveränität behalten, handelt es sich bei der EG um eine supranationale Organisation, in welcher die Mitgliedsstaaten ihre Souveränität derart teilweise auf die Gemeinschaft übertragen haben, dass mit dem Gemeinschaftsrecht eine gegenüber dem nationalen Recht autonome Rechtsordnung entstanden ist. Die Eigenständigkeit des Gemeinschaftsrechts beruht zum einen auf der Schaffung besonderer Gemeinschaftsorgane zur Ausübung der in den Verträgen primärrechtlich begründeten Gemeinschaftsgewalt sowie der in diesen Verträgen gewährten Kompetenzen zur Schaffung von Sekundärrecht und zum anderen auf der Existenz institutionell-unabhängiger Organe zur Auslegung des Gemeinschaftsrechts sowie zur Überwachung seiner Einhaltung. Folge der Autonomie des Gemeinschaftsrechts ist zum einen sein Anwendungsvorrang gegenüber dem Recht der Mitgliedsstaaten[824] sowie zum anderen seine unmittelbare Wirkung für den Einzelnen[825].

---

[819] Vgl. zu den Einzelheiten der besonderen Qualität staatlicher Informationen *Püschel*, Informationen des Staates als Wirtschaftsgut, S. 48 ff.

[820] EG-Kommission, Informationen des öffentlichen Sektors – eine Schlüsselressource für Europa, Grünbuch über die Informationen des öffentlichen Sektors in der Informationsgesellschaft, KOM (1998) 585 endg., S. 3 ff.

[821] Diesem Zweck dient beispielsweise die Richtlinie 2003/98/EG des Europäischen Parlaments und des Rates v. 17.11.2003 über die Weiterverwendung von Informationen des öffentlichen Sektors, ABl. Nr. L 345, S. 90.

[822] Vgl. hierzu oben Kapitel 2 III. 4. a.

[823] *Malanczuk*, Modern Introduction to International Law, p. 96. Vgl. für eine kurze Darstellung der Rechtsstruktur der Europäischen Gemeinschaften *Gornig*, Braucht Europa eine Verfassung?, WLA 2003, Heft 2, 76.

[824] Vgl. stellvertretend *Wichard*, in: *Callies/Ruffert*, EUV, EGV-Kommentar, Art. 1 EGV Rdn. 2; *Oppermann*, Europarecht, § 6 Rdn. 616 ff.; *Herdegen*, Europarecht, § 11 Rdn. 1 ff.

Dieser zweite Aspekt des Vorliegens einer supranationalen Organisation ist im Hinblick auf das Bestehen des Grundsatzes des öffentlichen Zugangs zu amtlichen Dokumenten im Rahmen des Gemeinschaftsrechts wiederum in zweierlei Hinsicht von Bedeutung. Die Übertragung von Hoheitsgewalt von den Mitgliedsstaaten auf die Gemeinschaftsorgane führt dazu, dass Legitimationsgrundlage und Adressatenkreis des durch diese Organe ausgeübten hoheitlichen Handelns die Unionsbürger sind und daher eine Notwendigkeit besteht, einen hinreichend effektiven Gehalt an demokratischer Legitimation zwischen der Ausübung der vertragsgemäßen Befugnisse durch die Unionsorgane und den Unionsbürgern herzustellen[826]. Hierbei sind aufgrund der institutionellen und kompetenziellen Struktur der Union das parlamentarische und das funktionell-regulatorische Demokratiemodell miteinander verbunden[827]. Das parlamentarische Modell vermittelt demokratische Legitimation in diesem Zusammenhang doppelsträngig über das Europäische Parlament und die nationalen Parlamente, und zwar hinsichtlich ersteren vor allem durch das Mitentscheidungsverfahren nach Artikel 251 EGV und Mitwirkungsrechte bei der Ernennung der Kommission nach Artikel 214 Abs. 2 EGV sowie hinsichtlich der nationalen Parlamente insbesondere durch Konsultationsrechte im Rahmen des Vorfelds gemeinschaftsrechtlicher Rechtsaktsvorhaben[828]. Aufgrund der Tatsache, dass das Europäische Parlament nicht das primäre Rechtsetzungsorgan der Gemeinschaft darstellt, sondern in die Rechtssetzung nur indirekt durch Mitwirkung an der Besetzung der Kommission und Beteiligung in bestimmten Fällen eingebunden ist, sowie der Tatsache, dass auch der unmittelbare Einfluss der nationalen Parlamente aus praktischen Gründen selten über die bloße Kenntnisnahme hinausgeht und des Weiteren in Folge der Ausweitung des Mehrheitsprinzips im Rat weiter zurückgeht, wird vielfach von einem europäischen Demokratiedefizit gesprochen[829]. Um ein angemessenes Legitimationsniveau der europäischen Hoheitsgewalt zu erreichen, sind daher des Weiteren die dem funktionell-regulatorischen Demokratiemodell entspringenden Legitimationselemente zu berücksichtigen. Kennzeichnend für das regulatorische Demokratiemodell ist die

---

825 Vgl. stellvertretend *Ruffert*, in: *Callies/Ruffert*, EUV, EGV-Kommentar, Art. 249 EGV Rdn. 31 ff.

826 *Heitsch*, Die Transparenz der Entscheidungsprozesse als Element demokratischer Legitimation der Europäischen Union, EuR 2001, 809 (814, 816).

827 *Dehousse*, European Institutional Architecture after Amsterdam: Parliamentary System or Regulatory Structure, CMLRev. 1998, 595 (598 ff.).

828 Vgl. den kurzen Überblick bei *Heitsch*, Die Transparenz der Entscheidungsprozesse als Element demokratischer Legitimation der Europäischen Union, EuR 2001, 809 (820).

829 Vgl. hierzu z.B. *Pernice*, Maastricht, Staat und Demokratie, DV 1993, 449 (451 ff.; 465 ff.; 475 ff.; 483 ff.); *Classen*, Europäische Integration und demokratische Legitimation, AöR 119 (1994), 238 (238 ff.; 246 ff.; 249 ff.); *Oeter*, Souveränität und Demokratie als Probleme in der „Verfassungsentwicklung" der Europäischen Union, ZaöRV 55 (1995), 659 (661 ff.) m.w.N.

Wahrnehmung der Rechtsetzung zumindest auch durch die exekutive Gewalt. Im Rahmen der Europäischen Union erfahren die Rechtsakte entsprechend dieses Modells demokratische Legitimation vor allem durch eine hinreichend klare Bestimmung von Zielen und Kompetenzen, durch das Subsidiaritätsprinzip nach Artikel 5 Abs. 2 EGV und Artikel 2 S. 2 EUV mit seinem Grundsatz der begrenzten Einzelermächtigung, durch verfahrensrechtlich gesicherte Anforderungen an Rechenschaft und Kontrolle hinsichtlich der Verwirklichung der Ziele und durch die Möglichkeit der Beteiligung aller von den Entscheidungen der Gemeinschaftsorgane betroffenen Interessen im Entscheidungsprozess[830]. Hieraus wiederum wird das Postulat hinreichender Transparenz der Entscheidungsabläufe gefolgert, um Vertretern verschiedener interessierter Kreise die Möglichkeit der Gehörverschaffung zu gewährleisten[831]. Der Grundsatz des öffentlichen Zugangs zu amtlichen Dokumenten als Teil dieses Transparenzgebots zum Zwecke von Partizipation und Kontrolle ist damit zum einen auf der Ebene des Eigenverwaltungsrechts der Europäischen Gemeinschaften von großer Bedeutung. Es bleibt zu prüfen, ob der Existenz von gemeinschafts*eigenen* Informationszugangsrechten auch Vorgaben für die nationalen Rechtsordnungen zu entnehmen sind.

Zum anderen ist zu prüfen, ob das Gemeinschaftsrecht Pflichten oder Grenzen hinsichtlich der *nationalen* Gewährleistung von Informationszugangsrechten enthält, welche infolge seines Anwendungsvorrangs durch die nationalen Rechtsordnungen zu berücksichtigen wären.

1. Verpflichtung zur nationalen Gewährleistung von Informationszugangsrechten nach dem Gemeinschaftsrecht

Als Quellen des Gemeinschaftsrechts[832] sind auf Vorgaben hinsichtlich bestehender Pflichten zur nationalen Gewährleistung von Informationszugangsrechten im Rahmen des geschriebenen primären Gemeinschaftsrechts die Gründungsverträge einschließlich ihrer späteren Änderungen sowie die auf ihrer Grundlage sekundärrechtlich ergangenen Akte zu prüfen. Im Rahmen des ungeschriebenen Gemeinschaftsrechts sind die als allgemeine Rechtsgrundsätze bestehenden rechtsstaatlich gebotenen Garantien des Verwaltungsverfahrens und die Gemeinschaftsgrundrechte zu behandeln.

---

830 Vgl. hierzu die kurze Übersicht bei *Heitsch*, Die Transparenz der Entscheidungsprozesse als Element demokratischer Legitimation der Europäischen Union, EuR 2001, 809 (819 sowie 813, 818, 823).

831 *Gornig/Trüe*, Die Rechtsprechung des EuGH und des EuG zum Europäischen Verwaltungsrecht-Teil 1, JZ 2000, 395 (403); *Majone,* Regulatory legitimacy, in: *Majone*, Regulating Europe, p. 284 (291).

832 Vgl. zu dieser Einteilung stellvertretend *Streinz*, Europarecht, S. 2 ff.; 138 ff.

a. Verpflichtung zur nationalen Gewährleistung von Informationszugangsrechten nach dem geschriebenen Gemeinschaftsrecht

Entsprechend obiger Ausführungen ist zwischen Vorgaben des Gemeinschaftsrechts zur Gewährleistung eines nationalen Informationszugangsrechts und aus dem Eigenverwaltungsrecht der Gemeinschaft folgenden Vorgaben zu unterscheiden.

aa. Gemeinschaftsrechtliche Vorgaben zur Gewährleistung eines nationalen Informationszugangsrechts

Mangels einer Rechtsetzungskompetenz der Gemeinschaft im Bereich des allgemeinen Verwaltungsrechts und aufgrund der Tatsache, dass staatliche Informationen zwar potentiell aber eben nicht zwingend wirtschaftlichen Wert besitzen[833], finden sich im geschriebenen Primärrecht wie auch im ergangenen Sekundärrecht keine gemeinschaftsrechtlichen Vorgaben hinsichtlich einer Pflicht, in den nationalen Rechtsordnungen allgemeine Informationszugangsrechte zu gewährleisten. Allgemeine Informationszugangsgesetze im Sinne dieser Ausarbeitung charakterisiert insbesondere die Unabhängigkeit des Zugangsanspruchs vom Vorliegen eines rechtlichen Interesses[834] und damit auch von der Frage, ob die begehrte staatliche Information im Einzelfall für den Anspruchsteller einen ökonomischen Wert besitzt. Da allgemeine Informationszugangsgesetze in erster Linie demokratische Partizipation und Kontrolle zu fördern bestimmt sind[835] und Zugänglichkeit daher auch hinsichtlich solcher staatlicher Informationen gewährleisten müssen, die wirtschaftlich ohne Wert sind, scheidet der an der Verwirklichung eines gemeinsamen Binnenmarktes orientierte Artikel 95 EGV als gemeinschaftsrechtliche Regelungskompetenz für die Schaffung einer Pflicht zur nationalen Gewährleistung von Informationszugangsrechten aus. Die im Zusammenhang mit der gemeinschaftsrechtlichen Informationsgesellschaft genannte Richtlinie über die Weiterverwendung von Informationen des öffentlichen Sektors[836] gewährt dem entsprechend gerade keinen Zugangsanspruch, und die Richtlinie über den freien Zugang zu Informationen über die Umwelt[837] enthält nur einen sektorell begrenzten Zugangsanspruch, so dass beide keine gemeinschaftsrechtlichen Vorgaben im Sinne dieser Ausarbeitung schaffen.

---

[833] Vgl. soeben Kapitel 4 VI.

[834] Vgl. oben Kapitel 2 I.

[835] Vgl. oben Kapitel 2 III. 4. a. aa. (1) (b) und Kapitel 2 III. 4. a. bb.

[836] Richtlinie 2003/98/EG des Europäischen Parlaments und des Rates v. 17.11.2003 über die Weiterverwendung von Informationen des öffentlichen Sektors, ABl. Nr. L 345, S. 90.

[837] Richtlinie 90/313/EWG des Rates v. 7.6.1990 über den freien Zugang zu Informationen über die Umwelt, ABl. Nr. L 158 S. 56.

Und entsprechend der genannten Zuständigkeitszuweisung befindet sich die Entwicklung und Stärkung der in Artikel 6 Abs. 1 EUV genannten Grundlagen der Demokratie und Rechtsstaatlichkeit sowie die Achtung der Menschenrechte und Grundfreiheiten lediglich unter den nicht-vergemeinschafteten Zielen der Gemeinsamen Außen- und Sicherheitspolitik der Europäischen Union nach Artikel 11 Abs. 1 EUV, zu deren Verwirklichung lediglich die intergouvernementalen Handlungsformen des Artikel 12 EUV zur Verfügung stehen. Auf das Anwendungsvorrang vor den nationalen Rechtsordnungen beanspruchende Gemeinschaftsrecht haben diese Ziele daher keinen Einfluss.

bb. Vorgaben zur Gewährleistung von Informationszugang durch das Eigenverwaltungsrecht der Gemeinschaft

Zu untersuchen ist, inwieweit der Grundsatz des öffentlichen Zugangs zu amtlichen Dokumenten im Eigenverwaltungsrecht der Gemeinschaft verankert ist und ob sowie gegebenenfalls welche Vorgaben hieraus für die nationalen Rechtsordnungen folgen.

(1) Verankerung des Grundsatzes des öffentlichen Zugangs zu amtlichen Dokumenten im Eigenverwaltungsrecht der Gemeinschaft

In der Protokollerklärung Nr. 17 „zum Recht auf Zugang zu Informationen" in der Schlussakte zum Maastricht-Vertrag kamen die Staats- und Regierungschefs der Mitgliedsstaaten zu der Auffassung, „dass die Transparenz des Beschlussverfahrens den demokratischen Charakter der Organe und das Vertrauen der Öffentlichkeit in die Verwaltung stärkt", und empfahlen, dass die Kommission dem Rat bis spätestens 1993 einen Bericht über Maßnahmen zur Verbesserung der Zugänglichkeit der bei den Organen vorhandenen Informationen vorlegen solle[838]. Seither bildet das Transparenzgebot einen Maßstab im Recht der EU, dessen Stellenwert und Bedeutung weiter stetig stieg. *Craig* und *De Búrca* untergliedern ihm verschiedene Aspekte, wie u.a. das Öffentlichkeitsgebot bei Treffen, die Bereitstellung von Informationen sowie das Recht auf Zugang zu Dokumenten, und stellen zugleich fest, dass dieser letztgenannte Aspekt die in der Europäischen Union am weitesten entwickelte Rechtskategorie des Transparenzprinzips darstelle[839].

Im Jahre 1993 wurde der erwähnte in Maastricht angeforderte Bericht der Kommission vorgelegt[840]. Unter Einbeziehung einer Untersuchung des Bestan-

---

[838] Schlussakte des EUV v. 7.2.1992, Protokollerklärung Nr. 17 zum Recht auf Zugang zu Informationen, deutscher Text abgedruckt in: BGBl. 1992 II, S. 1321.

[839] *Craig/De Búrca*, EU Law, p. 392.

[840] *Angelov*, Grundlagen und Grenzen eines staatsbürgerlichen Informationszugangsanspruchs, S. 94 m.w.N. in Fn. 422.

des an Informationszugangsgesetzen in den nationalen Rechtsordnungen kam der Bericht zu der Folgerung, dass ein verbesserter Informationenzugang zu Bürgernähe der Organtätigkeit und fundierter und verantwortungsbewusster Diskussion europäischer Politik beitrage, woraufhin die Kommission des Weiteren in zwei Mitteilungen unter Nennung von Mindestanforderungen das Vorhaben ankündigte, eine Politik des allgemeinen Informationenzugangs einzuführen[841]. Ebenfalls im Jahre 1993 erging eine interinstitutionelle Erklärung zu Demokratie, Transparenz und Subsidiarität durch das Europäische Parlament, den Rat und die Kommission[842] und ein „Verhaltenskodex für den Zugang der Öffentlichkeit zu Kommissions- und Ratsdokumenten“[843]. Letzteren gliederten die beiden Organe in Form von Selbstverpflichtungen jeweils durch Beschlüsse in ihre Geschäftsordnungen ein[844].

Der Vertrag von Amsterdam und die dort verabschiedete Schlussakte[845] verankerten den Grundsatz des öffentlichen Zugangs zu amtlichen Dokumenten der Gemeinschaftsorgane schließlich im Primärrecht. Artikel 1 EUV in der durch den Vertrag von Amsterdam geänderten Fassung benennt das möglichst offene und bürgernahe Treffen von Entscheidungen als eine der Grundlagen der Union und der durch den Vertrag von Amsterdam eingefügte Artikel 255 EGV normiert ausdrücklich den Grundsatz des öffentlichen Zugangs zu amtlichen Dokumenten der Gemeinschaftsorgane mit folgendem Wortlaut:

„1. Jeder Unionsbürger sowie jede natürliche oder juristische Person mit Wohnsitz oder Sitz in einem Mitgliedstaat hat das Recht auf Zugang zu Dokumenten des Europäischen Parlaments, des Rates und der Kommission vorbehaltlich der Grundsätze und Bedingungen, die nach den Absätzen 2 und 3 festzulegen sind.

2. Die allgemeinen Grundsätze und die aufgrund öffentlicher oder privater Interessen geltenden Einschränkungen für die Ausübung dieses Rechts auf Zugang zu Dokumenten werden vom Rat binnen zwei Jahren nach Inkrafttreten des Vertrags von Amsterdam gemäß dem Verfahren des Artikels 251 festgelegt.

---

841 *Angelov*, Grundlagen und Grenzen eines staatsbürgerlichen Informationszugangsanspruchs, S. 94 m.w.N. in Fn. 423 und 424.

842 Englischer Text abgedruckt in: HRLJ, Vol. 14 (1993), pp. 456-457.

843 Verhaltenskodex für den Zugang der Öffentlichkeit zu Rats- und Kommissionsdokumenten, ABl. Nr. L 340, S. 41 f.

844 Beschluss des Rates v. 20.12.1993 über den Zugang der Öffentlichkeit zu Ratsdokumenten, ABl. Nr. L 340, S. 43 f. und Beschluss der Kommission v. 8.2.1994 über den Zugang der Öffentlichkeit zu den der Kommission vorliegenden Dokumenten, ABl. Nr. L 46, S. 58 ff.

845 ABl. Nr. C 340, S. 1 ff. v. 10.11.1997.

3. *Jedes der vorgenannten Organe legt in seiner Geschäftsordnung Sonderbestimmungen hinsichtlich des Zugangs zu seinen Dokumenten fest.“*

Die nach Artikel 255 Abs. 2 EGV geforderte sekundärrechtliche Regelung der Grundsätze und Einschränkungen wurde im Jahre 2001 durch die Verordnung 1049/2001 über den Zugang der Öffentlichkeit zu Dokumenten des Europäischen Parlaments, des Rates und der Kommission, die so genannte Transparenzverordnung, verabschiedet[846]. Neben den im Rahmen dieser Ausarbeitung nicht behandelten verfahrensrechtlichen Vorgaben durch die Transparenzverordnung sowie der erst im Gliederungspunkt der nach dem Gemeinschaftsrecht bestehenden Grenzen für die Gewährung nationaler Informationszugangsgesetze interessierenden Einschränkungen der Verordnung zugunsten kollidierender Rechtsgüter[847] normiert Artikel 2 Abs. 1 Transparenzverordnung das Recht auf Zugang zu Dokumenten der Gemeinschaftsorgane als verfahrensunabhängigen und materiell voraussetzungslosen subjektivrechtlichen Grundsatz[848]. Im Gegensatz zu Artikel 255 EGV, dessen unmittelbare Anwendbarkeit das Europäische Gericht erster Instanz verneint hatte[849], gewährt die Transparenzverordnung damit nunmehr ein subjektives, gerichtlich durchsetzbares Zugangsrecht[850].

Hinsichtlich des Kreises der Verpflichteten ist zu betonen, dass sowohl Artikel 255 EGV als auch die Transparenzverordnung ausdrücklich nur bezüglich der Dokumente des Europäischen Parlaments, des Europäischen Rates sowie der Europäischen Kommission ein Zugangsrecht gewähren[851]. Dem entsprechend weitet Erwägungsgrund Nr. 8 der Transparenzverordnung den Adressatenkreis auch lediglich in Form einer Sollvorschrift auch auf die von diesen Organen geschaffenen Einrichtungen aus. Die Angleichung der eigenen Regelungen dieser Einrichtungen nach der Maßgabe der Transparenzverordnung bleibt damit grundsätzlich rechtlich freiwillig. In einer gemeinsamen Erklärung haben die drei Gemeinschaftsorgane deswegen alle Einrichtungen dazu aufgefordert, Vorschriften im Einklang mit den Bestimmungen der Verordnung zu schaffen[852].

---

[846] Verordnung 1049/2001 des Europäischen Parlaments und des Rates v. 30.5.2001 über den Zugang der Öffentlichkeit zu Dokumenten des Europäischen Parlaments, des Rates und der Kommission, ABl. Nr. L 145, S. 43 ff.

[847] Vgl. unten Kapitel 4 IV. 2.

[848] *Nowak*, Informations- und Dokumentenzugangsfreiheit in der EU, DVBl. 2004, 272 (278).

[849] Rs. T-191/99, *Petrie u.a./. Kommission*, Slg. 2001, II-3677 Rdn. 2.

[850] Vgl. zum Informationszugangsrecht im Eigenverwaltungsrecht der EU die ausführlichen Dissertationen von *Sobotta*, Transparenz in den Rechtsetzungsverfahren der Europäischen Union und *Wewers*, Das Zugangsrecht zu Dokumenten in der europäischen Rechtsordnung.

[851] Vgl. *Bock*, Ein Sieg für die Transparenz?, DÖV 2002, 556 (560); *Nowak*, Informations- und Dokumentenzugangsfreiheit in der EU, DVBl. 2004, 272 (281); *Partsch*, Die neue Transparenzverordnung (EG) Nr. 1049/2001, NJW 2001, 3154 (3156).

[852] Gemeinsame Erklärung zu der Verordnung 1049/2001 des Europäischen Parlaments und

Dies entspricht im Übrigen der bei *Schwarze* vertretenen Auffassung, dass die Tatsache, dass sich das Postulat offener und bürgernaher Entscheidungen nach Artikel 1 EUV wie auch das nach Artikel 21 Abs. 3 EGV gewährte Recht, sich schriftlich mit dem Anspruch auf Antwort an die Gemeinschaftsorgane wenden zu können, auf alle Gemeinschaftsorgane und sonstigen Einrichtungen bezieht, dazu führe, dass Artikel 255 EGV zwar grundsätzlich vorrangig den Zugang zu den Dokumenten der drei genannten Organe regele, die nach Artikel 255 Abs. 2 EGV festgelegten Grundsätze und Einschränkungen aber zugleich Leitlinien für alle Gemeinschaftsorgane und sonstigen Einrichtungen darstellen[853].

(2) Vorgaben für die Mitgliedsländer aus dem im Eigenverwaltungsrecht der Gemeinschaft gewährleisteten Grundsatz des öffentlichen Zugangs zu amtlichen Dokumenten

Neben der zu analysierenden Pflicht zur unmittelbaren Übertragung der gemeinschaftseigenen Regelungen zum Grundsatz des öffentlichen Zugangs zu amtlichen Dokumenten in die nationalen Rechtsordnungen sind des Weiteren zwei Konstellationen zu überprüfen, in denen sich das Eigenverwaltungsrecht der Gemeinschaft hinsichtlich des Grundsatzes des öffentlichen Zugangs zu amtlichen Dokumenten mittelbar auf die Mitgliedsstaaten auswirkt, nämlich zum einen dann, wenn sich Informationen der Mitgliedsländer in der Hand der Gemeinschaftsorgane befinden, sowie zum anderen im umgekehrten Fall, wenn Behörden der Mitgliedsstaaten in Besitz von Informationen der Gemeinschaftsorgane sind.

(a) Pflicht zur unmittelbaren Übertragung der gemeinschaftseigenen Regelungen in die nationalen Rechtsordnungen

An eine Pflicht zur unmittelbaren Übertragung der gemeinschaftseigenen Regelungen zum Grundsatz des öffentlichen Zugangs zu amtlichen Dokumenten in die nationalen Rechtsordnungen ist allenfalls im Wege der Anwendung des Loyalitätsprinzips nach Artikel 10 EGV zu denken. Dieser Ansatz scheint auf den ersten Blick auch dem Erwägungsgrund Nr. 15 zur Transparenzverordnung zugrunde zu liegen, welcher in der englischen Fassung wie folgt lautet: "Even though it is neither the object nor the effect of this Regulation to amend national legislation on access to documents, it is nevertheless clear that, by virtue of the principle of loyal cooperation which governs relations between the institutions and the Member States, Member States should take care not to hamper the proper application of this Regulation and should respect the security rules of the institutions". Unabhängig vom fehlenden Einfluss der Verordnung auf die natio-

---

des Rates v. 30.5.2001 über den öffentlichen Zugang zu Dokumenten des Europäischen Parlaments, des Rates und der Kommission, ABl. Nr. L 173, S. 5.

[853] *Schoo*, in: *Schwarze*, EU Kommentar, Artikel 255 Rdn. 13.

nale Gewährleistung von Informationszugangsrechten geht sie in Bezugnahme auf die Pflicht zu loyaler Zusammenarbeit nach Artikel 10 EGV damit davon aus, dass die Mitgliedsländer die selbstverständliche Pflicht trifft, die ordnungsgemäße Anwendung der Verordnung nicht zu behindern. Dies könnte die Pflicht einschließen, dem der Verordnung zugrunde liegenden Gesetzeszweck der Stärkung der Grundsätze der Demokratie durch umfassende auch nationale Zugangsgewährung weitmöglichste Geltung zu verschaffen[854]. Das Satzende des 15. Erwägungsgrundes zur Transparenzverordnung lässt hingegen erkennen, dass die dort anvisierten Vorgaben durch das Loyalitätsprinzip nur auf das Verhältnis zu vergleichsweise zugangsfreundlicheren nationalen Rechtsordnungen zielen: Im Zusammenhang mit der Pflicht, die effektive Anwendung der Verordnung nicht zu stören, wird ausdrücklich auf die Achtung der Sicherheitsbestimmungen der Gemeinschaftsorgane ("and should respect the security rules of the institutions") Bezug genommen. Hintergrund für die 15. Erwägung der Verordnung ist damit der Schutz der Interessen der Gemeinschaftsorgane vor nationalen Zugangsgesetzen, welche im Vergleich zu der Verordnung weiter reichende Ansprüche auf Zugang gewähren[855]. Auch unter Berücksichtigung dieses Erwägungsgrundes bleibt es also dabei, dass durch die gemeinschaftsrechtlichen Bestimmungen zum Informationszugang keine Pflicht der Mitgliedsstaaten folgt, nationale Informationszugangsgesetze zu schaffen, da selbst der Loyalitätsgrundsatz in diesem Zusammenhang nur umgekehrt für den Fall weiter gehender nationaler Zugangsgesetze die Einhaltung der Grenzen der Transparenzverordnung fordert, sofern Dokumente von Gemeinschaftsorganen betroffen sind. Dieses Verständnis entspricht im Übrigen der Tatsache, dass bei einer anderen Schlussfolgerung das Prinzip loyaler Zusammenarbeit durch die Hintertür fehlende gemeinschaftsrechtliche Rechtsetzungskompetenzen ersetzen würde.

(b) Informationen der Mitgliedsstaaten in der Hand von Gemeinschaftsorganen

Über den gemeinschaftsrechtlichen Anspruch auf Informationszugang besteht mittelbar die Möglichkeit, unabhängig von der Ausgestaltung der nationalen Rechtslage Zugang zu den von nationalen Behörden stammenden Informationen zu erlangen, nämlich dann, wenn diese Informationen sich im Zeitpunkt der Antragstellung im Besitz von Gemeinschaftsorganen befinden[856].

---

[854] So zumindest in Andeutung *Partsch*, Die neue Transparenzverordnung (EG) Nr. 1049/2001, NJW 2001, 3154 (3156, 3158). Allerdings verzichtet *Partsch* auf eine genauere Darstellung der konkreten Rechtsfolgen.

[855] Vgl. zu diesem Verständnis *Bock*, Ein Sieg für die Transparenz?, DÖV 2002, 556 (557).

[856] Vgl. hierzu bereits vor der Verabschiedung der Transparenzverordnung *Angelov*, Grundlagen und Grenzen eines staatsbürgerlichen Informationszugangsanspruchs, S. 97.

In Abkehr von der so genannten Urheberregel, welche in den bis dato geltenden organspezifischen Zugangsregelungen enthalten war, bestimmt Artikel 2 Abs. 3 Transparenzverordnung als wesentliche Neuerung, dass sich das gemeinschaftsrechtliche Zugangsrecht nicht nur auf solche Dokumente bezieht, die von den Gemeinschaftsorganen erstellt wurden, sondern auch jene umfasst, die bei ihnen eingegangen sind und sich in ihrem Besitz befinden. Die tatsächlichen nationalen Auswirkungen dieses kleinen Regimewechsels werden jedoch noch durch die Verordnung selbst gemildert, indem Erwägungsgrund Nr. 10 bezüglich dieser Abschaffung der Autorenregel auf die durch die Erklärung Nr. 35 zur Schlussakte des Vertrags von Amsterdam geschaffene Möglichkeit der Mitgliedsstaaten verweist, Kommission und Rat zu ersuchen, ein aus dem betreffenden Mitgliedsstaat stammendes Dokument nicht ohne dessen vorherige Zustimmung an Dritte weiterzuleiten[857]. Dem entsprechend beinhaltet die Ausnahmebestimmung des Artikel 4 Abs. 5 Transparenzverordnung explizit eben diese Möglichkeit, dass ein Mitgliedsstaat die Gemeinschaftsorgane darum ersuchen kann, von ihm stammende Dokumente nicht ohne seine vorherige Zustimmung zugänglich zu machen. Das Gericht erster Instanz hat diese Bestimmung zudem weiter zugunsten der Mitgliedsstaaten gestärkt, indem es befand, dass das Gemeinschaftsorgan einem solchen Ersuchen Folge zu leisten habe, ohne dass es eines weiteren Abwägungsprozesses bedürfe[858]. Lediglich am Rande sei bemerkt, dass diese Entscheidung sich keineswegs als zwingend darstellt. Bedenkt man das sich aus dem Grundsatz der Gemeinschaftstreue nach Artikel 10 EGV herleitende Effizienzgebot, nach welchem die effektive Anwendung des Gemeinschaftsrechts im gesamten Hoheitsgebiet der Gemeinschaft dahingehend gewährleistet sein muss, dass die Ausübung der durch das Gemeinschaftsrecht eingeräumten Rechte nicht praktisch unmöglich ist[859], hätte es durchaus nahegelegen, dass die mitgliedsstaatliche Zustimmung im Falle der Gemeinschaftsrechtmäßigkeit der Zugangsgewährung nicht versagt werden dürfte. Es bleibt insofern abzuwarten, ob diese Stärkung der Souveränität der Mitgliedsländer hinsichtlich der Freigabe der in den Händen der Gemeinschaftsorgane befindlichen nationalen Dokumente in der Zukunft auch vom EuGH aufrechterhalten wird.

Unabhängig von der nationalen Ausgestaltung des Rechts auf Informationszugang kann auf diese Weise also nach dem Eigenverwaltungsrecht der Gemein-

---

[857] Diese Erklärung war auf Betreiben der Bundesrepublik Deutschland aufgenommen worden, welche zu diesem Zeitpunkt noch nicht über ein nationales Informationszugangsrecht verfügte, vgl. *Angelov*, Grundlagen und Grenzen eines staatsbürgerlichen Informationszugangsanspruchs, S. 97.

[858] Rs. T-168/02, IFAW Internationaler Tierschutz-Fonds./.Kommission, Slg. 2004, II-4135 Rdn. 57 ff.

[859] Vgl. zum Effizienzgebot m.w.N. *Gornig/Trüe*, Die Rechtsprechung des EuGH zum europäischen allgemeinen Verwaltungsrecht-Teil 2, JZ 1993, 934 (937).

schaft ein Anspruch auf Zugang zu Informationen bestehen, die zuvor von nationalen Behörden an Gemeinschaftsorgane weitergeleitet wurden, sofern der betroffene Mitgliedsstaat das Gemeinschaftsorgan nicht um Verweigerung des Zugangsantrags ersucht. Die Entwicklung auf europäischer Ebene bewirkt in diesem Zusammenhang damit auch für das Informationsverhältnis Staat und Bürger eine leicht verbesserte Stellung des Bürgers[860].

(c) Informationen der Gemeinschaftsorgane in der Hand von Behörden der Mitgliedsstaaten

Der umgekehrte Fall, in welchem Mitgliedsstaaten unabhängig von der Existenz nationaler Informationszugangsgesetze infolge des Eigenverwaltungsrechts der Gemeinschaft zur Gewährung von Zugang zu Dokumenten verpflichtet sind, betrifft die Konstellation, dass sich Informationen der Gemeinschaftsorgane in Besitz nationaler Behörden befinden.

Für diesen Fall bestimmt Artikel 5 Abs. 1 Transparenzverordnung mit Ausnahme eindeutiger Entscheidungen ein Konsultationsgebot in Bezug auf das Gemeinschaftsorgan bzw. ermöglicht nach Absatz 2 ersatzweise die Abgabe des Antrags an das entsprechende Gemeinschaftsorgan. Als Zweck dieser Konsultationspflicht benennt Artikel 5 Abs. 1 Transparenzverordnung eine Entscheidungsfindung, welche das Erreichen der Ziele der Verordnung nicht gefährdet ("in order to take a decision that does not jeopardise the attainment of the objectives of this Regulation"). Dieser Zusatz suggeriert wiederum eher, dass mit dem Konsultationsgebot entsprechend dem bereits zitierten Erwägungsgrund Nr. 15 eine zu weitreichende, mit den Einschränkungen des gemeinschaftsrechtlichen Zugangsrechts kollidierende Zugangsgewährung verhindert werden soll. Mitgliedsländer mit Rechtsordnungen, die zugangsfreundlicher als das Gemeinschaftsrecht ausgestaltet sind, werden durch diese in der Loyalitätspflicht wurzelnde Bestimmung daher bei der Gewährung von Akteneinsicht maßgeblich eingeschränkt[861].

b. Verpflichtung zur nationalen Gewährleistung von Informationszugangsrechten nach dem ungeschriebenen Gemeinschaftsrecht

Da Informationszugangsrechte im Sinne dieser Ausarbeitung gerade ihre Verfahrensunabhängigkeit charakterisiert[862], fallen diesbezügliche Vorgaben durch die vom Gemeinschaftsrecht gewährleisteten rechtsstaatlichen Garantien des

---

[860] Anders die Bewertung bei *Angelov*, Grundlagen und Grenzen eines staatsbürgerlichen Informationszugangsanspruchs, S. 97, vor der Verabschiedung der Transparenzverordnung.

[861] So auch *Partsch*, Die neue Transparenzverordnung (EG) Nr. 1049/2001, NJW 2001, 3154 (3156, 3158).

[862] Vgl. oben Kapitel 2 I.

Verwaltungsverfahrens weg. Im Rahmen des ungeschriebenen Gemeinschaftsrechts bleiben damit die zu den allgemeinen Rechtsgrundsätzen zählenden Gemeinschaftsgrundrechte auf Vorgaben hinsichtlich einer nationalen Pflicht zur Gewährleistung von Informationszugangsrechten zu überprüfen.

In Fortführung der 1969 einsetzenden Definition der Gemeinschaftsgrundrechte durch den EuGH als integralen Bestandteil der ungeschriebenen allgemeinen Rechtsgrundsätze[863] bestimmen Artikel 6 Abs. 2 EUV und Artikel 46 lit. d EUV seit dem Vertrag von Maastricht die Pflicht der Europäischen Union wie auch der Organe der Europäischen Gemeinschaften zur Achtung der Grundrechte, wie sie in der EMRK gewährleistet sind und wie sie sich aus den gemeinsamen Verfassungsüberlieferungen der Mitgliedsstaaten als allgemeine Grundsätze des Gemeinschaftsrechts ergeben.

Der Prüfung des Vorliegens eines Rechts auf Informationszugang als Gemeinschaftsgrundrecht ist voranzustellen, dass die Gemeinschaftsgrundrechte unstreitig die Gemeinschaften und ihre Organe verpflichten, für eine entsprechende Bindung der Mitgliedsstaaten hingegen der Anwendungsbereich des Gemeinschaftsrechts eröffnet sein muss[864]. Vorgaben hinsichtlich der Gewährung von Informationszugang durch nationale Behörden können aus den Gemeinschaftsgrundrechten damit allenfalls in Form von Mindestanforderungen für den Bereich des Vollzugs von Gemeinschaftsrecht, also insbesondere bei der Umsetzung von Richtlinien oder dem Verwaltungsvollzug von Verordnungen, folgen[865]. Vorgaben für die Ausgestaltung nationaler Informationszugangsgesetze hinsichtlich verwaltungsbehördlicher Informationen ohne Gemeinschaftsbezug scheiden hingegen von vornherein aus.

Sowohl der übergeordnete Grundsatz der Transparenz als auch das ihm unterfallende Recht auf öffentlichen Zugang zu amtlichen Informationen sind in den vergangenen Jahren als potentielle ungeschriebene Gemeinschaftsgrundrechte kontrovers diskutiert worden[866].

---

863 So erstmals in Rs. 29/69, *Stauder./.Ulm*, Slg. 1969, 419/425.

864 *Streinz*, Europarecht, S. 286.

865 *Borchardt*, Die rechtlichen Grundlagen der Europäischen Union, Rdn. 146, m.V.a. unter anderem Rs. C-2/92, *Bostock*, Slg. 1994, I-955/983; Rs. 5/88, *Wachauf./.Bundesamt für Ernährung und Forstwirtschaft*, Slg. 1989, 2609/2639.

866 Vgl. beispielsweise *Craig/De Búrca*, EU Law, pp. 392-394; *Bock*, Ein Sieg für die Transparenz?, DÖV 2002, 556 (559); *Nowak*, Informations- und Dokumentenzugangsfreiheit in der EU, DVBl. 2004, 272 (279 ff.); *Broberg*, Access to documents: a general principle of Community law?, ELRev. 2002, 194 ff.; *Curtin*, Citizens` Fundamental Right of Access to EU Information, CMLRev. 2000, 7 ff.; *Sobotta*, Transparenz in den Rechtsetzungsverfahren der Europäischen Union, S. 288 ff.

Zur Ermittlung der zu den allgemeinen Rechtsgrundsätzen des Gemeinschaftsrechts gehörenden Gemeinschaftsgrundrechte kommt es nach derzeitiger Rechtslage - auf die Bedeutung der Charta der Grundrechte heute und zukünftig wird im Anschluss eingegangen - nach Artikel 6 Abs. 2 EUV im Sinne einer Methode der wertenden Rechtsvergleichung darauf an, ob sich aus der EMRK und den mitgliedsstaatlichen Verfassungstraditionen Hinweise für die Existenz eines subjektivrechtlichen Grundsatzes des öffentlichen Zugangs zu amtlichen Dokumenten entnehmen lassen und sich dieses auf Grundlage der Gesamtschau festgestellte Grundrecht in die Ziele und Strukturen der Gemeinschaftsrechtsordnung einfügt[867]. Der Kompatibilitätsvorbehalt dürfte angesichts des in Artikel 1 Abs. 2 EUV normierten Transparenzgebots und des in Artikel 255 Abs. 1 EGV kodifizierten Zugangsanspruchs erfüllt sein[868], so dass im Weiteren eine vergleichende Gesamtschau der Bestimmungen der EMRK und der nationalen Verfassungen vorzunehmen ist.

Hinsichtlich der Verankerung des Grundsatzes des öffentlichen Zugangs zu amtlichen Dokumenten in der EMRK ist auf die umfassenden obigen Ausführungen im Rahmen dieser Ausarbeitung zu verweisen, nach welchen weder im Wege dynamischer, evolutiver Auslegung der Informationsempfangsfreiheit des Artikel 10 Abs. 1 S. 2 EMRK derzeit ein originäres Teilhaberecht auf Informationszugang entnommen werden kann noch das in der EMRK garantierte Demokratieprinzip oder die dort gewährleisteten Partizipations- und Verfahrensrechte eine Pflicht zur Gewährung von Informationszugangsrechten umfassen[869].

Der Überprüfung der Verfassungstraditionen der Unionsländer auf den Bestand eines Grundrechts auf Informationszugang ist wiederum voranzustellen, dass eine hierfür wünschenswerte umfassende Rechtsvergleichung den Rahmen dieser Ausarbeitung überfordern würde. Erneut ist für die Beantwortung der Frage nach einem entsprechenden Gemeinschaftsgrundrecht jedoch bereits ein Überblick über die entsprechenden nationalen Rechtslagen geeignet, hinreichende Einsichten zu gewähren.

Derzeit umfasst die Europäische Union 27 Mitgliedsstaaten[870]. Rechtsvergleichende Überblicke zum Bestand des Grundsatzes des öffentlichen Zugangs zu

---

[867] *Gornig/Trüe*, Die Rechtsprechung des EuGH zum europäischen allgemeinen Verwaltungsrecht-Teil 1, JZ 1993, 884 (888).Vgl. zu diesen Prüfungsschritten ferner *Szczekalla*, Grundrechte, in: *Rengeling*, Handbuch zum europäischen und deutschen Umweltrecht, Band I, § 12 Rdn. 8 ff.

[868] So *Nowak*, Informations- und Dokumentenzugangsfreiheit in der EU, DVBl. 2004, 272 (280).

[869] Vgl. oben Kapitel 4 I. 3.

[870] Vgl. für eine Übersicht der Mitgliedstaaten der EU mit Beitrittsdatum die Aufstellung auf der Seite http://de.wikipedia.org/wiki/Mitgliedstaaten_der_Europäischen_Union, zuletzt abgerufen am 25.9.2007.

amtlichen Dokumenten in den Rechtsordnungen der Mitgliedsstaaten der EU lassen sich dem Gutachten des *MPI* über ausländisches Datenzugangsrecht aus dem Jahre 1981[871], den Literaturhinweisen bei *Trantas* im Jahre 1998[872], der Homepage von *Sobotta* im Internet[873] sowie den Seiten von *geocities*[874] entnehmen. Ferner findet sich bei *Breunig* ein universeller Überblick über den Bestand des Rechts auf Informationsfreiheit in den nationalen Rechtsordnungen im Jahre 1994[875].

Lediglich zu den Ländern Luxemburg, Malta und Zypern sind den genannten Aufstellungen keine Angaben zu entnehmen. Eigene Ermittlungen ergaben in diesem Zusammenhang, dass der Staat Malta derzeit nicht über ein nationales allgemeines Informationszugangsrecht verfügt. Die Richtigkeit dieser Übersichten unterstellt, existieren in allen anderen aufgeführten Mitgliedsstaaten der EU mittlerweile nationale Informationszugangsrechte. Allerdings gestaltet sich die Rechtsnatur dieser Informationszugangsrechte unterschiedlich: In fünfzehn Ländern sind die Zugangsansprüche grundrechtlich fundiert, in neun Mitgliedstaaten wird das Recht auf Informationszugang in Form von einfachem Gesetzesrecht gewährt. Immerhin mindestens ein Drittel der Mitgliedsländer der EU gewähren Informationszugangsrechte daher ohne Verfassungsrang, so dass angesichts der in den nationalen Verfassungsordnungen zu verzeichnenden Heterogenität die Annahme einer gemeinsamen Verfassungsüberlieferung im Sinne von Artikel 6 Abs. 2 EUV bisher eher abzulehnen ist[876]. Vor allem bei gesamtschaulicher Einbeziehung auch des Fehlens einer entsprechenden Gewährleistung von Informationszugangsrechten durch die EMRK kann damit schwerlich von der Existenz eines entsprechenden Gemeinschaftsgrundrechts als Teil der allgemeinen Rechtsgrundsätze der Europäischen Union ausgegangen werden[877].

Auch die hypothetische Feststellung eines Gemeinschaftsgrundrechts der Informationsfreiheit führt zu keinem anderen Ergebnis: Entsprechend der rechtsvergleichenden Ausführungen zum nationalen Verständnis der Informationsfreiheit im Rahmen der evolutiven Auslegung der Informationsempfangsfreiheit der EMRK, nach welchen das Recht auf Informationszugang auch im Falle grund-

---

[871] *Bernhardt*, MPI-Gutachten über ausländisches Datenzugangsrecht.

[872] *Trantas*, Akteneinsicht und Geheimhaltung im Verwaltungsrecht, S. 553 ff.

[873] Vgl. http://user.uni-frankfurt.de/~sobotta/FOI_MS.htm, zuletzt abgerufen am 25.9.2007.

[874] Vgl. www.geocities.com/walter_kein/informationsfreiheitsgesetz.htm, zuletzt abgerufen am 25.9.2007.

[875] *Breunig*, Kommunikationsfreiheiten, S. 70 ff.

[876] So für das Zahlenverhältnis neun grundrechtliche Regelungen zu vier einfachgesetzlichen Gewährleistungen im Jahre 1995 auch *Nowak*, Informations- und Dokumentenzugangsfreiheit in der EU, DVBl. 2004, 272 (280). Seitdem hat sich das Zahlenverhältnis weiter zugunsten einfachgesetzlicher Normierung verschoben.

[877] So im Ergebnis auch *Nowak*, Informations- und Dokumentenzugangsfreiheit in der EU, DVBl. 2004, 272 (280).

rechtlicher Gewährleistung nicht als vom Recht auf Informationsfreiheit umfasst bewertet wird[878], umfasst auch der Schutzbereich eines gegebenenfalls existierenden Gemeinschaftsgrundrechts auf Informationsfreiheit nicht die Gewährleistung von Informationszugangsrechten.

Diesem Ergebnis entspricht die bisherige Zurückhaltung des EuGH bei der Anerkennung eines Gemeinschaftsgrundrechts auf Informationszugang. Während die Generalanwälte *Tesauro* und *Léger* das Recht auf Informationszugang als Ausfluss des Demokratieprinzips werteten und sich in ihren Schlussanträgen mehrfach für eine klare höchstrichterliche Anerkennung eines entsprechenden Gemeinschaftsgrundrechts ausgesprochen hatten[879], gingen sowohl der EuG als auch der EuGH trotz ausdrücklicher Bestätigung der Bedeutung von Informationszugangsrechten für die demokratische Legitimation der Gemeinschaftsorgane einer Klarstellung in dieser Richtung aus dem Weg, indem sie ein Recht auf Informationszugang in den entschiedenen Fällen ausschließlich auf die bereits oben erwähnten sekundärrechtlichen Beschlüsse des Rates und der Kommission über den Zugang der Öffentlichkeit zu ihren Dokumenten, mit welchen diese den zuvor verabschiedeten Verhaltenskodex in ihre Geschäftsordnungen eingliedert hatten[880], stützten[881]. Im Fall *Hautala* hielt der EuGH zwar die Entscheidung des EuG über die Aufhebung der Ablehnung partieller Zugangsgewährung zu politisch sensiblen Dokumenten des Rates aufrecht, erklärte aber gleichzeitig ausdrücklich, dass für diese Entscheidung eine gerichtliche Klärung, ob das Gemeinschaftsrecht einen allgemeinen Grundsatz des Rechts auf Zugang zu Information beinhaltet, nicht erforderlich sei[882]. Dem entsprechend definierten die beiden Gerichte in einer Vielzahl weiterer Fälle die inhaltliche Reichweite des in den Geschäftsordnungen der Organe gewährten Informationszugangsrechts, eine Aufhebung zugangsverweigernder Entscheidungen der Organe erfolgte jedoch niemals aufgrund eines Verstoßes gegen einen allgemeinen gemeinschaftsrechtlichen Grundsatz der Transparenz oder des Dokumentenzugangs[883].

---

[878] Vgl. oben Kapitel 4 I. 3. a. cc. (2).

[879] Generalanwalt *Tesauro*, Schlussanträge v. 28.11.1995, Rs. C-58/94, *Niederlande./.Rat*, Slg. 1996, I-2171 Rdn. 19 ff.; Generalanwalt *Léger*, Schlussanträge v. 10.7.2001, Rs. C-353/99 P, *Rat./.Hautala*, Slg. 2001, I-9567 Rdn. 38 ff., 52 ff., insb. Rdn. 77-79.

[880] Vgl. bereits oben Kapitel 4 IV. 1. a. bb. (1): Beschluss des Rates v. 20.12.1993 über den Zugang der Öffentlichkeit zu Ratsdokumenten, ABl. Nr. L 340, S. 43 f. und Beschluss der Kommission v. 8.2.1994 über den Zugang der Öffentlichkeit zu den der Kommission vorliegenden Dokumenten, ABl. Nr. L 46, S. 58 ff.

[881] Rs. T-194/94, *Carvel und Guardian Newspapers./.Rat*, Slg. 1995, II-2765; Rs. C-58/94, *Niederlande./.Rat*, Slg. 1996, I-2169. Vgl. zu dieser Rechtsfindung *Davis*, The Court of Justice and the right of public access to Community-held documents, ELRev. 2000, 303.

[882] Rs. C-353/99 P, *Hautala./.Rat*, Slg. 2001, I-9565/9616, Rdn. 31.

[883] Vgl. in diesem Zusammenhang Rs. T-105/95, *Worldwide Fund for Nature./.Kommission*, Slg. 1997, II-313; Rs. T-124/96, *Interporc Im- und Export GmbH./.Kommission*, Slg. 1998, II-

In der Sache *Interporc* sowie im Fall *JT's Corporation* verneinte das Gericht erster Instanz dann schließlich explizit das Bestehen eines höherrangigen Rechtsgrundsatzes, welcher die Anwendung der im Verhaltenskodex verankerten so genannten Urheberregel ausschließe[884]. In der Rechtsmittelentscheidung in der Sache *Interporc* befand der EuGH die erstinstanzliche Entscheidung für „rechtsfehlerfrei" und wiederholte, dass die Urheberregel in diesem Fall angewandt werden konnte, da es nach Ansicht des Gerichts zum Zeitpunkt des Erlasses der streitigen Kommissionsentscheidung einen solchen höherrangigen Rechtsgrundsatz „oder eine allgemeine Regelung des Gemeinschaftsrechts mit der ausdrücklichen Bestimmung, dass die Kommission nicht befugt war, diese Regel im Rahmen ihrer Organisationsgewalt aufzustellen, nicht gab"[885]. Nicht ohne Resignation kam Generalanwalt *Léger* in seinem Schlussantrag in der Sache *Interporc* zu der Feststellung, dass es „beim gegenwärtigen Stand" der EuGH-Rechtsprechung „kein gemeinschaftsrechtliches Grundrecht auf Zugang zu den Dokumenten" gebe, „das zu den allgemeinen Rechtsgrundsätzen gehören würde, die aus den gemeinsamen verfassungsrechtlichen Traditionen der Mitgliedstaaten hervorgegangen sind"[886]. Zwar ist die Existenz eines Gemeinschaftsgrundrechts grundsätzlich von der Anerkennung des Gerichtshofs unabhängig, im Zusammenhang mit Informationszugangsrechten entspricht sie jedoch entsprechend obiger Ausführungen dem fehlenden Maß an gebotener Homogenität der in der EMRK und den nationalen Verfassungen diesbezüglich gewährten Rechte[887].

Allerdings stellt der EuGH in der Sache *Interporc* richtigerweise auf den Zeitpunkt des Erlasses der betroffenen Kommissionsentscheidung ab. Eine Weiterentwicklung ist damit für die Zukunft möglich und durch den am 13. Dezember 2007 unterzeichneten Vertrag von Lissabon, den so genannten „EU-Reformvertrag", vorgezeichnet[888]. Der nach dem derzeit laufenden Ratifikationsprozess voraussichtlich am 1. Januar 2009 in Kraft tretende EU-Reformvertrag sieht zukünftig in der Bestimmung des EUV zu den Grundrechten einen Querverweis auf die Grundrechtscharta vor, verleiht ihr damit Rechtsverbindlichkeit und legt ihren Geltungsbereich fest. Nach Artikel 1 Nr. 8 EU-

---

231; Rs. T-188/97, *Rothmans International BV./.Kommission,* Slg. 1999, II-2463; Rs. T-174/95, *Svenska Journalistförbundet./.Rat*, Slg. 1998, II-2289; Rs. T-188/98, *Kuijer./.Council*, Slg. 2000, II-1959.

[884] Rs. T-92/98, *Interporc Im- und Export GmbH./.Kommission*, Slg. 1999, II-3521, Rdn. 66; Rs. T-123/99, *JT's Coporation./.Kommission*, Slg. 2000, II-3269 Rdn. 53.

[885] Rs. C-41/00, *Interporc Im- und Export GmbH./.Kommission*, Slg. 2003, I-2125 Rdn. 43.

[886] Schlussanträge des Generalanwalts *Léger* in der Rs. C-41/00 P, *Interporc Im- und Export GmbH./.Kommission*, Slg. 2003, I-2125 Rdn. 80.

[887] So auch *Nowak*, Informations- und Dokumentenzugangsfreiheit in der EU, DVBl. 2004, 272 (280).

[888] Vertrag von Lissabon abrufbar im Internet auf der Seite www.auswaertiges-amt.de, zuletzt abgerufen am 17.3.2008.

Reformvertrag erhält Artikel 6 EUV danach in Bezug auf die Grundrechtscharta die folgende Fassung:

„(1) Die Union erkennt die Rechte, Freiheiten und Grundsätze an, die in der Charta der Grundrechte der Europäischen Union vom 7. Dezember 2000 in der am 12. Dezember 2007 in Straßburg angepassten Fassung niedergelegt sind; die Charta der Grundrechte und die Verträge sind rechtlich gleichrangig. Durch die Bestimmungen der Charta werden die in den Verträgen festgelegten Zuständigkeiten der Union in keiner Weise erweitert. (...)“.

Artikel 42 Grundrechtscharta in der am 12. Dezember 2007 vereinbarten Fassung[889] gewährt das Recht auf Zugang zu Dokumenten unter den Bürgerrechten mit folgendem Wortlaut:

„Die Unionsbürgerinnen und Unionsbürger sowie jede natürliche oder juristische Person mit Wohnsitz oder satzungsmäßigem Sitz in einem Mitgliedstaat haben das Recht auf Zugang zu den Dokumenten der Organe, Einrichtungen und sonstigen Stellen der Union, unabhängig von der Form der für diese Dokumente verwendeten Träger.“

Während nach noch geltender Rechtslage der in der Charta festgeschriebene Konsens als zusätzliche Erkenntnisquelle bei der Feststellung der Gemeinschaftsgrundrechte allenfalls mittelbar rechtliche Wirkung zu entfalten vermag[890], ist das in der Grundrechtscharta gewährte Informationszugangsrecht mit dem auf alle Organe, Einrichtungen, Ämter und Agenturen der Union im Vergleich zum jetzigen Primär- und Sekundärrecht erweiterten Adressatenkreis dann rechtlich bindend. Allerdings ist der Anwendungsbereich der Grundrechtscharta gemäß Artikel 51 Abs. 1 Grundrechtscharta auf die Organe, Einrichtungen und sonstigen Stellen der Union und die Mitgliedstaaten „ausschließlich bei der Durchführung des Rechts der Union“ begrenzt. Genau wie Artikel 51 Abs. 2 Grundrechtscharta klarstellt, dass die Charta weder neue Zuständigkeiten oder Aufgaben der Gemeinschaft und Union schafft noch die in den Verträgen festgelegten Zuständigkeiten und Aufgaben ändert, hat die Regierungskonferenz der Schlussakte von Lissabon eine Erklärung zur Charta der Grundrechte beigefügt, nach welcher die Charta den Anwendungsbereich des Unionsrechts nicht über die Zuständigkeiten der Union hinaus ausdehne, sie keine neuen Zuständigkeiten oder neue Aufgaben für die Union schaffe und die in den Verträgen festgelegten Zuständigkeiten und Aufgaben nicht ändere[891]. Auch weiterhin ist das gemeinschaftsrechtliche Recht auf Informationszugang daher streng auf das Eigenver-

---

[889] Text ABl. Nr. C 303, S. 1 ff.

[890] Vgl. stellvertretend *Schoch/Kloepfer*, Entwurf eines Informationsfreiheitsgesetzes, S. 34.

[891] Text der Schlussakte von Lissabon abrufbar im Internet auf der Seite www.auswaertiges-amt.de, zuletzt abgerufen am 17.3.2008.

waltungsrecht der Gemeinschaft bezogen und durch die Mitgliedsländer nur dann zu gewähren, wenn sie Gemeinschaftsrecht umsetzen. Abgesehen von der Tatsache der Ausweitung des Grundsatzes des öffentlichen Zugangs zu amtlichen Dokumenten auf alle Gemeinschaftsorgane folgen auch nach Einbeziehung der Grundrechtscharta in das geschriebene Primärrecht der Gemeinschaft daher keine im Vergleich zu den bisher dargestellten Vorgaben weiter reichenden Pflichten für die nationale Gewährung von Informationszugangsrechten.

2. Grenzen für die nationale Gewährleistung von Informationszugangsrechten nach dem Gemeinschaftsrecht

Die Prüfung der aus dem Gemeinschaftsrecht folgenden Grenzen für die nationale Gewährung von Informationszugangsrechten hat wiederum zwischen unmittelbaren Vorgaben hinsichtlich der Ausgestaltung nationaler Informationszugangsrechte und solchen, welche sich für den nationalen Vollzug des Gemeinschaftsrechts aus dem Eigenverwaltungsrecht der Gemeinschaft ergeben, zu differenzieren.

a. Grenzen für die Ausgestaltung nationaler Informationszugangsrechte nach dem Gemeinschaftsrecht

Zugunsten der mit dem Recht auf Informationszugang kollidierenden privaten Interessen ist das Gemeinschaftsrecht auf Vorgaben hinsichtlich der nationalen Gewährleistung von Datenschutz sowie des Eigentumsrechts zu überprüfen. Anschließend ist zu der Frage Stellung zu nehmen, ob dem Gemeinschaftsrecht Vorgaben hinsichtlich des Schutzes der kollidierenden öffentlichen Belange der Funktionsfähigkeit und Effizienz der Verwaltung sowie nationaler Sicherheit zu entnehmen sind.

Als Quelle gegebenenfalls bestehender Vorgaben sind grundsätzlich das geschriebene und das ungeschriebene Gemeinschaftsrecht heranzuziehen[892]. Um die Prüfung nicht zu überfrachten, sei den Ausführungen vorangestellt, dass sich die zugunsten der genannten kollidierenden Interessen bestehenden Vorgaben der Transparenzverordnung 1049/2001 auf das Eigenverwaltungsrecht der Gemeinschaft beziehen. Ebenso wie eventuelle Vorgaben zugunsten kollidierender Interessen durch die als allgemeine Rechtsgrundsätze geschützten Gemeinschaftsgrundrechte richtet sich auch die Transparenzverordnung grundsätzlich lediglich gegen die Gemeinschaftsorgane und deren Informationszugangsgewährung, nicht aber auf eine entsprechende Ausgestaltung nationaler Informationszugangsgesetze. Inwieweit diesen gemeinschafts*eigenen* Bestimmungen national zu berücksichtigende Vorgaben für den Fall des Vollzugs von Gemeinschafts-

892 Vgl. erneut *Streinz*, Europarecht, S. 2 ff., 138 ff.

recht durch die Mitgliedstaaten zu entnehmen sind, wird erst im folgenden Gliederungspunkt erörtert[893]. An dieser Stelle ist daher zu prüfen, ob das Gemeinschaftsrecht Bestimmungen zugunsten der entsprechenden Rechtsgüter enthält, welche unmittelbare Pflichten zur Umsetzung in nationales Recht begründen.

aa. Recht auf eine Privatsphäre

Eine unmittelbare Pflicht zur Angleichung nationaler Bestimmungen zum Schutz personenbezogener Daten ergibt sich aus der so genannten Datenschutzrichtlinie des Europäischen Parlaments und des Rates aus dem Jahre 1995[894]. Hintergrund der Datenschutzrichtlinie war die Überzeugung, dass der für die Schaffung eines gemeinsamen Binnenmarktes notwendige grenzüberschreitende Informationsaustausch durch die ehemals national sehr unterschiedlichen Regelungen zum Datenschutz behindert werde. Die Datenschutzrichtlinie gründet daher auf der Regelungskompetenz der Gemeinschaft zur Angleichung der Rechts- und Verwaltungsvorschriften zur Erreichung des Binnenmarktes nach Artikel 95 i.V.m. Artikel 14 EGV[895] und zielt gemäß ihrer Gegenstandsbestimmung in Artikel 1 Abs. 1 und 2 darauf, dass durch gemeinschaftsrechtliche Angleichung der nationalen Datenschutzbestimmungen der Schutz der Rechte und Freiheiten - insbesondere der Privatsphäre - einheitlich gewährleistet wird und selbiger in der Folge grenzüberschreitenden Datenübermittlungen nicht mehr entgegengehalten werden kann[896].

(1) Anwendungsbereich der Datenschutzrichtlinie

Zentraler Anknüpfungspunkt für die Eröffnung des sachlichen Anwendungsbereichs sind entsprechend Artikel 1 Abs. 1 und Artikel 3 Abs. 1 Datenschutzrichtlinie kumulativ zum einen das Vorliegen personenbezogener Daten und zum anderen deren Verarbeitung[897].

---

[893] Vgl. unten Kapitel 4 IV. 2. b.

[894] Richtlinie 95/46/EG des Europäischen Parlaments und des Rates vom 24.10.1995 zum Schutz natürlicher Personen bei der Verarbeitung personenbezogener Daten und zum freien Datenverkehr, ABl. EG Nr. L 281, S. 31 ff.

[895] Vgl. hierzu allerdings unter Bezugnahme auf die ehemaligen Artikel 100a und 7a EGV *Dammann/Simitis*, EG-Datenschutzrichtlinie, Kommentar, Art. 1 S. 102; *Schild*, Die EG-Datenschutzrichtlinie, EuZW 1996, 549 (549); *Rudolf*, Datenschutzkontrolle in Deutschland und die Europäische Datenschutzrichtlinie, in: *Burmeister*, Festschrift für Stern, S. 1357.

[896] *Schild*, Datenschutz in Europa, EuZW 1991 745 (748); *Schild*, Die EG-Datenschutzrichtlinie, EuZW 1996, 549 (549); *Taeger*, Datenschutzrecht in Europa, EWS 1995, 69 (79).

[897] Vgl. auch *Dammann/Simitis*, EG-Datenschutzrichtlinie, Kommentar, Einleitung S. 72; *Ehmann/Helfrich*, EG-Datenschutzrichtlinie, Kurzkommentar, Art. 3 Rdn. 6.

Entsprechend der Legaldefinition des Artikel 2 lit. a Datenschutzrichtlinie sind personenbezogene Daten in diesem Zusammenhang alle Informationen über eine bestimmte oder bestimmbare natürliche Person, und zwar unabhängig davon, welchen Aspekt der Person sie betreffen[898]. Nach der beispielhaften Aufzählung bei *Dammann/Simitis* fallen hierunter also u.a. Daten betreffend „den beruflichen oder privaten Bereich, Eigenschaften, Kenntnisse, physiologische Merkmale, wirtschaftliche Verhältnisse oder Elemente der persönlichen Lebensgeschichte", seien sie noch so trivial oder bereits veröffentlicht[899]. Der direkten Identifizierung durch Namen oder Kenn-Nummern werden nach Artikel 2 lit. a Datenschutzrichtlinie die indirekte Identifizierung durch Zuordnung mindestens eines spezifischen Identitätsmerkmals gleichgestellt. Obwohl die Richtlinie die zunächst vorgesehene Möglichkeit zur Anonymisierung nicht mehr enthält[900], schließt das Bestimmbarkeitskriterium personenbezogene Daten, deren Zuordnungsperson vernünftigerweise nicht mehr identifizierbar ist, weiterhin vom Anwendungsbereich aus[901].

Des Weiteren umfasst das für die Eröffnung des sachlichen Anwendungsbereichs der Datenschutzrichtlinie erforderliche Tatbestandsmerkmal der „Verarbeitung" auch die behördliche Informationszugangsgewährung im Sinne dieser Ausarbeitung: Zum einen behandelt die Richtlinie öffentlichen und nichtöffentlichen Bereich gleich[902] und schließt damit auch die behördliche Datenverarbeitung ein, zum anderen liegt dem Begriff der Datenverarbeitung entsprechend der Legaldefinition des Artikel 2 lit. b Datenschutzrichtlinie eine weite Definition zugrunde, die grundsätzlich die gesamte Datenverwendung einschließt[903]. Nach dem Wortlaut der Norm sind ausdrücklich erfasst die Weitergabe durch Übermittlung, Verbreitung oder *jede andere Form der Bereitstellung*, worunter zweifellos auch die behördliche, antragsgebundene Zugänglichmachung zu subsumieren ist.

Dem widerspricht insbesondere nicht der auf schwedische Initiative[904] eingefügte 72. Erwägungsgrund zur Datenschutzrichtlinie, nach welchem die Richtlinie „bei der Umsetzung der mit ihr festgelegten Grundsätze die Berücksichtigung des Grundsatzes des öffentlichen Zugangs zu amtlichen Dokumenten" erlaubt.

---

898 *Ehmann/Helfrich*, EG-Datenschutzrichtlinie, Kurzkommentar, Art. 2 Rdn. 17; *Schild*, Die EG-Datenschutzrichtlinie, EuZW 1996, 549 (550).

899 *Dammann/Simitis*, EG-Datenschutzrichtlinie, Kommentar, Art. 2 S. 109.

900 Vgl. hierzu *Ehmann/Helfrich*, EG-Datenschutzrichtlinie, Kurzkommentar, Art. 2 Rdn. 22 ff.

901 *Schild*, Die EG-Datenschutzrichtlinie, EuZW 1996, 549 (550).

902 *Garstka*, Empfiehlt es sich, Notwendigkeit und Grenzen des Schutzes personenbezogener - auch grenzüberschreitender - Informationen neu zu bestimmen?, DVBl. 1998, 981 (985).

903 *Ehmann/Helfrich*, EG-Datenschutzrichtlinie, Kurzkommentar, Art. 2 Rdn. 27; *Schild*, Die EG-Datenschutzrichtlinie, EuZW 1996, 549 (550).

904 *Haellmigk*, Schweden und das Europäische Gemeinschaftsrecht, S. 165.

Um eine richtlinienkonforme Auslegung der eigenen Datenschutzgesetze zu verhindern, bestimmt Artikel 8 Abs. 1 des die Datenschutzrichtlinie umsetzenden schwedischen Personendatengesetzes hinsichtlich des in der schwedischen Verfassung verankerten Informationszugangsrechts wie folgt: „Die Bestimmungen dieses Gesetzes werden nicht in einer Weise angewandt, die die Verpflichtung von öffentlichen Stellen nach Kap. 2 des Pressefreiheitsgesetzes, Personendaten herauszugeben, einschränken könnte“[905]. Literatur und darüber hinaus sogar ein von der schwedischen Regierung angefordertes Gutachten des Gesetzgebungsrates bewerteten diese Bestimmung als Verstoß gegen das Gemeinschaftsrecht, weil sie dem Vorrang des sekundären Gemeinschaftsrechts auch gegenüber schwedischem Verfassungsrecht widerspreche[906]. Insbesondere ist diese Lesart nicht von dem 72. Erwägungsgrund zur Datenschutzrichtlinie gedeckt, der zwar von der erlaubten „Berücksichtigung“ des Grundsatzes des öffentlichen Zugangs zu amtlichen Dokumenten bei der Umsetzung der Richtlinie spricht, keineswegs aber entsprechend des schwedischen Verständnisses im Sinne eines *unbedingten Vorrangs* desselben bei *jeder möglichen Einschränkung* durch die Normen der Datenschutzrichtlinie. Die Vorgaben der Richtlinie zugunsten des Schutzes personenbezogener Daten beziehen sich damit auch auf die Ausgestaltung nationaler Informationszugangsrechte, der 72. Erwägungsgrund lässt lediglich die Berücksichtigung der Interessen an der Zugangsgewährung im Rahmen einer Abwägung der betroffenen Rechtsgüter zu. Dies gilt im Übrigen auch für Schweden, welches zwar in der 47. Erklärung zum Beitritt im Jahre 1994 unilateral in Bezug auf das nationale Informationszugangsrecht wie folgt erklärt hatte: „Schweden begrüßt die derzeitige Entwicklung in der Europäischen Union hin zu mehr Offenheit und Transparenz. Die Öffentlichkeit der Verwaltung und insbesondere der allgemeine Zugang zu offiziellen Dokumenten sowie der verfassungsrechtliche Schutz der Personen, die Informationen an die Medien weitergeben, sind und bleiben fundamentale Grundsätze, die Bestandteile des verfassungsrechtlichen, politischen und kulturellen Erbes von Schweden darstellen“[907]. In Ermangelung einer ausdrücklichen Klarstellung, das nationale Informationszugangsrecht im Einklang mit dem Gemeinschaftsrecht anzuwenden, wie sie beispielsweise durch Finnland erfolgte[908], sahen sich die damaligen Mitgliedsstaaten der EU zu einer Antworterklärung veranlasst, nach welcher sie „die einseitige Erklärung Schwedens zur Offenheit und Transparenz zur Kenntnis“ nehmen und gleichzeitig davon ausgehen, „dass Schweden als Mitglied der Europäischen Union den diesbezüglichen Gemeinschaftsvorschriften in vollem

[905] § 8 Absatz 1 Personuppgiftslag, schwedischer Text in: SFS 1998:204, abrufbar auf der Internetseite: http://www.notisum.se/rnp/SLS/lag/19980204.HTM, zuletzt abgerufen am 25.9.2007 *(Übersetzung durch die Verfasserin)*.
[906] Vgl. *Haellmigk*, Schweden und das Europäische Gemeinschaftsrecht, S. 165, m.w.N.
[907] ABl. Nr. C 241, S. 397 v. 29.8.1994.
[908] ABl. Nr. C 241, S. 397 v. 29.8.1994.

Umfang nachkommen wird“[909]. Von der Vereinbarung eines rechtlich beachtlichen Vorbehalts i.S.v. Artikel 2 Abs. 1 lit. d und Artikel 19 ff. WVK kann also schon mangels der nach Artikel 20 Abs. 3 WVK in diesem Fall erforderlichen Annahme durch die damaligen EU-Mitglieder nicht die Rede sein[910].

Nationale Informationszugangsgesetze fallen daher in den sachlichen Anwendungsbereich der Datenschutzrichtlinie und haben hinsichtlich der Zugangsgewährung zu personenbezogenen Daten deren Vorgaben zu beachten. In Abkehr vom technischen Verarbeitungsverfahren als ehemaligem Anknüpfungspunkt erfasst die Datenschutzrichtlinie hierbei nach Artikel 3 Abs. 1 neben der automatisierten auch die nicht-automatisierte Datenverarbeitung, sofern die Daten in einer Datei gespeichert sind oder gespeichert werden sollen. Entsprechend der Legaldefinition nach Artikel 2 lit. c Datenschutzrichtlinie ist jede strukturierte Sammlung personenbezogener Daten eine Datei im Sinne der Richtlinie. Da hierfür eine elementare, nach zumindest einem bestimmten Kriterium erfolgte Organisation, welche die Daten einer methodischen Erschließung zugänglich macht, ausreichend ist, fallen nunmehr auch manuelle, individuelle Akten, die mit Hilfe einheitlicher Schlüssel, Aktenzeichen, Indexierungen oder anderer Ordnungsverfahren strukturiert sind, in den Schutzbereich[911]. Der 27. Erwägungsgrund schließt bei richtiger Lesart Individualakten damit nicht vom Anwendungsbereich aus, sondern macht vielmehr deutlich, dass die Anwendungsgrenze zwischen „minimal strukturierten und unstrukturierten Datensammlungen“[912] verläuft, so dass lediglich der „reine Fließtext“[913] oder „Klarsichtmappen, in die einzelne durchaus personenbezogene Dokumente einfach hineingesteckt werden“[914] nicht mehr erfasst sind[915].

Zuletzt ist im Zusammenhang mit dem sachlichen Anwendungsbereich der Datenschutzrichtlinie klarzustellen, dass nach Artikel 3 Abs. 2 Datenschutzrichtlinie lediglich Verarbeitungsvorgänge aus den nicht vergemeinschafteten Bereichen der Gemeinsamen Außen- und Sicherheitspolitik sowie der Zusammenarbeit in den Bereichen Justiz und Inneres und die zur domaine réservée der Mit-

---

909 ABl. Nr. C 241, S. 397 v. 29.8.1994.

910 Die einseitige schwedische Erklärung ist vor dem Hintergrund des über den Beitritt Schwedens entscheidenden Plebiszits vielmehr als politisches Signal an die eigenen Staatsbürger zu verstehen, vgl. *Haellmigk*, Schweden und das Europäische Gemeinschaftsrecht, S. 159 f.

911 Vgl. ausführlich *Ehmann/Helfrich*, EG-Datenschutzrichtlinie, Kurzkommentar, Art. 1 Rdn. 11 ff. sowie Art. 2 Rdn. 32 ff. und Art. 3 Rdn. 6 ff.; *Dammann/Simitis*, EG-Datenschutzrichtlinie, Kommentar, Einleitung S. 73 und 88 sowie Art. 2 S. 110 f. und Art. 3 S. 121 f.

912 *Dammann/Simitis*, EG-Datenschutzrichtlinie, Kommentar, Einleitung S. 88.

913 *Dammann/Simitis*, EG-Datenschutzrichtlinie, Kommentar, Art. 2 S. 110.

914 *Dammann/Simitis*, EG-Datenschutzrichtlinie, Kommentar, Einleitung S. 88.

915 Weniger deutlich noch *Schild*, Die EG-Datenschutzrichtlinie, EuZW 1996, 549 (550).

gliedsstaaten gehörenden Bereiche der öffentlichen Sicherheit, der Landesverteidigung, der Sicherheit des Staates und der strafrechtlichen Tätigkeit nicht von den Vorgaben der Richtlinie erfasst sind. Der EuGH hat darüber hinaus in den Fällen *Österreichischer Rundfunk u.a*[916] sowie im Fall *Lindqvist*[917] in Durchbrechung des Prinzips der begrenzten Einzelzuständigkeiten befunden, dass der Anwendungsbereich der Datenschutzrichtlinie ansonsten gerade nicht lediglich in den Fällen eröffnet sei, in welchen ein Bezug des konkreten Sachverhalts zum freien Verkehr zwischen den Mitgliedsstaaten bestehe, dessen Herstellung Grundlage der Befugnisse der Regelungskompetenz des Artikel 95 EGV sei[918]. Nach dieser Rechtsprechung liefe ein Ausschluss dieser Fälle dem Hauptzweck der Richtlinie zuwider, Hindernisse für einen gemeinsamen Binnenmarkt durch Angleichung der nationalen Datenschutzbestimmungen zu beseitigen, weil die Abgrenzung des Anwendungsbereichs der Richtlinie ungewiss wäre und von Zufällen abhinge[919]. Der EuGH kommt daher zu der Folgerung, dass die fehlende Anwendbarkeit der Richtlinie nach Artikel 3 Abs. 2 Spiegelstrich 1 der Datenschutzrichtlinie für die Ausübung von Tätigkeiten, die nicht in den Anwendungsbereich des Gemeinschaftsrechts fallen, nicht dahingehend auszulegen sei, „dass in jedem Einzelfall geprüft werden müsste, ob die betreffende konkrete Tätigkeit den freien Verkehr zwischen Mitgliedstaaten unmittelbar beeinträchtigt“[920]. In den entschiedenen Fällen sieht der Gerichtshof den Anwendungsbereich der Datenschutzrichtlinie daher auch für rein nationale Sachverhalte sowie für solche, die keinerlei Wirtschaftsbezug aufweisen, eröffnet[921].

(2) Materielle Vorgaben der Datenschutzrichtlinie für die Ausgestaltung nationaler Informationszugangsrechte

Materielle Vorgaben zugunsten des Schutzes personenbezogener Daten, welche bei der Ausgestaltung nationaler Informationszugsangsgesetze zu beachten sind, enthalten die Artikel 6, 7, 8 und 13 der Datenschutzrichtlinie. Diese Normen bilden den Rahmen der nach Maßgabe der Richtlinie zulässigen Verarbeitung personenbezogener Daten[922], wobei von einer Einheitlichkeit des Kapitels II der

---

[916] Rs. C-465/00, C-138/01 und C-139/01, *Österreichischer Rundfunk u.a.*, Slg. 2003, I-4989.
[917] Rs. C-101/01, *Lindqvist*, Slg. 2003, I-12971.
[918] *Tinnefeld/Ehmann/Gerling*, Einführung in das Datenschutzrecht, S. 121.
[919] Rs. C-465/00, C-138/01 und C-139/01, *Österreichischer Rundfunk u.a.*, Slg. 2003, I-4989, Rdn. 41 f.; Rs. C-101/01, *Lindqvist*, Slg. 2003, I-12971/13012 Rdn. 40 ff.
[920] Rs. C-101/01, *Lindqvist*, Slg. 2003, I-12971/13013, Rdn. 42.
[921] Vgl. auch die gute Besprechung dieser Urteile bei *Siemen*, Grundrechtsschutz durch Richtlinien, EuR 2004, 306 ff. Der von *Schild* zum Ausdruck gebrachten Befürchtung eines kaum zu überschauenden Regelungswustes aufgrund der Abgrenzung zwischen öffentlichen Bereichen mit und ohne Binnenmarktrelevanz bei der Umsetzung der Richtlinie ist aufgrund dieser Rechtsprechung die Grundlage entzogen, vgl. *Schild*, Die EG-Datenschutzrichtlinie, EuZW 1996, 549 (550).
[922] *Schild*, Die EG-Datenschutzrichtlinie, EuZW 1996, 549 (551).

Richtlinie auszugehen ist, so dass insbesondere die Anforderungen des Artikel 6 an die Datenqualität sowie die Grundsätze zur Zulässigkeit nach Artikel 7 der Richtlinie unabhängig von den amtlichen Überschriften als Bestimmung von sich teilweise überschneidenden Zulässigkeitsvoraussetzungen zu charakterisieren sind[923].

Vorab sei bemerkt, dass die zur Datenschutzrichtlinie existierende Literatur durchweg Ausführungen zur Informationszugangsgewährung als Datenverarbeitung i.S.d. Richtlinie vermissen lässt und die vorhandene Kommentierung der materiellen Vorgaben nur schwer auf selbige anzuwenden ist. Dies liegt zum einen daran, dass bei Schaffung der Datenschutzrichtlinie nicht in erster Linie diese Form der Verarbeitung ins Auge gefasst wurde. Die ausdrückliche Erwähnung der erlaubten Berücksichtigung des Grundsatzes des öffentlichen Zugangs zu amtlichen Dokumenten bei der Umsetzung der Richtlinie in Erwägungsgrund Nr. 72 macht jedoch deutlich, dass auch die Richtliniengeber von einer grundsätzlichen Eröffnung des Anwendungsbereichs der Richtlinie für nationale Informationszugangsgesetze ausgingen. Die Ausgestaltung von Informationszugangsrechten durch die Mitgliedsländer muss daher mit den materiellen Vorgaben der Datenschutzrichtlinie in Einklang stehen[924].

Betitelt als „Grundsatz in Bezug auf die Qualität der Daten" bestimmt Artikel 6 Abs. 1 lit. b Datenschutzrichtlinie zunächst das materielle Erfordernis der Zweckbestimmung bei Erhebung der Daten sowie der Zweckbindung bei der Weiterverarbeitung der personenbezogenen Daten. Ohne diese Zwecke weiter zu definieren, bestimmt Artikel 6 Abs. 1 lit. b Datenschutzrichtlinie, dass die Erhebung für „festgelegte eindeutige und rechtmäßige Zwecke" erfolgen muss und die weitere Verarbeitung „nicht in einer mit diesen Zweckbestimmungen nicht zu vereinbarenden Weise" vorgenommen werden darf. Artikel 6 Abs. 1 lit. c Datenschutzrichtlinie normiert darüber hinaus den Erforderlichkeitsgrundsatz hinsichtlich der Zweckbindung bei Erhebung und Weiterverarbeitung. Rechtlich handelt es sich bei diesen Bestimmungen um die Normierung eines Verbots mit Erlaubnisvorbehalt[925]. Die Maßgabe, dass die Datenerhebung zu festgelegten, eindeutigen Zwecken erfolgen muss, stellt Forderungen an die Bestimmtheit des Verarbeitungszwecks vor der Erhebung[926]. Verlangt ist hierdurch die Festlegung des Zwecks in einer Klarheit, die Zweifel an der Frage des Ob und des Wie die-

---

923 *Ehmann/Helfrich*, EG-Datenschutzrichtlinie, Kurzkommentar, Vor Art. 6 Rdn. 1 f.

924 Die ebenfalls bei der Ausgestaltung nationaler Informationszugangsgesetze zu berücksichtigenden formellen Anforderungen der Datenschutzrichtlinie sind hingegen nicht Gegenstand der vorliegenden Ausarbeitung und bleiben daher im Folgenden unberücksichtigt.

925 *Garstka*, Empfiehlt es sich, Notwendigkeit und Grenzen des Schutzes personenbezogener - auch grenzüberschreitender - Informationen neu zu bestimmen?, DVBl. 1998, 981 (985).

926 *Ehmann/Helfrich*, EG-Datenschutzrichtlinie, Kurzkommentar, Art. 6 Rdn. 8.

ser Festlegung ausschließt[927]. Da Unklarheiten zu Lasten des Erhebenden gehen, wird dies in der Praxis regelmäßig die Schriftform voraussetzen[928]. Des Weiteren muss der Zweck der Erhebung als solcher rechtmäßig und daneben auch die Maßnahme der Erhebung gerade im Hinblick auf den definierten Zweck legitim und damit rechtmäßig sein[929].

Schwierigkeiten bereitet die Anwendung dieser Grundsätze auf die behördliche Informationszugangsgewährung an Dritte als Form der Weiterverarbeitung. Da eines der wesentlichen Charakteristika allgemeiner Informationszugangsrechte im Sinne dieser Ausarbeitung gerade deren Unabhängigkeit vom Vorliegen berechtigter Interessen ist, erscheint die materielle Vorgabe des Artikel 6 Abs. 1 lit. b Datenschutzrichtlinie, nach welcher die weitere Verwendung nicht in einer mit dem Erhebungszweck nicht zu vereinbarenden Weise erfolgen darf, schwerlich erfüllbar zu sein. Gleiches gilt für die Erfüllung des auch für die Weiterverwendung geltenden Erforderlichkeitsgrundsatzes nach Artikel 6 Abs. 1 lit. c Datenschutzrichtlinie, welcher verlangt, dass bei wertender Betrachtung die Zuordnung der Daten zu den entsprechenden Zwecken nicht beanstandet werden kann[930], in deutscher Terminologie die Zugangsgewährung also geeignet, erforderlich und angemessen erscheinen muss. Auch der sich auf die Anforderungen der Zweckbindung beziehende 28. Erwägungsgrund beschränkt sich auf die terminologische Wiedergabe dieser Anforderungen, ohne sie inhaltlich weiter zu konkretisieren. *Damman/Simitis* nehmen bei der Entscheidung, ob eine Weiterverwendung mit dem Primärzweck unvereinbar ist, die Zwecke der Weiterverwendung, die Auswirkung der Weiterverwendung auf die betroffene Person und das Verhältnis zum Primärzweck in Augenschein[931].

Des Weiteren hat die Frage, welche materiellen Vorgaben die Datenschutzrichtlinie an die behördliche Zugangsgewährung zu personenbezogenen Daten stellt, auch die im Zusammenhang mit Artikel 6 der Richtlinie zu lesenden Zulässigkeitsanforderungen des Artikel 7 zu berücksichtigen. Nach Artikel 7 lit. c Datenschutzrichtlinie darf „(...) die Verarbeitung personenbezogener Daten lediglich erfolgen (...), wenn (...) die Verarbeitung [...] für die Erfüllung einer rechtlichen Verpflichtung erforderlich [ist], der der für die Verarbeitung Verantwortliche unterliegt". Der schwedische Ansatz, dass die behördliche Zugangsgewährung für die Erfüllung einer rechtlichen Verpflichtung, nämlich jener aus dem verfassungsmäßigen Informationszugangsrecht, erforderlich und daher nach Ar-

---

927 *Dammann/Simitis*, EG-Datenschutzrichtlinie, Kommentar, Art. 6 S. 140.
928 *Ehmann/Helfrich*, EG-Datenschutzrichtlinie, Kurzkommentar, Art. 6 Rdn. 13.
929 *Dammann/Simitis*, EG-Datenschutzrichtlinie, Kommentar, Art. 6 S. 140.
930 *Schild*, Die EG-Datenschutzrichtlinie, EuZW 1996, 549 (551); *Dammann/Simitis*, EG-Datenschutzrichtlinie, Kommentar, Art. 6 S. 141; *Ehmann/Helfrich*, EG-Datenschutzrichtlinie, Kurzkommentar, Art. 6 Rdn. 20 ff.
931 *Dammann/Simitis*, EG-Datenschutzrichtlinie, Kommentar, Art. 6 S. 140.

tikel 7 lit. c Datenschutzrichtlinie zulässig sei[932], ist als Zirkelschluss abzulehnen. Er lässt außer Acht, dass nach Erwägungsgrund Nr. 72 nationale Informationszugangsgesetze zwar *berücksichtigt* werden dürfen, diese aber keineswegs absoluten Vorrang gegenüber dem von der Richtlinie bezweckten Schutz personenbezogener Daten beanspruchen können. Vielmehr erscheint eine Subsumtion nationaler Informationszugangsrechte unter die von der Behörde wahrzunehmenden berechtigten Interessen angebracht, welche nach Artikel 7 lit. f Datenschutzrichtlinie die Zugangsgewährung zu personenbezogenen Daten Dritter dann als zulässig rechtfertigen vermögen, wenn nicht das Interesse oder die Grundrechte und Grundfreiheiten dieser dritten Person überwiegen. Diese Abwägung hat zum einen die den allgemeinen Informationszugangsrechten zugrunde liegenden rechtlichen Interessen an demokratischer Partizipation und Kontrolle sowie an persönlicher Entfaltung des Antragstellers zu berücksichtigen. Allein diese Interessen dürften das rechtliche Interesse des betroffenen Dritten am Schutz seiner der Privatsphäre zuzuordnenden personenbezogenen Daten jedoch nicht überwiegen. Hinzukommen müssten entsprechend der bereits genannten Kriterien durch *Dammann/Simitis* die konkreten Auswirkungen auf die betroffene dritte Person sowie das Verhältnis zwischen Primär- und Weiterverwendungszweck. Wenn beispielsweise die Zugangsgewährung konkret über die allgemein mit Informationszugangsgesetzen verfolgten Zwecke hinaus auch noch ein dem Primärzweck entsprechendes Ziel verfolgt, dürfte die Zugangsgewährung im Sinne der Datenschutzrichtlinie zulässig sein. Diese Möglichkeit, den Zugang zu personenbezogenen Daten Dritter in nationalen Informationszugangsgesetzen unter den Vorbehalt einer entsprechenden Abwägung zu stellen, entspricht im Übrigen auch der nach Artikel 13 Abs. 1 lit. g Datenschutzrichtlinie vorgesehenen Einschränkungsmöglichkeit der Zweckbindung nach Artikel 6 Abs. 1 Datenschutzrichtlinie, sofern diese notwendig ist für den Schutz der Rechte und Freiheiten anderer. Wiederum kann auch hier der schwedische Ansatz, das verfassungsmäßige Recht auf Informationszugang im Sinne dieser Vorschrift als Recht anderer pauschal dem Zweckbindungsgrundsatz übergeordnet zu bewerten[933], nicht überzeugen, wohl aber die Schlussfolgerung, dass hinsichtlich der nationalen Ausgestaltung von Informationszugangsgesetzen nach der Datenschutzrichtlinie die materielle Vorgabe besteht, Zugang zu personenbezogenen Daten ausdrücklich nur aufgrund einer vorgesehenen Abwägung der betroffenen Interessen zuzulassen. Angesichts der Tatsache, dass der 72. Erwägungsgrund zur Datenschutzrichtlinie bei ihrer Umsetzung den Grundsatz des öffentlichen Zugangs zu amtlichen Dokumenten zu „berücksichtigen“ erlaubt, ihm andererseits aber keinen absoluten Vorrang gewährt, sind hierbei die in der Abwägung neben dem allgemeinen Interesse des Antragstel-

[932] *Haellmigk*, Schweden und das Europäische Gemeinschaftsrecht, S. 164, Fn. 803.
[933] *Haellmigk*, Schweden und das Europäische Gemeinschaftsrecht, S. 165, Fn. 803.

lers an demokratischer Partizipation und Kontrolle zu bewertenden spezifischen Zugangsinteressen klar zu bezeichnen.

Als weitere materielle Vorgabe der Datenschutzrichtlinie ist bei der Ausgestaltung nationaler Informationszugangsgesetze das Verarbeitungsverbot besonderer Datenkategorien nach Artikel 8 Abs. 1 der Richtlinie zu berücksichtigen. Wiederum wird für als besonders sensibel oder sensitiv eingestufte personenbezogene Daten, die dem höheren Schutzbedürfnis der betroffenen Person in besonderen Lebenszusammenhängen Rechnung tragen, ein grundsätzliches Verarbeitungsverbot normiert, das durch verschiedene in den Absätzen 2 bis 4 vorbehaltene Ausnahmemöglichkeiten relativiert wird. Die dem Verbot unterliegenden Daten sind nach Absatz 1 solche über die rassische oder ethnische Herkunft, die politische Meinung, über religiöse oder philosophische Überzeugungen, die Gewerkschaftszugehörigkeit oder Daten über die Gesundheit und das Sexualleben. Sofern nationale Informationszugangsgesetze Zugang auch zu solchen Daten ermöglichen, können sie dies nach Maßgabe des Artikel 8 Abs. 4 Datenschutzrichtlinie nur aufgrund einer gesetzlich vorgesehenen Ausnahme zugunsten eines wichtigen öffentlichen Interesses. Während Schweden wieder pauschal darauf verweist, ein solches wichtiges schwedisches Interesse sei die Möglichkeit der Bereitstellung aufgrund des schwedischen Öffentlichkeitsprinzips[934], macht schon der Wortlaut der Norm, welcher von „angemessenen Garantien aus Gründen eines wichtigen öffentlichen Interesses" spricht, deutlich, dass lediglich die Einschränkung durch eine die betroffenen Interessen unter den Vorbehalt einer Abwägung stellende Ausnahmevorschrift in Frage kommt.

Zusammenfassend ist der Datenschutzrichtlinie für die Ausgestaltung nationaler Informationszugangsgesetze also die materielle Vorgabe zu entnehmen, dass Zugang zu personenbezogenen Daten nur aufgrund einer die betroffenen und im Gesetz genau zu bezeichnenden Interessen im Einzelfall gewichtenden Abwägung gewährt werden darf. Dies gilt ausdrücklich auch für die in der Datenschutzrichtlinie genannten besonders sensiblen personenbezogenen Daten, wobei aufgrund der Tatsache, dass auch die Verarbeitung der restlichen personenbezogenen Daten dem Grundsatz des Verbots mit Erlaubnisvorbehalt zu folgen hat, aus dieser Maßgabe faktisch keine weiter reichenden Vorgaben folgen[935].

(3) Unmittelbare Anwendbarkeit der materiellen Vorgaben der Datenschutzrichtlinie

Des Weiteren hat der Gerichtshof die Verpflichtung zur Gewährleistung des Zweckbindungsgebots nach Artikel 6 Abs. 1 lit. c Datenschutzrichtlinie für un-

---

[934] *Haellmigk*, Schweden und das Europäische Gemeinschaftsrecht, S. 165, Fn. 803.

[935] Hierauf hinweisend auch *Ehmann/Helfrich*, EG-Datenschutzrichtlinie, Kurzkommentar, Art. 8 Rdn. 3.

bedingt und hinreichend genau im Sinne der Begründung ihrer unmittelbaren Wirksamkeit eingestuft[936]. Der EuGH hat zwar in der Entscheidung *Lindquist* darauf hingewiesen, dass die Mitgliedsstaaten bei der Umsetzung der Datenschutzrichtlinie in vielerlei Hinsicht über einen Handlungsspielraum verfügen, und zwar insbesondere bei der Herstellung eines angemessenen Gleichgewichts zwischen den betroffenen Rechten und Interessen[937], dies ändert jedoch nichts an der Tatsache, dass hinsichtlich der Pflicht zur Gewährleistung einer gesetzlichen Bestimmung, welche grundsätzlich eine Abwägung der Interessen vorsieht, gerade kein Umsetzungsspielraum besteht. Lediglich die konkrete Gewichtung im Einzelfall bleibt im Ermessen der Mitgliedsländer. Insofern sind auch die Einschränkungsvorbehalte der Artikel 7 lit. f und des Artikel 8 Abs. 4 der Datenschutzrichtlinie justiziabel und ohne Umsetzungsspielraum[938].

Da die Umsetzungsfrist der am 24. Oktober 1995 angenommenen Datenschutzrichtlinie gemäß Artikel 32 Abs. 1 der Richtlinie drei Jahre betrug und damit abgelaufen ist, kann sich der Betroffene für den Fall fehlender Abwägungsvorbehalte in nationalen Informationszugangsgesetzen zugunsten personenbezogener Daten mittlerweile vor den nationalen Gerichten direkt auf die jeweiligen Bestimmungen der Datenschutzrichtlinie berufen. Des Weiteren besteht die Möglichkeit eines Staatshaftungsanspruchs des Verletzten gegenüber dem Mitgliedsstaat für den Fall, dass ihm durch die Zugangsgewährung der entsprechenden Daten an einen Dritten ein Schaden entstanden sein sollte[939].

bb. Recht auf Eigentum

Das mit dem Grundsatz auf öffentlichen Zugang zu amtlichen Dokumenten kollidierende Interesse am Schutz von Betriebs- und Geschäftsgeheimnissen ist entsprechend der Ausführungen im Grundlagenkapitel dieser Ausarbeitung dem Recht auf Eigentum zuzuordnen[940]. Materielle Vorgaben zur Ausgestaltung des

---

[936] Rs. C-456/00, C-138/01 und C-139/01, *Österreichischer Rundfunk u.a.*, Slg. 2003, I-4989, Rdn. 100 f. Vgl. zu den Voraussetzungen der unmittelbaren Anwendbarkeit von Richtlinien *Streinz*, Europarecht, S. 158.

[937] Rs. C-101/01, *Lindqvist*, Slg. 2003, I-12971/13023, Rdn. 83 ff.

[938] So für Artikel 8 der Datenschutzrichtlinie ausdrücklich auch *Ehmann/Helfrich*, EG-Datenschutzrichtlinie, Kurzkommentar, Art. 8 Rdn. 6. Für Artikel 6 Abs. 1 lit. c und Artikel 7 lit. c und e der Datenschutzrichtlinie *Siemen*, Grundrechtsschutz durch Richtlinien, EuR 2004, 306 (311), m.V.a. die Rechtsprechung in *Österreichischer Rundfunk u.a.*

[939] So für eine Verletzung der Umsetzungspflicht von Artikel 8 der Datenschutzrichtlinie *Ehmann/Helfrich*, EG-Datenschutzrichtlinie, Kurzkommentar, Art. 8 Rdn. 7. Vgl. zu den Voraussetzungen des Staatshaftungsanspruchs aus der fehlerhaften oder unterbliebenen Umsetzung von Richtlinien die Fälle Rs. C-46/93 und Rs. C-48/93, *Brasserie du pêcheur./.Bundesrepublik Deutschland und The Queen./.Secretary of State of Transport ex parte: Factotarme Ltd u.a.*; Slg. 1996, I-1029, Rdn. 37 ff.

[940] Vgl. oben Kapitel 2 III. b. aa. (2).

Schutzbereichs des national gewährleisteten Eigentumsrechts im Sinne eines Schutzes auch von Betriebs- und Geschäftsgeheimnissen finden sich im Rahmen des Gemeinschaftsrechts nicht: Artikel 295 EGV bestimmt ausdrücklich, dass der EGV die Eigentumsordnung in den Mitgliedsstaaten unberührt lässt. Mangels einer Regelungskompetenz der Gemeinschaft kann diese damit keine die Ausgestaltung nationaler Informationszugangsgesetze begrenzenden Vorgaben zugunsten kollidierender Betriebs- und Geschäftsgeheimnisse schaffen[941].

cc. Kollidierende öffentliche Belange

Gleiches gilt im Hinblick auf Vorgaben des Gemeinschaftsrechts hinsichtlich zu beachtender Grenzen nationaler Informationszugangsgesetze zugunsten der kollidierenden öffentlichen Belange der Funktionsfähigkeit und Effizienz der Verwaltung sowie nationaler Sicherheit: Mangels einer fehlenden gemeinschaftsrechtlichen Regelungskompetenz im Bereich des allgemeinen Verwaltungsrechts[942] kann eine Pflicht zum Schutz dieser öffentlichen Interessen im Rahmen von nationalen Informationszugangsgesetzen nicht durch das Gemeinschaftsrecht begründet werden.

b. Grenzen für die nationale Gewährleistung von Informationszugangsrechten beim Vollzug von Gemeinschaftsrecht

Als weiterer Prüfungspunkt ist im Folgenden zu analysieren, inwieweit dem Eigenverwaltungsrecht der Gemeinschaft Grenzen für die Gewährung von Informationszugang zu entnehmen sind, welche die Mitgliedsstaaten im Rahmen des nationalen Vollzugs von Gemeinschaftsrecht zu beachten haben. Wiederum soll sich die Prüfung an Grenzen zugunsten der verschiedenen kollidierenden Interessen orientieren. Im Rahmen der Vorgaben betreffend widerstreitende private Belange sind der dem Recht auf eine Privatsphäre einzugliedernde Datenschutz sowie der dem Recht auf Eigentum unterfallende Schutz von Betriebs- und Geschäftsgeheimnissen zu erörtern. Im Rahmen der widerstreitenden öffentlichen Belange ist das staatliche Interesse an der Effizienz und Funktionsfähigkeit der Verwaltung sowie an nationaler Sicherheit zu überprüfen.

---

[941] So auch *Brandt*, Eigentumsschutz in europäischen Völkerrechtsvereinbarungen, S. 160; *Leisner*, Der europäische Eigentumsbegriff, in: *Ipsen/Rengeling/Mössner/Weber,* Verfassungsrecht im Wandel, S. 397 f.; *Everling*, Eigentumsordnung und Wirtschaftsordnung in der europäischen Gemeinschaft, in: *Everling*, Das Europäische Gemeinschaftsrecht im Spannungsfeld von Politik und Wirtschaft, S. 298 f.; *Thiel*, Grundrechtlicher Eigentumsschutz im EG-Recht, JuS 1991, 274 (274 ff.; 276); *Müller-Michaels*, Grundrechtlicher Eigentumsschutz in der Europäischen Union, S. 34.

[942] Vgl. insoweit auch *Schoch*, Der Entwurf eines Informationsweiterverwendungsgesetzes des Bundes, NVwZ 2006, 872 (873).

Als Quelle gegebenenfalls bestehender Vorgaben des Eigenverwaltungsrechts sind wiederum das geschriebene und das ungeschriebene Gemeinschaftsrecht heranzuziehen[943].

Rechtstechnisch sei zur Vermeidung die Ausarbeitung unnötig ausdehnender Wiederholungen auf obige Ausführungen verwiesen: Die Vorgaben des Eigenverwaltungsrechts verpflichten einschließlich der Gemeinschaftsgrundrechte und der zukünftig aufgrund Verweisung im dann geänderten Artikel 6 EUV bindenden Grundrechtscharta neben den Organen und Einrichtungen der Union die Mitgliedsstaaten ausschließlich bei der Durchführung des Gemeinschaftsrechts[944]. Auswirkungen für die Entscheidung nationaler Behörden über die Gewährung von Informationszugang hat dies infolge der Anwendung des Loyalitätsprinzips nach Artikel 10 EGV für den Fall der Zugangsgewährung zu Informationen der Mitgliedsstaaten in der Hand von Gemeinschaftsorganen sowie umgekehrt für den Fall der Zugangsgewährung zu Informationen der Gemeinschaftsorgane in der Hand von nationalen Behörden[945].

aa. Recht auf Privatsphäre

Die bereits ausführlich besprochenen gemeinschaftsrechtlichen Vorgaben der Datenschutzrichtlinie sind per se nicht auf das Eigenverwaltungsrecht der Gemeinschaft zu beziehen: Adressat der Datenschutzrichtlinie sind nach ihrem Artikel 34 die Mitgliedsstaaten nicht aber die Gemeinschaft selbst mit ihren Organen und Einrichtungen. Dennoch setzt ein unbehinderter Informationsfluss voraus, dass auch die EG selbst über ein gleichwertiges Datenschutzsystem verfügt[946]. Diesem Bedürfnis entsprechend hatten der Rat und die Kommission in der Form einer freiwilligen Selbstverpflichtung eine Erklärung abgegeben, dass im Hinblick auf eine kohärente und einheitliche Anwendung der Schutzregeln in der Union für Verarbeitungen, die von den Institutionen und Organen der Europäischen Union durchgeführt werden, dieselben Schutzprinzipien gelten sollten wie für die von der Richtlinie erfassten Verarbeitungen[947]. Hieraus folge jedoch gerade keine rechtlich verbindliche Geltung der Richtlinie für die Organe und Einrichtungen der Gemeinschaft mit Außenwirkung in Form einklagbarer Rechte des Einzelnen[948]. Dies änderte sich mit der durch den Vertrag von Amsterdam in Artikel 286 EGV in das geschriebene Primärrecht aufgenommenen datenschutzrechtlichen Bestimmung, nach deren dynamischer Verweisung in Absatz

---

[943] Vgl. erneut *Streinz*, Europarecht, S. 2 ff., 138 ff.
[944] Vgl. bereits oben Kapitel 4 IV. 1. b.
[945] Vgl. bereits oben Kapitel 4 IV. 1. a. bb. (2).
[946] *Dammann/Simitis*, EG-Datenschutzrichtlinie, Kommentar, Art. 34 S. 340.
[947] Vgl. Abdruck der Erklärung bei *Dammann/Simitis*, EG-Datenschutzrichtlinie, Kommentar, Art. 34 S. 340.
[948] *Dammann/Simitis*, EG-Datenschutzrichtlinie, Kommentar, Art. 34 S. 340 f.

1 die datenschutzrechtlichen Rechtsakte der Gemeinschaft auch auf die Organe und Einrichtungen der Europäischen Gemeinschaft Anwendung finden[949].

Auf Grundlage der nach Artikel 286 Abs. 2 EGV erteilten Regelungskompetenz zum Erlass erforderlicher einschlägiger Bestimmungen haben Europäisches Parlament und Rat im Jahre 2001 eine Datenschutzverordnung erlassen[950]. Nach der Gegenstandsbestimmung des Artikel 1 Abs. 1 Datenschutzverordnung richtet sich selbige gegen alle Organe und Einrichtungen der Gemeinschaft und regelt gemäß der Definition des Anwendungsbereichs nach ihrem Artikel 3 Abs. 1 die Verarbeitung personenbezogener Daten durch diese Organe. Hinsichtlich der materiellen Vorgaben entspricht die Datenschutzverordnung inhaltlich nahezu wortgleich den besprochenen Normierungen der Datenschutzrichtlinie, so dass auf die diesbezüglichen detaillierten Ausführungen dieser Ausarbeitung zu verweisen ist[951]: Das Zweckbestimmungs- und -bindungsgebot findet sich in Artikel 4 Abs. 1 lit. b Datenschutzverordnung, das Erforderlichkeitsprinzip in Artikel 4 Abs. 1 lit. c Datenschutzverordnung, die weiteren Zulässigkeitsbedingungen regelt Artikel 5 Datenschutzverordnung und verzichtet hierbei lediglich auf die deklaratorische Nennung des Abwägungsvorbehalts in litera a, welcher durch den Erforderlichkeitsgrundsatz jedoch bereits normiert ist. Die inhaltsgleichen Bestimmungen zur Verarbeitung besonders sensibler Datenkategorien regelt Artikel 10 Datenschutzverordnung. Einzig die Vorgabe der Datenschutzverordnung zur Änderung der Zweckbestimmung nach Artikel 6 Abs. 1, nach welcher eine Weiterverarbeitung zu anderen Zwecken als zur Erhebung nur dann zulässig ist, wenn die Änderung der Zwecke durch die internen Vorschriften des betroffenen Organs oder der Einrichtung ausdrücklich erlaubt ist, findet kein Äquivalent in der Datenschutzrichtlinie. Da diese Vorschrift ausdrücklich unbeschadet des Zweckbindungsgebots nach Artikel 4 Datenschutzverordnung gilt, nach welcher die Weiterverarbeitung lediglich nicht in einer mit den Zwecken der Erhebung nicht zu vereinbaren Weise erfolgen darf, ist allerdings auch hier nicht von materiellen Anforderungen auszugehen, die die Vorgaben der Datenschutzrichtlinie überschreiten.

Des Weiteren sind entsprechend des 15. Erwägungsgrundes zur Datenschutzverordnung hinsichtlich der Bedingungen des Zugangs zu Dokumenten, die personenbezogene Daten enthalten, die Bestimmungen, welche auf der Grundlage von Artikel 255 EGV erlassen wurden, zu berücksichtigen. Hierunter fallen die Vorgaben der Transparenzverordnung 1049/2001. Selbige sind für die Entschei-

---

[949] Vgl. zu dieser Bewertung *Haratsch*, Verweisungstechnik und gemeinschaftsgerichtete EG-Richtlinien, EuR 2000, 42 (43 f.).

[950] Verordnung Nr. 45/2001 des Europäischen Parlaments und des Rates zum Schutz natürlicher Personen bei der Verarbeitung personenbezogener Daten durch die Organe und Einrichtungen der Gemeinschaft und zum freien Datenverkehr, ABl. Nr. L 8 v. 12.1.2001.

[951] Vgl. oben Kapitel 4 IV. 2. a. aa.

dung nationaler Behörden über die Informationszugangsgewährung entsprechend des bereits oben erläuterten 15. Erwägungsgrundes zur Transparenzverordnung dahingehend von Bedeutung, als die Mitgliedsstaaten aufgrund der Pflicht zu loyaler Zusammenarbeit nach Artikel 10 EGV daran gehindert sind, für den Fall zugangsfreundlicherer nationaler Regelungen Zugang zu Informationen der Gemeinschaftsorgane zu gewähren, die sich in ihrer Hand befinden aber nach dem Eigenverwaltungsrecht der Gemeinschaft der Geheimhaltung unterliegen[952].

Diesem Vorrang des Gemeinschaftsrechts hatte sich insbesondere Schweden zunächst widersetzt, indem es argumentierte, dass die Gemeinschaft keine Regelungskompetenz zur Bestimmung von Vorgaben hinsichtlich der Behandlung von Gemeinschaftsdokumenten durch nationale Behörden besitze[953]. Im Wege einer Analogie zur Abschaffung der bereits zitierten Urheberregel vertrat Schweden die Auffassung, dass Gemeinschaftsdokumente zu Dokumenten der Mitgliedsstaaten würden, sobald sie sich in Besitz nationaler Behörden befänden, und infolgedessen lediglich nationales Recht anwendbar sei[954]. Im Fall *Svenska Journalistförbundet* hat der EuG bedauerlicherweise genau diese Frage, ob die Zugangsgewährung zu nach dem Gemeinschaftsrecht geheimhaltungsbedürftigen Gemeinschaftsdokumenten durch nationale Behörden einen Verstoß gegen das Gemeinschaftsrecht darstelle, nicht geklärt, weil es zur Lösung des Falles nicht ausschlaggebend war[955]. Gerade diese Weigerung Schwedens, den Vorrang des Gemeinschaftsrechts und die Anwendbarkeit des Loyalitätsprinzips auch in Bezug auf das im Verhältnis zum Gemeinschaftsrecht zu weitreichende schwedische Informationszugangsrecht für den Fall von Gemeinschaftsdokumenten in Besitz nationaler Behörden anzuerkennen, veranlasste die Gemeinschaft zur ausdrücklichen Normierung einer Konsultationspflicht gegenüber dem betroffenen Gemeinschaftsorgan in Artikel 5 Transparenzverordnung, um eine Entscheidung zu gewährleisten, die das Erreichen der Ziele der Verordnung nicht gefährdet. Im Gegenzug zur Abschaffung der Urheberregel auch hinsichtlich der Gemeinschaftsdokumente durch die Transparenzverordnung, welche anderenfalls den schwedischen Verfassungsgrundsatz des Rechts auf allgemeinen Zugang zu amtlichen Dokumenten in seinen Grundfesten erschüttert hätte, erkannte schließlich auch Schweden den selbstverständlichen Vorrang des Gemeinschaftsrechts auch für den Fall an, dass die betreffende Norm des Gemein-

---

952 Vgl. bereits zuvor *Partsch*, Die neue Transparenzverordnung (EG) Nr. 1049/2001, NJW 2001, 3154 (3156, 3158) und *Bock*, Ein Sieg für die Transparenz?, DÖV 2002, 556 (557). Vgl. außerdem bereits oben Kapitel 4 IV. 1. a. bb. (2) (a) und (c).

953 *Haellmigk*, Schweden und das Europäische Gemeinschaftsrecht, S. 169.

954 *Haellmigk*, Schweden und das Europäische Gemeinschaftsrecht, S. 169.

955 Rs. T-174/95, *Svenska Journalistförbundet./.Rat*, Slg. 1998, II-2289/2313, Rdn. 67.

schaftsrechts so grundsätzliche Prinzipien wie das nationale Recht auf Informationszugang beschränkt[956].

Materielle Vorgaben zum Schutz personenbezogener Daten normiert die Transparenzverordnung in Artikel 4 Abs. 1 lit. b mit dem folgenden Wortlaut: „Die Organe verweigern den Zugang zu einem Dokument, durch dessen Verbreitung Folgendes beeinträchtigt würde: (...) der Schutz der Privatsphäre und der Integrität des Einzelnen, insbesondere gemäß den Rechtsvorschriften der Gemeinschaft über den Schutz personenbezogener Daten". Im Gegensatz zu den in den Absätzen 2 und 3 geregelten Ausnahmen, die unter einem Abwägungsgebot mit dem öffentlichen Interesse an der Verbreitung stehen, ist Absatz 1 als zwingender Ausnahmegrund formuliert, welcher nach dem Wortlaut der Norm die Zugangsgewährung ohne Ermessenspielraum der Behörde ausschließt[957]. Dies wurde in der Literatur mit dem Argument, dass im Interesse einer größtmöglichen Transparenz jede Zugangsverweigerung erst nach einer Abwägung der betroffenen Rechtsgüter erfolgen sollte, kritisiert[958]. *Wägenbaur* konstatiert daher aufgrund der für alle Ausnahmen gebotenen restriktiven Auslegung weiterhin ein gewisses Auslegungsermessen[959] und *Kröger* stellt einfach die Ansicht in den Raum, dass die Regelungen nicht darüber hinwegtäuschen sollten, dass in jedem Fall eine Abwägung der berechtigten Interessen stattfinden müsse, wolle man zu einer ausgewogenen Entscheidung kommen[960]. Die Rechtsprechung hat dies insbesondere an der von Artikel 4 Abs. 1 Transparenzverordnung verwendeten konditionalen Formulierung im Hinblick auf die Beeinträchtigung festgemacht („beeinträchtigt würde") und befunden, dass aufgrund dessen die betroffene Behörde verpflichtet sei, für jedes konkret begehrte Dokument im Einzelnen zu prüfen, ob die Zugänglichmachung aufgrund der der Behörde zur Verfügung stehenden Informationen tatsächlich dazu geeignet sei, die Interessen einer dritten Seite i.S.v. Artikel 4 Absatz 1 Transparenzverordnung zu beeinträchtigen[961].

Diese im Ergebnis unstreitige Diskussion erscheint im Übrigen angesichts der Bezugnahme des Artikels 4 Abs. 1 lit. b Transparenzverordnung auf die Rechtsvorschriften der Gemeinschaft über den Schutz personenbezogener Daten zu-

---

956 Vgl. genauer *Haellmigk*, Schweden und das Europäische Gemeinschaftsrecht, S. 174.

957 Vgl. *Bock*, Ein Sieg für die Transparenz?, DÖV 2002, 556 (559); *Partsch*, Die neue Transparenzverordnung (EG) Nr. 1049/2001, NJW 2001, 3154 (3156); *Wägenbaur*, Der Zugang zu EU-Dokumenten, EuZW 2001, 680 (682).

958 *Bock*, Ein Sieg für die Transparenz?, DÖV 2002, 556 (559); *Kröger*, Informationsfreiheit im Gemeinschaftsrecht, DuD 2003, 29 (34).

959 *Wägenbaur*, Der Zugang zu EU-Dokumenten, EuZW 2001, 680 (682).

960 *Kröger*, Informationsfreiheit im Gemeinschaftsrecht, DuD 2003, 29 (34).

961 Rs. T-124/96, *Interporc Im- und Export GmbH./.Kommission*, Slg. 1998, II-231 Rdn. 52; Rs. T-83/96, *Gerard van der Wal./.Kommission*, Slg. 1998, II-545 Rdn. 43; Rs. T-174/95, *Svenska Journalistförbundet./.Rat*, Slg. 1998, II-2289/2326, Rdn. 112.

mindest für selbige überflüssig: Da personenbezogene Daten durch die Datenschutzrichtlinie und –verordnung auf der Ebene des Gemeinschaftsrechts mit dem Gebot der Zweckbindung und der Erforderlichkeit bereits unter Abwägungsvorbehalten stehen, muss Gleiches nach dem Wortlaut des auf dieses Schutzniveau verweisenden Artikels 4 Abs. 1 lit. b Transparenzverordnung auch in Bezug auf Ausnahmen von der Informationszugangsgewährung gelten.

Des Weiteren sind die von den Mitgliedsstaaten beim Vollzug von Gemeinschaftsrecht zu beachtenden und grundsätzlich ebenfalls zum Eigenverwaltungsrecht der Gemeinschaft gehörenden Gemeinschaftsgrundrechte auf materielle Vorgaben zugunsten des Schutzes personenbezogener Daten zu überprüfen. Bis zur Verbindlichkeit der Charta der Grundrechte durch verweisende Einbeziehung in Artikel 6 EUV kommt es für die Existenz eines entsprechenden Gemeinschaftsgrundrechts als allgemeinem Rechtsgrundsatz des Gemeinschaftsrechts auf eine wertende Gesamtschau der EMRK und der mitgliedsstaatlichen Verfassungstraditionen an[962], von der Kompatibilität mit dem Gemeinschaftsrecht ist angesichts der Aufnahme des Grundsatzes des Datenschutzes in Artikel 286 EGV auszugehen.

Die Literatur geht bereits heute von einem Schutz personenbezogener Daten als Gemeinschaftsgrundrecht aus[963]. Auch der EuGH hat aus den gemeinsamen Verfassungstraditionen der Mitgliedsstaaten und der Verankerung des Schutzes personenbezogener Daten als Ausprägung des Rechts auf ein Privatleben in Artikel 8 EMRK ein entsprechendes Gemeinschaftsgrundrecht abgeleitet[964]. Als Rechtserkenntnisquellen für die inhaltliche Reichweite des grundrechtlichen Schutzes personenbezogener Daten dienen in diesem Zusammenhang neben dem Gewährleistungsgehalt von Artikel 8 Abs. 1 EMRK und der Datenschutzkonvention des Europarates die über Artikel 286 EGV im Eigenverwaltungsrecht der Gemeinschaft anwendbare EG-Datenschutzrichtlinie 95/46/EG sowie die EG-Datenschutzverordnung 45/2001[965]. Folglich geht der gemeinschaftsgrundrechtliche Schutz personenbezogener Daten nicht über das hinaus, was im

---

[962] Vgl. hierzu bereits die Ausführungen oben Kapitel 4 IV. 1. b.

[963] Vgl. stellvertretend *Jarass*, EU-Grundrechte, S. 169 Rdn. 1; *Schorkopf*, in: *Ehlers*, Europäische Grundrechte und Grundfreiheiten, § 15 Rdn. 18 ff.; *Bernsdorff*, in: *Meyer*, Charta der Grundrechte, Art. 8 Rdn. 14; *Brühann*, in: *von der Groeben/Schwarze*, Kommentar zum EUV und EGV, Art. 286 Rdn. 18.

[964] So zumindest implizit bereits Rs. 29/69, *Stauder./.Ulm*, Slg. 1969, 419/425, Rdn. 6 f.; Rs. 62/90, *Kommission./.Deutschland*, Slg. 1992, I-2575, Rdn. 23; Rs. 404/92 P, *X./.Kommission*, Slg. 1994, I-4737, Rdn. 17; Rs. C-465/00, C-138/01 und C-139/01, *Österreichischer Rundfunk u.a.*, Slg. 2003, I-4989 Rdn. 68 ff.; Rs. C-101/01, *Lindqvist*, Slg. 2003, I-12971/13022 ff., Rdn 79 ff. Für eine Übersicht über die diesbezüglichen gemeinsamen Verfassungstraditionen der Mitgliedsstaaten vgl. *Bernsdorff*, in: *Meyer*, Charta der Grundrechte, Art. 8 Rdn. 3.

[965] *Jarass*, EU-Grundrechte, S. 169 Rdn. 1.

Rahmen dieser Ausarbeitung zu den genannten Regelwerken inhaltlich bereits herausgearbeitet wurde.

Und ebenso wenig wird sich der Schutz personenbezogener Daten nach verbindlicher Geltung der Grundrechtscharta in seiner Reichweite ändern. Neben der Normierung des Rechts auf ein Privatleben in Artikel 7 Grundrechtscharta enthält diese zwar in Artikel 8 ausdrücklich ein Recht auf Schutz personenbezogener Daten mit dem Wortlaut[966]:

„(1) Jede Person hat das Recht auf Schutz der sie betreffenden personenbezogenen Daten.

(2) Diese Daten dürfen nur nach Treu und Glauben für festgelegte Zwecke und mit Einwilligung der betroffenen Person oder auf einer sonstigen gesetzlich geregelten legitimen Grundlage verarbeitet werden. (...)".

Als lex specialis geht dieser Artikel der Gewährleistung des Rechts auf ein Privatleben durch die Grundrechtscharta vor[967]. Aus der eigenständigen Regelung wird teilweise auch ein im Verhältnis zum Standard der EMRK „deutlicherer" Schutz personenbezogener Daten abgeleitet, ohne dass gleichzeitig ausgeführt würde, was dies im Einzelnen zur Folge hat[968]. Bereits die Ausführungen des Präsidiums des Grundrechtekonvents betonten hingegen mehrfach die Tatsache, dass auch das Recht auf ein Privatleben bereits den Schutz personenbezogener Daten mitumfasse[969]. Insofern kann die Regelung des Schutzes personenbezogener Daten in einem eigenen Artikel auch als Herstellung eines formell gleichgestellten Gegengewichts zum in Artikel 42 Grundrechtscharta ebenfalls eigenständig gewährleisteten Rechts auf Informationszugang als den zwei Säulen der zivilen, demokratischen Informationsgesellschaft gewertet werden[970], so dass ein relativer Vorrang des einen oder anderen Rechts aus rein formalen Gründen vermieden wird[971].

---

966 ABl. Nr. C 303, S. 1 ff.

967 *Jarass*, EU-Grundrechte, S. 153 Rdn. 5.

968 *Jarass*, EU-Grundrechte, S. 169 f. Rdn. 1.

969 Vgl. die Begründungen zu Art. 8 CONVENT 5 und Art. 19 CONVENT 28 sowie die Änderungsanträge (CONVENT 35) von *Friedrich* und *Korthals Altes* zu Art. 19 CONVENT 28, zitiert nach *Bernsdorff*, in: *Meyer*, Charta der Grundrechte, Art. 8 Fn. 76.

970 *Bernsdorff*, in: *Meyer*, Charta der Grundrechte, Art. 8 Rdn. 13.

971 Der bei *Kloepfer*, Informationszugangsfreiheit und Datenschutz, DÖV 2003, 221 (227), konstatierte relative Vorrang des Datenschutzes vor der Informationsfreiheit kann insofern nur auf der damals noch auf das Europäische Parlament, den Rat und die Kommission begrenzten Fassung des Informationszugangsrechts in Artikel 42 der Grundrechtscharta beruhen. Vgl. zu dieser Fassung den Abdruck der Grundrechtscharta bei *Jarass*, EU-Grundrechte, S. 484 ff.

Was den materiellen Regelungsgehalt des Artikel 8 Grundrechtscharta betrifft, ist *Jarass* insoweit Recht zu geben, als dieser grundsätzlich losgelöst vom weiteren Primär- und Sekundärrecht aus der Norm selbst zu definieren sei[972]. Aufgrund der Tatsache, dass das Präsidium des Grundrechtekonvents in seinen Erläuterungen die Vorschrift ausdrücklich in erster Linie auf die bestehenden Regelungen des Gemeinschaftsrechts sowie in zweiter Linie auf diejenigen des Europarats stützt[973], folgt jedoch, dass bei der Auslegung der von der Norm verwendeten Rechtsbegriffe diese bestehenden Regelungen konkretisierend heranzuziehen sind[974]. Da auch Artikel 8 Grundrechtscharta den sachlichen Anwendungsbereich für die Verarbeitung personenbezogener Daten eröffnet und als weitere materielle Vorgaben in Absatz 2 das Zweckbestimmungsgebot und einen unter Gesetzesvorbehalt stehenden Einschränkungsvorbehalt normiert, welcher gemäß den Anforderungen nach Artikel 52 Abs. 1 Grundrechtscharta zudem den Verhältnismäßigkeitsgrundsatz einzuhalten hat, entspricht der Schutzumfang der Grundrechtscharta in Bezug auf personenbezogene Daten dem des bisher besprochenen Gemeinschaftsrechts. Durch die ausdrückliche Verwendung der entsprechenden Schlagworte durch die Grundrechtscharta wird die Konkretisierung, die der Schutz personenbezogener Daten in der Datenschutzrichtlinie und -verordnung erfahren hat, lediglich ausdrücklich auch zum grundrechtlichen Schutzniveau erklärt. Materiell ergeben sich hieraus jedoch keine Abweichungen zum oben herausgearbeiteten Standard.

bb. Recht auf Eigentum

Dem sich aus der wirtschaftsbezogenen Zielrichtung der Gemeinschaft ergebenden Bedürfnis nach einem grundrechtlichen Eigentumsschutz auf der Ebene des Eigenverwaltungsrechts der Gemeinschaft versuchte man zunächst durch Ableitung einer Institutsgarantie des nationalen Eigentumsschutzes aus dem bereits genannten Artikel 295 EGV beizukommen, nach welchem der EGV „die Eigentumsordnung in den verschiedenen Mitgliedstaaten unberührt“ lässt[975]. Hieraus wurde eine Pflicht der Gemeinschaftsorgane erwogen, die unter den nationalen Eigentumsschutz fallenden Rechtspositionen auch im Rahmen des Eigenverwaltungsrechts der Gemeinschaft zu achten[976]. Einer solchen Auslegung steht jedoch der ausschließliche Zweck der Norm entgegen, die Gemeinschaften angesichts der sehr verschiedenen europäischen ökonomischen Systeme von der Gestaltung und Ausprägung des Eigentums innerhalb dieser nationalen Wirtschafts-

---

972 *Jarass*, EU-Grundrechte, S. 172 Rdn. 9.
973 Vgl. hierzu *Bernsdorff*, in: *Meyer*, Charta der Grundrechte, Art. 8 Rdn. 2.
974 *Jarass*, EU-Grundrechte, S. 172 Rdn. 9. Dieses Verständnis dürfte auch den zahlreichen Bezugnahmen auf das weitere Gemeinschaftsrecht bei *Bernsdorff*, in: *Meyer*, Charta der Grundrechte, Art. 8 Rdn. 14 ff., zugrunde liegen.
975 *Brandt*, Eigentumsschutz in europäischen Völkerrechtsvereinbarungen, S. 154 f., 158 f.
976 *Brandt*, Eigentumsschutz in europäischen Völkerrechtsvereinbarungen, S. 159.

ordnungen auszuschließen[977]. Eine gemeinschaftseigene grundrechtliche Verbürgung des Eigentums ist Artikel 295 EGV daher nicht zu entnehmen[978].

Ausdrücklich befasst sich das geschriebene Primärrecht der Gemeinschaft mit dem Schutz der „Auskünfte über Unternehmen sowie deren Geschäftsbeziehungen oder Kostenelemente" in Artikel 287 EGV, welcher die Geheimhaltungspflicht für Berufsgeheimnisse im Eigenverwaltungsrecht der Gemeinschaft normiert. Die Bestimmung steht in einem Spannungsverhältnis zum ebenfalls explizit primärrechtlich garantierten Grundsatz des öffentlichen Zugangs zu amtlichen Dokumenten nach Artikel 255 Abs. 1 EGV[979]. Die Auflösung dieser Kollision bei *Schwarze* dahingehend, das Zugangsrecht gelte lediglich für „Dokumente" bei den Gemeinschafts*organen*, während „Wissen" der Amtsträger, welches keinen Niederschlag in Dokumenten gefunden habe, sowie Dokumente der Gemeinschafts*ausschüsse* der Verschwiegenheitspflicht des Artikel 287 EGV unterfielen, greift zu kurz[980]. Vielmehr sind beide Interessen durch die Aufnahme in das geschriebene Primärrecht des EGV als grundsätzlich gleichrangig zu bewerten und ihre Kollision in Einzelfallabwägungen unter Anwendung der bestehenden Ausnahmen im Rahmen der jeweiligen Rechtsvorschriften aufzulösen[981]. In diesem Sinne geht die Literatur im Rahmen der Verschwiegenheitspflicht des Artikel 287 EGV aufgrund des Schutzzwecks der Norm einhellig von dem ungeschriebenen Tatbestandsmerkmal eines Verbots lediglich *unbefugter* Preisgabe von Berufsgeheimnissen aus[982]. Von einer unbefugten Offenbarung ist auszugehen, wenn sie ohne Erlaubnis des Schutzberechtigten oder ohne ein sonstiges Recht zur Mitteilung in Form einer gesetzlichen Offenbarungspflicht

---

977 *Brandt*, Eigentumsschutz in europäischen Völkerrechtsvereinbarungen, S. 159 f.

978 *Leisner*, Der europäische Eigentumsbegriff, in: *Ipsen/Rengeling/Mössner/Weber*, Verfassungsrecht im Wandel, S. 397 f.; *Everling*, Eigentumsordnung und Wirtschaftsordnung in der Europäischen Gemeinschaft, in: *Everling*, Das Europäische Gemeinschaftsrecht im Spannungsfeld von Politik und Wirtschaft, S. 298 f.; *Thiel*, Grundrechtlicher Eigentumsschutz im EG-Recht, JuS 1991, 274 (274 ff.; 276); *Müller-Michaels*, Grundrechtlicher Eigentumsschutz in der Europäischen Union, S. 34; *Brandt*, Eigentumsschutz in europäischen Völkerrechtsvereinbarungen, S. 160, m.w.N. auch zur Rechtsprechung des EuGH.

979 *Grunwald/Brühann*, in: *von der Groeben/Schwarze*, Kommentar zum EUV und EGV, Art. 287 Rdn. 1 f.; *Wegener*, in: *Callies/Ruffert*, EUV, EGV-Kommentar, Art. 287 Rdn. 1; *Zimmerling*, in: *Lenz/Borchardt*, EU- und EG-Vertrag, Art. 287 Rdn. 14.

980 *Schoo*, in: *Schwarze*, EU Kommentar, Artikel 287 Rdn. 1.

981 Vgl. vor allem *Grunwald/Brühann*, in: *von der Groeben/Schwarze*, Kommentar zum EUV und EGV, Art. 287 Rdn. 2. Zur Gebotenheit einer Einzelfallabwägung ebenso *Steinle*, in: *Streinz*, EUV/EGV, Art. 287 Rdn. 3; *Zimmerling*, in: *Lenz/Borchardt*, EU- und EG-Vertrag, Art. 287 Rdn. 12.

982 *Hummer*, in: *Grabitz/Hilf*, EUV/EGV, Maastricht-Fassung, Art. 214 Rdn. 20; *Hatje*, in: *Schwarze*, EU Kommentar, Artikel 287 Rdn. 9, *Grunwald/Brühann*, in: *von der Groeben/Schwarze*, Kommentar zum EUV und EGV, Art. 287 Rdn. 18, *Wegener*, in: *Callies/Ruffert*, EUV, EGV-Kommentar, Art. 287 Rdn. 2 f. Im Ergebnis ebenso *Steinle*, in: *Streinz*, EUV/EGV, Art. 287 Rdn. 7.

oder einer Erforderlichkeit für ein höherrangiges Rechtsgut erfolgt[983]. In diesem Sinne kommt der Grundsatz des öffentlichen Zugangs zu amtlichen Dokumenten nach Artikel 255 EGV wegen seiner grundsätzlichen Gleichwertigkeit zwar nicht als kollidierendes höherwertiges Rechtsgut in Betracht, wohl aber kann entsprechend seiner gesetzlichen Konkretisierung eine Offenbarungspflicht bestehen[984]. Die das Zugangsrecht i.S.v. Artikel 255 Abs. 2 EGV konkretisierende Transparenzverordnung 1049/2001 bestimmt in Artikel 4 Abs. 2 unter den nichtzwingenden Ausnahmen die Möglichkeit der Zugangsverweigerung, sofern dies den Schutz der geschäftlichen Interessen einer natürlichen oder juristischen Person einschließlich des geistigen Eigentums beeinträchtigen würde, es sei denn, es bestehe ein überwiegendes Interesse an der Verbreitung. An dieser Formulierung wurde zum einen kritisiert, dass der absolute Schutz geistigen Eigentums der gleichstufigen Regelung mit den geschäftlichen Interessen widerspreche, und zum anderen, dass der Begriff der geschäftlichen Interessen zu weit gefasst sei und die Gefahr in sich berge, über den eingrenzbaren Bereich der Betriebs- und Geschäftsgeheimnisse hinaus eine unüberschaubare Zahl indirekter wirtschaftlicher Interessen auf Kosten der Transparenz auszuschließen[985]. Im Sinne der gebotenen restriktiven Auslegung von Ausnahmevorschriften[986] sind hierbei auch die insofern begrenzenden Tatbestandsmerkmale der Verschwiegenheitspflicht des Artikel 287 EGV zu berücksichtigen. Der sachliche Anwendungsbereich der geschützten Berufsgeheimnisse umfasst damit alle Informationen, die nur einem engen Personenkreis bekannt sind und für die ein Geheimhaltungsinteresse besteht und die zudem „ihrem Wesen nach" unter das Berufsgeheimnis fallen[987]. Es ist daher nicht die subjektive Einschätzung des Betroffenen maßgeblich, sondern in einer objektiven Betrachtungsweise danach zu fragen, ob die Offenbarung im konkreten Einzelfall zu materiellen oder immateriellen Schäden führen kann[988]. Insbesondere wurde darauf hingewiesen, dass die beispielhafte Benennung der „Auskünfte über Unternehmen sowie deren Geschäftsbeziehungen oder Kostenelemente" in der deutschen Fassung des Artikels 287 EGV als dem Berufsgeheimnis unterfallende Informationen insofern missverständlich sei, als dies suggeriere, dass grundsätzlich *alle* Unternehmensauskünfte umfasst seien, wohingegen ein Vergleich mit den anderen authentischen Texten ergebe, dass *insbesondere* solche Informationen über Unternehmen, die deren Ge-

---

983 *Grunwald/Brühann*, in: *von der Groeben/Schwarze*, Kommentar zum EUV und EGV, Art. 287 Rdn. 18; *Hummer*, in: *Grabitz/Hilf*, EUV/EGV, Maastricht-Fassung, Art. 214 Rdn. 20.
984 *Hatje*, in: *Schwarze*, EU Kommentar, Artikel 287 Rdn. 9.
985 *Wägenbaur*, Der Zugang zu EU-Dokumenten, EuZW 2001, 680 (683).
986 Vgl. hierzu m.w.N. *Gornig/Trüe*, Die Rechtsprechung des EuGH und des EuG zum Europäischen Verwaltungsrecht-Teil 1, JZ 2000, 395 (404); *Schoo*, in: *Schwarze*, EU Kommentar, Artikel 255 Rdn. 16.
987 Vgl. stellvertretend *Hummer*, in: *Grabitz/Hilf*, EUV/EGV, Maastricht-Fassung, Art. 214 Rdn. 18.
988 *Hatje*, in: *Schwarze*, EU Kommentar, Artikel 287 Rdn. 6.

schäftsbeziehungen oder Kostenelemente betreffen, erfasst sein sollen[989]. Rechtsprechung und Literatur haben neben diesen beiden Aspekten ein Geheimhaltungsinteresse im Rahmen der unternehmerischen Tätigkeit des Weiteren bejaht für Erträge, Finanzierungsfragen mit Bezug auf Kostensituation und Umsätze, Einzelheiten von Verträgen mit Kunden und Lieferanten, Angaben über Marktanteile, Geschäftsstrategien und Vorhersagen zu Geschäftsentwicklung und Verkaufsprogrammen, Umsatzentwicklungen, Bank- und Steuervorgänge, technisches Know-how und technische Planungen, Produktionsverfahren und Forschungsergebnisse[990]. Des Weiteren hat der EuGH noch vor Inkrafttreten der Transparenzverordnung auch die Verweigerung von Zugang zu Korrespondenzen mit dritten Unternehmen in Untersuchungsverfahren der Gemeinschaft anerkannt, weil nicht auszuschließen sei, dass Unternehmen in marktbeherrschender Stellung Vergeltungsmaßnahmen gegen Wettbewerber, Lieferanten oder Kunden ergreifen, die am Untersuchungsverfahren beteiligt waren[991].

Trotz dieser Beispiele ist jedoch zu berücksichtigen, dass sowohl die Subsumtion entsprechender Informationen unter die Verschwiegenheitspflicht nach Artikel 287 EGV als auch die zugunsten geschäftlicher Interessen nach Artikel 4 Abs. 2 der Transparenzverordnung 1049/2001 bestehende Ausnahmeregelung unter einem Abwägungsvorbehalt stehen. Das Eigenverwaltungsrecht der Gemeinschaft schützt Betriebs- und Geschäftsgeheimnisse im Verhältnis zum Recht auf Informationszugang damit nicht absolut, wohl aber im Rahmen des Gebots einer beide kollidierenden Interessen berücksichtigenden Einzelfallabwägung.

Abschließend sei festgestellt, dass dem Grundrechtsschutz der Gemeinschaft kein über diesen Maßstab hinausgehender Schutz zugunsten von Betriebs- und Geschäftsgeheimnissen entnommen werden kann:

Die Grundrechtscharta garantiert in diesem Zusammenhang das Recht auf unternehmerische Freiheit in Artikel 16 sowie das Recht auf Eigentum in Artikel 17. Vor dem Hintergrund der Rechtsprechung des EuGH stellen die Vorgaben beider Bestimmungen hingegen bereits vor Inkrafttreten der Rechtsverbindlich-

---

[989] *Hummer*, in: *Grabitz/Hilf*, EUV/EGV, Maastricht-Fassung, Art. 214 Rdn. 19, *Grunwald/Brühann*, in: *von der Groeben/Schwarze*, Kommentar zum EUV und EGV, Art. 287 Rdn. 15. Dieses Verständnis liegt wohl auch zugrunde bei *Geiger*, EUV/EGV-Kommentar, Art. 287 Rdn. 2.

[990] Vgl. die Übersichten bei *Grunwald/Brühann*, in: *von der Groeben/Schwarze*, Kommentar zum EUV und EGV, Art. 287 Rdn. 15, und *Steinle*, in: *Streinz*, EUV/EGV, Art. 287 Rdn. 3, m.w.N.

[991] *Gornig/Trüe*, Die Rechtsprechung des EuGH und des EuG zum Europäischen Verwaltungsrecht-Teil 2, JZ 2000, 446 (447), m.V.a. Rs. C-310/93 P, *BPB Industries plc und British Gypsum Ltd./.Kommission*, Slg. 1995, I-865 Rdn. 26 f.

keit der Charta geltendes Primärrecht dar[992]. Für die Abgrenzung der Schutzbereiche ist zu berücksichtigen, dass das Recht auf unternehmerische Freiheit einen Unterfall der Berufsfreiheit im weiteren Sinne darstellt, so dass auch im Rahmen des gemeinschaftsrechtlichen Grundrechtsschutzes davon auszugehen ist, dass neben der Berufsfreiheit auch das Recht auf unternehmerische Freiheit handlungsbezogene Pflichten und damit den Erwerb regelt, während das Recht auf Eigentum Substanzpflichten und damit das Erworbene betrifft[993]. Hinsichtlich der Vorgaben des Gemeinschaftsrechts zugunsten des Schutzes von Betriebs- und Geschäftsgeheimnissen ist daher wiederum zu prüfen, ob der gemeinschaftsrechtliche Grundrechtsschutz des Rechts auf Eigentum diese umfasst.

Obwohl der grundrechtliche Eigentumsschutz des Gemeinschaftsrechts unstreitig auch eigentumswerte Rechte aus wirtschaftlicher Tätigkeit umfasst[994] und nach der Rechtsprechung des EuGH damit auch unter den gemeinschaftsrechtlichen Eigentumsbegriff fällt, was in der deutschen Terminologie dem eingerichteten und ausgeübten Gewerbebetrieb entspricht[995], ist umstritten, inwieweit hieraus ein Schutz des Gewerbebetriebs in seiner Gesamtheit folgt[996]. In jedem Fall reicht der Schutz des Gewerbebetriebs nicht weiter als der Schutz seiner vom Eigentumsgrundrecht erfassten Grundlagen, es muss also immer der Bestand des Unternehmens betroffen sein[997]. Es werden daher auch nach dem Grundrechtsschutz der EG nur Rechtspositionen geschützt, die dem Inhaber in rechtlich gesicherter Weise zugeordnet werden können[998]. Damit fallen bloße kaufmännische Interessen und Aussichten sowie Chancen und Verdienstmöglichkeiten, deren Ungewissheit zum Wesen wirtschaftlicher Tätigkeit gehört, aus dem Schutzbereich des Eigentumsrechts heraus[999]. Betriebs- und Geschäftsge-

---

992 Vgl. *Jarass*, EU-Grundrechte, S. 244 Rdn. 1 für das Recht auf unternehmerische Freiheit und *Jarass*, EU-Grundrechte, S. 257 Rdn. 1.

993 Gornig/Trüe, Die Rechtsprechung des EuGH und des EuG zum Europäischen Verwaltungsrecht-Teil 3, JZ 2000, 501 (506); *Bernsdorff*, in: *Meyer*, Charta der Grundrechte, Art. 15 Rdn. 12; *Jarass*, EU-Grundrechte, S. 257 f. Rdn. 4.

994 Vgl. stellvertretend Rs. 44/79, *Hauer*, Slg. 1979, III-3727 Rdn. 17 ff.

995 Vgl. die Ausführungen bei *Brandt*, Eigentumsschutz in europäischen Völkerrechtsvereinbarungen, S. 190 ff. mit Verweis auf weitere Rechtsprechung in Fn. 207.

996 Vgl. *Callies*, in: Ehlers, Europäische Grundrechte und Grundfreiheiten, § 17 Rdn. 14; *Jarass*, EU-Grundrechte, S. 262 Rdn. 13.

997 *Brandt*, Eigentumsschutz in europäischen Völkerrechtsvereinbarungen, S. 190; *Callies*, in: Ehlers, Europäische Grundrechte und Grundfreiheiten, § 17 Rdn. 14.

998 *Jarass*, EU-Grundrechte, S. 263 Rdn. 15.

999 Rs. 4/73, *Nold*, Slg. 1974, 491 Rdn. 15; Rs. 154/78 u.a., *SpA Ferriera Valsabbia u.a../.Kommission*, Slg. 1980, I-907, 1010 Rdn. 89; *Callies*, in: Ehlers, Europäische Grundrechte und Grundfreiheiten, § 17 Rdn. 15; *Jarass*, EU-Grundrechte, S. 263 Rdn. 15; *Brandt*, Eigentumsschutz in europäischen Völkerrechtsvereinbarungen, S. 191; *Bernsdorff*, in: *Meyer*, Charta der Grundrechte, Art. 17 Rdn. 15.

heimnissen ist gerade kein in diesem Sinne erforderlicher gesicherter wirtschaftlicher Wert zuzuordnen, welcher dazu führen würde, dass sie in eigentumsrechtlicher Weise zum Bestand des jeweiligen Unternehmens zu zählen wären. Dem Grundrechtsschutz der EG sind damit keine bei der Gewährung von Informationszugang in der Eigenverwaltung der Gemeinschaft zu beachtenden Vorgaben zugunsten von Betriebs- und Geschäftsgeheimnissen zu entnehmen.

cc. Kollidierende öffentliche Belange

Dem gemeinschaftlichen Grundrechtsschutz können Vorgaben zugunsten der mit dem Grundsatz des öffentlichen Zugangs zu amtlichen Dokumenten kollidierenden öffentlichen Belange mangels deren Rechtsnatur als subjektive Rechte nicht entnommen werden.

Bei der Zugangsgewährung zu beachtende Vorgaben hinsichtlich kollidierender öffentlicher Interessen enthält das Eigenverwaltungsrecht der Gemeinschaft hingegen innerhalb der Ausnahmeregelungen des Artikel 4 der Transparenzverordnung 1049/2001. Entsprechend der Differenzierung nach absoluten und relativen Ausnahmen fällt das öffentliche Interesse an nationaler Sicherheit unter die zwingenden Vorgaben des Artikel 4 Abs. 1 Transparenzverordnung, während eine Beschränkung des Zugangs aus eigenen Geheimhaltungsinteressen der entsprechenden Behörde unter die nicht-zwingenden Ausnahmebestimmungen des Artikel 4 Abs. 2 und 3 Transparenzverordnung fällt und damit im Rahmen der Abwägung eine erhöhte Begründungspflicht der Behörde schafft[1000].

Die entsprechend der Ausführungen im Grundlagenkapitel vom Begriff der nationalen Sicherheit umfassten Aspekte der äußeren Sicherheit wie militärischer Selbstverteidigung und völkerrechtlicher Beziehungen sowie der inneren Sicherheit wie der Verhinderung innerer Unruhen[1001] regelt Artikel 4 Abs. 1 lit. a Transparenzverordnung in einer zwingenden Ausnahme vom Grundsatz des öffentlichen Zugangs zu amtlichen Dokumenten bei Beeinträchtigung der öffentlichen Sicherheit, der Verteidigung und militärischer Belange, der internationalen Beziehungen sowie der Finanz-, Währungs- oder Wirtschaftspolitik der Gemeinschaft oder eines Mitgliedsstaats. Nach der Rechtsprechung bezieht sich der Begriff der öffentlichen Sicherheit aufgrund des Zusammenhangs mit den anderen genannten Fallgruppen enger als im deutschen Ordnungsrecht auf die innere wie äußere Sicherheit eines Mitgliedsstaats[1002]. Entsprechend obiger Ausführun-

---

[1000] Vgl. zu dieser Abgrenzung bereits vor Inkrafttreten der Transparenzverordnung *Gornig/Trüe*, Die Rechtsprechung des EuGH und des EuG zum Europäischen Verwaltungsrecht-Teil 1, JZ 2000, 395 (404). Zur entsprechenden Regelung durch die Transparenzverordnung vgl. *Kröger*, Informationsfreiheit im Gemeinschaftsrecht, DuD 2003, 29 (34).
[1001] Vgl. oben Kapitel 2 III. 4. b. bb. (2).
[1002] Vgl. Rs. T-174/95, *Svenska Journalistförbundet./.Rat*, Slg. 1998, II-2289/2326, Rdn. 121.

gen[1003] ist allerdings auch hinsichtlich der zwingenden Ausnahmen des Artikel 4 Abs. 1 Transparenzverordnung im Sinne einer möglichst umfassenden Gewährleistung des Transparenzprinzips von der Gebotenheit einer Abwägung mit dem Zugangsinteresse auszugehen: Gestützt wird diese verbreitete Ansicht teilweise auf das Gebot restriktiver Auslegung von Ausnahmebestimmungen sowie auf der anderen Seite auf die Verwendung des Indikativs („beeinträchtigt würde“)[1004].

Zugunsten des mit dem Informationszugangsrecht kollidierenden öffentlichen Interesses an der Effizienz der Verwaltung, also der bestmöglichen Aufgabenerfüllung bei minimalem zeitlichen und finanziellen Aufwand[1005], enthält die Transparenzverordnung keine Vorgaben. Dies entspricht der Rechtsfindung des EuG bereits in der Zeit vor Inkrafttreten der Transparenzverordnung, nach welcher eine leistungsfähige Verwaltung jedenfalls zur Wahrung der Verteidigungsrechte auch erheblichen Aufwand überwinden müsse[1006].

Die Sicherstellung der Funktionsfähigkeit der betroffenen Behörden durch Gewährleistung eines Raumes ungestörter behördeninterner Entscheidungsfindung ist dagegen Gegenstand der relativen Ausnahmegründe in den Absätzen 2 und 3 von Artikel 4 Transparenzverordnung:

Um eine Vereitelung des Erfolgs von behördlichen Überwachungstätigkeiten zu verhindern, bestimmt Artikel 4 Abs. 2 letzter Spiegelstrich der Transparenzverordnung die Zugangsverweigerung bei Beeinträchtigung des Zwecks von Inspektions-, Untersuchungs- und Audittätigkeiten, sofern nicht ein überwiegendes öffentliches Interesse an der Verbreitung besteht. Wiederum entspricht dies der Rechtslage auch vor Inkrafttreten der Transparenzverordnung, nach welcher die Grenze des Zugangsrechts erst erreicht werde, wenn hierdurch der Ermittlungserfolg gefährdet werde[1007].

1003 Vgl. bereits oben Kapitel 4 IV. 2. b. aa.

1004 Vgl. *Bock*, Ein Sieg für die Transparenz?, DÖV 2002, 556 (559); *Kröger*, Informationsfreiheit im Gemeinschaftsrecht, DuD 2003, 29 (34); *Wägenbaur*, Der Zugang zu EU-Dokumenten, EuZW 2001, 680 (682); sowie aus der Rechtsprechung: Rs. T-124/96, *Interporc Im- und Export GmbH./.Kommission*, Slg. 1998, II-231 Rdn. 52; Rs. T-83/96, *Gerard van der Wal./.Kommission*, Slg. 1998, II-545 Rdn. 43; Rs. T-174/95, *Svenska Journalistförbundet./.Rat*, Slg. 1998, II-2289/2324 Rdn. 112.

1005 Vgl. oben Kapitel 2 III. 4. b. bb. (1).

1006 *Gornig/Trüe*, Die Rechtsprechung des EuGH und des EuG zum Europäischen Verwaltungsrecht-Teil 2, JZ 2000, 446 (448), m.V.a. Rs. T-30/91, *Solvay SA./.Kommission*, Slg. 1995, II-1775 Rdn. 102 und Rs. T-36/91, *ICI pcl../.Kommission*, Slg. 1995, II-1847 Rdn. 112.

1007 Vgl. erneut *Gornig/Trüe*, Die Rechtsprechung des EuGH und des EuG zum Europäischen Verwaltungsrecht-Teil 2, JZ 2000, 446 (448).

Die Sicherstellung der Unbefangenheit, Unabhängigkeit und Neutralität der befassten Behörden bei der Entscheidungsfindung ist hingegen Gegenstand der Regelung des Artikels 4 Abs. 3 Transparenzverordnung: Wiederum jeweils unter dem Vorbehalt einer entsprechenden Abwägung mit dem öffentlichen Interesse an der Verbreitung ist für den Fall einer ernstlichen Beeinträchtigung des Entscheidungsprozesses des Organs nach Unterabsatz 1 vor Beschlussfassung der Zugang zu allen zum internen Gebrauch bestimmten Dokumenten sowie nach Unterabsatz 2 nach Beschlussfassung der Zugang zu allen Dokumenten mit Stellungnahmen zum internen Gebrauch im Rahmen von Beratungen und Vorgesprächen innerhalb der betreffenden Organe zu verweigern. Trotz der aus dem Gebot einer restriktiven Auslegung der Ausnahmebestimmungen folgenden Tatsache, dass grundsätzlich ein möglichst weitgehender Informationszugang zu gewähren ist, haben die Organe nach diesen Bestimmungen die Möglichkeit, ihre internen Beratungen und Konsultationen insoweit zu schützen, als dies zur Wahrnehmung ihrer Aufgaben erforderlich ist[1008]. Zu den internen Dokumenten mit Stellungnahmen im Sinne des zweiten Unterabsatzes hat die Rechtsprechung beispielsweise die Stellungnahmen Juristischer Dienste einer Institution gerechnet[1009]. Daneben werden von der Literatur beispielsweise genannt Sonderprotokolle mit individuellen Stellungnahmen der Mitglieder sowie interne Briefings[1010]. Was im Sinne der Transparenzverordnung eine ernstliche Beeinträchtigung des Entscheidungsprozesses darstellt, wird von der Norm selbst nicht vorgegeben[1011], zumindest ergibt sich aus dem Erfordernis der Ernstlichkeit aber ein verschärfter Beeinträchtigungstest[1012]. Hinsichtlich der Maßgabe des Artikel 4 Abs. 3 Unterabs. 2 Transparenzverordnung, nach welcher der Zugang auch *nach* Beschlussfassung nur verweigert werden kann, wenn das Entscheidungsverfahren ernstlich beeinträchtigt würde, wird eingewendet, dass ebendies nach Beschlussfassung kaum jemals der Fall sein werde[1013]. Betroffen sein dürften hingegen Fälle, in denen zwar ein Zwischenbeschluss gefasst ist, zumindest aber der weitere Entscheidungsprozess ernstlich beeinträchtigt würde[1014] oder infolge der Gefährdung des Kollegialitätsprinzips, der freien Diskussion bzw. der effizienten Vorbereitung schwerwiegende negative Auswirkungen auch für spätere

---

[1008] Vgl. bereits vor Inkrafttreten der Transparenzverordnung *Gornig/Trüe*, Die Rechtsprechung des EuGH und des EuG zum Europäischen Verwaltungsrecht-Teil 2, JZ 2000, 446 (447), m.V.a. Rs. C-310/93 P, *BPB Industries plc und British Gypsum Ltd*, Slg. 1995, I-865 Rdn. 25.

[1009] Rs. T-610/97 R, *Carlsen u.a../.Rat*, Slg. 1998, II-485 Rdn. 45.

[1010] *Wölker*, in: *von der Groeben/Schwarze*, Kommentar zum EUV und EGV, Art. 255 Rdn. 28.

[1011] *Wägenbaur*, Der Zugang zu EU-Dokumenten, EuZW 2001, 680 (684).

[1012] *Wölker*, in: *von der Groeben/Schwarze*, Kommentar zum EUV und EGV, Art. 255 Rdn. 28.

[1013] *Partsch*, Die neue Transparenzverordnung (EG) Nr. 1049/2001, NJW 2001, 3154 (3157).

[1014] *Hetmeier*, in: *Lenz/Borchardt*, EU- und EG-Vertrag, Art. 255 Rdn. 14.

Fälle drohen[1015]. Des Weiteren ist im Rahmen der Abwägungsentscheidung zu berücksichtigen, dass der Zugangsanspruch nach Artikel 255 EGV i.V.m. Artikel 6 Abs. 1 Transparenzverordnung in seiner Natur als allgemeiner Informationszugangsanspruch gerade nicht von der Geltendmachung eines besonderen rechtlichen Interesses an der Information abhängig ist. Grundsätzlich fließt in die Abwägungsentscheidung daher einzig das in der Grundentscheidung der Gemeinschaft für die Gewährleistung einer maximalen Informationsfreiheit zum Ausdruck kommende Zugangsinteresse ein, wobei die entsprechenden Stellen nach der Rechtsprechung verpflichtet sind, ihnen zur Kenntnis stehende besondere Zugangsinteressen Einzelner bei der Ermessensausübung zu berücksichtigen[1016].

[1015] *Wölker*, in: *von der Groeben/Schwarze*, Kommentar zum EUV und EGV, Art. 255 Rdn. 28.

[1016] Rs. T-111/00, British American Tobacco International (Investments)./.Kommission, Slg. 2001, II-2997 Rdn. 42 ff.

KAPITEL 5 Vorgaben aus dem Völkergewohnheitsrecht

Auch wenn die Aussage, der völkerrechtliche Menschenrechtsschutz erfolge „durchweg in der Gestalt von Vertragsrecht“[1017], in ihrer Absolutheit zu weit gehen mag, ist doch zutreffend, dass der Schutz der großen Mehrheit der Menschenrechte auf völkerrechtlichen Verträgen beruht. Da zu vermuten ist, dass die nach den völkerrechtlichen Übereinkommen bestehenden Bestimmungen die Grenze des Rechtsbindungswillens der Staaten markieren, ist es unwahrscheinlich, dass über die bisher erörterten Vorgaben des Völkervertragsrechts hinaus weitere Anforderungen an die nationale Gewährung von Informationszugangsrechten aus dem Völkergewohnheitsrecht folgen. Dieses Kapitel steht seinem Umfang nach daher in bewusstem Kontrast zu den ausführlichen Erläuterungen des universellen und regionalen Völkervertragsrechts. Eine auch nur annähernd vergleichbar detaillierte Überprüfung der Vorgaben des Völkergewohnheitsrechts würde nicht nur den Rahmen dieser Ausarbeitung überfordern, sie stünde vielmehr auch in keinem Verhältnis zu den zu erwartenden Ergebnissen. Dennoch soll diese Ausarbeitung einen in sich abgeschlossenen Überblick der nach dem Völkerrecht bestehenden Vorgaben für die nationale Gewährung des Grundsatzes des öffentlichen Zugangs zu amtlichen Dokumenten leisten und nicht offen bleiben, ob weitere völkergewohnheitsrechtliche Anforderungen existieren. Die Quelle des Völkergewohnheitsrechts soll an dieser Stelle daher - eher in Form einer negativen Absicherung der bisherigen Ergebnisse - kurz auf Pflichten zur und Grenzen bei der nationalen Gewährleistung von Informationszugangsgesetzen überprüft werden.

I. Verpflichtung zur nationalen Gewährleistung von Informationszugangsrechten nach dem Völkergewohnheitsrecht

Entsprechend der Ausführungen im Grundlagenkapitel dieser Ausarbeitung entsteht Völkergewohnheitsrecht durch die von einer Rechtsüberzeugung getragene allgemeine Staatenpraxis, zu deren Feststellung primär auf das staatliche Verhalten und in zweiter Linie auch auf internationale Verträge und die entsprechende Rechtsprechung abzustellen ist[1018].

Die für die Verifizierung von Völkergewohnheitsrecht erforderliche allgemeine Übung verlangt nicht eine Konformität aller Staaten, wohl aber ein regelmäßiges und einheitliches Verhalten einer repräsentativen, alle geographischen Regionen und sozio-politischen Systeme umfassenden Zahl von Völkerrechtssubjekten in Bezug auf das festzustellende Recht[1019].

[1017] So formuliert von *Ipsen*, in: *Ipsen*, Völkerrecht, § 1 Rdn. 10.
[1018] Vgl. bereits oben Kapitel 2 III. 2. b.
[1019] *Heintschel v. Heinegg*, in: *Ipsen*, Völkerrecht, § 16 Rdn. 7 ff.; *Kadelbach*, Zwingendes

Hinsichtlich der hier interessierenden eventuellen völkergewohnheitsrechtlichen Vorgaben zu Informationszugangsrechten ist zunächst zu berücksichtigen, dass die Literatur schon die Existenz eines gewohnheitsrechtlichen Menschenrechts der Informationsfreiheit im klassischen Sinne ablehnt. Angesichts der Verankerung des Rechts auf Informationsfreiheit in den besprochenen universellen und regionalen Menschenrechtsabkommen[1020] wird dessen gewohnheitsrechtliche Anerkennung zwar teilweise erwogen[1021]. Aufgrund der in völlig unterschiedlichem Umfang genutzten Möglichkeit seiner staatlichen Einschränkung kann von einem Nachweis einer allgemeinen Übung im Hinblick auf die Existenz des Rechts auf Informationsfreiheit nach dem Völkergewohnheitsrecht aber derzeit nicht gesprochen werden[1022].

Noch viel weniger erscheint angesichts dieser Tatsache die Feststellung eines völkergewohnheitsrechtlichen Informationszugangsrechts wahrscheinlich. Die in der Literatur zur Verfügung stehenden Darstellungen zur Verbreitung des Grundsatzes des öffentlichen Zugangs zu amtlichen Dokumenten bestätigen diesen Rückschluss. Die Richtigkeit dieser Auflistungen unterstellt, ist zwar bereits im Rechtsraum des Europarats für 40 unterzeichnete Staaten der EMRK die Existenz nationaler Informationszugangsrechte positiv festgestellt, in der Mehrzahl der Fälle allerdings nicht mit Verfassungsrang, sondern vielmehr in der Form einfachen Gesetzesrechts[1023]. *Keim* konstatiert auf seiner Homepage für weltweit mehr als 60 Staaten Informationszugangsgesetze, weist jedoch auch unmittelbar auf die sehr unterschiedliche Stellung derselben in der nationalen Normenhierarchie sowie deren sehr differierende inhaltliche Reichweiten hin. Angesichts dieses Befunds kann von einer weltweiten allgemeinen staatlichen Übung, welche das Recht auf Informationszugang grundrechtlichem Schutz un-

---

Völkerrecht, S. 193; *Fastenrath*, Lücken im Völkerrecht, S. 99; *Verdross/Simma*, Universelles Völkerrecht, § 557.

1020 Zu den regionalen Abkommen gehören neben den erläuterten europäischen Übereinkünften noch die Amerikanische Menschenrechtskonvention und die Afrikanische Charta der Menschen- und Bürgerrechte, welche in Artikel 13 bzw. in Artikel 9 das Recht auf Informationsfreiheit verankern, englischer Text jeweils abgedruckt bei: *Melander/Alfredsson*, The Raoul Wallenberg Compilation of Human Rights Instruments, No. 25, No. 28.

1021 *Gornig*, Der grenzüberschreitende Informationsfluß durch Rundfunkwellen / Zur Frage der Völkerrechtswidrigkeit von Jamming, EuGRZ 1988, 1 (5), m.V.a. *Heymer*, Die Zulässigkeit der Stationierung und des Betriebs von Rundfunksatelliten aus völkerrechtlicher Sicht, S. 100.

1022 *Gornig*, Äußerungsfreiheit und Informationsfreiheit als Menschenrechte, S. 418 ff.

1023 Vgl. bereits oben Kapitel 4 I. 3. a. cc. (2) und Kapitel 4 IV. 1. b. sowie die Übersichten bei *Breunig*, Kommunikationsfreiheiten, S. 72 ff.; *MPI*, Gutachten über ausländisches Datenzugangsrecht; *Trantas*, Akteneinsicht und Geheimnhaltung im Verwaltungsrecht, S. 553 ff.; sowie insb. die Auflistungen im Internet auf den Seiten www.geocities.com/ walter_keim/ informationsfreiheitsgesetz.htm; http://user-uni-frankfurt.de/ ~sobotta/ FOI_MS.htm; beide zuletzt abgerufen am 25.9.2007.

terstellt, daher nicht die Rede sein. Angesichts der selbst unter den Ländern des Europarats und der EU vorherrschenden Heterogenität bei der Einstufung in die Normenhierarchie erscheint die Hypothese bei *Partsch*, dass zwar „wohl noch nicht von einem regionalen ius cogens auszugehen" sei, „jedoch (...) die Voraussetzungen eines regionalen Völkergewohnheitsrechts vorliegen" könnten[1024], zumindest kühn.

Des Weiteren müsste sich auf der subjektiven Ebene nach außen manifestiert haben, dass die Staaten bei der allgemeinen Übung in der Überzeugung handeln, völkerrechtliche Pflichten zu achten oder zu schaffen. Grundsätzlich ist zu vermuten, dass sich die Grenze des staatlichen Rechtsbindungswillens auf der Ebene der Menschenrechte in der Reichweite der in diesem Zusammenhang unterzeichneten völkerrechtlichen Übereinkünfte ausdrückt. In diesen Vertragswerken haben sich die Staaten entsprechend der obigen Ausführungen jedoch gerade keiner ausdrücklichen Pflicht zur nationalen Gewährung des Rechts auf Informationszugang unterworfen. Ferner haben auch die mit der Durchsetzung dieser Verträge befassten Rechtsfindungsorgane den entsprechenden Normen wie erläutert bisher nicht rechtsfortbildend eine Pflicht zur nationalen Gewährleistung des Grundsatzes des öffentlichen Zugangs zu amtlichen Dokumenten entnommen, was anderenfalls als Ausdruck einer sich entsprechend entwickelnden *opinio iuris* gedeutet werden könnte[1025].

Es ist daher davon auszugehen, dass Staaten, welche in ihren nationalen Rechtsordnungen Informationszugangsrechte gewähren, dies nicht in der Überzeugung einer entsprechenden völkerrechtlichen Pflicht tun, sondern vielmehr als völlig in den Bereich innerstaatlicher Souveränität fallenden Akt.

Dies entspricht der geltenden Auffassung, nach welcher lediglich der Kernbereich der Menschenrechte nicht mehr ausschließlich eine innerstaatliche Angelegenheit darstellt, sondern als Mindeststandard einen völkergewohnheitsrechtlichen Bestand an Menschenrechten sichert[1026]. Zu diesem Grundbestand zählen das Recht auf Leben und Freiheit der Person, das Verbot unmenschlicher Behandlung, das Folterverbot, das Recht auf ein ordentliches Verfahren sowie das Diskriminierungsverbot aus Gründen der Religion, Rasse und des Geschlechts[1027], nicht aber der Grundsatz des öffentlichen Zugangs zu amtlichen Dokumenten.

[1024] *Partsch*, Die neue Transparenzverordnung (EG) Nr. 1049/2001, NJW 2001, 3154 (3158).

[1025] *Malanczuk*, Modern Introduction to International Law, pp. 39-40.

[1026] Vgl. stellvertretend *Ipsen*, in: *Ipsen*, Völkerrecht, § 50 Rdn. 1, 10 f.; *Doehring*, Völkerrecht, S. 429 Rdn. 974.

[1027] *Doehring*, Völkerrecht, S. 429 Rdn. 974; *Ipsen*, in: *Ipsen*, Völkerrecht, § 50 Rdn. 6.

II. Grenzen für die nationale Gewährleistung von Informationszugangsrechten nach dem Völkergewohnheitsrecht

Ebenso wenig sind dem Völkergewohnheitsrecht Grenzen für die nationale Gewährung von Informationszugangsrechten zu entnehmen.

Entsprechend der obigen Darstellung umfasst der völkergewohnheitsrechtliche Mindestbestand an geschützten Menschenrechten nicht einmal das allgemeinere Recht auf ein Privatleben[1028], so dass noch viel weniger von einer gewohnheitstrechtlichen Pflicht zum Schutz personenbezogener Daten auszugehen ist. Der bei *Tinnefeld/Ehmann/Gerling* dargestellte tabellarische Überblick über die weltweite gesetzliche Verbreitung von Datenschutz bestätigt, dass von einer einheitlichen Übung einer repräsentativen Zahl von Staaten bisher nicht gesprochen werden kann[1029]. Vielmehr beschränkt sich der gesetzlich verankerte Schutz personenbezogener Daten im Wesentlichen auf die Staaten der westlichen Hemisphäre. *Garstka* gibt in diesem Zusammenhang ferner zu Bedenken, dass derzeit weltweit eine starke Tendenz hin zu Selbstregulierungsmechanismen im Bereich des Datenschutzes festzustellen ist[1030].

Im Hinblick auf Vorgaben des Völkergewohnheitsrechts zugunsten von Betriebs- und Geschäftsgeheimnissen ist zunächst bereits fraglich, ob der Schutz des Eigentumsrechts dem oben dargestellten Grundbestand an gewohnheitsrechtlich geschützten Menschenrechten unterfällt, in den entsprechenden Auflistungen findet sich das Eigentumsrecht jedenfalls nicht[1031]. Dennoch kommt eine gewohnheitsrechtliche Geltung des Rechts auf Eigentum angesichts der Tatsache, dass alle regionalen Menschenrechtsinstrumente selbiges umfassen und die unterzeichneten Staaten in der Mehrzahl diesbezüglich keinen Vorbehalt geltend gemacht haben[1032], zumindest in Betracht. Der verbindliche Schutzbereich eines solchen Rechts dürfte sich hingegen auf ein Verbot enteignender Eingriffe ohne Kompensation beschränken, sofern nicht ein stark überwiegendes anderweitiges öffentliches Interesse festzustellen ist[1033]. Da entsprechend der obigen Ausführungen keine der völkerrechtlichen Übereinkünfte den Schutz von Betriebs- und Geschäftsgeheimnissen dem Anwendungsbereich der jeweils gewährten Eigentumsbestimmungen untergliedert, kann ein dahingehender Rechtsbindungswille der Staaten nicht nachgewiesen werden.

[1028] *Doehring*, Völkerrecht, S. 429 Rdn. 974; *Ipsen*, in: *Ipsen*, Völkerrecht, § 50 Rdn. 6.

[1029] *Tinnefeld/Ehmann/Gerling*, Einführung in das Datenschutzrecht, S. 95.

[1030] *Garstka*, Empfiehlt es sich, Notwendigkeit und Grenzen des Schutzes personenbezogener - auch grenzüberschreitender - Informationen neu zu bestimmen?, DVBl. 1998, 981 (992).

[1031] *Ipsen*, in: *Ipsen*, Völkerrecht, § 50 Rdn. 6; *Doehring*, Völkerrecht, S. 429 Rdn. 974.

[1032] *Krause*, Rätten till egendom som en mänsklig rättighet, p. 48.

[1033] *Rosas*, Property Rights, in: *Rosas*, The Strength of Diversity - Human Rights and pluralistic democracy, p. 144.

Die kollidierenden öffentlichen Belange der Funktionsfähigkeit und Effizienz der Verwaltung sowie der nationalen Sicherheit gehören zur internen Organisation eines Staates, die nach Artikel 2 Abs. 7 UN-Charta vor Einmischung der Vereinten Nationen geschützt ist. Dem entsprechend sind dem Völkergewohnheitsrecht keine bei der nationalen Gewährleistung des Rechts auf Informationszugang zu beachtenden Vorgaben zugunsten eines Schutzes dieser öffentlichen Interessen zu entnehmen.

KAPITEL 6 Vorgaben aus den allgemeinen Rechtsgrundsätzen des Völkerrechts

Ebenfalls im Sinne einer vollständigen Untersuchung der nach dem Völkerrecht bestehenden Vorgaben für die nationale Gewährung des Grundsatzes des öffentlichen Zugangs zu amtlichen Dokumenten durch diese Ausarbeitung sind als dritte Rechtsquelle die allgemeinen Rechtsgrundsätze des Völkerrechts i.S.v. Artikel 38 Abs. 1 lit. c IGH-Statut zu überprüfen. Wiederum sei vorangestellt, dass sich aus der Natur der Sache ergibt, dass auch dieses Kapitel in deutlichem Kontrast zum Umfang der Ausführungen zu den Vorgaben des universellen und regionalen Völkervertragsrechts steht.

Entsprechend der Ausführungen im Grundlagenkapitel dieser Ausarbeitung handelt es sich bei den allgemeinen Rechtsgrundsätzen des Völkerrechts um allgemeine Prinzipien, die der Mehrheit der nationalen Rechtsordnungen verschiedener Rechtskreise als Leitprinzipien zu eigen sind und deren universelle Kohärenz auf die Existenz eines auf das Völkerrecht übertragbaren Rechtsprinzips schließen lässt[1034].

Als allgemeine Rechtsgrundsätze des Völkerrechts sind auf diese Weise u.a. das Prinzip der völkerrechtlichen Haftung, der Entschädigung, der ungerechtfertigten Bereicherung und der Indemnität zu nennen[1035]. Bereits diese Auflistung macht deutlich, dass es um elementare übergeordnete Rechtsinstitute geht, die wegen des Bestehens vergleichbarer Bedürfnisse auch auf der Ebene des internationalen Rechts Anwendung finden. Es werden also nicht konkrete übereinstimmende nationale Rechtsnormen als solche, sondern nur die ihnen zugrunde liegenden Rechtsgrundsätze erfasst[1036].

Wiederum ist im Rahmen der Prüfung, ob die allgemeinen Rechtsgrundsätze des Völkerrechts Vorgaben hinsichtlich der nationalen Gewährung von Informationszugangsrechten beinhalten, Behutsamkeit geboten angesichts der Tatsache, dass sich die Grenze der Bereitschaft der Staaten zur Einschränkung ihrer Hoheitsgewalt zugunsten der Schaffung individueller oder kollektiver subjektiver Rechte primär in der Reichweite der Gewährung dieser Rechte in völkerrechtlichen Verträgen manifestiert[1037]. Eine progressive Herleitung subjektiver Rechtspositionen aus den allgemeinen Rechtsgrundsätzen des Völkerrechts würde der

---

[1034] *Kimminich/Hobe*, Einführung in das Völkerrecht, S. 185; *Heintschel v. Heinegg*, in: *Ipsen*, Völkerrecht, § 17 Rdn. 3; *Berber*, Lehrbuch des Völkerrechts, S. 70 f.; *Doehring*, Völkerrecht, S. 179 Rdn. 409; *Shaw*, International Law, pp. 92-99.

[1035] *Mosler*, in: *Bernhardt*, Encyclopedia of Public International Law, Volume II, p. 518.

[1036] *Verdross/Simma*, Universelles Völkerrecht, § 602; *Berber*, Lehrbuch des Völkerrechts, S. 70.

[1037] *Herdegen*, Völkerrecht, § 17 Rdn. 5.

Tatsache zuwiderlaufen, dass die Schaffung subjektiver Rechte im Rahmen des Völkerrechts eine Ausnahme von der Regel der vollen staatlichen Souveränität darstellt und damit grundsätzlich des Nachweises eines entsprechenden Staatswillens bedarf.

Bezogen auf den Untersuchungsgegenstand ist entsprechend dieser Erwägungen selbst für den hypothetischen Fall einer Existenz der bei der Gewährleistung des Grundsatzes des öffentlichen Zugangs zu amtlichen Dokumenten betroffenen Rechtsgüter in den nationalen Rechtsordnungen einer repräsentativen Anzahl von Staaten nicht davon auszugehen, dass sie als allgemeine Rechtsgrundsätze zu einer Quelle des Völkerrechts werden: Sowohl Informationszugangsrechten als auch den mit ihnen kollidierenden Interessen fehlt selbst bei nationaler Kodifizierung eine für die Ableitung allgemeiner Rechtsgrundsätze des Völkerrechts erforderliche grundlegende Bedeutung für die nationalen Rechtsordnungen oder gar eine Eigenschaft als Leitsätze.

Allenfalls wäre zu erwägen, dass der Grundsatz der Öffentlichkeit der Verwaltung ein allgemeiner Rechtsgrundsatz sein könnte, mit der Folge, dass er auch im Hinblick auf die administrative Arbeit im Bereich des Völkerrechts Anwendung finden würde. Grundsätzlich wird aufgrund der Tendenz des Völkerrechts, sich von einem reinen Koordinationssytem zu einer Rechtsordnung mit subordinationsrechtlichen Elementen zu entwickeln, vertreten, dass zunehmend auch verbreitete staats- und verwaltungsrechtliche nationale Grundsätze zur Verifizierung allgemeiner Rechtsgrundsätze heranzuziehen seien[1038]. Selbst diese Einstufung ginge indessen angesichts der Vielfalt der den nationalen Rechtsordnungen zugrunde liegenden Wertentscheidungen hinsichtlich einer transparenten Verwaltung zu weit - man denke nur an die Tatsache, dass bis zur Einführung des Informationsfreiheitsgesetzes im Jahre 2006 selbst in der Bundesrepublik noch weitgehend von der Nichtöffentlichkeit des Verwaltungsverfahrens ausgegangen wurde. Trotz der zunehmenden Tendenz eines erhöhten Maßes an Öffentlichkeit der Verwaltung führt dies daher zu im Einzelnen sehr unterschiedlichen konkreten Rechten, wovon die Gewährung von Informationszugangsrechten nur *einen* Aspekt darstellt. Von einem in einer repräsentativen Menge an Staaten mehrheitlich zu findenden nationalen Standard der Verwaltungsöffentlichkeit in zumindest vergleichbarem Mindestumfang kann daher nicht die Rede sein.

Konkrete Vorgaben des internationalen Rechts für die nationale Gewährung von Informationszugangsrechten sind der Quelle der allgemeinen Rechtsgrundsätze daher nicht zu entnehmen.

[1038] *Herdegen*, Völkerrecht, § 17 Rdn. 5.

KAPITEL 7 Zusammenfassung

Zur übersichtlichen Erfassung der in den vorangehenden Kapiteln ausführlich erarbeiteten materiell-rechtlichen Vorgaben des internationalen Rechts für Informationszugangsrechte in den nationalen Rechtsordnungen Europas sollen die wesentlichen Ergebnisse dieser Ausarbeitung im Folgenden kurz dargestellt werden.

Die im Rahmen der Untersuchung sinnvolle geschlossene Abhandlung sowohl der aus der jeweiligen Rechtsquelle folgenden diesbezüglichen völkerrechtlichen Pflichten als auch der Grenzen im unmittelbaren Zusammenhang eines Prüfungsabschnitts soll aus Gründen der Praxisnähe an dieser Stelle geändert werden. Es wird zunächst ein Überblick über die nach dem universellen und regionalen europäischen Völkervertragsrecht bestehenden Pflichten hinsichtlich einer nationalen Gewährleistung von Informationszugangsrechten gewährt. Dem schließt sich eine zusammenfassende Darstellung der aus dem universellen und regionalen europäischen Völkervertragsrecht folgenden Grenzen bei der Ausgestaltung nationaler Informationszugangsgesetze an. Angesichts der im Verhältnis zum Völkervertragsrecht herausgearbeiteten, eindeutig fehlenden weiter reichenden Vorgaben durch das Völkergewohnheitsrecht und die allgemeinen Rechtsgrundsätze des Völkerrechts bleiben diese Rechtsquellen zum Zwecke einer besseren Übersichtlichkeit an dieser Stelle außen vor.

Kluge juristische Köpfe sowie die Mitglieder der Europäischen Union - seien sie hinsichtlich der Gewährleistung des Grundsatzes des öffentlichen Zugangs zu amtlichen Dokumenten in ihren Rechtsordnungen forsch oder zaudernd - mögen die tatsächliche nationale Ausgestaltung der Informationszugangsgesetze anhand dieser völkerrechtlichen Vorgaben überprüfen und sich in der weiteren nationalen und internationalen Diskussion unaufgeregt davon leiten lassen.

I. Verpflichtung zur nationalen Gewährleistung von Informationszugangsrechten aus dem internationalen Völkervertragsrecht

Im Rahmen der Überprüfung des internationalen Rechts auf das Bestehen von Pflichten hinsichtlich der nationalen Gewährleistung von Informationszugangsrechten wurden die Völkerrechtsquellen auf die konkrete Reichweite der von ihnen gewährten Kommunikationsfreiheiten, des Demokratieprinzips und anderer Partizipationsrechte sowie des Rechts auf Selbstbestimmung untersucht.

1. Universelles Völkervertragsrecht

Entsprechend der eingehenden Prüfung dieser Ausarbeitung beinhaltet das universelle Völkervertragsrecht keine Pflicht zur Gewährleistung des Grundsatzes des öffentlichen Zugangs zu amtlichen Dokumenten in den nationalen Rechtsordnungen:

Der verpflichtende Umfang des von der UN-Charta vorgegebenen Menschenrechtsschutzes bezieht sich lediglich auf die elementarsten Menschenrechte. Da die Kommunikationsfreiheiten nicht zu diesem Minimalstandard an Menschenrechten gehören und auch die in der Charta zu findenden Bezugnahmen auf das Prinzip der Selbstbestimmung nicht zu ihrem verbindlich zu schützenden Bereich zählen, ergibt sich aus der Charta der Vereinten Nationen keine Pflicht zur nationalen Gewährleistung des Grundsatzes des öffentlichen Zugangs zu amtlichen Dokumenten.

Das Gleiche gilt in Bezug auf die Allgemeine Erklärung der Menschenrechte. In diesem Zusammenhang wurde zunächst herausgearbeitet, dass die Allgemeine Erklärung der Menschenrechte schon angesichts der Ausgestaltung der zur Verfügung stehenden Durchsetzungsmechanismen von lediglich begrenzter Bedeutung für die Frage nach Vorgaben des internationalen Rechts für die nationale Gewährleistung von Informationszugangsrechten ist. Die Durchsetzungsverfahren müssen sich quantitativ auf die Rüge einer Vielzahl oder systematischen Verletzung von Menschenrechten und qualitativ auf Situationen beziehen, die ein Regelbeispiel schwerer und zuverlässig bezeugter Menschenrechtsverletzungen erkennen lassen, was in der Praxis für staatliche Maßnahmen bejaht wurde, die sich in einer Vielzahl von Fällen gegen die Freiheit, die körperliche Unversehrtheit oder das Leben von Staatsbürgern richteten. In diese Reihe fundamentalster Menschenrechte können die von Informationszugangsrechten begünstigten Rechte der Kommunikationsfreiheiten bzw. demokratischer Partizipation weder eingegliedert werden noch stehen sie ihnen an Eingriffsqualität vergleichbar gegenüber. Neben dieser Tatsache einer mangelnden tatsächlichen Durchschlagkraft gegebenenfalls aus der Allgemeinen Erklärung der Menschenrechte folgender Vorgaben ist außerdem zu berücksichtigen, dass die Menschenrechtspakte den Willen der unterzeichneten Staaten zur eigenen Bindung im Bereich der Menschenrechte indizieren, so dass eine eigene rechtliche Relevanz der jeweiligen Bestimmung der Allgemeinen Erklärung der Menschenrechte überhaupt nur für den Fall besteht, dass dasselbe Rechtsgut von den Menschenrechtspakten nicht gewährleistet wird. Dies ist für das nahezu wortgleich in Artikel 19 AEMR bzw. Artikel 19 Abs. 2 IPbpR als Teil der Kommunikationsfreiheiten gewährleistete Recht auf Informationsfreiheit gerade nicht der Fall. In gleicher Weise regeln sowohl Artikel 21 Abs. 3 AEMR als auch Artikel 25 IPbpR partizipatorische Rechte, so dass auch in diesem Zusammenhang der Rechtsbindungswille der Staaten durch die Reichweite des Schutzbereichs der entsprechenden Regelung im Rahmen der Menschenrechtspakte definiert wird.

Ebensowenig vermag die genaue Analyse des Schutzumfangs der entsprechenden Bestimmungen der Menschenrechtspakte eine völkerrechtliche Pflicht zur nationalen Gewährleistung von Informationszugangsrechten zu verifizieren. Das im Rahmen der passiven Wirkungsrichtung des selbständigen Rechts auf Informationsfreiheit nach Artikel 19 Abs. 2 IPbpR gewährte Recht der Informationsbeschaffung beinhaltet sowohl terminologisch als auch nach dem erklärten Willen der an dem Entwurf der Bestimmung beteiligten Staaten das Recht der Informationserlangung aufgrund gezielter eigener Tätigkeit und damit aktiver Nachforschung. Des Weiteren zwingt nach der in dieser Ausarbeitung vertretenen Auffassung der Wortlaut der Norm auch nicht zu einer Beschränkung des Schutzbereichs auf allgemein zugängliche Informationen. Vielmehr legt die Eröffnung des Anwendungsbereichs auf den Erhalt von Informationen durch aktive Nachforschung nahe, dass dies gleichermaßen für private wie staatliche Informationsquellen gilt und Missbrauch im Sinne einer Ausforschung in beiden Fällen erst auf der Ebene der Einschränkungsvorbehalte nach Absatz 3 zu begegnen ist. Im Ergebnis ausschlaggebend ist jedoch, dass trotz einer grundsätzlich durch den Menschenrechtsausschuss bestätigten Ableitbarkeit positiver Pflichten von den Abwehrrechten des Internationalen Pakts über bürgerliche und politische Rechte die Ausweitung des Schutzbereichs der Informationsbeschaffungsfreiheit nach Artikel 19 Abs. 2 IPbpR auf Informationszugangsrechte an der konkreten Rechtsnatur der Norm scheitert. Zwar wäre der Schutz der kollidierenden Rechtsgüter über den umfassenden Einschränkungsvorbehalt nach Absatz 3 sichergestellt und der Eingriff in den durch die Zweiteilung der Menschenrechtspakte zum Ausdruck gebrachten Willen, finanzerhebliche Gewährleistungen im Ermessen der Staaten zu belassen, aufgrund der überschaubaren Kostenintensität des Zugangsanspruchs begrenzt. Jedoch fehlt der Informationsbeschaffungsfreiheit nach Artikel 19 Abs. 2 IPbpR das für eine Ableitbarkeit positiver Leistungsansprüche erforderliche soziale Freiheitskonzept: Aufgrund der Indienstnahme der Kommunikationsgrundrechte für den kommunistischen Umbau der Gesellschaft kommt zum einen speziell in diesem Bereich nicht einmal die sozialistische Lesart zu einer Herleitung positiver Leistungspflichten, zum anderen fehlt der durch den Internationalen Pakt über bürgerliche und politische Rechte gewährleisteten Informationsfreiheit eine demokratische Zielsetzung derart, dass selbige in ihrem Bestand dringlich gerade auf den Zugang zu Verwaltungsinformationen angewiesen wäre. Insbesondere die Bezugnahme der Norm auf den grenzüberschreitenden Informationsfluss macht vielmehr deutlich, dass das erklärte Ziel der Informationsfreiheit in der Ermöglichung eigener Meinungsbildung frei von staatlicher Beeinflussung liegt, um so internationalen Konflikten durch die Verhinderung staatlicher Lenkung vorzubeugen. Bei sorgfältiger Lesart der Sache *Gauthier* hat dem entsprechend auch die Rechtsfindung des Menschenrechtsausschusses bisher keinen positiven Anspruch auf Zugang zu Informationen vom Schutzbereich der Kommunikationsgrundrechte nach

Artikel 19 Abs. 2 IPbpR abgeleitet. Da das Recht auf Teilnahme an der Gestaltung öffentlicher Angelegenheiten nach Artikel 25 lit. a IPbpR zwingend lediglich das Recht auf indirekte Partizipation durch die Pflicht zur Durchführung regelmäßiger Wahlen garantiert, die konkrete Ausgestaltung der Modalitäten direkter und indirekter Partizipation im Übrigen aber in der Kompetenz der Vertragsstaaten belässt, und da auch dem demokratischen Element des inneren Aspektes des Rechts auf Selbstbestimmung nach Artikel 1 der beiden Menschenrechtspakte keine über den Schutzbereich der vom Internationalen Pakt über bürgerliche und politische Rechte gewährten politischen Partizipationsrechte hinausgehenden subjektiven Rechte entnommen werden dürfen, besteht nach Maßgabe der Menschenrechtspakte daher keine Pflicht zur nationalen Gewährleistung von Informationszugangsrechten.

Da auch anderen universellen völkerrechtlichen Übereinkommen keine weiter reichenden Vorgaben zu entnehmen sind, ist zu konstatieren, dass das universelle Völkervertragsrecht keine Pflicht zur Gewährleistung des Grundsatzes des öffentlichen Zugangs zu amtlichen Dokumenten in den nationalen Rechtsordnungen beinhaltet.

Als Anknüpfungspunkt für künftige Entwicklungen sei an dieser Stelle auf die gemeinsame Erklärung zum Zugang zu Informationen und zur Geheimhaltungsgesetzgebung des Spezialberichterstatters für Medienfreiheit der UN und des Vertreters für Medienfreiheit der OSZE sowie des Spezialberichterstatters für Meinungsfreiheit der OAS vom 6. Dezember 2004 hingewiesen, in der die Staaten zur Verabschiedung von Informationsfreiheitsgesetzen mit dem Ziel der Gewährleistung einer weitestmöglichen Offenlegung staatlicher Informationen bei klar umgrenzten Ausnahmeregelungen aufgefordert werden – das jüngste, wenn auch nicht bindende Dokument auf der Ebene des universellen Völkerrechts im Rahmen der Diskussion des Grundsatzes des öffentlichen Zugangs zu amtlichen Dokumenten.

2. Regionales Völkervertragsrecht mit Bindungswirkung für die Mitgliedsländer der Europäischen Union

Einen im Verhältnis zur Ebene des universellen Völkerrechts weitaus größeren Platz nimmt die Diskussion des Grundsatzes des öffentlichen Zugangs zu amtlichen Dokumenten in der Rechtsfindung und Literatur zum regionalen Völkervertragsrecht mit Bindungswirkung für die Mitgliedsländer der Europäischen Union ein.

Obwohl die eingehende Prüfung dieser Ausarbeitung zu dem Ergebnis kommt, dass auch das regionale europäische Völkervertragsrecht derzeit keine Pflicht zur Gewährleistung des Grundsatzes des öffentlichen Zugangs zu amtlichen

Dokumenten in den nationalen Rechtsordnungen beinhaltet, ist darauf hinzuweisen, dass zum einen im Rahmen der Menschenrechtstätigkeit des Europarats ein deutlicher diesbezüglicher Trend festzustellen ist und zum anderen das Eigenverwaltungsrecht der Europäischen Gemeinschaften bereits jetzt auch partiell die Handhabung der Informationszugangsgewährung durch ihre Mitgliedsländer berührt.

Nach der in dieser Ausarbeitung vertretenen Auffassung umfasst das im Rahmen der Kommunikationsgrundrechte nach Artikel 10 Abs. 1 S. 2 EMRK gewährleistete Recht auf Informationsfreiheit in seiner passiven Komponente trotz einer Beschränkung des Wortlauts auf das Recht des freien Informationsempfangs auch das Recht der Informationsbeschaffung aufgrund gezielter eigener Aktion unter Verwendung aller technischen Mittel und jeder Form persönlichen Einsatzes und Bemühens. Des Weiteren kommt diese Ausarbeitung vor dem Hintergrund der Rechtsfindung der Konventionsorgane zu dem Ergebnis, dass die in der Literatur verbreitete aber terminologisch nicht notwendige Begrenzung der Informationsfreiheit nach Artikel 10 Abs. 1 S. 2 EMRK auf allgemein zugängliche Quellen abzulehnen ist. In bisher fünf Fällen, nämlich der Sache *X. v. The Federal Republic of Germany*, der Sache *X. v. The United Kingdom*, dem Fall *Leander*, dem Fall *Gaskin* und der Sache *Matky* hatten sich die Konventionsorgane mit Zugang zu Informationen in staatlichem Besitz und damit nicht allgemein zugänglicher Art zu befassen und in keinem dieser Fälle wurden die Beschwerden bereits aufgrund dieser Tatsache abgewiesen. Vielmehr betont die EKMR im ersten dieser Fälle ausdrücklich, dass allgemein zugängliche Informationen lediglich die *primär* vom Schutzbereich der Informationsfreiheit erfasste Quelle darstellen. Wiederum steht der Ausweitung des Schutzbereichs der Informationsempfangsfreiheit nach Artikel 10 Abs. 1 S. 2 EMRK auf Informationszugangsrechte trotz der grundsätzlichen Anerkennung positiver Leistungsrechte auch im Rahmen von klassischen Abwehrrechten durch die Konventionsorgane jedoch die Rechtsnatur der Norm entgegen. Zwar ist wie im Rahmen der Menschenrechtspakte der Schutz der kollidierenden Rechtsgüter durch die Einschränkungsvorbehalte nach Artikel 10 Abs. 2 EMRK gewährleistet und auch der Eingriff in die Entscheidung der Vertragsstaaten, finanzerhebliche Gewährleistungen in ihrer konkreten Durchführung in das nationale Ermessen zu stellen, aufgrund der überschaubaren Kostenintensität des Zugangsanspruchs begrenzt. Schwierigkeiten bereitet im Rahmen der Informationsfreiheit hingegen erneut schon die Feststellung eines für die Herleitung positiver Leistungsrechte notwendigen sozialen Freiheitskonzepts, da durch das Recht auf Informationszugang gerade keine Leistung in Form einer materiellen Stärkung, sondern vielmehr ein Wissenszuwachs ermöglicht wird, so dass es sich um ein liberales, zur freien individuellen Persönlichkeitsentfaltung gewährtes Recht handelt. Des Weiteren wird der Informationsempfangsfreiheit des Artikel 10 Abs. 1 S. 2 EMRK in Literatur und Rechtsfindung der Konventionsorgane bisher keine demokratische Zielsetzung zu einem Grad entnommen, der darauf schließen ließe, dass der Zugang zu verwaltungsbehördlichen Informationen seiner Art nach für den faktischen Bestand der Freiheit dringend notwendig wäre. Während die erste Bestätigung des Zusammenhangs zwischen dem Recht auf freien Informationsempfang und der demokratischen Verfasstheit einer Gesellschaft durch den Gerichtshof im Fall *Sunday Times* durch die Anerkennung eines im Rahmen des Einschränkungsvorbehalts zu berücksichtigenden eigenständigen Rechts der Allgemeinheit, informiert zu werden, noch im Rahmen der Kehrseite eines Eingriffs in das Recht auf freie Informationsmitteilung eines Dritten erfolgte, befassten sich die oben genannten fünf Fälle mit Eingriffen in die Freiheit, in staatlichem Besitz befindliche Informationen zu empfangen. Dem Wortlaut aller dieser Entscheidungen lässt sich jeweils entweder explizit oder zumindest implizit entnehmen, dass die Konventionsorgane allgemein zugängliche Informationsquellen zwar als Hauptgegenstand der Informationsempfangsfreiheit bewerten, daneben aber grundsätzlich auch eine Eröffnung des Schutzbereichs auf den Zugang zu behördlichen Informationen für möglich halten. In den Fällen *X. v. The Federal Republic of Germany* und in der Sache *Matky* beziehen sich diese Erwägungen jedoch ausdrücklich auf Informationen mit besonderer Bedeutung für den Antragsteller oder von besonderem öffentlichen Interesse und damit gerade nicht auf einen Zugangsanspruch unabhängig vom Vorliegen eines besonderen rechtlichen oder sonstigen Interesses, wie es für den hier behandelten Grundsatz des öffentlichen Zugangs zu amtlichen Dokumenten charakteristisch ist. In allen Fällen wird eine Verletzung von Artikel 10 Abs. 1 S. 2 EMRK im Ergebnis abgelehnt, und zwar jeweils unter besonderem Verweis auf die konkrete Eigenart der in den entschiedenen Fällen angeforderten Informationen. Zwar ließe dies grundsätzlich die Schlussfolgerung zu, dass die Konventionsorgane bei Feststellung eines Eingriffs in den Schutzbereich von Artikel 10 Abs. 1 S. 2 EMRK eine Verletzung lediglich aufgrund Rechtfertigung desselben nach Artikel 10 Abs. 2 EMRK abgelehnt haben. Nach der in dieser Ausarbeitung vertretenen Auffassung hätte dies jedoch aufgrund der rechtsstaatlichen Anforderungen an eine tatsächliche Durchführung und Darstellung der Prüfung der genauen Voraussetzungen des Einschränkungsvorbehalts eine detaillierte Offenlegung dieser Abwägung in der jeweiligen Entscheidung erforderlich gemacht. Die Tatsache, dass die Konventionsorgane dies in keinem der Fälle auch nur ansatzweise zu leisten bemüht waren, erlaubt letztlich nur den Schluss, dass sie bis dato trotz entsprechender Erwägungen eine Ausweitung des Schutzbereichs der Informationsempfangsfreiheit nach Artikel 10 Abs. 1 S. 2 EMRK auf Informationszugangsrechte ablehnen. Immerhin lassen die Erwägungen der Konventionsorgane Aufgeschlossenheit derselben gegenüber der künftigen Anerkennung einer Eröffnung des Schutzbereichs der Informationsempfangsfreiheit nach Artikel 10 Abs. 1 S. 2 EMRK auf den Grundsatz des öffentlichen Zugangs zu amtlichen Dokumenten erkennen. Zwar wurde im weiteren Verlauf der vorliegenden

Prüfung herausgearbeitet, dass auch die bis zum heutigen Zeitpunkt sich in Deklarationen, Empfehlungen, Resolutionen und Kolloquien verschiedener Organe des Europarats ausdrückende Rechtsüberzeugung der Mitgliedsländer in Bezug auf eine Ableitbarkeit von Informationszugangsrechten von der Informationsempfangsfreiheit zu wechselhaft ist, als dass die Konventionsorgane infolge ihrer Maxime evolutiver Auslegung der EMRK bereits jetzt zu dem Schluss kommen müssten, dass die geänderten rechtlichen Gegebenheiten und Überzeugungen im Raum der Unterzeichnerstaaten eine die bisherige Rechtsfindung ändernde Ausweitung des Schutzbereichs der Informationsfreiheit nach sich zu ziehen hätten. Die Ausweitung des räumlichen Anwendungsbereichs der EMRK auf den osteuropäischen Raum und insbesondere Russland ist im Hinblick auf die Herstellung eines einheitlichen Demokratiekonzepts des Weiteren nicht ohne Ambivalenz und hat die potentielle Entwicklung dahingehend, dass zumindest im Europarat der Grundsatz der pluralistischen Demokratie eine Gewährleistung von Informationszugangsrechten nahelegt, nicht eben verstärkt. Daneben finden sich Informationszugangsrechte trotz einer zunehmenden Verbreitung des Grundsatzes des öffentlichen Zugangs zu amtlichen Dokumenten in den nationalen Rechtsordnungen der Unterzeichnerstaaten der EMRK in der überwältigenden Mehrzahl der Fälle lediglich auf der Ebene einfachen Gesetzesrechts in des Weiteren sehr unterschiedlicher materieller Reichweite und Einschränkbarkeit, so dass eine grundsätzliche Rechtsüberzeugung dahingehend, dass selbige Teil des verfassungsmäßigen Rechts auf Informationsempfang bildeten, nicht verifiziert werden kann. Artikel 10 Abs. 1 S. 2 EMRK kann nach den Ergebnissen dieser Ausarbeitung damit derzeit auch im Wege evolutiver Auslegung kein originäres Teilhaberecht auf Informationszugang entnommen werden. Schließlich erschöpft sich der mit den demokratischen Partizipationsrechten befassende Artikel 3 des Ersten Zusatzprotokolls zur EMRK nach der Rechtsfindung der Konventionsorgane in der Gewährleistung des Wahlrechts, so dass Vorgaben zur nationalen Gewährleistung von Informationszugangsrechten auch nach dieser Norm ausgeschlossen sind.

Den menschenrechtlichen Gewährleistungen der OSZE und der OECD lässt sich keine über die Vorgaben der Vertragswerke des Europarats hinausgehende Pflicht zur Gewährleistung des Grundsatzes des öffentlichen Zugangs zu amtlichen Dokumenten in den nationalen Rechtsordnungen entnehmen.

Im Rahmen der Europäischen Union wurde untersucht, ob zum einen das Gemeinschaftsrecht eine infolge des Anwendungsvorrangs zu berücksichtigende unmittelbare Pflicht zur nationalen Gewährleistung von Informationszugangsrechten enthält, sowie ob zum anderen der Existenz gemeinschaftseigener Informationszugangsrechte auch Vorgaben für die nationalen Rechtsordnungen zu entnehmen sind. Eine unmittelbare Pflicht zur nationalen Gewährleistung des Grundsatzes des öffentlichen Zugangs zu amtlichen Informationen kann durch das Gemeinschaftsrecht mangels Rechtsetzungskompetenz im allgemeinen Verwaltungsrecht sowie aufgrund der Tatsache, dass behördliche Informationen zwar potentiell aber keineswegs zwingend wirtschaftlichen Wert besitzen und damit nicht der Regelungskompetenz zur Herstellung eines gemeinsamen Binnenmarktes unterfallen, nicht geschaffen werden. Die Entwicklung und Stärkung der Grundlagen der Demokratie und Rechtsstaatlichkeit sowie die Achtung der Menschenrechte und Grundfreiheiten fällt entsprechend Artikel 11 Abs. 1 EUV in den intergouvernementalen Handlungsbereich der Gemeinsamen Außen- und Sicherheitspolitik der EU und ist damit für das Anwendungsvorrang vor den nationalen Rechtsordnungen beanspruchende Gemeinschaftsrecht ohne Einfluss. Im Eigenverwaltungsrecht der Gemeinschaft verankert seit dem Vertrag von Amsterdam Artikel 255 EGV ausdrücklich den Grundsatz des öffentlichen Zugangs zu amtlichen Dokumenten. Konkretisierung hat der Grundsatz durch die Transparenzverordnung 1049/2001 erfahren. Deren 15. Erwägungsgrund stellt des Weiteren klar, dass die Transparenzverordnung keinen Einfluss auf die nationale Gewährleistung von Informationszugangsrechten hat und auch der Loyalitätsgrundsatz lediglich für den Fall weiter gehenden nationaler Zugangsgesetze die Einhaltung der Grenzen der Verordnung fordert. Eine Pflicht zur unmittelbaren Übertragung dieser gemeinschaftseigenen Regelungen in die nationalen Rechtsordnungen dergestalt, dem Verordnungszweck der Stärkung der Grundsätze der Demokratie durch umfassende auch nationale Zugangsgewährung weitmöglichste Geltung zu verschaffen, besteht demnach nicht. Dennoch strahlt das Eigenverwaltungsrecht der Gemeinschaft in zwei Konstellationen punktuell auch auf das nationale Informationsverhältnis zwischen Staat und Bürger aus. Zum einen ergibt sich nach Abschaffung der Urheberregel durch Artikel 2 Abs. 3 Transparenzverordnung eine leicht verbesserte Stellung des Bürgers dahingehend, dass unabhängig von der nationalen Rechtslage Zugang auch zu Informationen der Mitgliedsstaaten zu gewähren ist, die sich im Besitz eines Gemeinschaftsorgans befinden, wenn der betreffende Staat nicht entsprechend Artikel 4 Abs. 5 Transparenzverordnung seine Zustimmung versagt hat. Unter Beachtung des aus dem Grundsatz der Gemeinschaftstreue fließenden Effizienzgebots bleibt kritisch abzuwarten, ob die Rechtsfindung des Gerichts erster Instanz dahingehend, dass das Gemeinschaftsorgan einem solchen Ablehnungsersuchen ohne weiteren Abwägungsprozess Folge zu leisten habe, auch durch den EuGH aufrechterhalten wird. Zum anderen ist durch die nationalen Behörden auch Zugang zu den in ihrem Besitz befindlichen Dokumenten der Gemeinschaftsorgane zu gewähren, wobei wiederum nach Artikel 5 Abs. 1 und Abs. 2 Transparenzverordnung eine Pflicht zur Konsultation des betroffenen Organs bzw. ersatzweise eine Abgabe des Antrags an dasselbe vorgeschrieben wird. Auch den als allgemeinen Rechtsgrundsätzen des Gemeinschaftsrechts beim Vollzug desselben durch die Mitgliedsstaaten zu berücksichtigenden Gemeinschaftsgrundrechten können keine weiter gehenden Pflichten zur Gewährleistung des

Grundsatzes des öffentlichen Zugangs zu amtlichen Dokumenten entnommen werden. Nach der ausführlichen Prüfung dieser Ausarbeitung lassen derzeit weder der Menschenrechtsstandard der EMRK noch die gemeinsamen Verfassungsüberlieferungen der Mitgliedsstaaten auf die Existenz eines Gemeinschaftsgrundrechts des allgemeinen Informationszugangs schließen, noch hätte der EuGH bis dato einen solchen bestätigt. Dies wird sich bei Inkrafttreten der auf dem Europäischen Rat in Brüssel im Juni 2007 vereinbarten Reformen des EUV dergestalt ändern, als der dann per Querverweis inkorporierte Artikel 42 Grundrechtscharta den Grundsatz des öffentlichen Zugangs zu amtlichen Dokumenten aller Organe, Einrichtungen und sonstigen Stellen der EU als beim Vollzug von Gemeinschaftsrecht auch von den Mitgliedsstaaten zu beachtendes Gemeinschaftsgrundrecht etabliert.

II. Grenzen für die nationale Gewährleistung von Informationszugangsrechten durch das internationale Völkervertragsrecht

Im Rahmen der Überprüfung des internationalen Rechts auf das Bestehen von bei der nationalen Ausgestaltung von Informationszugangsrechten zu beachtenden Grenzen wurden die Völkerrechtsquellen auf Vorgaben zugunsten des Schutzes kollidierender privater wie öffentlicher Belange untersucht. Hinsichtlich etwaiger Vorgaben zugunsten des Schutzes personenbezogener Daten Dritter wurde insbesondere die konkrete Reichweite des durch die verschiedenen Instrumente gewährten Rechts auf ein Privatleben und hinsichtlich etwaiger Grenzen zugunsten des Schutzes von Betriebs- und Geschäftsgeheimnissen die konkrete Reichweite des jeweils gewährleisteten Rechts auf Eigentum analysiert. Im Rahmen der mit dem Recht auf Informationszugang kollidierenden öffentlichen Belange wurde nach Vorgaben des internationalen Rechts zugunsten der Funktionsfähigkeit und Effizienz der Verwaltung sowie nationaler Sicherheit gesucht.

1. Universelles Völkervertragsrecht

Aus der Charta der Vereinten Nationen ergeben sich keine bei der Ausgestaltung nationaler Informationszugangsgesetze zugunsten des Schutzes kollidierender privater Interessen zu beachtenden Vorgaben, da weder das Recht auf Privatheit noch das Recht auf Eigentum zu dem nach der Charta verbindlich zu schützenden Minimalstandard an elementarsten Menschenrechten gehören. Auch hinsichtlich des Schutzes kollidierender öffentlicher Belange enthält die Charta keine Vorgaben.

Wiederum ist im Rahmen der Allgemeinen Erklärung der Menschenrechte die aufgrund der Eigenart der Durchsetzungsmechanismen eingeschränkte tatsächliche rechtliche Durchschlagkraft etwaiger Vorgaben zu berücksichtigen: Die

Beschwerden müssen sich quantitativ auf eine Vielzahl oder systematische Verletzung von Menschenrechten sowie qualitativ auf Regelbeispiele schwerer Menschenrechtsverletzungen beziehen. In die Reihe der in diesem Zusammenhang erörterten staatlichen Maßnahmen gegen die Freiheit, die körperliche Unversehrtheit oder das Leben von Staatsbürgern in einer Vielzahl von Fällen lassen sich Eingriffe in das Recht auf Privatheit bzw. in das Recht auf Eigentum nicht eingliedern. Unabhängig hiervon lassen sich der Allgemeinen Erklärung der Menschenrechte aber auch materiell keine im Verhältnis zum Internationalen Pakt über bürgerliche und politische Rechte eigenständigen Vorgaben zugunsten der mit dem Recht auf Informationszugang kollidierenden Interessen entnehmen. Das Recht auf ein Privatleben gewähren sowohl Artikel 12 AEMR als auch Artikel 17 IPbpR, wobei jeweils lediglich ein Verbot „willkürlicher" Eingriffe garantiert wird. Angesichts der Tatsache, dass der Verhältnismäßigkeitsgrundsatz damit in beiden Fällen die Grenze staatlicher Eingriffe in das Recht auf ein Privatleben darstellt, indiziert Artikel 17 IPbpR den Rechtsbindungswillen der Staaten hinsichtlich des Schutzbereichs des Rechts auf ein Privatleben. Im Gegensatz dazu kommt der Gewährleistung des Rechts auf Eigentum in Artikel 17 AEMR im Rahmen des universellen Völkervertragsrechts ein exklusiver Stellenwert zu. Allerdings indiziert der weite Wortlaut der Norm im Zusammenhang mit der fehlenden Einigung auf eine universelle Bestimmung des konkreten Inhalts und der Grenzen der Eigentumsgarantie in den bindenden Menschenrechtspakten, dass die Existenz eines Eigentumsrechts zwar grundsätzlich anerkannt ist, die Definition seines Schutzbereichs und seiner Einschränkbarkeit hingegen im Ermessen der nationalen Gesetzgeber bleiben soll. Da dies in einem ersten Entwurf zur Eigentumsgarantie der Allgemeinen Erklärung der Menschenrechte auch für durch wirtschaftliche Betätigung erworbene Positionen ausdrücklich so formuliert war, verbleibt auch die Entscheidung, ob der Schutz von Betriebs- und Geschäftsgeheimnissen jeweils vom Schutzbereich des Rechts auf Eigentum erfasst ist, damit in der Kompetenz der nationalen Gesetzgeber. Auch zugunsten des Schutzes der mit dem Informationszugangsrecht kollidierenden öffentlichen Belange ist der Allgemeinen Erklärung der Menschenrechte keine verbindliche Vorgabe zu entnehmen, da es sich bei dem in diesem Zusammenhang einzig maßgeblichen Gebot struktureller Anpassung der sozialen Ordnung zur Herstellung der vollen Wirksamkeit der menschenrechtlichen Bestimmung in Artikel 28 AEMR lediglich um einen Programmsatz handelt, dessen konkrete Umsetzung nicht qualifiziert vorgeschrieben wird.

Der Schutz personenbezogener Daten unterfällt dem Schutzbereich des vom Recht auf ein Privatleben nach Artikel 17 Abs. 1 IPbpR umfassten Rechts auf Intimität. Im Gegensatz zur deutschen Rechtsfindung, nach welcher vom allgemeinen Persönlichkeitsrecht ein umfassendes Recht auf informationelle

Selbstbestimmung garantiert wird, dessen Schutz grundsätzlich alle personenbezogenen Daten unterfallen, garantiert das Recht auf ein Privatleben nach einhelliger Auffassung der Literatur nur den Schutz personenbezogener Daten „privaten“ Charakters, wobei für eine entsprechende Charakterisierung das eigene Verhalten und die Gefühle des Betroffenen maßgeblich sein sollen. Dem entsprechend wurden Informationen, die allgemein anerkannten beruflichen Vertraulichkeitswahrungspflichten oder anderen Geheimhaltungsgarantien unterliegen oder deren Beschaffung, Übermittlung oder Veröffentlichung den Betroffenen in eine missliche Situation versetzen, indem sie moralisches oder körperliches Unbehagen auslösen, unter das Privatheitskriterium subsumiert. Da der Schutz des Rechts auf ein Privatleben wie schon erläutert nach dem Wortlaut des Artikel 17 IPbpR unter dem Vorbehalt willkürlicher oder rechtswidriger Eingriffe steht und damit dem Verhältnismäßigkeitsgrundsatz unterliegt und des Weiteren Informationszugangsrechte von keinem der in den Menschenrechtspakten gewährleisteten Menschenrechte umfasst sind, müssen nationale Informationszugangsgesetze aufgrund der Wirkungsrichtung des Artikel 17 IPbpR in seiner Eigenschaft als negative Kompetenzbestimmung folglich eine ausdrückliche Einschränkung zugunsten privater personenbezogener Daten ohne weiteren Abwägungsvorbehalt enthalten. Bei der Ausgestaltung nationaler Informationszugangsrechte zu beachtende Grenzen zugunsten des Schutzes von Betriebs- und Geschäftsgeheimnissen scheiden im Rahmen der Menschenrechtspakte schon mangels Gewährleistung des Rechts auf Eigentum aus. Auch zugunsten der kollidierenden öffentlichen Belange fehlen Vorgaben durch die Menschenrechtspakte.

Das weitere universelle Völkervertragsrecht beinhaltet keine weiter reichenden bindenden Vorgaben zugunsten der mit dem Grundsatz auf öffentlichen Zugang zu amtlichen Dokumenten kollidierenden Rechtspositionen.

2. Regionales Völkervertragsrecht mit Bindungswirkung für die Mitgliedsländer der Europäischen Union

Im Rahmen der EMRK wird das Recht auf ein Privatleben durch Artikel 8 Abs. 1 geschützt. In der Praxis wurden anstelle einer genauen allgemeinen Definition des von der Norm umfassten Schutzbereichs Fallgruppen entwickelt, zu denen auch der Bereich des Datenschutzes gehört. So haben die Konventionsorgane insbesondere in der Sache *Leander*, in der Sache *Lundvall* sowie im Fall *Amann* bestätigt, dass der Schutz personenbezogener Daten in den Anwendungsbereich des Rechts auf ein Privatleben nach Artikel 8 Abs. 1 EMRK fällt. In Abkehr von der in der Literatur zunächst vertretenen Beschränkung des Schutzbereichs auf personenbezogene Daten, welche aus Verhältnissen beruflicher Vertraulichkeit stammen, geht die Rechtsfindung der Konventionsorgane nach der in dieser Ausarbeitung vertretenen Auffassung vom grundsätzlichen Schutz aller personenbezogener Daten aus, was zudem dem Schutzniveau der Datenschutzkonvention des Europarats entspricht, die das durch die EMRK gewährte Recht auf ein Privatleben in Bezug auf personenbezogene Daten konkretisiert. Nationale Informationszugangsrechte, die Zugang auch hinsichtlich personenbezogener Daten Dritter gewähren, müssen demnach den Anforderungen des Einschränkungsvorbehalts nach Artikel 8 Abs. 2 EMRK entsprechen. Neben der formell-rechtlichen Anforderung einer gesetzlichen, das Bestimmtheitsgebot einhaltenden Grundlage müssen nationale Informationszugangsgesetze damit materiell-rechtlich die Zugänglichkeit personenbezogener Daten Dritter an eine Notwendigkeit in einer demokratischen Gesellschaft zur Erreichung eines der in Artikel 8 Abs. 2 EMRK abschließend aufgezählten Eingriffszwecke der nationalen Sicherheit, der öffentliche Ruhe und Ordnung, des wirtschaftlichen Wohls des Landes, der Verteidigung der Ordnung oder der Verhinderung von strafbaren Handlungen, des Schutzes der Gesundheit oder der Moral sowie des Schutzes der Rechte oder Freiheiten anderer knüpfen. Nach der in dieser Ausarbeitung vertretenen Auffassung lässt die Rechtsfindung der Konventionsorgane ferner in Einklang mit dem Zwecksbindungsgebot der Datenschutzrichtlinie des Europarats vermuten, dass der Grundsatz des öffentlichen Zugangs zu amtlichen Dokumenten nicht schon als solcher unter den Eingriffszweck der Rechte und Freiheiten anderer zu subsumieren ist, so dass nach Maßgabe von Artikel 8 Abs. 2 EMRK nationale Informationszugangsgesetze, welche den Zugang personenbezogener Daten einschließen, verbindlich einen Abwägungsvorbehalt zugunsten eines weiteren der von Artikel 8 Abs. 2 EMRK normierten Eingriffszwecke aufweisen müssen. Die Konventionsorgane haben mit dieser Entscheidung die datenschutzrechtlichen Interessen Dritter gegenüber dem allgemeinen Zugangsinteresse des Antragstellers deutlich gestärkt. Entgegen der strengen Anforderungen des deutschen Datenschutzrechts lässt die Rechtsfindung der Konventionsorgane in Einklang mit der eindeutigen Regelung der Datenschutzkonvention jedoch vermuten, dass hierbei keine Identität zwischen dem bei Erhebung und Speicherung der Daten maßgeblichen Eingriffsziel und dem mit dem Zugangsbegehren verfolgten Zweck gefordert wird. Im Zusammenhang mit Vorgaben zugunsten des Schutzes von Betriebs- und Geschäftsgeheimnissen wurde durch die Ausarbeitung zwar dargelegt, dass unter bestimmten Voraussetzungen auch immaterielle Rechte und Interessen von der Eigentumsgarantie nach Artikel 3 des Ersten Zusatzprotokolls zur EMRK erfasst sind. Da sich der tatsächliche wirtschaftliche Wert von Betriebs- und Geschäftsgeheimnissen jedoch nicht im Sinne einer konkreten Vermögensposition messen lässt und selbige auch nicht als Grundlage spezifischer zukünftiger geldwerter Forderungen eingestuft werden können, die sich bereits in einer Weise konkretisiert hätten, dass der Berechtigte auf ihre Realisierung berechtigterweise vertrauen dürfe, fallen sie nicht unter den sachlichen Anwendungsbereich der Eigentumsgarantie der EMRK. Ebenso wenig beinhaltet die EMRK Vorgaben zugunsten des Schutzes der mit dem Grundsatz des öffentlichen Zugangs zu amtlichen Dokumenten kollidierenden öffentlichen Belange. Die Tatsache, dass der Gerichtshof das aus dem Recht auf ein Privatleben folgende persönliche Informationszugangsrecht auch gegen das staatliche Interesse an der Vertraulichkeit behördlicher Dokumente zum Zwecke des Erhalts objektiver und verlässlicher Informationen abgewogen und damit das Interesse an der Funktionsfähigkeit der Verwaltung als legitimes Eingriffsziel nach Artikel 8 Abs. 2 EMRK bestätigt hat, lässt vermuten, dass folglich umso mehr auch ein von jedem spezifischen rechtlichen Interesse unabhängiges allgemeines Informationszugangsrecht zugunsten dieses Eingriffszwecks legitim einschränkbar sein muss. Eine entsprechende völkerrechtliche Pflicht im Sinne dieser Ausarbeitung ist damit hingegen nicht verbunden.

Den menschenrechtlichen Gewährleistungen der OSZE und der OECD lassen sich keine über die Vorgaben der Vertragswerke des Europarats hinausgehenden Vorgaben zugunsten der mit dem Grundsatz des öffentlichen Zugangs zu amtlichen Dokumenten kollidierenden Interessen entnehmen.

Im Rahmen des Gemeinschaftsrechts der EU wurde wiederum zwischen unmittelbar infolge des Anwendungsvorrangs zu beachtenden Vorgaben hinsichtlich der nationalen Ausgestaltung von Informationszugangsrechten und solchen des Eigenverwaltungsrechts der Gemeinschaft, welche durch die Mitgliedsstaaten beim Vollzug von Gemeinschaftsrecht zu berücksichtigen sind, differenziert. Eine unmittelbare Pflicht zum Schutz personenbezogener Daten enthält in diesem Zusammenhang die Datenschutzrichtlinie 95/46/EG, deren sachlicher Anwendungsbereich für die Verarbeitung aller Informationen über eine bestimmte oder bestimmbare natürliche Person eröffnet ist, sofern die Daten in einer Datei gespeichert sind oder werden sollen. Unter den Verarbeitungsbegriff fällt neben Weitergabe durch Übermittlung und Verbreitung auch jede andere Form der Bereitstellung, was zweifellos auch die antragsgebundene, behördliche Zugänglichmachung im Sinne der hier maßgeblichen Informationszugangsrechte erfasst. Da unter einer Datei im Sinne der Datenschutzrichtlinie jede strukturierte, nach zumindest einem bestimmten Kriterium organisierte Datensammlung zu verstehen ist, fallen auch manuelle, individuelle Akten, die mit Hilfe einheitlicher Aktenzeichen oder anderer Indexierung methodischer Erschließung zugänglich sind, in den Schutzbereich, der nur gänzlich unstrukturierte Datensammlungen ausnimmt. Materielle Vorgaben zugunsten des Schutzes personenbezogener Daten, die bei der Ausgestaltung nationaler Zugangsgesetze zu beachten sind, enthalten die Artikel 6, 7, 8 und 13 der Datenschutzrichtlinie, welche nach der Rechtsprechung des EuGH unmittelbar anwendbar sind und bei fehlender Umsetzung und daraus resultierendem Schaden Staatshaftungsansprüche auszulösen vermögen. In Form eines Verbots mit Erlaubnisvorbehalt normiert Artikel 6 Abs. 1 lit. b Datenschutzrichtlinie das Gebot der Zweckbestimmung bei Erhebung und der Zweckbindung bei Weiterverarbeitung der Daten und zwar gemäß litera c unter der Maßgabe der Erforderlichkeit. Im Zusammenhang mit den Zulässigkeitsanforderungen des Artikel 7 lit. f Datenschutzrichtlinie, nach welchen der Zugang zu personenbezogenen Daten Dritter gerechtfertigt ist, wenn nicht das Interesse oder die Grundrechte und Grundfreiheiten dieser dritten Person überwiegen, ergibt sich damit die Pflicht, den Zugang zu personenbezogenen Daten Dritter in nationalen Informationszugangsgesetzen ausdrücklich unter einen Abwägungsvorbehalt zu stellen. Angesichts der Tatsache, dass der 72. Erwägungsgrund zur Datenschutzrichtlinie bei ihrer Umsetzung den Grundsatz des öffentlichen Zugangs zu amtlichen Dokumenten zu „berücksichtigen" erlaubt, ihm andererseits aber keinen absoluten Vorrang gewährt, sind hierbei nach der von dieser Ausarbeitung vertretenen Auffassung die in der Abwägung neben dem allgemeinen Interesse des Antragstellers an demokratischer Partizipation und Kontrolle zu bewertenden spezifischen Zugangsinteressen klar zu bezeichnen. Ausdrücklich gilt dies nach dem ebenfalls unter Erlaubnisvorbehalt stehenden Verarbeitungsverbot nach Artikel 8 Datenschutzrichtlinie auch hinsichtlich besonders sensibler personenbezogener Daten, wobei dieser Norm aufgrund der insoweit gleichlautenden Vorgaben hinsichtlich auch aller anderen personenbezogenen Daten lediglich deklaratorischer Wert zukommt. Dem Eigenverwaltungsrecht der Gemeinschaft sind zugunsten des Schutzes personenbezogener Daten keine über diesen Maßstab hinausgehenden Vorgaben zu entnehmen, welche die mitgliedsstaatlichen Behörden beim Vollzug von Gemeinschaftsrecht sowie angesichts des Loyalitätsgrundsatzes für den Fall weiter gehender nationaler Zugangsgesetze bei der Zugangsgewährung zu in ihrem Besitz befindlichen Dokumenten der Gemeinschaftsorgane zu beachten hätten. Mittels dynamischer Verweisung in Artikel 286 Abs. 1 EGV sind die datenschutzrechtlichen Rechtsakte der Gemeinschaft auch auf die Organe und Einrichtungen der Europäischen Gemeinschaft anwendbar. Außerdem zeigt sich die nach Artikel 286 Abs. 2 EGV für das Eigenverwaltungsrecht der Gemeinschaft ergangene Datenschutzverordnung mit den dargestellten materiellen Vorgaben der Datenschutzrichtlinie identisch. Die durch den 15. Erwägungsgrund zur Datenschutzverordnung einbezogenen Vorgaben der Transparenzverordnung 1049/2001 gehen aufgrund deren Verweisung auf die Rechtsvorschriften der Gemeinschaft über den Schutz personenbezogener Daten in Artikel 4 Abs. 1 lit. b wiederum nicht über die Maßgaben der Datenschutzrichtlinie und -verordnung hinaus. Da auch der als allgemeiner Rechtsgrundsatz des Gemeinschaftrechts anerkannte gemeinschaftsgrundrechtliche Schutz personenbezogener Daten inhaltlich u.a. durch eine wertende Gesamtschau der diesbezüglichen Vorgaben der EMRK, der Datenschutzkonvention des Europarats sowie der über Artikel 286 EGV im Eigenverwaltungsrecht der Gemeinschaft anwendbaren EG-Datenschutzrichtlinie und -verordnung bestimmt wird, sind auch dem ungeschriebenen Gemeinschaftsrecht keine weiter reichenden Vorgaben zugunsten des Schutzes personenbezogener Daten zu entnehmen. Gleiches ist für die

Auslegung des zukünftig bindenden Schutzes personenbezogener Daten auch nach Artikel 8 Grundrechtscharta zu vermuten, da das Präsidium des Grundrechtekonvents die Vorschrift explizit in erster Linie auf die bestehenden Regelungen des Gemeinschaftsrechts und in zweiter Linie auf diejenigen des Europarats gestützt hat.

Für unmittelbare Vorgaben des Gemeinschaftsrechts zugunsten des Schutzes von Betriebs- und Geschäftgeheimnissen fehlt eine Regelungskompetenz: Nach Artikel 295 EGV lässt der EGV die Eigentumsordnung in den Mitgliedsstaaten explizit unberührt. Das Eigenverwaltungsrecht der Gemeinschaft normiert hingegen eine Geheimhaltungspflicht von Berufgeheimnissen in Artikel 287 EGV und schafft damit ein gleichrangiges Gegengewicht zur primärrechtlichen Normierung des Grundsatzes des öffentlichen Zugangs zu amtlichen Dokumenten nach Artikel 255 EGV, so dass ihre Kollision in Einzelfallabwägungen unter Anwendung der bestehenden Ausnahmen im Rahmen der jeweiligen Rechtsvorschriften aufzulösen ist. Die insofern von der Literatur vertretene Beschränkung der Verschwiegenheitspflicht des Artikel 287 EGV im Wege eines ungeschriebenen Tatbestandsmerkmals auf lediglich unbefugte Preisgabe führt dazu, dass wegen des Eingriffsvorbehalts nach Artikel 4 Abs. 2 Transparenzverordnung zugunsten des Schutzes der geschäftlichen Interessen Zugang zu selbigen nur gewährt werden darf, wenn im Rahmen einer Abwägung bei objektiver Betrachtungsweise im konkreten Fall mit materiellen oder immateriellen Schäden zu rechnen ist und deren Verhinderung im Verhältnis zum Zugangsinteresse höherrangig bewertet wird. Hierzu gehören nach der in dieser Ausarbeitung vertretenen Lesart von Artikel 287 EGV insbesondere solche Informationen über Unternehmen, die deren Kostenelemente oder Geschäftsbeziehungen betreffen, was von Literatur und Rechtsprechung insbesondere bejaht wurde für Erträge, Finanzierungsfragen mit Bezug auf Kostensituation und Umsätze, Einzelheiten von Verträgen mit Kunden und Lieferanten, Angaben über Marktanteile, Geschäftsstrategien und Vorhersagen zu Geschäftsentwicklung und Verkaufsprogrammen, Umsatzentwicklungen, Bank- und Steuervorgänge, technisches Know-how und technische Planungen, Produktionsverfahren und Forschungsergebnisse sowie für Korrespondenzen mit dritten Unternehmen in Untersuchungsverfahren der Gemeinschaft. Beim Vollzug von Gemeinschaftsrecht sowie hinsichtlich der Zugangsgewährung zu von Gemeinschaftsorganen stammenden Dokumenten haben auch die nationalen Behörden diese materiellen Vorgaben des gemeinschaftsrechtlichen Eigenverwaltungsrechts zu beachten. Den bisherigen und künftigen Gemeinschaftsgrundrechten lassen sich hingegen keine Vorgaben zugunsten eines Schutzes von Betriebs- und Geschäftgeheimnissen entnehmen, da auch dem Recht auf Eigentum nach Artikel 17 Grundrechtscharta nur solche Rechtspositionen unterfallen, die dem Inhaber in rechtlich gesicherter Weise zugeordnet werden können, was auf Betriebs- und Geschäftsgeheimnisse nicht zutrifft.

Unmittelbare Vorgaben zugunsten des Schutzes der kollidierenden öffentlichen Belange scheiden mangels Rechtsetzungskompetenz der Gemeinschaft im Bereich des allgemeinen Verwaltungsrechts aus. Im Eigenverwaltungsrecht der Gemeinschaft regelt hingegen die Transparenzverordnung in Artikel 4 Abs. 1 eine absolute Ausnahme vom Grundsatz des öffentlichen Zugangs zu amtlichen Dokumenten zugunsten der nationalen Sicherheit sowie in Artikel 4 Abs. 2 und 3 eine relative Ausnahme zugunsten der Funktionsfähigkeit der betroffenen Behörde bei ernstlicher Beeinträchtigung des Zwecks von Ermittlungsverfahren oder des behördlichen Entscheidungsprozesses, in letzterem Fall jedoch beschränkt auf Dokumente, die zum internen Gebrauch bestimmt sind. Entgegen dem, was der Wortlaut der Norm vermuten lässt, sind sich Literatur und Rechtsprechung ferner einig, dass auch im Rahmen der zwingenden Ausnahme nach Absatz 1 im Sinne einer möglichst umfassenden Gewährleistung des Transparenzprinzips von der Gebotenheit einer Abwägung mit dem Zugangsinteresse auszugehen ist. Wiederum sind diese materiellen Vorgaben des Eigenverwaltungsrechts beim mitgliedsstaatlichen Vollzug von Gemeinschaftsrecht sowie hinsichtlich der Zugangsgewährung zu von Gemeinschaftsorganen stammenden Dokumenten auch durch die nationalen Behörden zu beachten. Vorgaben hinsichtlich des öffentlichen Interesses an der Effizienz der Verwaltung finden sich auch im Eigenverwaltungsrecht der Gemeinschaft nicht, vielmehr muss eine leistungsfähige Verwaltung nach der Rechtsprechung auch erheblichen Aufwand schlicht überwinden.

III. Fazit

Heruntergebrochen auf wenige Sätze kommt die vorliegende Ausarbeitung zu dem Ergebnis, dass das universelle und regionale europäische internationale Recht derzeit keine Pflicht zur Gewährleistung des Grundsatzes des öffentlichen Zugangs zu amtlichen Dokumenten in den nationalen Rechtsordnungen der Mitglieder der Europäischen Union beinhaltet, wiewohl der im Eigenverwaltungsrecht der Gemeinschaft nach Artikel 255 EGV bestehende Zugangsanspruch punktuell auch im Rahmen der Praxis der nationalen Behörden bei der Zugangsgewährung anwendbar ist, nämlich zum einen für den Fall des Vollzugs von Gemeinschaftsrecht sowie zum anderen im Falle des Zugangsersuchens zu im Besitz der nationalen Behörden befindlichen Dokumenten der Gemeinschaftsorgane.

Zugunsten personenbezogener privater Daten Dritter enthält Artikel 17 IPbpR ein absolutes Zugangsverbot, Artikel 8 EMRK beinhaltet hingegen die Pflicht, dass nationale Informationszugangsgesetze hinsichtlich aller personenbezogener Daten einen Abwägungsvorbehalt zugunsten eines weiteren der von Artikel 8 Abs. 2 EMRK normierten Eingriffszwecke vorsehen müssen, was im Ergebnis den materiellen Vorgaben der Datenschutzrichtlinie 95/46/EG der Europäischen Gemeinschaft entspricht.

Zugunsten des Schutzes von Betriebs- und Geschäftgeheimnissen beinhaltet das Eigenverwaltungsrecht der EG nach Artikel 287 EGV und Artikel 4 Abs. 2 Transparenzverordnung einen Abwägungsvorbehalt, welcher für die nationalen Behörden bei der Zugangsgewährung wiederum punktuell im Rahmen des Vollzugs des Gemeinschaftsrechts sowie bei Zugangsersuchen zu im staatlichen Besitz befindlichen Gemeinschaftsdokumenten anwendbar ist.

In gleicher Weise punktuell auf die nationale verwaltungsbehördliche Praxis anwendbar ist ferner der im Eigenverwaltungsrecht der EG zugunsten der öffentlichen Interessen an nationaler Sicherheit sowie der Funktionsfähigkeit der Verwaltung nach Artikel 4 Abs. 1 bis 3 der Transparenzverordnung 1049/2001 vorgesehene Abwägungsvorbehalt.

Mögen diese schlichten Ergebnisse eine fundierte Diskussion des Grundsatzes des öffentlichen Zugangs zu amtlichen Dokumenten im Rahmen der Europäischen Union ermöglichen, zu einer kritischen Überprüfung der Völkerrechtskonformität der in diesem Zusammenhang bestehenden nationalen Normen anregen und zur allseitigen Positionierung in Bezug auf das in dieser Sache zukünftig Wünschenswerte beitragen!

LITERATURVERZEICHNIS

Ader, Thorsten/ Schoenthal, Max — Der Zugang zu Informationen über staatliches Handeln, insbesondere aus der Sicht der Medien, in: IRIS plus 2005-02, S. 1 ff.; zitiert: *Ader/Schoenthal*, Der Zugang zu Informationen über staatliches Handeln, insbesondere aus der Sicht der Medien, IRIS plus 2005-02.

Alexy, Robert — Theorie der Grundrechte, 2. Aufl., Frankfurt am Main 1994; zitiert: *Alexy*, Theorie der Grundrechte, S.

Alfredsson, Gudmundur/ Eide, Asbjörn — The Universal Declaration of Human Rights: A Commentary, Oslo 1992; zitiert: *Bearbeiter*, in: *Alfredsson/Eide*, The Universal Declaration of Human Rights (1992), Article, p.

Alfredsson, Gudmundur/ Eide, Asbjörn — The Universal Declaration of Human Rights, A Common Standard of Achievement, The Hague 1999; zitiert: *Bearbeiter*, in: *Alfredsson/Eide*, The Universal Declaration of Human Rights, Article, p.

Angelov, Jean — Grundlagen und Grenzen eines staatsbürgerlichen Informationszugangsanspruchs, Frankfurt a. M. 2000; zitiert: *Angelov*, Grundlagen und Grenzen eines staatsbürgerlichen Informationszugangsanspruchs, S.

Ansbach, Tatjana/ Heintze, Hans-Joachim — Selbstbestimmung und Verbot der Rassendiskriminierung im Völkerrecht, Ost-Berlin 1987; zitiert: *Ansbach/Heintze*, Selbstbestimmung und Verbot der Rassendiskriminierung im Völkerrecht, S.

Auernhammer, Herbert — Die Europäische Datenschutz-Konvention und ihre Auswirkungen auf den grenzüberschreitenden Datenverkehr, in: DuD 1985, S. 7 ff.; zitiert: *Auernhammer*, Die Europäische Datenschutz-Konvention und ihre Auswirkungen auf den grenzüberschreitenden Datenverkehr, DuD 1985, 7.

Badinter, Robert — Le droit au respect de la vie privée, in: Juris Classeur Périodique, La Semaine Juridique 1968, No. 2136; zitiert: *Badinter*, Le droit au respect de la vie privée, Juris Classeur Périodique, La Semaine Juridique 1968, No. 2136, para.

Berber, Friedrich — Lehrbuch des Völkerrechts, Bd. I, 2. Aufl., München 1975; zitiert: *Berber*, Lehrbuch des Völkerrechts, S.

Berg, Wilfried — Der Schutz von Betriebs- und Geschäftsgeheimnissen im öffentlichen Recht unter besonderer Berücksichtigung des Umweltinformationsgesetzes, in: GewArch 1996, S. 177 ff.; zitiert: *Berg*, Der Schutz von Betriebs- und Geschäftsgeheimnissen, GewArch 1996, 177.

Berka, Walter — Medienfreiheit und Persönlichkeitsschutz, Wien 1982; zitiert: *Berka*, Medienfreiheit und Persönlichkeitsschutz, S.

Bernhardt, Rudolf — Gutachten über ausländisches Datenzugangsrecht, Max-Planck-Institut für ausländisches öffentliches Recht und Völkerrecht, 1981; zitiert: *Bernhardt*, MPI-Gutachten über ausländisches Datenzugangsrecht, S.

Bernhardt, Rudolf — Encyclopedia of Public International Law, Volume II, Amsterdam u.a. 1995; zitiert: *Bearbeiter*, in: *Bernhardt*, Encyclopedia of Public International Law, Volume II, p.

Bernhardt, Rudolf/ Geck, Wilhelm Karl/ Jaenicke, Günther/ Steinberger, Helmut — Festschrift für Hermann Mosler, Berlin 1983; zitiert: *Bearbeiter*, Titel, in: *Bernhardt u. a.*, Festschrift für Mosler, S.

Bernhardt, Rudolf/ Jolowicz, John Anthony — International Enforcement of Human Rights, Berlin u.a. 1985; zitiert: *Bearbeiter*, in: *Bernhardt/Jolowicz*, International Enforcement of Human Rights p.

Bettermann, Karl August/ Neumann, Franz/ Nipperdey, Hans Carl — Die Grundrechte Band I/1, Berlin 1966; zitiert: *Bearbeiter*, Titel, in: *Bettermann/Neumann/Nipperdey*, Die Grundrechte Bd. I/1, S.

Bleckmann, Albert — Staatsrecht II - Die Grundrechte, 4. Aufl., Köln u.a. 1997; zitiert: *Bleckmann*, Staatsrecht II - Die Grundrechte, S. Rdn.

Blumenwitz, Dieter/ Gornig, Gilbert-Hanno/ Murswiek, Dietrich — Minderheitenschutz und Menschenrechte, Berlin 2006; zitiert: *Bearbeiter*, Titel, in: *Blumenwitz/Gornig/Murswiek*, Minderheitenschutz und Menschenrechte, S.

Bock, Yves — Ein Sieg für die Transparenz? Die neue Verordnung über den Zugang der Öffentlichkeit zu Dokumenten der EU, in: DÖV 2002, S. 556 ff.; zitiert: *Bock*, Ein Sieg für die Transparenz?, DÖV 2002, 556.

Böckenförde, Ernst-Wolfgang Staat, Verfassung, Demokratie, 1. Aufl. Frankfurt am Main 1991; zitiert: *Bearbeiter*, in: *Böckenförde*, Staat, Verfassung, Demokratie, S.

Borchardt, Klaus-Dieter Die rechtlichen Grundlagen der Europäischen Union, 2. Aufl., Heidelberg 2002; zitiert: *Borchardt*, Die rechtlichen Grundlagen der Europäischen Union, Rdn.

Bowett, Derek William The Law of International Institutions, 4th ed., London 1982; zitiert: *Bowett*, The Law of International Institutions, p.

Brandt, Sven Eigentumsschutz in europäischen Völkerrechtsvereinbarungen, Frankfurt am Main u.a. 1995; zitiert: *Brandt*, Eigentumsschutz in europäischen Völkerrechtsvereinbarungen, S.

Breunig, Christian Kommunikationsfreiheiten. Ein internationaler Vergleich, Konstanz 1994; *Breunig*, Kommunikationsfreiheiten, S.

Broberg, Morten Access to documents: a general principle of Community law?, in: ELRev. 2002, pp. 194-205; zitiert: *Broberg*, Access to documents: a general principle of Community law?, ELRev. 2002, 194.

Brownlie, Ian Basic Documents in International Law, 4th ed., Oxford 1995; zitiert: *Brownlie*, Basic Documents in International Law, p.

Buergenthal, Thomas International Human Rights in a Nutshell, 2nd ed., St. Paul 1995; zitiert: *Buergenthal*, International Human Rights, p.

Bullinger, Martin Freedom of expression and information: an essential element of democracy, in: HRLJ 1985, S. 339 ff.; zitiert: *Bullinger*, Freedom of expression and information, HRLJ 1985, 339.

Burmeister, Joachim Festschrift für Stern zum 65. Geburtstag, München 1997; zitiert: *Bearbeiter*, Titel, in: *Burmeister*, Festschrift für Stern, S.

Callies, Christian/ Ruffert, Matthias EUV, EGV-Kommentar, 3. Aufl., München 2007; zitiert: *Bearbeiter*, in: *Callies/Ruffert*, EUV, EGV-Kommentar, Art. Rdn.

Cassese, Antonio UN Law/Fundamental Rights, Alphen aan den Rijn 1979; zitiert: *Bearbeiter*, in: *Cassse*, UN Law/ Fundamental Rights, p.

Classen, Claus Dieter Europäische Integration und demokratische Legitimation, in: AöR 119 (1994), S. 238 ff.; zitiert: *Classen*, Europäische Integration und demokratische Legitimation, AöR 119 (1994), 238.

Craig, Paul/ De Búrca, Gráinne EU Law, Text, Cases and Materials, 3rd ed., Oxford 2003; zitiert: *Craig/De Búrca*, EU Law, p.

Curtin, Deidre Citizens` Fundamental Right of Access to EU Information: An Evolving Digital Passepartout, in: CMLRev. 2000, pp. 7-41; zitiert: *Curtin*, Citizens` Fundamental Right of Access to EU Information, CMLRev. 2000, 7.

Dahm , Georg/ Delbrück, Jost/ Wolfrum, Rüdiger Völkerrecht, Band I/2, 2. Aufl., Berlin, New York, 2002; zitiert: *Dahm/Delbrück/Wolfrum,* Völkerrecht Bd. I/2, S.

Dahm, Georg Völkerrecht Band I, Stuttgart 1958; zitiert: *Dahm*, Völkerrecht Band I, S.

Dammann, Ulrich/ Simitis, Spiros EG-Datenschutzrichtlinie, Kommentar, Baden-Baden 1997; zitiert: *Dammann/ Simitis*, EG-Datenschutzrichtlinie, Kommentar, Art. S.

Danelius, Hans The Incorporation of the European Convention on Human Rights into Swedish Law, in: HRLJ 1998, pp. 301-305; zitiert: *Danelius*, The Incorporation of the European Convention on Human Rights into Swedish Law, HRLJ 1998, pp. 301.

Däubler-Gmelin, Herta/ Kinkel, Klaus/ Meyer, Hans/ Simon, Helmut Festschrift für Mahrenholz, Baden-Baden 1994; zitiert: *Bearbeiter*, Titel, in: *Däubler-Gmelin u.a.*, Festschrift für Mahrenholz, S.

Davidson, Scott Human Rights, Buckingham 1993; zitiert: *Davidson*, Human Rights, p.

Davis, Roy The Court of Justice and the right of public access to Community-held documents, in: ELRev. 2000, pp. 303-309; zitiert: *Davis*, The Court of Justice and the right of public access to Community-held documents, ELRev. 2000, 303.

Dehousse, Renaud European Institutional Architecture after Amsterdam: Parliamentary System or Regulatory Structure, in: CMLRev. 1998, pp. 595-627; zitiert: *Dehousse*, European Institutional Architecture after Amsterdam: Parliamentary System or Regulatory Structure, CMLRev. 1998, 595.

Deutscher Bundestag Deutscher Bundestag: Blickpunkt Bundestag, Forum der Demokratie, Juni 1/98, 26; zitiert: Blickpunkt Bundestag, Forum der Demokratie, Juni 1/98, 26.

Diesbach, Volker Völkerrechtliche Garantien der Presse- und Informationsfreiheit, Heidelberg 1977; zitiert: *Diesbach*, Völkerrechtliche Garantien der Presse- und Informationsfreiheit, S.

Dijk, Pieter van/ Hoof, Godefridus van Theory and Practice of the European Convention on Human Rights, 3rd ed., The Hague 1998; zitiert: *van Dijk/van Hoof*, Theory and Practice of the European Convention on Human Rights, Art. §

Doehring, Karl Völkerrecht, Ein Lehrbuch, 2. Aufl., Heidelberg 2004; zitiert: *Doehring*, Völkerrecht, S. Rdn.

Dreier, Horst Grundgesetz-Kommentar, Bd. 1, Artikel 1-19, Tübingen 1996; zitiert: *Bearbeiter*, in: *Dreier*, Grundgesetz-Kommentar, Bd. 1, 1996, Art. Rdn.

Eberle, Carl-Eugen/ Ibler, Martin/ Lorenz, Dieter Festschrift für Winfried Brohm, München 2002; zitiert: *Bearbeiter*, Titel, in: *Eberle/Ibler/Lorenz*, Festschrift für Brohm, S.

Ehlers, Dirk Europäische Grundrechte und Grundfreiheiten, 2. Aufl., Berlin 2005; zitiert: *Bearbeiter*, in: *Ehlers*, Europäische Grundrechte und Grundfreiheiten, § Rdn.

Ehmann, Eugen/ Helfrich, Marcus EG Datenschutzrichtlinie, Kurzkommentar, Köln 1999; zitiert: *Ehmann/Helfrich*, EG-Datenschutzrichtlinie, Kurzkommentar, Art. Rdn.

Eide, Asbjörn/ Krause, Catarina/ Rosas, Allan Economic, Social and Cultural Rights: A Textbook, Dordrecht 1995; zitiert: *Bearbeiter*, in: *Eide/ Krause/ Rosas*, Economic, Social and Cultural Rights, p.

Engel, Christoph Eigentumsschutz für Unternehmen, in: AöR 118 (1993), S. 169 ff.; zitiert: *Engel*, Eigentumsschutz für Unternehmen, AöR 118 (1993), 169.

Erichsen, Hans-Uwe Das Recht auf freien Zugang zu Informationen über die Umwelt, in: NVwZ 1992, S. 409 ff.; zitiert: *Erichsen*, Das Recht auf freien Zugang zu Informationen über die Umwelt, NVwZ 1992, 409.

Ermacora, Felix Die Selbstbestimmungsidee, Wien 1974; zitiert: *Ermacora*, Die Selbstbestimmungsidee, S.

Ermacora, Felix Zu den Menschenrechtspakten der Vereinten Nationen, in: Vereinte Nationen 1968-1969, S. 133 ff.; zitiert: *Ermacora*, Zu den Menschenrechtspakten der Vereinten Nationen, Vereinte Nationen 1968-1969, 133.

Everling, Ulrich Das Europäische Gemeinschaftsrecht im Spannungsfeld von Politik und Wirtschaft: ausgewählte Aufsätze 1964-1984, Baden-Baden 1985; zitiert: *Bearbeiter*, in: *Everling*, Das Europäische Gemeinschaftsrecht im Spannungsfeld von Politik und Wirtschaft, S.

Eyermann, Erich Verwaltungsgerichtsordnung: Kommentar, 10. Aufl., München 1998; zitiert: *Bearbeiter*, in: *Eyermann*, Verwaltungsgerichtsordnung - Kommentar, § Rdn.

Fastenrath, Ulrich Lücken im Völkerrecht: zu Rechtscharakter, Quellen, Systemzusammenhang, Methodenlehre und Funktionen des Völkerrechts, Berlin 1991; zitiert: *Fastenrath*, Lücken im Völkerrecht, S.

Fawcett, James Application of the European Convention on Human Rights, 2nd ed., Oxford 1987; zitiert: *Fawcett*, Application of the ECHR, Article, p.

Fichte, Johann Gottlieb Zurückforderung der Denkfreiheit von den Fürsten Europens, die sie bisher unterdrückten, in: Johann Gottlieb Fichte`s sämmtliche Werke, Bd. 6, Berlin 1845; zitiert: *Fichte*, Zurückforderung der Denkfreiheit, S.

Fleiner, Thomas/ Fleiner, Lidija Allgemeine Staatslehre, 3. Aufl., Berlin 2004; zitiert: *Fleiner*, Allgemeine Staatslehre, S.

Fox, Gregory The Right to Political Participation in International Law, in: Yale Journal of International Law Vol. 17 (1992), pp. 539-607; zitiert: *Fox*, The Right to Political Participation in International Law, Yale Journal of International Law Vol. 17 (1992), pp. 539-607.

Frowein, Jochen Der Beitrag der internationalen Organisationen zur Entwicklung des Völkerrechts, in: ZaöRV 36 (1976), S. 147 ff.; zitiert: *Frowein*, Der Beitrag der internationalen Organisationen zur Entwicklung des Völkerrechts, ZaöRV 36 (1976), 147.

Frowein, Jochen/ Peukert, Wolfgang Europäische Menschenrechtskonvention-Kommentar, 2. Aufl., Kehl 1996; zitiert: *Frowein/Peukert*, Europäische Menschenrechtskonvention, Artikel Rdn.

Ganji, Manouchehr International Protection of Human Rights, Genf 1962; zitiert: *Ganji*, International Protection of Human Rights, p.

Garstka, Hansjürgen Empfiehlt es sich, Notwendigkeit und Grenzen des Schutzes personenbezogener - auch grenzüberschreitender - Informationen neu zu bestimmen?, in: DVBl. 1998, S. 981 ff.; zitiert: *Garstka*, Empfiehlt es sich, Notwendigkeit und Grenzen des Schutzes personenbezogener - auch grenzüberschreitender - Informationen neu zu bestimmen?, DVBl. 1998, 981.

Geiger, Rudolf EUV/EGV-Kommentar, 3. Aufl., München 2000; zitiert: *Geiger*, EUV/EGV-Kommentar, Art. Rdn.

Gepperth, Rainer Informationsfreiheit, ein Menschenrecht, München 1978; zitiert: *Bearbeiter*, in: *Gepperth*, Informationsfreiheit, ein Menschenrecht, S.

Gets, Marina Meinungsäußerungs- und Informationsfreiheit im Internet aus der Sicht des Völkerrechts, Berlin 2002; zitiert: *Gets*, Meinungsäußerungs- und Informationsfreiheit im Internet aus der Sicht des Völkerrechts, S.

Glahn, Gerhard von Law Among Nations, An Introduction to Public International Law, 2nd ed., London 1970; zitiert: *v. Glahn*, Law Among Nations, p.

Goodrich, Leland/ Hambro, Edvard/ Simons, Ann Patricia Charter of the United Nations - commentary and documents, 3rd ed., New York 1969; zitiert: *Goodrich/Hambro/Simons*, Charter of the United Nations - commentary and documents, Article p.

Goose, Peter Ernst Der internationale Pakt über bürgerliche und politische Rechte, in: NJW 1974, S.1305 ff.; zitiert: *Goose*, Der internationale Pakt über bürgerliche und politische Rechte, NJW 1974, 1305.

Gornig, Gilbert-Hanno — Braucht Europa eine Verfassung?, in: WLA 2003, Heft 2, S. 76; zitiert: *Gornig*, Braucht Europa eine Verfassung?, WLA 2003, Heft 2, 76.

Gornig, Gilbert-Hanno — Zur Entwicklung eines besonderen Bereichs des Internationalen Rechts: Die naturrechtliche Verankerung der Freiheitsrechte, in: Die Friedens-Warte 1987, S. 53 ff.; zitiert: *Gornig*, Zur Entwicklung eines besonderen Bereichs des Internationalen Rechts: Die naturrechtliche Verankerung der Freiheitsrechte, Die Friedens-Warte 1987, 53.

Gornig, Gilbert-Hanno — Der Inhalt des Selbstbestimmungsrechts, in: Politische Studien, Sonderheft 6, 1993, S. 11 ff.; zitiert: *Gornig*, Der Inhalt des Selbstbestimmungsrechts, Politische Studien, Sonderheft 6, 1993, S. 11.

Gornig, Gilbert-Hanno — Satellitenrundfunk und Völkerrecht, in: ZUM 1992, S. 174 ff.; zitiert: *Gornig*, Satellitenrundfunk und Völkerrecht, ZUM 1992, 174.

Gornig, Gilbert-Hanno — Der grenzüberschreitende Informationsfluß durch Rundfunkwellen/ Zur Frage der Völkerrechtswidrigkeit von Jamming, in: EuGRZ 1988, S. 1 ff.; zitiert: *Gornig*, Der grenzüberschreitende Informationsfluß durch Rundfunkwellen/ Zur Frage der Völkerrechtswidrigkeit von Jamming, EuGRZ 1988, 1.

Gornig, Gilbert-Hanno — Meinungsäußerungsrecht und Pressefreiheit nach marxistisch-leninistischem Grundrechtsverständnis, in: ROW 1987, S. 79 ff.; zitiert: *Gornig*, Meinungsäußerungsrecht und Pressefreiheit nach marxistisch-leninistischem Grundrechtsverständnis, ROW 1987, 79.

Gornig, Gilbert-Hanno — Äußerungsfreiheit und Informationsfreiheit als Menschenrechte. Die Verankerung der Äußerungs-, Informations-, Presse- und Rundfunkfreiheit sowie des Zensurverbots in völkerrechtlichen Übereinkommen und in den Rechtsordnungen der KSZE-Staaten; unter besonderer Berücksichtigung rechtsphilosophischer und rechtsgeschichtlicher Hintergründe, Berlin 1988; zitiert: *Gornig*, Äußerungsfreiheit und Informationsfreiheit als Menschenrechte, S.

Gornig, Gilbert-Hanno/ Trüe, Christiane Die Rechtsprechung des EuGH und des EuG zum Europäischen Verwaltungsrecht-Teil 2, in: JZ 2000, S. 446 ff.; zitiert: *Gornig/Trüe*, Die Rechtsprechung des EuGH und des EuG zum Europäischen Verwaltungsrecht-Teil 2, JZ 2000, 446.

Gornig, Gilbert-Hanno/ Trüe, Christiane Die Rechtsprechung des EuGH zum europäischen allgemeinen Verwaltungsrecht-Teil 2, in: JZ 1993, S. 934 ff.; zitiert: *Gornig/Trüe*, Die Rechtsprechung des EuGH zum europäischen allgemeinen Verwaltungsrecht-Teil 2, JZ 1993, 934.

Gornig, Gilbert-Hanno/ Trüe, Christiane Die Rechtsprechung des EuGH und des EuG zum Europäischen Verwaltungsrecht-Teil 3, in: JZ 2000, S. 501 ff.; zitiert: *Gornig/Trüe*, Die Rechtsprechung des EuGH und des EuG zum Europäischen Verwaltungsrecht-Teil 3, JZ 2000, 501.

Gornig, Gilbert-Hanno/ Trüe, Christiane Die Rechtsprechung des EuGH zum europäischen allgemeinen Verwaltungsrecht-Teil 1, in: JZ 1993, S. 884 ff.; zitiert: *Gornig/Trüe*, Die Rechtsprechung des EuGH zum europäischen allgemeinen Verwaltungsrecht-Teil 1, JZ 1993, 884.

Gornig, Gilbert-Hanno/ Trüe, Christiane Die Rechtsprechung des EuGH und des EuG zum Europäischen Verwaltungsrecht-Teil 1, in: JZ 2000, S. 395 ff.; zitiert: *Gornig/Trüe*, Die Rechtsprechung des EuGH und des EuG zum Europäischen Verwaltungsrecht-Teil 1, JZ 2000, 395.

Grabitz, Eberhard/ Hilf, Meinhard EUV/EGV, Maastricht-Fassung, Archivband II (EL 8, Mai 1995), Loseblatt, München; zitiert: *Bearbeiter*, in: *Grabitz/Hilf*, EUV/EGV, Maastricht-Fassung, Art. Rdn.

Graf Vitzthum, Wolfgang Völkerrecht, 2. Aufl., Berlin, New York 2001; zitiert: *Bearbeiter*, in: *Graf Vitzthum*, Völkerrecht, Abschn. Rdn.

Griebel, Thomas Die verfahrensrechtliche Absicherung von Informationsfreiheitsrechten in rechtsvergleichender Sicht, Eine Betrachtung der Rechtslage in Schweden, den USA, Deutschland und der Europäischen Union, Berlin 2007; zitiert: *Griebel*, Die verfahrensrechtliche Absicherung von Informationsfreiheitsrechten in rechtsvergleichender Sicht, S.

Groeben, Hans von der/ Schwarze, Jürgen Kommentar zum Vertrag über die Europäische Union und zur Gründung der Europäischen Gemeinschaft, Band 4 Artikel 189-314 EGV, 6. Aufl., Baden-Baden 2004; zitiert: *Bearbeiter*, in: *von der Groeben/Schwarze*, Kommentar zum EUV und EGV, Art. Rdn.

Gros Espiell, Héctor The Right to Self-Determination, Implementation of United Nations Resolutions (UN Doc. E/ CN.4/ Sub.2/ 405/ rev.1); zitiert: *Gros Espiell*, The Right to Self-Determination, para.

Gröschner, Rolf Transparente Verwaltung: Konturen eines Informationsverwaltungsrechts, in: VVDStRL 63 (2004), S. 344 ff.; zitiert: *Gröschner*, Transparente Verwaltung: Konturen eines Informationsverwaltungsrechts, VVDStRL 63 (2004), S.

Guradze, Heinz Die Europäische Menschenrechtskonvention, Berlin 1968; zitiert: *Guradze*, EMRK-Kommentar, S.

Guradze, Heinz Die Menschenrechtskonvention der Vereinten Nationen vom 16. Dezember 1966, in: JIR 15 (1971), S. 242 ff.; zitiert: *Guradze*, Die Menschenrechtskonvention der Vereinten Nationen, JIR 13 (1971), 242.

Guradze, Heinz Der Stand der Menschenrechte im Völkerrecht, Göttingen 1956; zitiert: *Guradze*, Der Stand der Menschenrechte im Völkerrecht, S.

Gurlit, Elke Die Verwaltungsöffentlichkeit im Umweltrecht, Düsseldorf 1989; zitiert: *Gurlit*, Die Verwaltungsöffentlichkeit im Umweltrecht, S.

Gurlit, Elke Konturen eines Informationsverwaltungsrechts, in: DVBl. 2003, 1119 ff.; zitiert: *Gurlit*, Konturen eines Informationsverwaltungsrechts, DVBl. 2003, 1119.

Haellmigk, Christian Schweden und das Europäische Gemeinschaftsrecht, Dissertation Stuttgart 2003; zitiert: *Haellmigk*, Schweden und das Europäische Gemeinschaftsrecht, S.

Haratsch, Andreas Verweisungstechnik und gemeinschaftsgerichtete EG-Richtlinien. Anmerkungen zum neuen Datenschutzartikel des EG-Vertrages, in: EuR 2000, S. 42 ff.; zitiert: *Haratsch*, Verweisungstechnik und gemeinschaftsgerichtete EG-Richtlinien, EuR 2000, 42.

Heintschel von Heinegg, Wolff/ Haltern, Ulrich Grundrechte als Leistungsansprüche des Bürgers gegenüber dem Staat, in: JA 1995, 333 ff.; zitiert: *Heintschel v. Heinegg/Haltern*, Grundrechte als Leistungsansprüche des Bürgers gegenüber dem Staat, JA 1995, 333.

Heitsch, Christian Die Transparenz der Entscheidungsprozesse als Element demokratischer Legitimation der Europäischen Union, in: EuR 2001, S. 809 ff.; zitiert: *Heitsch*, Die Transparenz der Entscheidungsprozesse als Element demokratischer Legitimation der Europäischen Union, EuR 2001, 809.

Henkin, Louis The International Bill of Rights, The Covenant on Civil and Political Rights, New York 1981; zitiert: *Bearbeiter*, in: *Henkin*, The International Bill of Rights, p.

Herdegen, Matthias Europarecht, 7. Aufl., München 2005; zitiert: *Herdegen*, Europarecht, § Rdn.

Herdegen, Matthias Völkerrecht, 3. Aufl., München 2004; zitiert: *Herdegen*, Völkerrecht, § Rdn.

Herrmann, Stephanie Informationspflichten gegenüber der Verwaltung. Dargestellt am Recht der Gefahrenabwehr, Frankfurt am Main 1997; zitiert: *Herrmann*, Informationspflichten gegenüber der Verwaltung, S.

Hesse, Konrad Bestand und Bedeutung der Grundrechte in der Bundesrepublik Deutschland, in: EuGRZ 1978, S. 427 ff.; zitiert: *Hesse*, Bestand und Bedeutung der Grundrechte in der Bundesrepublik Deutschland, EuGRZ 1978, 427.

Heymer, Winfried Die Zulässigkeit der Stationierung und des Betriebs von Rundfunksatelliten aus völkerrechtlicher Sicht, Köln 1976; zitiert: *Heymer*, Die Zulässigkeit der Stationierung und des Betriebs von Rundfunksatelliten aus völkerrechtlicher Sicht, S.

Höffler, Imke Akteneinsichtsrechte des Bürgers bei deutschen Verwaltungsbehörden. Amtsgeheimnis oder Aktenöffentlichkeit?, Münster 2002; zitiert: *Höffler*, Akteneinsichtsrechte des Bürgers bei deutschen Verwaltungsbehörden, S.

Ipsen, Jörn Staatsrecht I (Staatsorganisationsrecht), 16. Aufl., München 2004; zitiert: *Ipsen*, Staatsrecht I, S. Rdn.

Ipsen, Jörn/ Rengeling, Hans-Werner/ Mössner, Jörg Manfred/ Weber, Albrecht — Verfassungsrecht im Wandel, Köln u.a. 1995; zitiert: *Bearbeiter*, in: *Ipsen/Rengeling/Mössner/Weber*, Verfassungsrecht im Wandel, S.

Ipsen, Knut — Völkerrecht, 5. Aufl., München 2004; zitiert: *Bearbeiter*, in: *Ipsen*, Völkerrecht, § Rdn.

Isensee, Josef/ Kirchhof, Paul — Handbuch des Staatsrechts, Band V, Allgemeine Grundrechtslehren, Heidelberg 1992; zitiert: *Bearbeiter*, in: *Isensee/Kirchhof*, Handbuch des Staatsrechts, Band V, § Rdn.

Jacobs, Francis — The European Convention on Human Rights, Oxford 1975; zitiert: *Jacobs*, The European Convention on Human Rights, Article, p.

Jarass, Hans — EU-Grundrechte, München 2005; zitiert: *Jarass*, EU-Grundrechte, S. Rdn.

Jellinek, Georg — System der subjektiven öffentlichen Rechte, 2. Aufl., Tübingen 1919; zitiert: *Jellinek*, System der subjektiven öffentlichen Rechte, S.

Jerschke, Hans-Ulrich — Öffentlichkeitspflicht der Exekutive und Informationsrecht der Presse, Berlin 1971; zitiert: *Jerschke*, Öffentlichkeitspflicht der Exekutive und Informationsrecht der Presse, S.

Jessup, Philip — A Modern Law of Nations. An Introduction, New York u.a. 1950; zitiert: *Jessup*, A Modern Law of Nations, p.

Joseph, Sarah/ Schultz, Jenny/ Castan, Melissa — The International Covenant on Civil and Political Rights, Cases, Materials, and Commentary, 2nd ed., Oxford 2004; zitiert: *Joseph/Schultz/Castan*, The International Covenant on Civil and Political Rights, para.

Kadelbach, Stefan — Zwingendes Völkerrecht, Berlin 1992; zitiert: *Kadelbach*, Zwingendes Völkerrecht, S.

Kelsen, Hans — The Law of the United Nations, London 1951; zitiert: *Kelsen*, The Law of the United Nations, p.

Khol, Andreas — Der Menschenrechtskatalog der Völkergemeinschaft, Wien 1968; zitiert: *Khol*, Der Menschenrechtskatalog der Völkergemeinschaft, S.

Kimminich, Otto/ Hobe, Stephan Einführung in das Völkerrecht, 7. Aufl., Tübingen, Basel 2000; zitiert: *Kimminich/Hobe*, Einführung in das Völkerrecht, S.

Kiss, Alexandre The Peoples´ Right to Self-Determination, in: HRLJ 1986, pp. 165-175; zitiert: *Kiss*, The Peoples´ Right to Self-Determination, HRLJ 1986, p.165.

Klein, Alfred Universeller Menschenrechtsschutz. Realität oder Utopie?, in: EuGRZ 1999, S. 109 ff.; zitiert: *Klein*, Universeller Menschenrechtsschutz. Realität oder Utopie?, EuGRZ 1999, 109.

Klein, Eckart Einwirkungen des europäischen Menschenrechtsschutzes auf Meinungsäußerungsfreiheit und Pressefreiheit, in: AfP 1/94, S. 9 ff.; zitiert: *Klein*, Einwirkungen des europäischen Menschenrechtsschutzes auf Meinungsäußerungsfreiheit und Pressefreiheit, AfP 1/94, 9.

Kloepfer, Michael Informationszugangsfreiheit und Datenschutz: Zwei Säulen des Rechts der Informationsgesellschaft, in: DÖV 2003, S. 221 ff.; zitiert: *Kloepfer*, Informationszugangsfreiheit und Datenschutz, DÖV 2003, 221.

Kloepfer, Michael/ Neun, Andreas Rechtsfragen der europäischen Informationsgesellschaft, in: EuR 2000, S. 512 ff.; zitiert: *Kloepfer/Neun*, Rechtsfragen der europäischen Informationsgesellschaft, EuR 2000, 512.

Kloepfer, Michael/ v. Lewinski, Kai Das Informationsfreiheitsgesetz des Bundes (IFG), in: DVBl. 2005, S. 1277 ff.; zitiert: *Kloepfer/v. Lewinski*, Das Informationsfreiheitsgesetz des Bundes (IFG), DVBl. 2005, 1277.

Kopp, Ferdinand Verfassungsrecht und Verwaltungsverfahrensrecht, München 1971; zitiert: *Kopp*, Verfassungsrecht und Verwaltungsverfahrensrecht, S.

Krause, Catarina Rätten till egendom som en mänsklig rättighet, Abo 1993; zitiert: *Krause*, Rätten till egendom som en mänsklig rättighet, p.

Kröger, Detlef Informationsfreiheit im Gemeinschaftsrecht. Eine Perspektive für den Deutschen Gesetzgeber, in: DuD 2003, S. 29 ff.; zitiert: *Kröger*, Informationsfreiheit im Gemeinschaftsrecht, DuD 2003, 29.

Kugelmann, Dieter Der Schutz privater Individualkommunikation nach der EMRK, in: EuGRZ 2003, S. 16 ff.; zitiert: *Kugelmann*, Der Schutz privater Individualkommunikation nach der EMRK, EuGRZ 2003, 16.

Kugelmann, Dieter Die informatorische Rechtsstellung des Bürgers: Grundlagen und verwaltungsrechtliche Grundstrukturen individueller Rechte auf Zugang zu Informationen der Verwaltung, Tübingen 2001; zitiert: *Kugelmann*, Die informatorische Rechtsstellung des Bürgers, S.

Kugelmann, Dieter Das Informationsfreiheitsgesetz des Bundes, in: NJW 2005, S. 3609 ff.; zitiert: *Kugelmann*, Das Informationsfreiheitsgesetz des Bundes, NJW 2005, 3609.

Kugelmann, Dieter Informationsfreiheit als Element moderner Staatlichkeit, in: DÖV 2005, S. 851; zitiert: *Kugelmann*, Informationsfreiheit als Element moderner Staatlichkeit, DÖV 2005, 851.

Kühnhardt, Ludger Die Universalität der Menschenrechte, 2. Aufl., Bonn 1991; zitiert: *Kühnhardt*, Die Universalität der Menschenrechte, S.

Larenz, Karl/ Canaris, Claus-Wilhelm Methodenlehre der Rechtswissenschaft, 3. Aufl., Berlin u.a. 1995; zitiert: *Larenz/Canaris*, Methodenlehre der Rechtswissenschaft, S.

Lauterpacht, Hersch International Law and Human Rights, London 1950; zitiert: *Lauterpacht*, International Law and Human Rights, p.

Lenz, Otto/ Borchardt, Klaus-Dieter EU- und EG-Vertrag, Kommentar, 3. Aufl., Basel u.a. 2003; zitiert: *Bearbeiter*, in: *Lenz/Borchardt*, EU- und EG-Vertrag, Art. Rdn.

Lerche, Peter Aktuelle Grundfragen der Informationsfreiheit, in: Jura 1995, S. 561 ff.; zitiert: *Lerche*, Aktuelle Grundfragen der Informationsfreiheit, Jura 1995, 561.

Lodde, Stephan W. H. Informationsrechte des Bürgers gegen den Staat, Köln, Bonn, München 1996; zitiert: *Lodde*, Informationsrechte des Bürgers gegen den Staat, S.

Löffler, Martin Die Kommunikationsfreiheit im Einordnungsverhältnis, in: NJW 1984, S. 1206 ff.; zitiert: *Löffler*, Die Kommunikationsfreiheit im Einordnungsverhältnis, NJW 1984 1206.

Löffler, Martin Der Informationsanspruch der Presse und des Rundfunks, in: NJW 1964, S. 2277 ff.; zitiert: *Löffler*, Der Informationsanspruch der Presse und des Rundfunks, NJW 1964, 2277.

Luhmann, Niklas Grundrechte als Institution: ein Beitrag zur politischen Soziologie, 4. Aufl., Berlin 1999; zitiert: *Luhmann*, Grundrechte als Institution, S.

Majone, Giandomenico Regulating Europe, London 1996; zitiert: *Bearbeiter*, in: *Majone*, Regulating Europe, p.

Malanczuk, Peter Akehurst`s Modern Introduction to International Law, 7th ed., London, New York 1997; zitiert: *Malanczuk*, Modern Introduction to International Law, p.

Malinverni, Giorgio Freedom of Information in the European Convention on Human Rights and in the International Covenant on Civil and Political Rights, in: HRLJ 1983, S. 443 ff.; zitiert: *Malinverni*, Freedom of Information in the ECHR and in the ICCPR, HRLJ 1983, 443.

Mangoldt, Hermann von/ Klein, Friedrich/ Starck, Christian Kommentar zum Grundgesetz, Band 1, 5. Aufl., München 2005; zitiert: Bearbeiter, in: *v. Mangoldt/ Klein/ Starck*, Kommentar zum Grundgesetz, Band 1, Art. Rdn.

Marie, Jean-Bernard Relations between peoples` rights and human rights: Semantic and methodological distinctions, in: HRLJ 1986, pp. 195-204; zitiert: *Marie*, Relations between peoples` rights and human rights, HRLJ 1986, p. 195.

Martens, Wolfgang Grundrechte im Leistungsstaat VVDStRL 30 (1972), S. 7 ff.; zitiert: *Martens,* Grundrechte im Leistungsstaat, VVDStRL 30 (1972), S.

Masing, Johannes Transparente Verwaltung: Konturen eines Informationsverwaltungsrechts, VVDStRL 63 (2004), S. 377 ff.; zitiert: *Masing,* Transparente Verwaltung: Konturen eines Informationsverwaltungsrechts, VVDStRL 63 (2004), S.

Maunz, Theodor/ Dürig, Günter u.a. Grundgesetz, Kommentar, Loseblatt, München; zitiert: *Bearbeiter*, in: *Maunz/Dürig*, Kommentar zum Grundgesetz, Art. Rdn.

Maurer, Hartmut Allgemeines Verwaltungsrecht, 10. Aufl., München 1995; zitiert: *Maurer*, Allgemeines Verwaltungsrecht, § Rdn.

Maurer, Hartmut Staatsrecht I, 4. Aufl., München 2005; zitiert: *Maurer*, Staatsrecht I, § Rdn.

Melander, Göran/ Alfredsson, Gudmundur The Raoul Wallenberg Compilation of Human Rights Instruments, The Hague 1997; zitiert: *Melander/ Alfredsson*, The Raoul Wallenberg Compilation of Human Rights Instruments, No.

Meyer-Ladewig, Jens Europäische Konvention zum Schutz der Menschenrechte und Grundfreiheiten, Handkommentar, Baden-Baden 2003; zitiert: *Meyer-Ladewig*, EMRK Handkommentar, Artikel Rdn.

Meyer, Hans/ Borgs-Maciejewski, Hermann Verwaltungsverfahrensgesetz, 2. Aufl., Frankfurt am Main 1982; zitiert: *Bearbeiter*, in: *Meyer/ Borgs-Maciejewski*, Verwaltungsverfahrensgesetz, § Rdn.

Meyer, Jürgen Charta der Grundrechte, 2. Aufl., Baden-Baden 2006; zitiert: *Bearbeiter*, in: *Meyer*, Charta der Grundrechte, Art. Rdn.

Müller-Michaels, Olaf Grundrechtlicher Eigentumsschutz in der Europäischen Union, Berlin 1996; zitiert: *Müller-Michaels*, Grundrechtlicher Eigentumsschutz in der Europäischen Union, S.

Münch, Ingo von Völkerrecht, 2. Aufl., Berlin, New York 1982; zitiert: *von Münch*, Völkerrecht, S.

Münch, Ingo von/ Kunig, Philip Grundgesetz-Kommentar, Band 1, 5. Aufl., München 2000; zitiert: *Bearbeiter*, in: *v. Münch/Kunig*, Grundgesetz-Kommentar, Band 1, Art. Rdn.

Neuhold, Hanspeter/ Hummer, Waldemar/ Schreuer, Christoph Österreichisches Handbuch des Völkerrechts, Band 1, 3. Aufl., Wien 1997; zitiert: *Bearbeiter*, in: *Neuhold/ Hummer/Schreuer*, Österreichisches Handbuch des Völkerrechts, Rz.

Newman, Frank/ Weissbrodt, David International Human Rights: Law, Policy, and Process, Cincinnati 1990; zitiert: *Newman/Weissbrodt*, International Human Rights: Law, Policy, and Process, p.

Nolte, Georg Die Herausforderung für das deutsche Recht der Akteneinsicht durch europäisches Gemeinschaftsrecht, in: DÖV 1999, S. 363 ff.; zitiert: *Nolte*, Die Herausforderung für das deutsche Recht der Akteneinsicht durch europäisches Gemeinschaftsrecht, DÖV 1999, 363.

Nowak, Carsten Informations- und Dokumentenzugangsfreiheit in der EU, Neuere Entwicklungen und Perspektiven, in: DVBl. 2004, S. 272 ff.; zitiert: *Nowak*, Informations- und Dokumentenzugangsfreiheit in der EU, DVBl. 2004, 272.

Nowak, Manfred U.N. Covenant on Civil and Political Rights, CCPR Commentary, 2nd ed., Kehl am Rhein 2005; zitiert: *Nowak*, CCPR Commentary, Art. para.

Nowak, Manfred/ Steurer, Dorothea/ Tretter, Hannes Fortschritt im Bewußtsein der Grund- und Menschenrechte, Festschrift für Felix Ermacora, Kehl u.a. 1988; zitiert: *Bearbeiter*, in: *Nowak/Steurer/Tretter*, Fortschritt im Bewußtsein der Grund- und Menschenrechte, S.

O`Connell, Daniel P. International Law, Vol. 1, London, New York 1965; zitiert: *O´Connell*, International Law, Vol. 1, p.

Oeter, Stefan Souveränität und Demokratie als Probleme in der „Verfassungsentwicklung" der Europäischen Union, in: ZaöRV 55 (1995), S. 659 ff.; zitiert: *Oeter*, Souveränität und Demokratie als Probleme in der „Verfassungsentwicklung" der Europäischen Union, ZaöRV 55 (1995), 659.

Oppermann, Thomas Europarecht, 2. Aufl., München 1999; zitiert: *Oppermann*, Europarecht, § Rdn.

Partsch, Christoph Die neue Transparenzverordnung (EG) Nr. 1049/2001, in: NJW 2001, S. 3154 ff.; zitiert: *Partsch*, Die neue Transparenzverordnung (EG) Nr. 1049/2001, NJW 2001, 3154.

Partsch, Karl Josef Die Rechte und Freiheiten der europäischen Menschenrechtskonvention, Berlin 1966; zitiert: *Partsch*, Die Rechte und Freiheiten der europäischen Menschenrechtskonvention, S.

Pernice, Ingolf Maastricht, Staat und Demokratie, in: DV 1993, S. 449 ff.; zitiert: *Pernice*, Maastricht, Staat und Demokratie, DV 1993, 449.

Pieroth, Bodo/ Schlink, Bernhard Grundrechte, Staatsrecht II, 21. Aufl., Heidelberg 2005; zitiert: *Pieroth/Schlink*, Grundrechte, Staatsrecht II, S. Rdn.

Püschel, Jan Ole Informationen des Staates als Wirtschaftsgut, Berlin 2006; zitiert: *Püschel*, Informationen des Staates als Wirtschaftsgut, S.

Ragaz, Peter Curdin Die Meinungsäußerungsfreiheit in der Europäischen Menschenrechtskonvention, Bern 1979; zitiert: *Ragaz*, Die Meinungsäußerungsfreiheit in der EMRK, S.

Ramcharan, Bertrand Human Rights, Thirty years after the Universal Declaration, The Hague 1979; zitiert: *Bearbeiter*, in: *Ramcharan*, Human Rights, p.

Ranner, Hella Kolloquium in Graz, Informationsfreiheit und Auskunftspflicht der Behörden, in: EuGRZ 1976, S. 447 ff.; zitiert: *Ranner*, Kolloquium in Graz, EuGRZ 1976, 447.

Rengeling, Hans-Werner Handbuch zum europäischen und deutschen Umweltrecht, Band I, 1. Aufl., Köln 1998; zitiert: *Bearbeiter*, in: *Rengeling*, Handbuch zum europäischen und deutschen Umweltrecht, Band I, § Rdn.

Riedel, Eibe Theorie der Menschenrechtsstandards: Funktion, Wirkungsweise und Begründung wirtschaftlicher und sozialer Menschenrechte mit exemplarischer Darstellung der Rechte auf Eigentum und auf Arbeit in verschiedenen Rechtsordnungen, Berlin 1986; zitiert: *Riedel*, Theorie der Menschenrechtsstandards, S.

Riedel, Eibe Menschenrechte der dritten Dimension, in: EuGRZ 1989, S. 9 ff.; zitiert: *Riedel*, Menschenrechte der dritten Dimension, EuGRZ 1989, 9.

Robertson, Arthur H. Privacy and Human Rights, Third International Colloquy, Brussels 1970, Manchester 1973; zitiert: *Bearbeiter*, Titel, in: *Robertson*, Privacy and Human Rights, p.

Robinson, Nehemiah The Universal Declaration of Human Rights, New York 1958;
zitiert: *Robinson*, The Universal Declaration of Human Rights, p.

Rosas, Allan The Strength of Diversity - Human Rights and pluralistic democracy, Dordrecht 1992; zitiert: *Bearbeiter*, Titel, in: *Rosas*, The Strength of Diversity - Human Rights and pluralistic democracy, p.

Rosas, Allan/ Helgesen, Jan Human Rights in a changing East-West Perspective, London 1990; zitiert: *Bearbeiter*, Titel, in: *Rosas/Helgesen*, Human Rights in a changing East-West Perspective, p.

Rossi, Matthias Informationszugangsfreiheit und Verfassungsrecht. Zu den Wechselwirkungen zwischen Informationsfreiheitsgrenzen und der Verfassungsordnung in Deutschland, Berlin 2004; zitiert: *Rossi*, Informationszugangsfreiheit und Verfassungsrecht, S.

Schaumann, Johann Christian Gottlieb Kritische Abhandlungen zur philosophischen Rechtslehre, Halle 1795; zitiert: *Schaumann*, Kritische Abhandlungen zur philosophischen Rechtslehre, S.

Schaumann, Wilfried Der völkerrechtliche Schutz der Menschen- und Freiheitsrechte in seiner Verwirklichung durch die Vereinten Nationen, in: JIR 13 (1967), S. 133 ff.; zitiert: *Schaumann*, Der völkerrechtliche Schutz der Menschen- und Freiheitsrechte in seiner Verwirklichung durch die Vereinten Nationen, JIR 13 (1967), 133.

Scherer, Joachim Verwaltung und Öffentlichkeit, Baden-Baden 1978; zitiert: *Scherer*, Verwaltung und Öffentlichkeit, S.

Scherer, Joachim Datenschutz und Datenzugang, in: JZ 1979, S. 389 ff.; zitiert: *Scherer*, Datenschutz und Datenzugang, JZ 1979, 389.

Scherzberg, Arno Die Öffentlichkeit der Verwaltung, Baden-Baden 2000; zitiert: *Scherzberg*, Die Öffentlichkeit der Verwaltung, S.

Schild, Hans-Hermann Die EG-Datenschutzrichtlinie, in: EuZW 1996, S. 549 ff.; zitiert: *Schild*, Die EG-Datenschutzrichtlinie, EuZW 1996, 549.

Schild, Hans-Hermann Datenschutz in Europa, in: EuZW 1991, S. 745 ff.; zitiert: *Schild*, Datenschutz in Europa, EuZW 1991, 745.

Schilling, Theodor Internationaler Menschenrechtsschutz, Tübingen 2004; zitiert: *Schilling*, Internationaler Menschenrechtsschutz, § Rdn. S.

Schlachter, Jörg Mehr Öffentlichkeit wagen: eine Kritik des geltenden deutschen Verwaltungstransparenzrechts mit Vorschlägen für eine Neuregelung unter Berücksichtigung rechtsvergleichender Gesichtspunkte, Heidelberg 1993; zitiert: *Schlachter*, Mehr Öffentlichkeit wagen, S.

Schmidt-Bleibtreu, Bruno/ Klein, Franz Kommentar zum Grundgesetz, 9. Aufl., Neuwied u.a. 1999; zitiert: *Schmidt-Bleibtreu/Klein*, Kommentar zum Grundgesetz, Art. Rdn.

Schmitt, Carl Freiheitsrechte und institutionelle Garantien der Reichsverfassung (1931), in: Verfassungsrechtliche Aufsätze aus den Jahren 1924-1954, unveränderte 2. Auflage, Berlin 1973; zitiert: *Schmitt*, Freiheitsrechte und institutionelle Garantien, S.

Schoch, Friedrich Der Entwurf eines Informationsweiterverwendungsgesetzes des Bundes, in: NVwZ 2006, S. 872 ff.; zitiert: *Schoch*, Der Entwurf eines Informationsweiterverwendungsgesetzes des Bundes, NVwZ 2006, 872.

Schoch, Friedrich Öffentlich-rechtliche Rahmenbedingungen einer Informationsordnung, in: VVDStRL 57 (1998), S. 158 ff.; zitiert: *Schoch*, Öffentlich-rechtliche Rahmenbedingungen einer Informationsordnung, VVDStRL 57 (1998), S. 158.

Schoch, Friedrich/ Kloepfer, Michael Informationsfreiheitsgesetz (IFG-ProfE), Entwurf eines Informationsfreiheitsgesetzes für die Bundesrepublik Deutschland, Berlin 2002; zitiert: *Schoch/Kloepfer*, Entwurf eines Informationsfreiheitsgesetzes, S.

Schröder, Meinhard Auskunft und Zugang in bezug auf Umweltdaten als Rechtsproblem, in: NVwZ 1990, S. 905 ff.; zitiert: *Schröder*, Auskunft und Zugang in bezug auf Umweltdaten als Rechtsproblem, NVwZ 1990, 905.

Schröder, Meinhard Schutz von Betriebs- und Geschäftsgeheimnissen im Umweltschutzrecht, in: UPR 1985, S. 394 ff.; zitiert: *Schröder*, Schutz von Betriebs- und Geschäftsgeheimnissen im Umweltschutzrecht, UPR 1985, 394.

Schubert, Manuel Recht auf Informationszugang. Ein Verwaltungsinformationszugangsgesetz für Deutschland?, in: DuD 2001, S. 400 ff.; zitiert: *Schubert*, Recht auf Informationszugang, DuD 2001, 400.

Schwarze, Jürgen EU Kommentar, Baden-Baden 2000; zitiert: *Bearbeiter*, in: *Schwarze*, EU Kommentar, Artikel Rdn.

Schwelb, Egon The Influence of the Universal Declaration of Human Rights on International and National Law, in: Proceedings of the American Society of International Law (1959), pp. 217-230; zitiert: *Schwelb*, The Influence of the Universal Declaration of Human Rights on International and National Law, Proceedings of the American Society of International Law (1959), p. 217.

Schwelb, Egon Die Menschenrechtsbestimmungen der Charta der Vereinten Nationen und die Allgemeine Erklärung der Menschenrechte, in: VN 73, S. 180 ff.; zitiert: *Schwelb*, Die Menschenrechtsbestimmungen der Charta der Vereinten Nationen und die Allgemeine Erklärung der Menschenrechte, VN 73, 180.

Seidl-Hohenveldern, Ignaz Völkerrecht, 10. Aufl., Köln, Berlin, Bonn, München 2000; zitiert: *Seidl-Hohenveldern*, Völkerrecht, § Rdn.

Shaw, Malcolm Nathan International Law, 5th ed., Cambridge 2003; zitiert: *Shaw*, International Law, p.

Siemen, Birthe Grundrechtsschutz durch Richtlinien/Die Fälle Österreichischer Rundfunk u.a. und Lindquist, in: EuR 2004, S. 306 ff.; zitiert: *Siemen*, Grundrechtsschutz durch Richtlinien, EuR 2004, 306.

Simma, Bruno The Charter of the United Nations, A Commentary, 2nd ed., Oxford 2002; zitiert: *Bearbeiter*, in: *Simma*, The Charter of the United Nations, Article p.

Simsarian, James Progress in Drafting two Covenants on Human Rights in the United Nations, in: AJIL 46 (1952), pp. 710-718; zitiert: *Simsarian*, Progress in Drafting two Covenants on Human Rights in the United Nations, AJIL 46 (1952), p. 710.

Simsarian, James Draft International Covenant on Human Rights Revised at 1950 Session of the United Nations Commission on Human Rights, in: AJIL 45 (1951), pp. 170-177; zitiert: *Simsarian*, Draft International Covenant on Human Rights, AJIL 45 (1951), p. 170.

Sobotta, Christoph Transparenz in den Rechtsetzungsverfahren der Europäischen Union, Frankfurt am Main 2001; zitiert: *Sobotta*, Transparenz in den Rechtsetzungsverfahren der Europäischen Union, S.

Soder, Josef Der Grundrechtskatalog der Menschenrechtskonvention der UN als innerdeutsches Recht, in: Vereinte Nationen 1968-1969, S. 114 ff.; zitiert: *Soder*, Der Grundrechtskatalog der Menschenrechtskonvention der UN als innerdeutsches Recht, Vereinte Nationen 1968-1969, 114.

Stadler, Gerhard The Council of Europe`s Data Protection Convention, in: HRLJ 1981, S. 200 ff.; zitiert: *Stadler*, The Council of Europe`s Data Protection Convention, HRLJ 1981, 200.

Steinberg, Rudolf Komplexe Verwaltungsverfahren zwischen Verwaltungseffizienz und Rechtsschutzauftrag, in: DÖV 1982, S. 619 ff.; zitiert: *Steinberg*, Komplexe Verwaltungsverfahren zwischen Verwaltungseffizienz und Rechtsschutzauftrag, DÖV 1982, 619.

Stern, Klaus Das Staatsrecht der Bundesrepublik Deutschland, Band III/1, München 1988; zitiert: *Stern*, Staatsrecht III/1, S.

Stöcker, Hans Europäische Menschenrechtskonvention, Ordre-public-Vorbehalt und nationales Selbstbestimmungsrecht, in: EuGRZ 1987, S. 473 ff.; zitiert: *Stöcker*, Europäische Menschenrechtskonvention, Ordre-public-Vorbehalt und nationales Selbstbestimmungsrecht, EuGRZ 1987, 473.

Streinz, Rudolf EUV/EGV, München 2003; zitiert: *Bearbeiter*, in: *Streinz*, EUV/EGV, Art. Rdn.

Streinz, Rudolf Europarecht, 7. Aufl., Heidelberg 2005; zitiert: *Streinz*, Europarecht, S.

Streinz, Rudolf Meinungs- und Informationsfreiheit zwischen Ost und West, Ebelsbach am Main 1981; zitiert: *Streinz*, Meinungs- und Informationsfreiheit zwischen Ost und West, S.

Taeger, Jürgen Datenschutzrecht in Europa, in: EWS 1995, S. 69 ff.; zitiert: *Taeger*, Datenschutzrecht in Europa, EWS 1995, 69.

Thiel, Jürgen Michael Europa 1992: Grundrechtlicher Eigentumsschutz im EG-Recht, in: JuS 1991, S. 274 ff.; zitiert: *Thiel*, Grundrechtlicher Eigentumsschutz im EG-Recht, JuS 1991, 274.

Tinnefeld, Marie-Theres/ Ehmann, Eugen/ Gerling, Rainer Einführung in das Datenschutzrecht. Datenschutz und Informationsfreiheit in europäischer Sicht, 4. Aufl., München 2005; zitiert: *Tinnefeld/Ehmann/Gerling*, Einführung in das Datenschutzrecht, S.

Tomuschat, Christian Modern Law of Self-Determination, Dordrecht 1993; zitiert: *Bearbeiter*, in: *Tomuschat*, Modern Law of Self-Determination, p.

Trantas, Georgios Akteneinsicht und Geheimhaltung im Verwaltungsrecht. Eine vergleichende Untersuchung zum deutschen und französischen Verwaltungsverfahrensrecht, Berlin 1998; zitiert: *Trantas*, Akteneinsicht und Geheimhaltung im Verwaltungsrecht, S.

Trute, Hans-Heinrich Der Schutz personenbezogener Informationen in der Informationsgesellschaft, in: JZ 1998, S. 822 ff.; zitiert: *Trute*, Der Schutz personenbezogener Informationen in der Informationsgesellschaft, JZ 1998, 822.

Vázquez, Carlos Manuel The Four Doctrines of Self-Executing Treaties, in: AJIL 89 (1995), pp. 695-723; zitiert: *Vázquez*, The Four Doctrines of Self-Executing Treaties, AJIL 89 (1995), 695.

Verdoodt, Albert Naissance et Signification de la Déclaration Universelle des Droits de l`Homme, Louvain 1964; zitiert: *Verdoodt*, Naissance et Signification de la Déclaration Universelle des Droits de l`Homme, p.

Verdross, Alfred Kann die Generalversammlung der Vereinten Nationen das Völkerrecht weiterbilden?, in: ZaöRV 26 (1966), S. 690 ff.; zitiert: *Verdross*, Kann die Generalversammlung der Vereinten Nationen das Völkerrecht weiterbilden?, ZaöRV 26 (1966), 690.

Verdross, Alfred/ Simma, Bruno Universelles Völkerrecht: Theorie und Praxis, 3. Aufl., Berlin 1984; zitiert: *Verdross/Simma,* Universelles Völkerrecht, §.

Villiger, Mark Handbuch der Europäischen Menschenrechtskonvention (EMRK), 2. Aufl., Zürich 1999; zitiert: *Villiger*, Handbuch der Europäischen Menschenrechtskonvention, §, Rdn.

Wägenbaur, Bertrand Der Zugang zu EU-Dokumenten. Transparenz zum Anfassen, in: EuZW 2001, S. 680 ff.; zitiert: *Wägenbaur*, Der Zugang zu EU-Dokumenten, EuZW 2001, 680.

Wahl, Rainer Verwaltungsverfahren zwischen Verwaltungseffizienz und Rechtsschutzauftrag, in: VVDStRL 41 (1983), S. 151 ff.; zitiert: *Wahl*, Verwaltungsverfahren zwischen Verwaltungseffizienz und Rechtsschutzauftrag, VVDStRL 41 (1983), S.

Weiß, Norman Die Allgemeine Erklärung der Menschenrechte und die Gewährleistung politischer Freiheitsrechte, in: MRM Themenheft „50 Jahre AEMR" 1997, S. 35 ff.; zitiert: *Weiß*, Die Allgemeine Erklärung der Menschenrechte und die Gewährleistung politischer Freiheitsrechte, MRM, Themenheft „50 Jahre AEMR" 1997, S. 35.

Weiß, Norman Praxis des Menschenrechtsausschusses zum Schutz der Presse- und Meinungsäußerungsfreiheit, in: MRM Themenheft „25 Jahre Internationale Menschenrechtspakte" 2002, S. 65 ff.; zitiert: *Weiß*, Menschenrechtsausschuß und Meinungsäußerungsfreiheit, MRM, Themenheft „25 Jahre Internationale Menschenrechtspakte" 2002, S. 65.

Westin, Alan Privacy and Freedom, London 1970; zitiert: *Westin*, Privacy and Freedom, p.

Wewers, Johannes Das Zugangsrecht zu Dokumenten in der europäischen Rechtsordnung, Frankfurt am Main 2003; zitiert: *Wewers*, Das Zugangsrecht zu Dokumenten in der europäischen Rechtsordnung, S.

Windsheimer, Hans Die „Information" als Interpretationsgrundlage für die subjektiven öffentlichen Rechte des Art. 5 Abs. 1 GG, Berlin 1968; zitiert: *Windsheimer*, Die „Information" als Interpretationsgrundlage für die subjektiven öffentlichen Rechte des Art. 5 Abs. 1 GG, S.

Witzmann, Bernd Völkerrechtliche Aspekte der Bemühungen um eine neue Weltinformationsordnung, München u.a. 1984; zitiert: *Witzmann*, Völkerrechtliche Aspekte der Bemühungen um eine neue Weltinformationsordnung, S.

Wohland, Werner Informationsfreiheit und politische Filmkontrolle, Berlin 1968; zitiert: *Wohland*, Informationsfreiheit und politische Filmkontrolle, S.

Schriften zum Internationalen und zum öffentlichen Recht

Herausgegeben von Gilbert Gornig

Band 1 Michael Waldstein: Das Asylgrundrecht im europäischen Kontext. Wege einer europäischen Harmonisierung des Asyl- und Flüchtlingsrechts. 1993.

Band 2 Axel Linneweber: Einführung in das US-amerikanische Verwaltungsrecht. Kompetenzen, Funktionen und Strukturen der "Agencies" im US-amerikanischen Verwaltungsrecht. 1994.

Band 3 Tai-Nam Chi: Das Herrschaftssystem Nordkoreas unter besonderer Berücksichtigung der Wiedervereinigungsproblematik. 1994.

Band 4 Jörg Rösing: Beamtenstatut und Europäische Gemeinschaften. Eine Untersuchung zu den gemeinschaftsrechtlichen Anforderungen an die Freizügigkeit der Arbeitnehmer im Bereich des öffentlichen Dienstes. 1994.

Band 5 Wolfgang Wegel: Presse und Rundfunk im Datenschutzrecht. Zur Regelung des journalistischen Umgangs mit personenbezogenen Daten. 1994.

Band 6 Sven Brandt: Eigentumsschutz in europäischen Völkerrechtsvereinbarungen. EMRK, Europäisches Gemeinschaftsrecht, KSZE – unter Berücksichtigung der historischen Entwicklung. 1995.

Band 7 Alejandro Alvarez: Die verfassunggebende Gewalt des Volkes unter besonderer Berücksichtigung des deutschen und chilenischen Grundgesetzes. 1995.

Band 8 Martin Thies: Zur Situation der gemeindlichen Selbstverwaltung im europäischen Einigungsprozeß. Unter besonderer Berücksichtigung der Vorschriften des EG-Vertrages über staatliche Beihilfen und der EG-Umweltpolitik. 1995.

Band 9 Rolf-Oliver Schwemer: Die Bindung des Gemeinschaftsgesetzgebers an die Grundfreiheiten. 1995.

Band 10 Holger Kremser: "Soft Law" der UNESCO und Grundgesetz. Dargestellt am Beispiel der Mediendeklaration. 1996.

Band 11 Michael Silagi: Staatsuntergang und Staatennachfolge: mit besonderer Berücksichtigung des Endes der DDR. 1996.

Band 12 Reinhard Franke: Der gerichtliche Vergleich im Verwaltungsprozeß. Auch ein Beitrag zum verwaltungsrechtlichen Vertrag. 1996.

Band 13 Christoph Eichhorn: Altlasten im Konkurs. 1996.

Band 14 Dietrich Ostertun: Gewohnheitsrecht in der Europäischen Union. Eine Untersuchung der normativen Geltung und der Funktion von Gewohnheitsrecht im Recht der Europäischen Union. 1996.

Band 15 Ulrike Pieper: Neutralität von Staaten. 1997.

Band 16 Harald Endemann: Kollektive Zwangsmaßnahmen zur Durchsetzung humanitärer Normen. Ein Beitrag zum Recht der humanitären Intervention. 1997.

Band 17 Jochen Anweiler: Die Auslegungsmethoden des Gerichtshofs der Europäischen Gemeinschaften. 1997.

Band 18 Henrik Ahlers: Grenzbereich zwischen Gefahrenabwehr und Strafverfolgung. 1998.

Band 19 Heinrich Hahn: Der italienische Verwaltungsakt im Lichte des Verwaltungsverfahrensgesetzes vom 7. August 1990 (Nr. 241/90). Eine rechtsvergleichende Darstellung. 1998.

Band 20 Christoph Deutsch: Elektromagnetische Strahlung und Öffentliches Recht. 1998.

Band 21 Cordula Fitzpatrick: Künstliche Inseln und Anlagen auf See. Der völkerrechtliche Rahmen für die Errichtung und den Betrieb künstlicher Inseln und Anlagen. 1998.

Band 22 Hans-Tjabert Conring: Korporative Religionsfreiheit in Europa. Eine rechtsvergleichende Betrachtung. Zugleich ein Beitrag zu Art. 9 EMRK. 1998.

Band 23 Jörg Karenfort: Die Hilfsorganisation im bewaffneten Konflikt. Rolle und Status unparteiischer humanitärer Organisationen im humanitären Völkerrecht. 1999.

Band 24 Matthias Schote: Die Rundfunkkompetenz des Bundes als Beispiel bundesstaatlicher Kulturkompetenz in der Bundesrepublik Deutschland. Eine Untersuchung unter besonderer Berücksichtigung natürlicher Kompetenzen und der neueren Entwicklung im Recht der Europäischen Union. 1999.

Band 25 Hermann Rothfuchs: Die traditionellen Personenverkehrsfreiheiten des EG-Vertrages und das Aufenthaltsrecht der Unionsbürger. Eine Gegenüberstellung der vertraglichen Gewährleistungen. 1999.

Band 26 Frank Alpert: Zur Beteiligung am Verwaltungsverfahren nach dem Verwaltungsverfahrensgesetz des Bundes. Die Beteiligtenstellung des § 13 Abs. 1 VwVfG. 1999.

Band 27 Matthias Reichart: Umweltschutz durch völkerrechtliches Strafrecht. 1999.

Band 28 Nikolas von Wrangell: Globalisierungstendenzen im internationalen Luftverkehr. Entwicklung der Regulierung und Liberalisierung unter Berücksichtigung strategischer Allianzen und des Code-Sharing. 1999.

Band 29 Marietta Hovehne: Ein demokratisches Verfahren für die Wahlen zum Europäischen Parlament. Legitimation gemeinschaftlicher Entscheidungsstrukturen im europäischen Integrationsprozeß. 1999.

Band 30 Nina Kaden: Der amerikanische Clean Air Act und das deutsche Luftreinhalterecht. Eine rechtsvergleichende Untersuchung. 1999.

Band 31 Brigitte Daum: Grenzverletzungen und Völkerrecht. Eine Untersuchung der Rechtsfolgen von Grenzverletzungen in der Staatenpraxis und Folgerungen für das Projekt der International Law Commission zur Kodifizierung des Rechts der Staatenverantwortlichkeit. 1999.

Band 32 Andreas Fürst: Die bildungspolitischen Kompetenzen der Europäischen Gemeinschaft. Umfang und Entwicklungsmöglichkeiten. 1999.

Band 33 Gilles Despeux: Die Anwendung des völkerrechtlichen Minderheitenrechts in Frankreich. 1999.

Band 34 Michael Reckhard: Die rechtlichen Rahmenbedingungen der Sanktionierung von Beitragsverweigerung im System der Vereinten Nationen. 1999.

Band 35 Carsten Pagels: Schutz- und förderpflichtrechtliche Aspekte der Religionsfreiheit. Zugleich ein Beitrag zur Auslegung eines speziellen Freiheitsrechts. 1999.

Band 36 Bernhard Mehner: Die grenzüberschreitende Wirkung direktempfangbaren Satellitenfernsehens aus völkerrechtlicher Sicht. 2000.

Band 37 Karl-Josef Ulmen: Pharmakologische Manipulationen (Doping) im Leistungssport der DDR. Eine juristische Untersuchung. 2000.

Band 38 Jochen Starke: Die verfassungsgerichtliche Normenkontrolle durch den Conseil constitutionnel. Zum Kompetenztitel des Art. 61 der französischen Verfassung. 2000.

Band 39 Marco Herzog: Rechtliche Probleme einer Inhaltsbeschränkung im Internet. 2000.

Band 40 Gilles Despeux: Droit de la délimitation maritime. Commentaire de quelques décisions plutoniennes. 2000.

Band 41 Christina Hackel: Der Untergang des Landes Braunschweig und der Anspruch auf Restitution nach der Wiedervereinigung Deutschlands. 2000.

Band 42 Peter Aertker: Europäisches Zulassungsrecht für Industrieanlagen. Die Richtlinie über die integrierte Vermeidung und Verminderung der Umweltverschmutzung und ihre Auswirkungen auf das Anlagenzulassungsrecht der Bundesrepublik Deutschland. 2000.

Band 43 Karsten Bertram: Die Gesetzgebung zur Neuregelung des Grundeigentums in der ersten Phase der Französischen Revolution (bis 1793) und deren Bedeutung für die deutsche Eigentumsdogmatik der Gegenwart. 2000.

Band 44 Ulrike Hartmann: Die Entwicklung im internationalen Umwelthaftungsrecht unter besonderer Berücksichtigung von *erga omnes*-Normen. 2000.

Band 45 Thomas Jesch: Die Wirtschaftsverfassung der Sonderverwaltungsregion Hongkong. Eine Darstellung vor dem Hintergrund der Wiedereingliederung in die Souveränität der Volksrepublik China. 2001.

Band 46 Sven Gottschalkson: Der Ausschluß des Zivilrechtsweges bei Eigentumsverlusten an Immobilien in der ehemaligen DDR. 2002.

Band 47 Gilbert Hanno Gornig/Gilles Despeux: Seeabgrenzungsrecht in der Ostsee. Eine Darstellung des völkerrechtlichen Seeabgrenzungsrechts unter besonderer Berücksichtigung der Praxis der Ostseestaaten. 2002.

Band 48 Andreas Zühlsdorff: Rechtsverordnungsersetzende Verträge unter besonderer Berücksichtigung des Umweltrechts. 2003.

Band 49 Katja Schmitz: Durchgriffswirkung von Maßnahmen der UN und ihrer Sonderorganisationen unter besonderer Berücksichtigung von Resolutionen des UN-Sicherheitsrates - Die Entwicklung supranationaler Strukturen. 2003.

Band 50 Stefanie Rothenberger: Die angemessene Nutzung gemeinschaftlicher Ressourcen am Beispiel von Flüssen und speziellen Ökosystemen. Eine vergleichende Betrachtung zum modernen Verständnis eines klassischen völkerrechtlichen Nutzungsprinzips. 2003.

Band 51 Christoph von Burgsdorff: Die Umsetzung der EG-Datenschutzrichtlinie im nicht-öffentlichen Bereich. Möglichkeit einer zukunftsorientierten Konzeption des Datenschutzes in der Privatwirtschaft unter besonderer Berücksichtigung des BDSG. 2003.

Band 52 Frank Reinhardt: Powerline. Verfassungs-, verwaltungs- und telekommunikationsrechtliche Probleme. 2003.

Band 53 Chie Sato: Immunität Internationaler Organisationen. 2004.

Band 54 Johannes Thoma: EU-Recht und Schranken hoheitlicher Staatstätigkeit. 2004.

Band 55 Wolf Peterhoff: Rechtsansprüche enteigneter Volksgruppen und ihre Durchsetzbarkeit. 2004.

Band 56 Do-Hyub Kim: Das deutsche parlamentarische Regierungssystem als mögliches Modell für Korea. 2004.

Band 57 Alexander Koberg: Die Exilregierung im Völkerrecht. Eine Untersuchung ihrer rechtlichen Klassifikation. 2005.

Band 58 Nils Christian Carstensen: Das Verhältnis des Seerechtsübereinkommens der Vereinten Nationen von 1982 zu fischereirechtlichen Übereinkommen und deren Streitbeilegungsvorschriften. 2005.

Band 59 Oliver Franz: Osttimor und das Recht auf Selbstbestimmung. Eine Untersuchung zur Anwendung des Selbstbestimmungsrechts der Völker am Beispiel Osttimors. 2005.

Band 60 Michael Kadgien: Das Habsburgergesetz. 2005.

Band 61 Felix Wolf: Terrorversicherungen und europäisches Wettbewerbsrecht. Verschiedene Modelle staatlicher Beteiligung an einer Terrorversicherung für Wirtschaftsbetriebe und ihre Vereinbarkeit mit dem europäischen Wettbewerbsrecht. 2005.

Band 62 Heiko Bertelmann: Die Europäisierung des Staatshaftungsrechts. Eine Untersuchung zum Einfluss des Europäischen Gemeinschaftsrechts auf das deutsche Staatshaftungsrecht unter besonderer Berücksichtigung der Haftung für judikatives Unrecht. 2005.

Band 63 Cedric Christian Meyer: Konkretisierung unbestimmter Rechtsbegriffe im deutschen und französischen Anlagenzulassungsrecht. 2005.

Band 64 Philippe Gréciano: Die Gerichtsbarkeit der Europäischen Gemeinschaften. Rechtsprechung und Rechtssprache Europas aus französischer Perspektive. Mit einem Vorwort von Theodor Öhlinger. 2007.

Band 65 Anne-Louise Schümer: Die Stellung des Ministerpräsidenten in den Bundesländern im Vergleich. 2006.

Band 66 Helen Ghebrewebet: Identifying Units of Statehood and Determining International Boundaries. A Revised Look at the Doctrine of *Uti Possidetis* and the Principle of Self-Determination. 2006.

Band 67 Arne Hertel: Beihilfen an kleine und mittlere Unternehmen. 2006.

Band 68 Markus Günther: Europol. Rechtsschutzmöglichkeiten und deren Vereinbarkeit mit nationalen und internationalen Anforderungen. 2006.

Band 69 Christian Wicker: The Concepts of Proportionality and State Crimes in International Law. An Analysis of the Scope of Proportionality in the Right of Self-Defence and in the Regime of International Countermeasures and an Evaluation of the Concept of State Crimes. 2006.

Band 70 Hauke Stöwsand: Zyperns Beitritt zur Europäischen Union. Vom Antrag auf Mitgliedschaft bis zum Protokoll der Beitrittsakte. 2007.

Band 71 Natalie Rowohl: Weltbank und Internationaler Währungsfonds: Ihre Mandate und deren Abgrenzung. Stand und Reformvorschläge. 2007.

Band 72 Ru-Huei Liu: Europäisierung des deutschen Umweltrechts. 2008.

Band 73 Katja Lange: Der Status der Aufständischen im modernen humanitären Völkerrecht. 2007.

Band 74 Tarik El-Shabassy: Die Durchsetzung finanzieller Sanktionen der Europäischen Gemeinschaften gegen ihre Mitgliedstaaten. 2008.

Band 75 Karsten Seifert: Das interamerikanische System zum Schutz der Menschenrechte und seine Reformierung. 2008.

Band 76 Nora Graaff: Staatenverantwortlichkeit. Vom „völkerrechtlichen Verbrechen" zur „schwerwiegenden Verletzung einer zwingenden Völkerrechtsnorm" anhand der ILC-Kodifikationsarbeit. 2008.

Band 77 Aldona Szczeponek: Die Umsetzung des Völkerrechts und des europäischen Gemeinschaftsrechts in Polen. Unter Berücksichtigung verfassungsrechtlicher Lösungen anderer europäischer Staaten. 2008.

Band 78 Christian Friedrich Fonk: Europäische Luftqualitätsziele und nationale Erfüllungsverantwortung. 2009.

Band 79 Christina Prinzhorn: Der Grundsatz des öffentlichen Zugangs zu amtlichen Dokumenten aus der Perspektive des internationalen Rechts. Materiell-rechtliche Vorgaben durch das internationale Recht für Informationszugangsrechte in den nationalen Rechtsordnungen Europas. 2009.

www.peterlang.de

Tarik El-Shabassy

Die Durchsetzung finanzieller Sanktionen der Europäischen Gemeinschaften gegen ihre Mitgliedstaaten

Frankfurt am Main, Berlin, Bern, Bruxelles, New York, Oxford, Wien, 2008.
195 S., 4 Tab.
Schriften zum internationalen und zum öffentlichen Recht.
Herausgegeben von Gilbert Gornig. Bd. 74
ISBN 978-3-631-56771-5 · br. € 41.10*

Mit Blick auf den kontinuierlichen Anstieg der vor dem Europäischen Gerichtshof gegen EU-Mitgliedstaaten anhängigen Vertragsverletzungs- und Sanktionsverfahren sowie auf die 2004 und 2007 stattgefundenen EU-Erweiterungen ist mittelfristig mit einem deutlichen Anstieg tatsächlich verhängter Zwangsgelder bzw. Pauschalbeträge zu rechnen. Vor diesem Hintergrund erscheint es lediglich als Frage der Zeit, bis sich ein verurteilter Mitgliedstaat erstmalig auch einem Zwangsgeld oder einem Pauschalbetrag widersetzt. Der Verfasser geht der Frage nach, ob und inwieweit das Gemeinschaftsrecht die zwangsweise Durchsetzung der genannten finanziellen Sanktionen ermöglicht. Diskutiert werden insbesondere Zulässigkeit und rechtliche Voraussetzungen einer Zwangsvollstreckung, einer Aufrechnung sowie einer Aussetzung von Gemeinschaftszahlungen.

Aus dem Inhalt: Vertragsverletzungsverfahren nach Art. 226 f. EG · Sanktionsverfahren nach Art. 228 Abs. 2 EG · Durchsetzung von Sanktionen nach Art. 228 Abs. 2 EG · Zulässigkeit sowie rechtliche und tatsächliche Voraussetzungen einer Zwangsvollstreckung · Rechtsgrundlage einer Aufrechnung der Gemeinschaft · Zulässigkeit der Aufrechnung als allgemeiner Rechtsgrundsatz des Gemeinschaftsrechts · Rechtliche und tatsächliche Voraussetzungen einer gemeinschaftsrechtlichen Aufrechnung · Aussetzung von Gemeinschaftszahlungen

Frankfurt am Main · Berlin · Bern · Bruxelles · New York · Oxford · Wien
Auslieferung: Verlag Peter Lang AG
Moosstr. 1, CH-2542 Pieterlen
Telefax 0041(0)32/3761727

*inklusive der in Deutschland gültigen Mehrwertsteuer
Preisänderungen vorbehalten

Homepage http://www.peterlang.de

Kolibri 360 GmbH
Ferdinand-Jühlke-Straße 7
99095 Erfurt, Deutschland
produktsicherheit@kolibri360.de